디지털 마케팅,
AI로 날개를
달다

브랜드, 퍼포먼스, CRM, 콘텐츠 마케팅의
핵심부터 최신 AI 툴 활용법까지
디지털 마케팅, AI로 날개를 달다

지은이 김유영

펴낸이 박찬규 엮은이 전이주 디자인 북누리 표지디자인 Arowa & Arowana

펴낸곳 위키북스 전화 031-955-3658, 3659 팩스 031-955-3660
주소 경기도 파주시 문발로 115, 311호 (파주출판도시, 세종출판벤처타운)

가격 28,000 페이지 452 책규격 175 x 235mm

초판 발행 2025년 09월 30일
ISBN 979-11-5839-632-9 (13000)

등록번호 제406-2006-000036호 등록일자 2006년 05월 19일
홈페이지 wikibook.co.kr 전자우편 wikibook@wikibook.co.kr

Copyright © 2025 by 김유영
All rights reserved.
First published in Korea in 2025 by WIKIBOOKS

이 책의 한국어판 저작권은 저작권자와 독점 계약한 위키북스에 있습니다.
신저작권법에 의해 한국 내에서 보호를 받는 저작물이므로 무단 전재와 복제를 금합니다.
이 책의 내용에 대한 추가 지원과 문의는 위키북스 출판사 홈페이지 wikibook.co.kr이나
이메일 wikibook@wikibook.co.kr을 이용해 주세요.

디지털 마케팅, AI로 날개를 달다

브랜드, 퍼포먼스, CRM, 콘텐츠 마케팅의 핵심부터
최신 AI 툴 활용법까지

김유영 지음

위키북스

서·문

기술이 빠르게 진화하는 지금, 더 이상 '데이터'를 보는 것만으로 마케팅 성과를 내기는 어렵습니다. 예전에는 데이터 중심의 접근만으로도 충분했지만, 최근 몇 년 사이 개인정보 보호 강화와 AI 기술의 등장으로 상황이 훨씬 더 복잡해졌습니다.

"AI가 대세라는데, 어떻게 활용해야 할까?"

"개인정보 규제로 데이터 확보가 점점 어려워지는데 해결 방법은 뭘까?"

"데이터에 문제가 있는 것 같은데, 무엇을 확인해야 할까?"

"빠르게 늘어나는 마케팅 기술 개념을 효율적으로 익힐 방법은 없을까?"

이 책은 이런 고민을 매일 마주하는 분들을 위해 기획했습니다. 2010년부터 동료 마케터들과 함께했던 고민, 그리고 고객 성공 팀에서 만난 수많은 마케터·데이터 담당자·개발 실무진들의 질문을 모아 도움이 되기를 바라는 마음으로 이 책을 썼습니다. 특히 다양한 산업 현장에서 마케팅의 가능성을 실험하고 검증해온 실무자들의 경험이 이 책에 큰 영감을 주었습니다.

개인적으로는 여러 콘텐츠 플랫폼에 글을 쓰고 교육과 강의를 해온 경험이 있어 책 집필이 그리 어렵지 않을 것이라 여겼습니다. 그러나 작년 여름 가벼운 마음으로 시작한 초안은 업계 변화 속도를 따라가기 위해 여러 차례 수정과 재정비를 거치며 예상보다 긴 시간이 필요했습니다. 그 과정에서 방향을 함께 고민하고 세심한 피드백을 주신 위키북스 박찬규 대표님과 편집자분들께 깊이 감사드립니다.

바쁜 일정 속에서도 시간을 내어 추천사를 보내주신 문유철 대표님, 정대훈 디렉터님, 신동한 팀장님, 권채정 본부장님, 연은정 리더님, 이선규 대표님께 마음 깊이 감사드립니다. 이분들의 따뜻한 격려와 신뢰의 메시지는 큰 버팀목이 되었고, 독자에게도 이 책을 믿고 펼칠 수 있는 이유가 되어줄 것으로 생각합니다.

서·문

무엇보다도 책을 집필하는 내내 곁에서 응원과 위로를 아끼지 않은 가족의 힘이 없었다면 이 책을 끝까지 완성할 수 없었을 것입니다. 늘 저를 믿어주시는 부모님, 그리고 기술 관련 글에 아낌없이 조언해 준 든든한 동반자 남편에게 특별히 고마운 마음을 전합니다.

데이터 중심의 마케팅 환경에서 더 나은 판단을 내리고 싶은 분들, AI 시대에도 흔들리지 않는 실무 감각을 갖추고 싶은 분들께 이 책이 작은 길잡이가 되기를 바랍니다.

추·천·사

예측AI부터 생성형AI까지, A부터 Z까지 모든 단계에 AI가 빽빽하게 스며드는 모습을 가장 먼저 목도하게 될 분야는 단연 디지털 마케팅입니다. 마케터의 서재에 오래도록 자리할 현대의 고전이 유영 님을 통해 세상에 나와, 어질어질한 AI 시대에 든든한 나침반이 되리라 생각합니다. 처음부터 한국어로 쓰여 번역본을 기다릴 필요가 없다는 점 또한 큰 장점입니다. 이 책은 시대를 앞서가는 전략과 통찰을 가장 빠르게 접할 수 있는 필독서로, 지금 바로 읽어보기를 권합니다.

문유철, 앱스플라이어 한국 지사 대표

유영 님의 이 책은 디지털 마케팅의 표면을 다루는 일반적인 가이드가 아닙니다. 디지털 생태계 전체를 관통하는 본질적 이해와 실무 역량을 동시에 끌어올려 주는, 그야말로 '완결성 있는' 지침서입니다.

이 업계에서 오랜 시간 몸담아온 제게도 이 책은 새로운 각성을 안겨주었습니다. 페이지를 넘기며 계속해서 스스로에게 물었습니다. '내가 정말 이 복잡한 생태계를 제대로 이해하고 있었나?' 저자는 방대하게 얽힌 개념들을 마치 숙련된 가이드처럼 비유와 실제 사례로 풀어내어 누구든 따라갈 수 있는 명확한 길을 제시합니다.

이 책은 초보자에게는 탄탄한 기초를 다져주는 든든한 입문서가 되고, 경력자에게는 자신이 하는 일의 진정한 의미와 가치를 재발견하여 더 큰 그림 속에서 자신의 위치와 나아갈 방향을 그려볼 수 있는 성찰의 계기를 마련해줍니다.

특히 인상 깊었던 것은 책 곳곳에 배치된 퀴즈였습니다. '퀴즈 전문가'라 불릴 만큼 학습을 세심하게 이끌던 저자의 따뜻한 배려가 고스란히 느껴집니다.

이 책에는 디지털 마케터가 반드시 숙지해야 할 핵심 KPI들은 물론, 데이터 이슈에 체계적으로 접근하고 해결하는 방법론, 최신 기술 트렌드의 본질적 의미와 그것이 열어주는 새로운 마케팅 가능성, 그리고 AI를 전략적으로 활용하며 단계적 사고를 통해 업무 효율성을 극대화하는 실무 노하우까지 총망라되어 있습니다.

단순한 학습서를 넘어 현장에서 바로 적용 가능한 실무 매뉴얼이자, 저자가 오랜 현장 경험을 통해 축적한 값진 통찰들이 고스란히 녹아 있는 소중한 기록입니다.

추·천·사

이 책은 디지털 마케팅을 배우고 실무에 적용하고자 하는 모든 이들에게 가장 믿을 만한 동반자가 될 것이며, 나아가 우리 디지털 생태계 전반의 전문성과 성숙도를 한 차원 높여 줄 의미 있는 저작임을 단언합니다.

정대훈, 앱스플라이어 한국 고객 성공 디렉터

팀원 모두가 읽었으면 하는 디지털 마케팅의 상식과 통찰이 담겨 있습니다. 저자의 경험과 지혜가 녹아 있어, 실무에서 바로 활용할 수 있는 전략과 인사이트를 얻을 수 있습니다.

신동한, 놀유니버스(야놀자) 퍼포먼스 마케팅팀 팀장

이 책은 마케터가 실무 현장에서 부딪히며 배워야만 하는 경험치를 대신 제공해 줍니다. 퍼포먼스 마케팅, 프로모션, CRM 등 수많은 '마케팅 스페셜리티' 중에서 길을 선택해야 하는 이들에게 든든한 길잡이가 될 것입니다.

특히 데이터 리터러시, 창의성, 문제 해결 능력, 유연성, 커뮤니케이션 등 실제 기업이 채용에서 가장 중요하게 보는 역량들을 구체적으로 짚어주는 점이 인상적입니다. 저 역시 채용 과정에서 이 역량들을 가장 중요하게 보기에 책의 메시지에 깊이 공감했습니다.

실무 경험이 없는 신입 마케터도 이 책을 통해 마치 현장에서 일해본 듯한 사고와 시각을 얻을 수 있고, 원하는 회사의 마케팅 액션을 분석하며 훈련할 수 있습니다. 게다가 AI 활용법까지 구체적으로 다루고 있어 단순한 과거의 노하우가 아닌, 지금과 미래에도 유효한 실전 지침으로 부족함이 없습니다.

마케터로 성장하고 싶은 모든 이들에게 이 책은 든든한 첫걸음이자 가속도를 더하는 모터가 되어줄 것이라 확신합니다.

권채정, 에이블리 마케팅 본부장

추·천·사

퍼포먼스 마케팅의 태동부터 브랜드·콘텐츠·CRM까지, 이 책은 마케터라면 누구나 마주하는 주제들을 알기 쉽게 풀어냈습니다.

특히 단순한 개념 정리에 머무르지 않고, 실전과 응용까지 AI 활용 사례와 함께 담아 초보자에겐 마케팅의 역사와 개념을 이해하는 데 도움이 되고, 실무자에겐 당장 적용할 수 있는 레퍼런스가 담겨 있습니다.

한마디로, 초보자에겐 역사책, 실무자에겐 매뉴얼, 모두에겐 '시험 족보' 같은 책으로 마케터라면 가볍게 혹은 진지하게 꼭 읽어보기를 권합니다.

무엇보다 제가 몸담았던 '야놀자'와 '오늘의집' 사례가 소개되어 반가움과 함께 '이 책, 괜히 더 믿음이 간다' 싶었습니다.

연은정, CJ ENM Mnet Plus 마케팅 리더

유영 님은 앱스플라이어에서 고객과 시장을 깊이 이해하고 있는 뛰어난 동료이자 리더였습니다.

수많은 업종의 스타트업부터 글로벌 기업까지 거치며 쌓은 탁월한 경험과, 현장에서 부딪히며 체득한 날카로운 통찰력을 실무자의 언어로 풀어내는 드문 전문가입니다. 단순히 '고객 관리'를 넘어 고객의 성장을 함께 설계하는 데 헌신과 치밀함을 보여주었습니다.

이 책은 그런 저자의 발자취가 오롯이 담긴 결과물입니다. 복잡한 개념을 친절하고 정교하게 풀어내면서도, 현장에서 바로 적용할 수 있는 실질적인 사례와 자료를 제공합니다. 기초적인 배경지식과 시장의 이해부터 최신 실무 지식에 이르기까지, 현업의 풍부한 경험과 노하우가 책에 풍성하게 집대성되어 있습니다.

웹/앱 서비스 종사자에게 중요한 마테크 개념을 정리하면서 현업에 유용한 정보는 늘 암묵지처럼 존재해 왔습니다. 이 책이 업계 입문자부터 숙련된 실무자까지 폭넓은 독자들에게 큰 도움이 되리라 확신합니다. 웹과 앱 서비스의 마케팅과 프로덕트를 고민하는 모든 분께 이 책을 강력히 추천합니다.

이선규, 마티니 대표

목 · 차

SECTION 01

디지털 마케팅의 과거와 현재, 그리고 커리어 기회

1.1 디지털 마케팅의 등장   2
    1.1.1 _ 1991년: 최초 웹의 공개   2
    1.1.2 _ 1994년: 최초의 디지털 마케팅 등장   3
    1.1.3 _ 1990년대 후반: 검색 엔진의 등장   4
    1.1.4 _ 2000년대 초: 소셜 미디어와 콘텐츠 마케팅의 부상   4
    1.1.5 _ 2000년대 중반 이후: 스마트폰과 영상 마케팅   5
    1.1.6 _ 2020년대: AI 시대의 도래와 디지털 마케팅의 진화   7

1.2 디지털 마케팅의 등장   10
    1.2.1 _ 브랜드 마케터(Brand Marketer)   10
    1.2.2 _ 퍼포먼스 마케터(Performance Marketer)   21
    1.2.3 _ 콘텐츠 마케터   44
    1.2.4 _ CRM 마케터   57
    1.2.5 _ AI 시대의 디지털 마케터   74

1.3 디지털 마케터의 직무 확장성   75

SECTION 02

디지털 마케팅 환경 이해하기

2.1 서드파티 툴 이해하기   84
    2.1.1 _ 광고 툴(Ad tools)   86
    2.1.2 _ 검색 엔진 최적화(SEO) 툴   93
    2.1.3 _ 고객 관리(CRM) 툴   101
    2.1.4 _ 성과 측정 툴 MMP   107
    2.1.5 _ 제품 분석 툴   114
    2.1.6 _ 데이터 시각화 툴   119
    2.1.7 _ 디지털 마케터를 위한 AI 툴   123
    2.1.8 _ 서드파티 툴 총정리 & 체크리스트   152

목·차

2.2 디지털 마케팅 측정 아이디 이해하기 — 160

2.3 웹 투 앱 광고 측정하기 — 166
    2.3.1 _ 웹 투 앱이 중요한 이유 — 167
    2.3.2 _ 웹 투 앱 전환 분석 툴 — 173

2.4 디지털 마케팅 측정 매체 종류 — 176
    2.4.1 _ 애드 네트워크 — 177
    2.4.2 _ 커스텀 미디어 소스 — 179
    2.4.3 _ SRN(Self Reporting Network) — 181

2.5 신규 설치 캠페인, 리타겟팅 캠페인 — 183
    2.5.1 _ 신규 설치 캠페인 — 183
    2.5.2 _ 리타겟팅 캠페인 — 184
    2.5.3 _ 신규 설치 캠페인과 리타겟팅 캠페인의 주요 차이점 — 186

2.6 그 외 주요 디지털 마케팅 용어 — 191
    2.6.1 _ 포스트백 — 191
    2.6.2 _ A/B 테스트: 오바마의 6천만 달러짜리 버튼 — 195
    2.6.3 _ 앱스토어 최적화 — 198
    2.6.4 _ AARRR 모델 — 201
    2.6.5 _ 메트릭, KPI — 204
    2.6.6 _ MMM — 207

SECTION 03
디지털 마케팅의 성과를 읽는 법: KPI의 모든 것

3.1 기본 광고 KPI	214
3.2 사용자 여정 단계별 KPI	217
3.2.1 _ 광고 단계: 광고 최적화 KPI	217
3.2.2 _ FTUE 단계: 초기 사용자 경험은 잘 설계되어 있는가?	233
3.2.3 _ 잔존 단계: 서비스의 매력도는 어떻게 측정할 것인가?	248
3.3 리텐션 분석 방법 이해하기	257
3.3.1 _ 리텐션 분석 방법 3가지	258
3.3.2 _ 특정 행동 기준 리텐션 분석 방법	264
3.3.3 _ 리텐션 벤치마크	266
3.4 KPI의 함정	268
3.4.1 _ 누적 KPI의 함정	269
3.4.2 _ KPI가 너무 많을 때: 북극성 지표	272
3.5 이벤트 파라미터 기획하기	277

SECTION 04
데이터 이슈 해결하기

4.1 데이터 차이 분석하기	290
4.1.1 _ 어트리뷰션 모델	291
4.1.2 _ 룩백 윈도우	300
4.1.3 _ 데이터 측정 시점과 기록 시간대	306
4.1.4 _ 데이터 기준 통일하기	310
4.2 데이터 급증감 분석하기	318
4.2.1 _ 세분화 분석	318
4.2.2 _ 외부 요인 분석	323
4.2.3 _ 아웃라이어 분석	325

4.3 프로드(Fraud), 가짜 데이터 가려내기 ... 330
    4.3.1 _ CTIT 분석 ... 331
    4.3.2 _ 버전 분석 ... 336
    4.3.3 _ 행동분석(Behavior Analysis) ... 338
    4.3.4 _ 기기 분석(Device Analysis) ... 345
    4.3.5 _ 내가 만든 가짜 사용자 ... 348

4.4 데이터 이슈를 대하는 자세 ... 350

SECTION 05
디지털 마케터가 알아야 할 기술 용어

5.1 딥링킹과 디퍼드 딥링킹 ... 358
    5.1.1 _ 딥링킹의 3가지 구현 방식 ... 359
    5.1.2 _ 딥링킹 활용하기 ... 362

5.2 애플의 프라이버시 정책 ... 368
    5.2.1 _ 정책 히스토리 ... 369
    5.2.2 _ 애플의 IDFA 정책(LAT vs ATT) ... 371
    5.2.3 _ SKAdNetwork 이해하기 ... 374

5.3 구글의 프라이버시 정책 ... 394
    5.3.1 _ 정책 히스토리 ... 394
    5.3.2 _ 구글의 쿠키 정책 ... 396
    5.3.3 _ 프라이버시 샌드박스 ... 399

5.4 시나리오로 배우는 기술 용어 ... 402
    5.4.1 _ 클라이언트와 서버 ... 403
    5.4.2 _ SDK, S2S, API: 외부 시스템과의 연결을 위한 핵심 기술 ... 406
    5.4.3 _ 데이터베이스와 SQL ... 413
    5.4.4 _ 프롬프트 엔지니어링 ... 416

5.5 미래의 디지털 마케터 ... 430

01장

디지털 마케팅의 과거와 현재, 그리고 커리어 기회

1.1 디지털 마케팅의 등장

1.2 디지털 마케터의 정의와 세부 직군

1.3 디지털 마케터의 직무 확장성

오늘날 우리는 온라인으로 정보를 검색하고, 소셜 미디어를 활용하며, 맞춤형 광고에 노출되는 것이 자연스러운 환경에서 살고 있습니다. 디지털 환경이 일상에 깊이 스며들면서 기업의 마케팅 방식도 과거와는 전혀 다른 양상으로 변화해 왔습니다.

이 장에서는 디지털 마케팅의 등장 배경과 발전 과정을 살피고, 변화하는 환경 속에서 마케터에게 어떤 기회가 열리는지 탐색합니다. 디지털 마케팅의 흐름을 이해하는 것은 단순한 지식 습득을 넘어, 빠르게 변화하는 시장에서 경쟁력을 갖추는 데 중요한 밑거름이 될 것입니다.

1.1 디지털 마케팅의 등장

디지털 마케팅은 기술의 발전과 함께 지속적으로 진화해왔습니다. 1990년대 초반 인터넷이 대중화되면서 배너 광고와 이메일 마케팅이 등장했고, 2000년대에는 검색 광고와 SEO(검색 엔진 최적화)가 마케팅 전략의 핵심으로 자리 잡았습니다. 이후 소셜 미디어의 확산과 모바일 기기의 보급이 디지털 마케팅의 패러다임을 다시 한번 바꿔 놓았습니다.

전통적인 마케팅은 TV, 라디오, 신문과 같은 매체를 통해 브랜드 메시지를 일방적으로 전달했습니다. 반면 디지털 마케팅은 데이터를 활용하여 사용자의 행동을 분석하고, 사용자 개개인에게 최적화된 경험을 제공하는 형태로 발전했습니다. 최근에는 AI, 머신러닝, 개인 정보 보호 정책 변화 등 다양한 요인이 등장하며 디지털 마케팅의 방향성에 계속해서 영향을 미치고 있습니다.

1.1.1 _ 1991년: 최초 웹의 공개

1991년, 팀 버너스 리(Tim Berners-Lee)가 월드 와이드 웹(World Wide Web)을 최초로 공개하면서 누구나 인터넷을 이용할 수 있는 시대가 열렸습니다. 1993년에는 최초의 웹 브라우저인 모자이크(Mosaic)가 등장하면서 인터넷 접근성이 크게 향상되었습니다. 이러한 기술적 진보는 기업들이 온라인을 활용한 새로운 마케팅 방식을 모색하는 계기가 되었습니다.

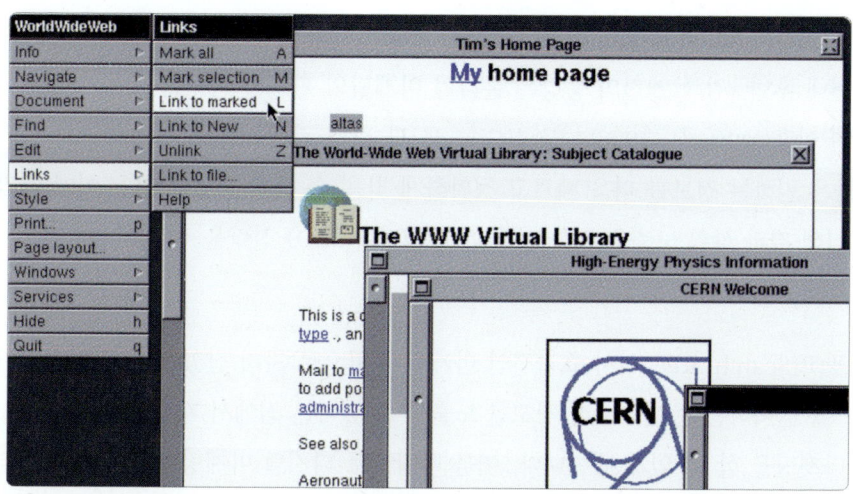

그림 1.1 최초의 월드 와이드 웹 브라우저 스크린샷[3] (출처: https://webdesign.tutsplus.com/)

1.1.2 _ 1994년: 최초의 디지털 마케팅 등장

1994년, 미국의 통신회사 AT&T는 'You Will' 캠페인의 배너 광고를 웹사이트 HotWired에 게재하며 디지털 광고의 시대를 열었습니다. "이곳을 클릭해 본 적 있나요?"라는 문구로 사용자들의 호기심을 자극한 이 광고는 배너를 클릭하면 루브르 박물관과 앤디워홀 박물관의 가상 투어 페이지로 이동할 수 있도록 설계되었습니다.

당시 이 배너 광고의 클릭률(CTR)은 무려 44%에 달했으며, 이는 오늘날 배너 광고의 평균 CTR이 0.3%에서 6% 사이인 것과 비교하면 압도적으로 높은 수치입니다. 디지털 광고는 단순한 노출을 넘어 사용자와의 직접적인 상호작용을 유도할 수 있다는 강점을 기반으로 급속히 성장했습니다.

그림 1.2 최초의 배너 광고

---

[3] 이 책에서는 외래어 표기법을 엄격히 따르기보다는 실무 환경에서 널리 사용되는 표현을 우선하여 사용했습니다. 독자의 이해를 돕기 위한 선택이며, 일부 단어는 표준 표기와 다를 수 있습니다.
　예시: Screenshot: 스크린숏 → 스크린샷, Retargeting: 리타기팅 → 리타겟팅
　이러한 표기 방식은 현업에서 통용되는 표현을 반영하여, 독자가 실제 업무에 적용할 때 혼란을 최소화하기 위함입니다.

1.1.3 _ 1990년대 후반: 검색 엔진의 등장

1990년대 후반, 검색 엔진의 등장은 온라인 마케팅의 판도를 바꾸는 계기가 되었습니다. 1994년 야후(Yahoo!), 1998년 구글(Google)과 같은 검색 엔진이 등장하면서 인터넷 사용자들은 원하는 정보를 더욱 빠르고 정확하게 찾을 수 있게 되었습니다. 이에 따라 기업들은 검색 결과 상위 노출을 위한 검색 엔진 최적화(SEO) 전략을 적극 활용하기 시작했습니다.

검색 광고(Search Ads) 역시 효과적인 마케팅 수단으로 자리 잡았습니다. 사용자가 검색 키워드를 입력하는 순간 맞춤형 광고를 노출할 수 있다는 점에서 기업 입장에서는 보다 정교한 타겟팅을 할 수 있게 됐습니다. 이를 바탕으로 디지털 마케팅은 정밀한 데이터 기반 전략으로 발전했습니다.

 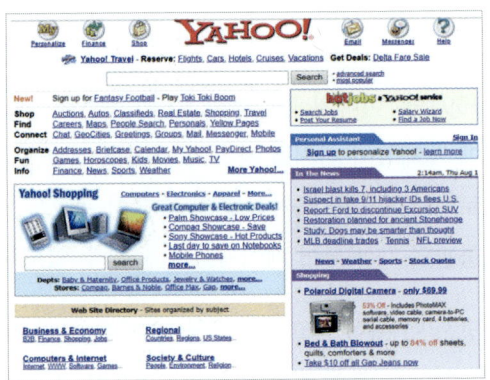

그림 1.3 구글과 야후의 검색 엔진(출처: https://www.seomechanic.com/)

1.1.4 _ 2000년대 초: 소셜 미디어와 콘텐츠 마케팅의 부상

2000년대 초반 마이스페이스(MySpace), 링크드인(LinkedIn), 페이스북(Facebook, 현재 Meta), 트위터(Twitter, 현재 X) 같은 소셜 미디어 플랫폼이 등장하며 마케팅 패러다임이 전환되었습니다.

플랫폼들은 사용자 간 연결을 촉진했을 뿐만 아니라, 브랜드와 사용자가 직접 소통하는 공간을 제공하여 마케팅 기회를 확대했습니다. 기업들은 브랜드 페이지 운영과 실시간 사용자 상호작용을 통해 소통을 강화했습니다.

소셜 미디어는 흥미로운 콘텐츠로 사용자의 관심을 끌기에 적합했고, 콘텐츠 마케팅의 중요성은 급속히 증가했습니다. 기업들은 제품 홍보를 넘어 브랜드 스토리텔링과 바이럴 콘텐츠로 사용자와의 관계를 공고히 하는 데 주력했습니다.

그림 1.4 왼쪽부터 트위터, 페이스북, 링크드인, 마이스페이스

1.1.5 _ 2000년대 중반 이후: 스마트폰과 영상 마케팅

2005년 유튜브(YouTube)의 등장으로 온라인 영상 콘텐츠의 중요성이 급증하기 시작했습니다. 이어 2007년 애플(Apple)의 아이폰 출시로 모바일 중심의 환경이 본격적으로 조성되었고, 모바일 광고 및 앱 기반 마케팅이 빠르게 발전했습니다. 사용자의 스마트폰 활용도가 높아지면서 개인화된 마케팅 전략이 활발히 도입되었습니다.

2010년대에 들어서는 인스타그램(Instagram, 2010년), 틱톡(TikTok, 2016년)과 같은 비주얼 중심 플랫폼이 성장하면서 이미지와 영상 콘텐츠 마케팅이 더욱 중요해졌습니다. 특히 유튜브는 2021년 쇼츠(Shorts) 서비스를 시작한 이후 간편한 영상 제작 · 공유 기능을 제공하여 2025년 2월 기준 전 세계 25억 명의 월간 활성 사용자수를 확보했습니다(출처: www.statista.com).

그림 1.5 왼쪽부터 틱톡, 인스타그램, 유튜브

마케팅의 핵심 목표는 적절한 시점과 장소에서 기업과 사용자를 효과적으로 연결하는 것입니다. 이제 기업들은 TV나 라디오와 같은 전통 매체를 넘어 사용자들이 더 많은 시간을 보내는 디지털 공간에서 효과적으로 소통해야 합니다.

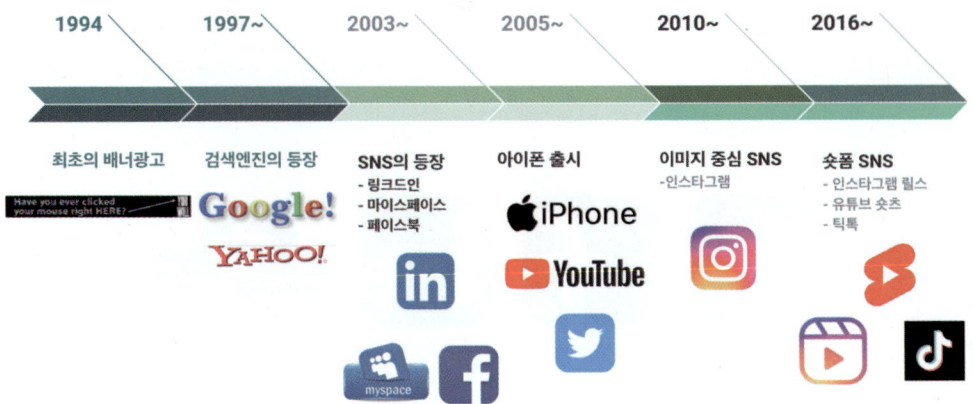

그림 1.6 인터넷과 SNS 등장의 역사

디지털 마케팅은 약 30년 동안 급격한 발전을 거듭하며 전통적인 마케팅을 뛰어넘는 강력한 영향력을 가지게 되었습니다. 현재 디지털 마케팅은 전 세계 기업들에게 필수적인 전략으로 자리 잡았으며, 전체 마케팅 비용 중 70%⁴를 차지할 정도로 빠르게 성장하고 있습니다. 이러한 흐름 속에서 디지털 마케팅 도구를 활용한 새로운 직업군도 등장하며 마케팅 산업 지형이 변화하고 있습니다.

표 1.1 SNS의 주요 특징

플랫폼	특징	사용 목적
페이스북	• 다양한 콘텐츠 형식 지원 • 그룹 · 페이지 · 이벤트 등 커뮤니티 기능 제공	• 친구 및 가족과 소통 • 커뮤니티 참여
X(전 트위터)	• 짧은 텍스트 기반 • 실시간 정보와 의견 교환 • #(해시태그)를 통한 트렌드 형성	• 뉴스, 실시간 업데이트 • 트렌드 팔로우 • 대화 및 토론
유튜브(YouTube)	• 동영상 콘텐츠 중심 • 다양한 길이의 동영상 업로드 및 시청 가능 • 크리에이터 중심 콘텐츠	• 동영상 시청 · 제작 • 엔터테인먼트

4 출처: emarketer.com

플랫폼	특징	사용 목적
링크드인 (LinkedIn)	• 전문 네트워킹 비즈니스 관련 콘텐츠 공유 • 프로필 통한 경력 관리 및 채용 연결	• 비즈니스 네트워킹 • 채용 · 경력 관리 • 산업 정보 공유
인스타그램 (Instagram)	• 이미지+동영상 중심의 시각적 콘텐츠 공유 • 스토리 등 다양한 기능 제공	• 이미지 · 동영상 공유 • 브랜드홍보 • 팔로워와 소통

표 1.2 숏폼 형식의 SNS 특징

플랫폼	특징	사용 목적
틱톡 (TikTok)	• 짧고 재미있는 동영상 콘텐츠 중심 • 최대 60초 동영상(녹화 시 60초, 업로드 시 3분) • 쉽고 직관적인 편집 도구 제공 • 바이럴 콘텐츠 확산 빠름	• 숏폼 동영상 제작 · 공유 • 챌린지 및 인터넷 밈 참여
릴스 (Reels)	• 인스타그램 내 숏폼 동영상 기능 • 최대 90초 동영상 • 음악 · 효과 등 편집 도구 제공	• 숏폼 동영상 제작 · 공유 • 트렌드 팔로우 • 인스타그램 내 참여 유도
유튜브 쇼츠 (YouTube Shorts)	• 유튜브의 숏폼 동영상 기능 • 최대 3분 동영상	• 숏폼 동영상 제작 · 공유 • 크리에이터 홍보 • 유튜브 검색 유도

1.1.6 _ 2020년대: AI 시대의 도래와 디지털 마케팅의 진화

디지털 마케팅은 기술의 발전과 소비자 환경의 변화에 따라 끊임없이 진화해 왔습니다. 그리고 이제는 AI라는 새로운 기술 패러다임과 맞물리며 근본적인 전환점을 맞이하고 있습니다.

AI는 최근에야 주목받고 있는 첨단 기술처럼 보이지만, 그 개념은 이미 1950년대에 등장했습니다. 컴퓨터 과학자 앨런 튜링은 '기계가 인간처럼 사고할 수 있는가?'라는 문제를 제기하며 인공지능이라는 사고의 출발점을 마련했습니다. 이후 AI는 수십 년에 걸쳐 다양한 분야에서 발전해 왔지만, 오랫동안 일반 사용자에게는 접근이 어려운 복잡한 영역으로 인식됐습니다.

이러한 인식은 2022년, ChatGPT(GPT-3.5)의 등장으로 크게 달라졌습니다. ChatGPT는 누구나 쉽게 접근할 수 있는 대화형 인터페이스를 통해 복잡했던 AI 기술을 일상 속으로 끌어들였습니다. 이로써 인공지능은 더 이상 기술 전문가만의 도구가 아닌, 누구나 활용할 수 있는 일상의 도구로 자리 잡기 시작했습니다.

출시 두 달 만에 사용자 수 1억 명을 돌파한 ChatGPT는 디지털 서비스 역사상 가장 빠른 성장 사례 중 하나로 기록되고 있습니다. 이는 틱톡보다 4배, 인스타그램보다 15배, 페이스북보다 50배 이상 빠른 경이로운 속도입니다(출처: https://www.aiprm.com/chatgpt-statistics/).

ChatGPT는 버전이 업데이트될 때마다 눈에 띄는 속도로 진화해 왔습니다. 초기 버전인 GPT-1은 기계가 자연어를 처리할 수 있다는 가능성을 처음으로 보여줬고, GPT-2는 훨씬 더 자연스러운 문장을 생성하며 콘텐츠 자동화의 기반을 마련했습니다.

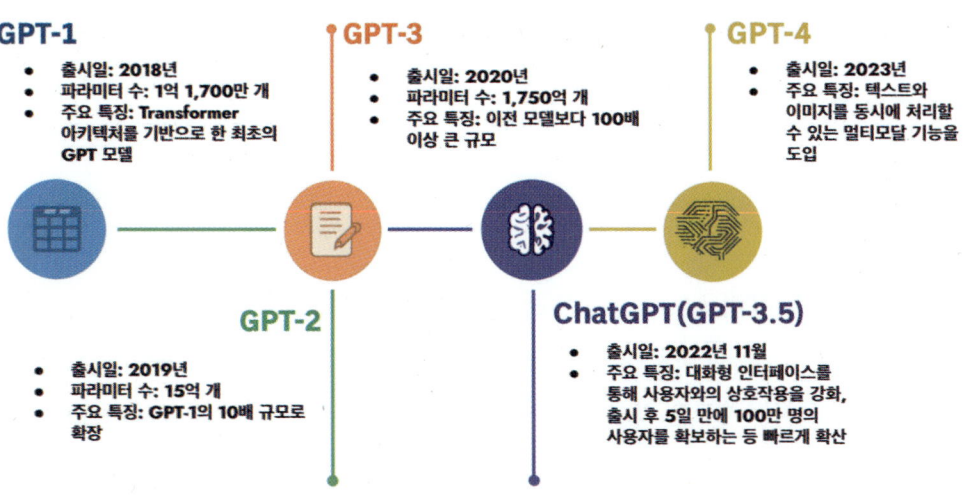

그림 1.7 ChatGPT의 발전 과정

GPT-3에 이르러서는 마케팅 문구 작성, 이메일 자동화, 간단한 보고서 초안 작성 등 실무에 실질적으로 활용할 수 있을 만큼 성능이 향상되었고, GPT-4에서는 텍스트와 이미지를 함께 처리하는 멀티모달 기능과 함께 맥락 이해력, 논리적 전개 능력이 사람과 유사한 수준에 도달했습니다.

2025년 8월 출시된 GPT-5는 더욱 확장된 멀티모달 능력과 장기 맥락 이해를 기반으로 복잡한 작업을 안정적으로 처리할 수 있으며, 맞춤형 응답 생성과 도메인 특화 활용에서 한층 높은 정밀도를 보여줍니다.

이제는 누구나 AI를 활용해 콘텐츠를 만들고, 고객 응대 문구를 작성하며, 마케팅 전략의 초안을 구성하는 것이 자연스러운 일이 되었습니다. 디지털 마케팅은 더 이상 AI와 분리해서 논의할 수 없는 영역이 되었고, 이 둘의 융합은 지금 이 순간에도 지속해서 진화하고 있습니다. 콘텐츠 기획, 고객 분석, 크리에이티브 제작, 성과 예측 등 디지털 마케팅의 거의 모든 직무에 AI를 이용합니다.

텍스트 생성형 AI는 카피라이팅과 이메일 작성에 사용되고, 이미지 생성형 AI는 광고 소재 제작을 지원하며, 분석형 AI는 방대한 데이터를 빠르고 정확하게 처리해 인사이트를 도출하고 전략의 정밀도를 높이는 데 기여하고 있습니다.

이러한 변화는 앞으로 더 가속화될 것입니다. 따라서 마케팅 실무자는 이제 단순히 도구를 사용하는 수준을 넘어, AI와 함께 전략을 공동으로 설계하고 운영할 수 있는 파트너로서의 역할을 수행해야 합니다.

실제로 많은 기업이 퍼포먼스 마케터나 CRM 마케터와 같은 기존 역할을 채용하면서, 채용 조건에 AI 도구 활용 역량이나 자동화 시스템에 대한 이해 같은 새로운 능력을 명시하고 있습니다. 이는 AI가 마케팅 실무에 깊이 관여하고 있다는 사실을 보여주며, 앞으로 마케터가 AI와의 협력을 통해 더 큰 시너지를 창출해야 한다는 방향을 분명히 제시합니다.

다음 절에서 디지털 마케팅을 구성하는 주요 직무들을 하나씩 살펴본 뒤, AI 시대에 마케터에게 요구되는 새로운 역할과 역량에 대해 더 구체적으로 알아보겠습니다.

1.2 디지털 마케팅의 등장

디지털 마케팅의 역사는 끊임없이 변화하는 환경에 적응하고, 새로운 기술을 적극적으로 수용하는 역량이 얼마나 중요한지를 잘 보여줍니다. 디지털 마케팅의 발전은 마케터의 역할에도 큰 변화를 가져왔습니다. 과거에는 브랜드 인지도를 높이는 것이 핵심 과제였지만, 기술의 진보와 시장 환경의 변화로 인해 이제는 데이터 분석, 고객 경험 설계, 성과 최적화 등 다면적인 역량이 요구됩니다.

디지털 마케팅의 범위가 확대되면서 마케터의 역할은 다양한 직군으로 세분화되었고, 각 직군은 고유한 책임과 전문성을 필요로 합니다. 이번 글에서는 디지털 마케팅의 주요 직군인 브랜드, 퍼포먼스, 콘텐츠, CRM 마케팅의 세부 업무와 요구 역량을 살펴보겠습니다.

1.2.1 _ 브랜드 마케터(Brand Marketer)

브랜드 마케터는 기업의 가치와 정체성을 형성하고 사용자에게 전달하는 핵심 역할을 맡습니다. 이들은 브랜드 인지도를 높이고 이미지를 관리하며 사용자와 신뢰를 쌓아 판매로 연결하는 중요한 역할을 수행합니다.

과거에는 TV 광고를 통해 유명 연예인을 활용해 브랜드 인지도를 높였다면 현재는 디지털 기술의 발전으로 브랜드 마케팅 방식이 한층 다양해졌습니다. 브랜드 마케터는 기업이 원하는 이미지 구축과 사용자와의 강한 유대 형성을 위해 다음과 같은 주요 업무를 진행합니다.

첫째, 브랜드 정체성을 수립합니다. 브랜드의 핵심 가치와 정체성을 명확히 한 후, 이를 기반으로 마케팅 전략을 기획합니다. 미션, 비전, 톤앤매너를 설정하여 장기 목표와 방향을 정립하는 것이 중요합니다. 나이키는 'Just Do It' 캠페인을 통해 도전 정신과 운동 문화를 지속적으로 전달하며 강력한 브랜드 정체성을 확립했습니다.

둘째, 브랜드 인지도 및 이미지를 관리합니다. 사용자가 브랜드를 쉽게 인식하고 긍정적인 이미지를 형성할 수 있도록 광고와 콘텐츠 제작에 브랜드 정체성을 반영합니다. 메시지와 디자인의 일관성을 유지하며, 브랜드 평판을 모니터링하고 위기 관리 전략을 마련합니다.

배달의민족은 독창적인 디자인과 유머러스한 카피라이팅을 통해 브랜드의 친근한 이미지를 만들어냈습니다.

셋째, 브랜드 캠페인을 기획하고 실행합니다. 브랜드를 효과적으로 홍보하고 사용자와의 접점을 늘리기 위해 다양한 온·오프라인 마케팅 캠페인을 운영합니다. SNS 바이럴, 인플루언서 협업, 광고 및 프로모션, 사용자 참여형 이벤트 등을 통해 브랜드를 효과적으로 홍보합니다. 파타고니아는 'Don't Buy This Jacket' 캠페인을 통해 친환경 철학을 강조하며 사용자의 관심을 이끌어냈습니다.

넷째, 사용자 경험을 관리하고 브랜드 커뮤니케이션을 강화합니다. 브랜드 웹사이트와 SNS를 운영하며 사용자와 직접 소통하고, 고객 피드백을 반영해 브랜드 경험을 지속적으로 개선합니다. 온·오프라인 이벤트로 특별한 경험을 제공하며, 스타벅스는 'My Starbucks Rewards' 멤버십 프로그램으로 사용자 충성도를 높이고 있습니다.

마지막으로, 성과를 측정하고 데이터 분석을 통해 전략을 개선합니다. 브랜드 인지도 조사 및 사용자 반응을 분석하고, 데이터 기반 의사 결정을 통해 마케팅 성과를 평가합니다. A/B 테스트를 활용해 최적의 마케팅 전략을 도출하는 것도 중요한 과정입니다.

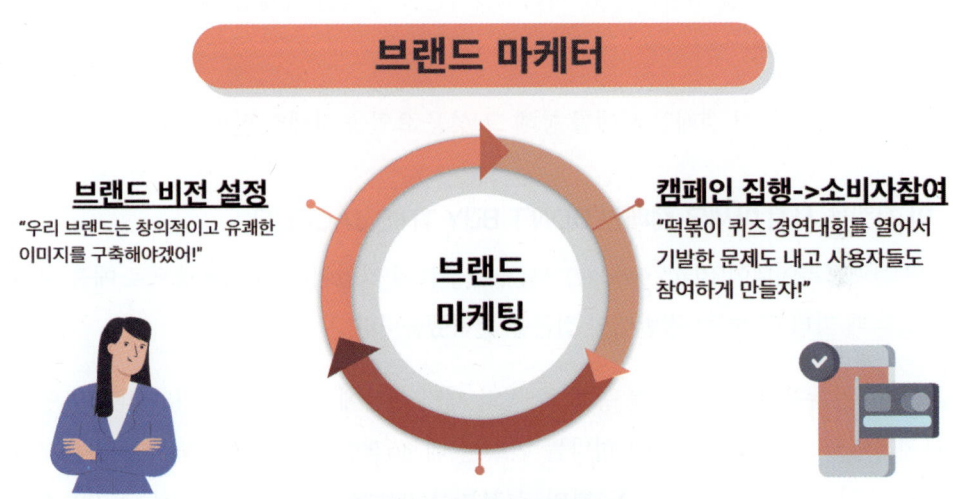

그림 1.8 브랜드 마케터의 주요 업무

결론적으로, 브랜드 마케터는 브랜드의 가치를 사용자에게 효과적으로 전달하며, 브랜드의 지속적인 성장을 주도하는 핵심 역할을 합니다. 다음 글에서는 파타고니아와 배달의민족 사례를 통해 이들의 역할과 중요성을 더욱 깊이 살펴보겠습니다.

파타고니아의 브랜드 마케팅

파타고니아는 환경 보호와 지속 가능성을 핵심 가치로 삼는 아웃도어 의류 및 장비 브랜드입니다. "우리는 우리의 터전, 지구를 되살리기 위해 사업을 합니다(We're in business to save our home planet)"라는 슬로건은 그 철학을 단적으로 보여줍니다.

그림 1.9 아웃도어 기업 파타고니아

창립자 이본 쉬나드(Yvon Chouinard)는 환경 보호에 대한 깊은 신념을 바탕으로 회사를 설립했으며, 이 신념은 파타고니아의 경영 전반과 마케팅 전략에 녹아 있습니다. 기존 의류 브랜드와 차별화된 신념 덕분에 파타고니아는 독창적인 마케팅 캠페인을 펼치며 큰 성공을 거두었습니다.

파타고니아의 대표적인 캠페인 사례를 통해 그 성공 요인을 자세히 살펴보겠습니다.

01. 이 자켓을 사지 마세요 캠페인(DON'T BUY THIS JACKET)

2011년 블랙프라이데이(Black Friday) 시즌, 대부분의 기업이 할인 마케팅으로 매출 극대화를 노릴 때 파타고니아는 정반대의 접근을 선택했습니다.

파타고니아는 뉴욕타임스 광고를 통해 한 벌의 재킷 생산에 소요되는 자원과 환경적 영향을 구체적으로 알렸습니다. 재킷 하나를 만드는 데 36갤런의 물이 사용되고 20파운드의 이산화탄소가 배출된다는 점을 강조하며, 무분별한 소비를 지양하고 구매 전 숙고할 것을 권했습니다.

그림 1.10 파타고니아의 블랙프라이데이 캠페인 "DON'T BUY THIS JACKET"

이 캠페인은 단순한 판매 전략이 아니라, 소비자 스스로 자신의 소비 습관을 되돌아보고 지속 가능한 선택을 하도록 유도하는 데 초점을 맞췄습니다. 역설적으로 "제품을 사지 말라"는 메시지는 브랜드의 진정성을 부각시키며 오히려 매출 증가로 이어졌습니다.

02. 원웨어(Worn Wear) 캠페인

파타고니아의 '원웨어(Worn Wear)' 캠페인은 브랜드의 환경 철학을 실천하는 대표적인 사례입니다. 이 캠페인은 사용자가 기존 제품을 더 오래 사용하고, 수선하며, 재사용할 수 있도록 장려하는 데 중점을 둡니다.

2021년, 파타고니아는 "사거나, 빌리거나, 고치거나"라는 슬로건 아래 강원도 홍천 비발디파크에 원웨어 팝업스토어 '스노우하우스'를 열었습니다. 이후 2022년 12월에는 휘닉스 평창 스노우파크로 확장해 운영을 이어갔습니다.

그림 1.11 강원도 홍천 비발디파크에 세워진 스노우하우스

스노우하우스는 다음과 같은 서비스를 제공합니다.

- **수선 서비스**: 파타고니아 제품은 물론 타 브랜드 의류도 무상 수선해 줍니다. 이는 "환경에 가장 이로운 옷은 지금 당신이 입고 있는 옷이다"라는 창립자의 철학을 반영한 것입니다.
- **대여 서비스**: 최신 스노우 컬렉션을 대여해 제품을 충분히 체험한 후 구매 여부를 결정할 수 있도록 지원합니다.
- **제품 구매**: 필요 시 현장에서 파타고니아 제품을 바로 구매할 수 있습니다.

그림 1.12 스노우하우스 캠페인, 사거나, 빌리거나, 고치거나(출처: 파타고니아 한국 공식 사이트)

파타고니아는 오프라인 캠페인뿐만 아니라 온라인 커뮤니티와의 연계를 통해 사용자 참여를 확장하고 있습니다. 사용자는 자신의 원웨어 스토리를 자유롭게 공유하며, 브랜드 철학에 자발적으로 동참하게 됩니다. 이를 통해 지속 가능성에 대한 경험과 가치가 자연스럽게 확산됩니다.

원웨어 캠페인은 단순한 마케팅 활동이 아닙니다. 사용자로 하여금 자신의 소비 습관을 성찰하고 보다 지속 가능한 선택을 하도록 유도하는 철학적 메시지를 담고 있습니다. 파타고니아는 이처럼 일관된 브랜드 스토리텔링을 통해 사용자와의 신뢰를 공고히 하고, 강력한 브랜드 이미지를 구축하는 데 성공했습니다.

배달의민족(우아한 형제들)의 브랜드 마케팅

배달의민족은 우아한형제들이 운영하는 대한민국 대표 배달 앱 서비스로, 2010년 출시 이후 공격적인 마케팅을 바탕으로 시장 점유율을 꾸준히 확대해왔습니다.

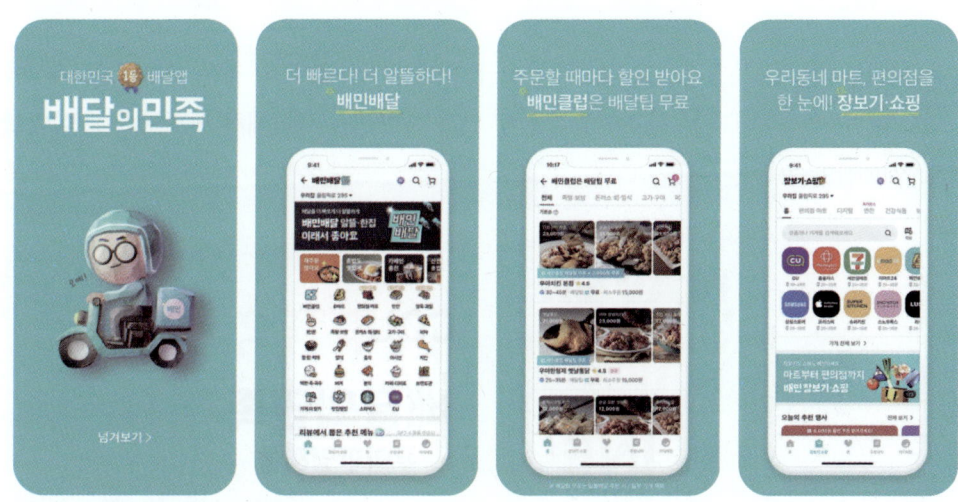

그림 1.13 배달의민족 서비스 소개 화면

서비스 초기에는 시장 확대를 위한 과감한 투자로 장기간 적자를 기록했지만, 2016년 처음으로 연간 흑자를 달성했습니다. 이후 코로나19 팬데믹 기간에 급성장하며 안정적인 흑자 기조를 이어가고 있습니다.

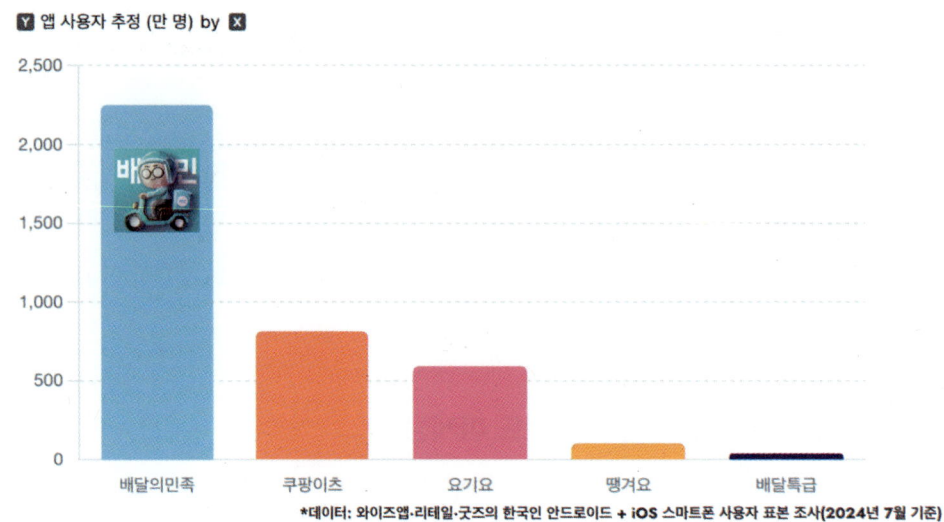

그림 1.14 한국인이 가장 많이 사용한 배달 앱 1위를 차지한 배달의민족(데이터 출처: 앱/리테일 분석 서비스 와이즈앱·리테일·굿즈)

젊은 세대를 겨냥한 독창적이고 창의적인 B급 마케팅 전략은 특히 젊은 세대의 큰 관심을 끌었으며, '네카라쿠배'라는 신조어에 포함될 만큼 대학생들 사이에서 선호도가 높은 기업으로 자리 잡았습니다.

그림 1.15 네카라쿠배(네이버, 카카오, 라인플러스, 쿠팡, 배달의민족)

이번에는 배달의민족 브랜드 마케터 채용 공고와 실제 캠페인 사례를 통해 브랜드 마케터의 업무와 필요한 역량을 분석해 보겠습니다.

다음은 배달의민족 브랜드 마케터 (신입) 채용 공고 일부입니다.

조직소개

1. 브랜드 마케팅팀은 사람들이 배달의민족을 좋아하고, 써보고 싶게 하고, 의미 있는 브랜드라고 생각할 수 있도록 하는 다양한 일을 합니다.

2. 회사와 서비스에서 사용하는 다양한 메시지들을 배달의민족만의 브랜드 정체성을 가지고 일관되게 지킬 수 있도록 돕는 역할도 하고 있습니다.

업무내용

1. 배민신춘문예, 떡볶이 마스터즈, 배민 폰트 등 배달의민족을 알리고 좋아하게 만드는 브랜드 캠페인의 기획과 실행에 직접 참여합니다.

2. 다양한 브랜드와 콜라보레이션을 기획하고 실행에 참여합니다.

지원자격

1. 목표에 맞게 브랜딩 캠페인 및 세부 실행안을 기획할 수 있는 분
2. 캠페인 내 카피라이팅, 프로모션 페이지 문구 작성을 잘하는 분
3. SNS 콘텐츠를 직접 기획하고 채널 운영 및 관리 경험이 있는 분

채용 공고에 언급된 '배달의민족을 좋아하고, 써보고 싶게 하고, 의미 있는 브랜드라고 생각할 수 있도록'이라는 문장은 브랜드 마케팅의 핵심을 잘 보여줍니다. 브랜드의 가치를 효과적으로 전달하고, 사용자가 브랜드를 진심으로 좋아하게 만드는 것이 브랜드 마케팅의 본질입니다. 배달의민족 브랜드 마케팅팀은 창의적인 캠페인을 통해 사용자들이 브랜드에 긍정적인 인식을 가질 수 있도록 지속적으로 노력해왔습니다.

다음은 배달의민족 채용 공고에 소개된 대표 캠페인 사례들입니다.

01. 배민신춘문예

'배민신춘문예'는 2015년부터 배달의민족이 개최한 음식 관련 짧은 시 공모전입니다. 대학생들과의 소통을 목표로, 전통적인 문학상인 '신춘문예'라는 명칭을 패러디해 기획되었습니다. 상품으로 '치킨 365마리'를 제공하는 등 독특한 아이디어로 많은 관심을 끌었습니다.

대표적으로 "치킨은 살 안 쪄요 – 살은 내가 쪄요(2017년)", "박수칠 때 떠나라 – 회 (2018년)" 같은 유쾌한 창작시들이 SNS상에서 큰 인기를 끌며 캠페인의 인지도를 높였습니다.

그림 1.16 2022년 배민신춘문예 수상작 대상(다 져도 괜찮아 – 마늘)과 최우수상(출처: 배민 공식 사이트)

코로나19 팬데믹으로 인해 2020년과 2021년에는 잠시 중단되었다가, 2022년에 다시 개최되어 역대 최대 응모작 수를 기록했습니다. 배민신춘문예 캠페인은 현재까지 9년째 이어지면서 배달의민족을 대표하는 브랜딩 캠페인으로 자리 잡았습니다.

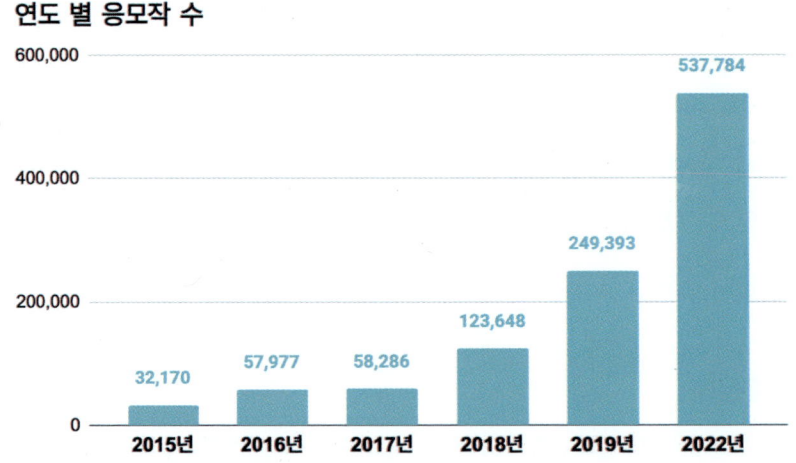

그림 1.17 배민신춘문예 연도별 응모작 수

02. 배민 떡볶이 마스터즈

'배민 떡볶이 마스터즈'는 국민 간식 떡볶이를 사랑하는 사용자들을 위한 참여형 캠페인입니다. 2019~2020년에는 떡볶이에 대한 지식과 애정을 겨루는 대회 형태로 진행됐습니다. 떡의 종류를 맞추거나 떡볶이 먹는 소리를 듣고 음식을 맞추는 ASMR 문제 등 독특한 과제를 참가자들에게 제시했습니다.

2021년에는 유튜브 스타 박막례 할머니와의 협업으로 '국물 떡볶이 키트'를 선보이는 등 '떡볶이 대잔치'라는 콘셉트 아래 다양한 콘텐츠와 프로모션을 진행했습니다. 이 캠페인을 통해 배달의민족은 사용자에게 떡볶이를 다채롭게 즐기는 경험을 제공하고 브랜드의 친근한 이미지를 강화했습니다.

그림 1.18 배민 떡볶이 마스터즈 홍보물. 배달의민족에서 주문 시 할인을 제공했다.

03. 배민 폰트

'배민 폰트'는 배달의민족이 개발해 무료로 배포하는 한글 서체입니다. 배달의민족은 앱과 웹사이트, 광고, SNS 등 다양한 플랫폼에 일관되게 배민 폰트를 사용해 사용자들의 브랜드 연상 효과를 극대화했습니다.

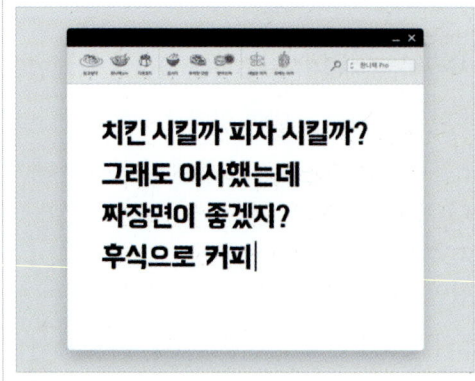
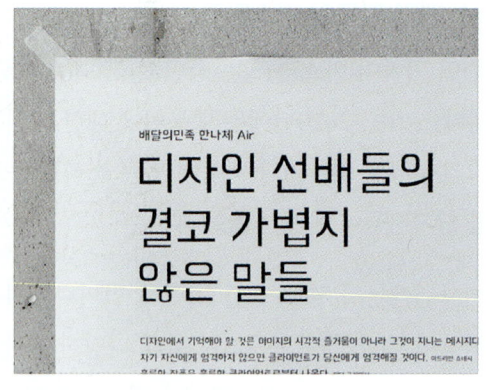

배민 한나체 Pro 2018, 7th

배달의민족 한나체 Pro는 맛있는 음식 이미지가 구석구석 숨어있는 서체입니다. 한글 조합은 되지만 실제로는 잘 쓰이지 않는 글자를 음식 이미지로 대체하여 타이핑할 때 뜬금없이 음식 그림이 뿅! 나왔다 사라집니다. 배고플 때 쓰면 더 배고파지는 것이 특징입니다.

배민 한나체 Air 2018, 6th

배달의민족 한나체 Air는 굵고 힘찬 타이틀 전용 서체 '한나는열한살체'를 사랑하는 많은 분들이 본문용으로 사용하기에, 우아한 시각문화를 위해 본문용 서체로 만든 것입니다. 작게 쓸수록 우아하고 잘 읽히는 것이 특징입니다.

그림 1.19 배달의민족에서 개발한 다양한 서체들

2022년에 출시된 '글림체'는 친근한 디자인과 캐릭터 요소를 활용해 인기를 얻었습니다. 또한 '글림체 놀이터'를 마련하여 사용자들이 쉽게 폰트를 이용해 창의적인 콘텐츠를 만들도록 독려했습니다. 이렇게 배민 폰트는 단순한 서체를 넘어, 브랜드 정체성 강화와 사용자 소통을 위한 중요한 도구로 자리 잡았습니다.

그림 1.20 글림체 놀이터를 통해 사용자가 직접 만든 콘텐츠 사례들(출처: 배민 공식 브랜드 스토어)

파타고니아와 배달의민족의 브랜드 마케팅 사례를 통해 살펴본 브랜드 마케터의 주요 업무를 표로 정리하면 다음과 같습니다.

표 1.3 브랜드 마케터의 업무

업무 항목	파타고니아	배달의민족
브랜드 비전과 목표 설정	환경 보호와 지속 가능한 소비 문화를 비전으로 삼고, 기업 활동 전반에 이를 반영	배달이라는 주제를 기반으로 유쾌하고 창의적인 브랜드 철학을 실현
브랜드 인지도 및 이미지 관리	원웨어 캠페인으로 제품 수선·재사용을 강조, 지속 가능성 중심 이미지 형성	배민 폰트 배포 등 창의적 캠페인으로 친근한 이미지 및 인지도 제고
캠페인 기획 및 실행	수선 서비스 및 팝업 스토어 캠페인 기획·운영	소비자 참여형 신춘문예 캠페인 기획으로 창의성 유도
소비자 참여 및 경험 제공	온라인 커뮤니티를 통해 환경 보호 경험 공유, 브랜드 비전과 유대감 형성	글림체 놀이터 등 콘텐츠 제작 활동으로 소비자와의 긍정적 경험 제공
성과 측정 및 피드백 반영	참여율·수선 서비스 이용률 등으로 캠페인 효과 측정 및 전략 보완	참여 데이터 분석을 통해 다음 캠페인 전략 최적화

배달의민족과 파타고니아의 사례에서 보았듯이, 브랜드 마케터는 브랜드 비전과 목표 설정부터 캠페인 기획 및 실행, 사용자와의 소통과 참여를 촉진하고, 성과를 측정하며 지속적으로 전략을 개선해 나가는 역할을 담당합니다.

이러한 창의적이고 체계적인 활동을 통해 브랜드 가치를 효과적으로 전달하고 사용자와의 관계를 강화하는 것이 브랜드 마케터의 핵심 업무입니다.

1.2.2 _ 퍼포먼스 마케터(Performance Marketer)

> "광고에 쓰는 돈의 절반은 낭비된다.
> 문제는 어느 절반이 낭비되는지 모른다는 것이다."

19세기의 전설적인 상인 존 워너메이커는 이 한 문장으로 수 세대에 걸친 사업주와 광고주들의 불안을 정확히 표현했습니다. 마케팅과 광고는 분명 효과가 있지만, 그 효과를 정확히 측정하고 입증하는 것은 쉬운 일이 아닙니다.

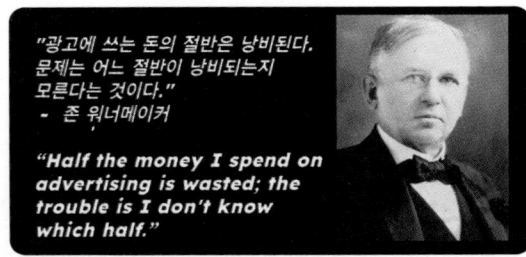

그림 1.21 마케팅의 선구자로 평가받는 미국의 유통업자, 존 워너메이커(John Wanamaker, 1838년 7월 11일 ~ 1922년 12월 12일).

이러한 고민을 해결하기 위해 등장한 것이 바로 **퍼포먼스 마케팅**입니다. 퍼포먼스 마케팅이란 마케팅 활동의 결과를 데이터로 정확히 측정하고 분석하여 광고 효율을 극대화하는 전략입니다.

디지털 환경에서는 모든 활동이 데이터로 기록됩니다. 퍼포먼스 마케팅은 이 데이터를 분석하여 마케팅 목표에 맞는 가장 효과적인 전략을 찾고 실행하는 것이 핵심입니다. 퍼포먼스 마케터는 데이터를 기반으로 마케팅 전략을 기획·실행·분석하며, 주어진 예산 내에서 최적의 광고 매체와 방법을 찾아냅니다.

더 이상 마케터들은 '지난주 광고 후 매출이 증가했다'거나 '목표는 인지도를 높이는 것이었는데 사람들이 우리 브랜드를 많이 알게 된 것 같다'처럼 모호하고 부정확하게 성과를 말하지 않습니다. 퍼포먼스 마케터는 '목표는 앱 다운로드 수 10% 증가였으며, 이번 주 설치 수는 1만 건으로 목표 대비 20% 초과 달성했다'처럼 데이터에 기반한 명확한 성과를 제시합니다. 표 1.4는 이처럼 기존 마케팅 방식과 퍼포먼스 마케팅의 차이를 비교하여 퍼포먼스 마케팅이 주목받는 이유를 정리한 내용입니다.

표 1.4 기존 마케팅 대비 퍼포먼스 마케팅이 중요해진 이유

구분	기존 마케팅	퍼포먼스 마케팅
마케팅 비용	막대한 비용투자 (TV, 옥외광고, 연예인 광고 등)	상대적으로 적은 광고금액
사용자 타겟팅	상세 타겟팅 어려움	상세 타겟팅 가능
변경	방향 전환 어려움	실시간으로 캠페인 변경 가능
분석	분석할 수 있는 데이터가 적음	자세한 사용자 행동 분석 가능

퍼포먼스 마케팅이 사전적 개념만으로 이해하기에는 다소 어렵게 느껴질 수 있으니 일상적인 사례를 들어보겠습니다. 카페를 운영하는 미나는 자신의 유튜브 채널에 올릴 새로운 브이로그를 고민 중입니다.

- 카페 운영 브이로그(커피 및 디저트 만드는 영상)
- 일상 요리 브이로그(집에서 요리하는 영상)
- 여름휴가 브이로그(제주 여행 영상)

어떤 영상을 올려야 많은 조회수를 달성할 수 있을까요?

미나는 먼저 제주 여행 브이로그를 올렸지만, 예상보다 조회수와 좋아요가 적었습니다. 분석해보니 카페 운영 콘텐츠들을 기대했던 기존 구독자들이 흥미를 느끼지 못했을 가능성이 높았습니다. 썸네일과 제목도 매력적이지 않았던 것이 원인이었습니다.

이 경험을 바탕으로 미나는 다음 콘텐츠는 카페 운영과 관련된 브이로그로 올리고, 썸네일과 제목을 더 매력적으로 구성하기로 했습니다.

그림 1.22 더 많은 조회수를 위해 고민하는 모습

이 사례는 퍼포먼스 마케팅의 기본 원리를 잘 보여줍니다. 데이터를 기반으로 결과를 분석하고, 더 나은 성과를 위해 지속적으로 전략을 수정하는 것이 퍼포먼스 마케팅의 핵심입니다. 퍼포먼스 마케팅이 숫자와 데이터를 다루는 복잡한 업무로 보일 수 있지만, 실제로는 우리가 일상에서 하는 행동과 다르지 않습니다.

퍼포먼스 마케터는 데이터 기반으로 광고 캠페인을 기획·운영하고 성과를 최적화하여 비즈니스 목표를 달성합니다. 주요 업무는 다음과 같습니다.

첫째, 광고 전략을 기획하고 운영합니다. 퍼포먼스 마케팅은 구체적인 목표를 설정하고, 효율적인 광고 집행을 통해 성과를 극대화하는 것이 핵심입니다. 캠페인의 목적을 명확히 정의하고, 검색 광고, 디스플레이 광고, SNS 광고 등 최적의 광고 매체를 선정하여 전략적으로 집행합니다.

둘째, 광고 성과를 분석하고 최적화합니다. 데이터를 분석하여 광고의 효과를 정량적으로 평가합니다. 이를 바탕으로 A/B 테스트를 진행하며, 광고 콘텐츠와 타겟팅을 지속적으로 최적화합니다.

셋째, 광고 매체를 관리하고 확장합니다. 구글, 페이스북, 틱톡, 네이버, 카카오 등 다양한 광고 플랫폼을 활용하여 최적의 성과를 도출합니다. 채널별 특성을 분석하고, 새로운 광고 기회를 발굴하여 지속적으로 마케팅 채널을 확장합니다.

마지막으로, 예산을 효과적으로 운영하고 광고비 대비 투자 수익률(ROI)을 극대화합니다. 광고 예산을 효율적으로 배분하여, 투자 대비 최대 성과를 달성합니다. 이를 위해 실시간으로 데이터를 모니터링하며 예산을 최적화합니다.

이처럼 퍼포먼스 마케팅은 단순한 광고 집행이 아니라, 데이터 기반의 정밀한 전략 수립과 지속적인 최적화를 통해 광고 성과를 극대화하는 과정입니다.

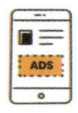

그림 1.23 퍼포먼스 마케터의 주요 업무

다음 섹션에서는 야놀자의 퍼포먼스 마케팅 사례와 오늘의집의 퍼포먼스 마케터 채용 공고를 살펴보면서, 실무에서 퍼포먼스 마케팅이 어떻게 활용되는지 구체적으로 알아보겠습니다.

야놀자의 퍼포먼스 마케팅

야놀자(Yanolja)는 2005년 설립된 이후 지속적으로 성장하며 숙박업계를 선도하는 유니콘 기업으로 자리 잡았습니다. 초기에는 숙박 서비스에 대한 대중의 인식이 긍정적이지 않았지만, 야놀자는 자신만의 방식으로 시장과 소통하며 이를 변화시켜 왔습니다. 현재는 호텔과 펜션 등 다양한 숙소 예약뿐만 아니라, 레저와 외식 등 모든 여가 활동을 아우르는 서비스를 제공하는 것을 목표로 하고 있으며, 최근에는 '놀유니버스'로 리브랜딩해 브랜드 정체성을 확장하고 있습니다.

그림 1.24 야놀자 서비스 소개 화면

야놀자의 성장 배경에는 마케팅 조직의 전략적인 노력뿐만 아니라, 퍼포먼스 마케팅의 역할도 컸습니다. 퍼포먼스 마케팅은 유료 광고를 통해 사용자 유입을 극대화하고, 효과적인 캠페인 운영으로 매출을 증대시키는 핵심 역할을 합니다.

야놀자 퍼포먼스 마케팅팀의 업무를 보다 쉽게 이해하기 위해 실제 광고 사례를 소개합니다. 이 광고는 인스타그램, 메타(페이스북), 유튜브 등에서 자주 볼 수 있는 형식으로, 에버랜드 야간권 할인 홍보를 목적으로 합니다. 광고의 '더 알아보기' 버튼을 클릭하면 사용자가 앱을 설치하도록 유도하는 구조로 설계되어 있습니다.

그림 1.25 야놀자의 에버랜드 야간권 프로모션(그림 출처: 페이스북 라이브러리)

이 광고는 목요일에 게시되었는데, 이는 주말에 에버랜드 방문을 계획하는 사람들이 많다는 점을 고려한 타이밍 전략입니다. 데이터를 분석한 결과, 목요일에 게시한 광고가 클릭률이 높다는 인사이트를 얻었기 때문일 수도 있습니다. 이처럼 퍼포먼스 마케터는 광고 게시 시기 하나에도 세심한 전략을 적용합니다.

그림 1.26 광고 게시 타이밍을 고민하는 마케터

또 다른 광고 사례로는 여름 성수기를 겨냥한 '놀데이(NOLDAY)' 프로모션이 있습니다. 이 광고는 'Learn more' 버튼 클릭 시 프로모션 페이지로 연결되며, 사용자는 페이지에서 야놀자가 제공하는 여섯 가지 혜택을 확인합니다. 클릭 한 번으로 상세한 설명과 예약 페이지까지 연결되는 구조를 통해 사용자의 경험을 극대화했습니다.

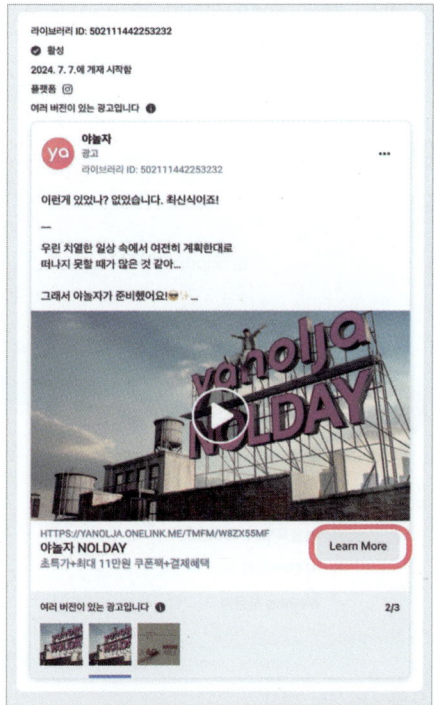

그림 1.27 'Learn more'를 클릭하면 오른쪽의 'NOLDAY 국내 여행편' 프로모션 페이지로 이동한다.

퍼포먼스 마케팅의 핵심 업무는 단순히 광고를 게재하는 것이 아닙니다. 캠페인을 효과적으로 운영하려면 명확한 목표 설정과 전략적인 예산 배분이 필수입니다. 그렇다면 퍼포먼스 마케터들은 위와 같은 캠페인을 런칭하기 위해 어떤 준비를 할까요?

01. 캠페인 목표 설정 및 예산 배분

캠페인을 성공적으로 운영하려면 먼저 명확한 목표 설정이 필요합니다. 광고 클릭 수 증가, 앱 설치 대비 예약 전환율 향상, 예약 건수 증가와 같은 구체적인 목표를 수립한 뒤, 타깃 사용자의 인구통계와 행동 패턴을 분석하여 가장 효과적인 광고 플랫폼을 선정합니다.

다음으로, 캠페인 예산을 설정하고 각 플랫폼에 적절히 배분합니다. 구글, 페이스북, 인스타그램 등 다양한 플랫폼을 활용할 수 있으며, 초기에는 예산을 균등하게 배정할 수도 있습니다. 하지만 모든 플랫폼에 동일한 금액을 배정하는 것은 비효율적이기 때문에 기존 광고 성과와 타깃 사용자의 특성을 분석하여 성과가 우수한 플랫폼에 더 많은 예산을 투입하는 방식으로 최적화합니다.

여름휴가를 계획하는 2030세대를 타깃으로 하는 경우 4050세대가 주로 이용하는 플랫폼에 예산을 집행하는 것은 적합하지 않으므로 타깃에 맞는 플랫폼을 신중하게 선정하는 것이 중요합니다.

그림 1.28 페이스북 광고 타깃 설정 화면(나이, 성별, 관심사 등으로 설정 가능)

02. 크리에이티브 제작 관리

광고 목표, 타깃, 광고 플랫폼이 결정되었다면, 각 마케팅 목표에 맞는 메시지를 담은 광고 소재를 제작해야 합니다. 야놀자 마케터들은 배우 최민식과 최우식이 함께 출연한 영상을 다양한 광고 캠페인에 활용하여 브랜드 인지도를 강화하는 동시에, 사용자와의 소통을 확대하는 전략을 세웠습니다.

숙소 예약을 직접 유도할 수 있도록 각 광고 플랫폼에 최적화된 다양한 포맷(가로형, 정사각형, 세로형)의 광고 소재를 제작합니다. 이를 위해 디자이너 및 크리에이티브 제작팀과 긴밀히 협력하며, 핵심 메시지와 비주얼 요소를 타깃 사용자에게 효과적으로 전달합니다.

'놀데이 프로모션' 캠페인에서는 특별 할인 혜택과 이벤트 정보를 강조하는 광고 배너와 영상을 제작했습니다. 최민식과 최우식이 출연한 영상에서는 "매일 쏟아지는 최신 할인 혜택을 받고 최선을 다해 놀자!"라는 메시지와 '취소 수수료 0원'을 강조하여 광고 효과를 극대화했습니다.

그림 1.29 야놀자의 놀데이 프로모션 영상 캡처. 7초, 16초, 1분 등 다양한 길이의 영상을 공개했다.

03. 광고 성과 측정 및 툴 관리

캠페인의 성과를 정확히 측정하려면 분석 도구를 설정하고 적절한 링크를 생성하는 과정이 필요합니다. 퍼포먼스 마케터는 사용자가 광고를 클릭했을 때 모바일 웹이 아닌 앱으로 이동하도록 설정하여 앱 내 활동을 증가시키고자 합니다. 또 사용자의 기기에 따라 다음과 같이 적절한 랜딩 페이지로 연결될 수 있게 설정해야 합니다.

a. PC에서 클릭하면 웹 페이지로 이동합니다.
b. 안드로이드 기기에서 클릭하면 구글 플레이 스토어로 이동합니다.
c. iOS 기기에서 클릭하면 애플 앱 스토어로 이동합니다.

그림 1.30 사용자 경험을 고민하는 마케터들

마케터들은 사용자가 어떤 기기에서 접속할지 미리 알 수 없기 때문에 사용자의 환경에 따라 자동으로 최적의 랜딩 페이지로 이동시켜주는 '원링크(OneLink)'를 활용합니다.

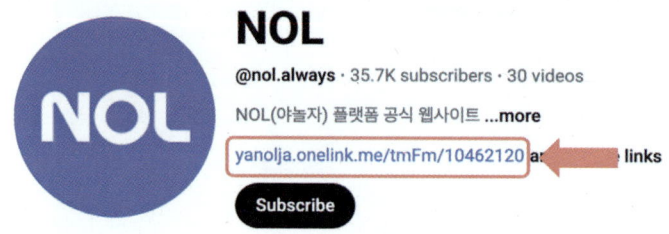

그림 1.31 야놀자의 원링크 활용 방법

원링크는 마케팅 성과 분석 툴인 앱스플라이어의 기능 중 하나로, 사용자의 기기에 따라 최적의 랜딩 페이지로 자동 연결되도록 도와줍니다. 몇 번의 간단한 설정만으로 광고 클릭 후 사용자를 웹, 구글 플레이 스토어, 애플 앱스토어 등 최적화된 경로로 자연스럽게 유도합니다.

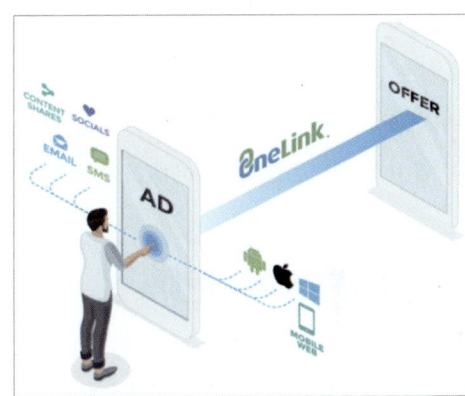

그림 1.32 앱스플라이어 원링크 설정화면. iOS 사용자와 안드로이드 사용자를 이동시킬 경로를 별도로 설정할 수 있다.

이처럼 광고 성과를 정확히 측정하고 사용자 경험을 최적화하려면 단순한 광고 운영을 넘어 외부 도구를 적극적으로 활용할 수 있는 역량이 중요합니다.

04. 실시간 성과 모니터링 및 성과 분석

광고가 시작되면 실시간 데이터를 모니터링하며 성과를 최적화해야 합니다. 클릭률이나 전환율이 낮다면 광고 소재를 변경하거나 예산을 조정하는 등의 조치를 취하고, 반대로 성과가 좋은 광고에는 추가 예산을 배분해 더 많은 사용자에게 도달할 수 있도록 합니다.

야놀자의 이번 프로모션 광고는 작년 여름 시즌 대비 성공했을까요? 캠페인 종료 후에는 성과를 분석하고 보고서를 작성해 경영진과 공유하며, 성공 요인과 개선점을 도출해 향후 캠페인 전략에 반영합니다.

그림 1.33 광고 성과 분석 예시

지금까지 야놀자의 '놀데이 프로모션'을 통해 퍼포먼스 마케터의 역할을 살펴보았습니다.

퍼포먼스 마케팅은 단순한 광고 운영을 넘어 데이터 분석, 목표 설정, 채널 선정, 크리에이티브 제작, 성과 측정 및 최적화까지 포함하는 복합적인 업무입니다. 사용자가 접하는 하나의 광고 뒤에는 퍼포먼스 마케터의 치밀한 전략과 노력이 담겨 있습니다.

오늘의집의 퍼포먼스 마케팅

오늘의집은 인테리어 영감을 얻고 가구·소품을 구매하며 전문가와 시공까지 연결할 수 있는 올인원 라이프스타일 플랫폼으로, 대한민국을 대표하는 인테리어 플랫폼입니다. 사용자는 다양한 인테리어 사례를 통해 원하는 스타일을 발견하고, 바로 제품을 구매합니다.

   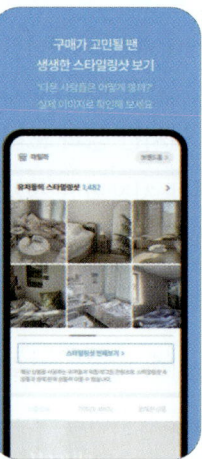

그림 1.34 오늘의집 서비스 소개 화면

재택근무를 더 편리하게 하고 싶은 사용자라면 "다른 사람들은 재택근무 공간을 어떻게 꾸몄을까?"라는 궁금증을 가지고 오늘의집을 방문할 것입니다. 아이를 키우는 부모라면 "아이가 집을 이렇게 어지르는데, 다른 사람들은 어떻게 정리할까?"라는 고민을 가지고, 독립을 준비하는 청년이라면 "새로운 공간을 어떻게 꾸미면 좋을까?"라는 생각으로 오늘의집을 찾을 것입니다.

그림 1.35 오늘의집 사용자들의 인테리어 사례(사용자가 올린 인테리어 사진에서 제품 클릭 시 즉시 구매 가능)

이처럼 오늘의집은 사용자가 라이프스타일에 맞는 인테리어 고민을 할 때 다양한 사례와 정보를 제공하며 해결책을 제시합니다. 코로나19 이후 집에 머무는 시간이 늘어나면서 인테리어에 대한 관심이 급증했고, 이에 따라 오늘의집 사용자 수도 폭발적으로 증가했습니다.

초기에는 자취하는 20대를 주요 타깃으로 설정했으나, 점차 30대까지 타깃을 확대했습니다. 2020년부터는 20~49세 사용자를 대상으로 적극적인 마케팅 전략을 펼쳤고, 그 결과 2023년에는 누적 다운로드 수 3,000만 명을 달성하며 국내 대표 인테리어 플랫폼으로 자리매김했습니다.

오늘의집의 성과 뒤에는 매력적인 광고 콘텐츠와 효과적인 퍼포먼스 마케팅 전략이 있었습니다. 오늘의집의 퍼포먼스 마케팅팀은 신규 사용자 유입을 촉진하고, 인테리어에 관심 있는 사람들이 서비스를 쉽게 접할 수 있도록 합니다. 퍼포먼스 마케터는 광고를 통해 사용자의 관심을 유도하고, 이를 실제 행동으로 이어지게 만드는 전략을 기획하고 실행합니다.

오늘의집의 마케터 채용 공고를 바탕으로 퍼포먼스 마케터의 주요 업무를 살펴보겠습니다.

> **팀 소개**
>
> 누구나 더 나은 공간에서 더 나은 삶을 꿈꿉니다. 오늘의집 마케팅팀은 No.1 인테리어 슈퍼앱을 넘어 라이프스타일의 영감이 필요한 순간 오늘의집을 찾아오고 이용하게 한다는 팀 미션을 가지고 한번 더 새로운 도전을 하고 있습니다. "We Are Greater Than I"라는 생각으로, 또 한걸음 더 나아가기 위해 함께 할 동료를 찾고 있습니다.
>
> **주요 업무**
> - Paid 유입 및 구매 성장을 위한 퍼포먼스 마케팅 수행
> - 신규 사용자 유입 확대 및 구매 전환율 개선 전략 수립
> - 새로운 퍼포먼스 광고 매체 발굴
> - 오늘의집 사용자에 대한 이해를 바탕으로 새로운 크리에이티브 기획
>
> **자격요건**
> - 5년 이상의 퍼포먼스 마케팅 경험을 보유하신 분
> - 배너, 동영상 등 디스플레이 광고의 스토리보드 및 디자인 가이드 직접 기획 가능
> - 다양한 유관부서와 협업하여 성과 개선 방안을 도출하고 실행한 경험 보유

01. Paid 유입 및 구매 성장을 위한 퍼포먼스 마케팅 수행

오늘의집 마케팅 팀의 미션은 '사용자들이 오늘의집을 찾아오고 적극적으로 이용하게 만드는 것'입니다. 퍼포먼스 마케터들은 광고와 데이터 기반 최적화를 통해 사용자가 '집'에 대한 영감이 필요할 때마다 오늘의집을 떠올리고 방문하도록 유도하는 역할을 합니다.

오늘의집은 자체적으로 제품을 제조하지 않기 때문에, 사용자가 올리는 콘텐츠를 기반으로 서비스를 확장하는 전략을 채택해 왔습니다. 또한 마케팅 팀은 사용자 행동 데이터를 면밀히 분석하며 성장의 돌파구를 찾아냈습니다.

마케팅 팀은 사용자가 어느 단계에서 이탈하는지, 왜 구매로 이어지지 않는지를 파악하기 위해 여러 가설을 세우고 검증하는 작업을 반복했습니다. 분석 결과 웹(Web)보다는 앱(App)을 중심으로 사용자 유입을 유도하는 것이 효과적이라는 점을 발견했습니다. 오늘의집은 즉각적인 구매 전환보다 앱 설치 유도를 우선시하는 전략을 선택했습니다. 이후 앱 내에서 사용자의 행동 데이터를 측정하고 전환율을 최적화하면서 앱 사용자 수와 구매율이 꾸준히 증가하는 성과를 거두었습니다.

그림 1.36 데이터를 분석하는 퍼포먼스 마케터

물론, 이 과정에서 항상 성공적인 경험만 있었던 것은 아닙니다. 초기에는 유료 광고를 통해 유입된 사용자의 구매 전환율이 낮았고, 콘텐츠를 보고 외부 사이트에서 최저가를 찾아 구매하는 패턴이 발견되었습니다. 이를 해결하기 위해 다양한 금액대의 쿠폰으로 가격 경쟁력을 확보하고 첫 구매 경험을 강화했습니다.

또한, 제품 스크랩 후 구매를 하지 않는 사용자들에게 리타겟팅 광고를 집행하여 전환율을 높였습니다. 유료 광고는 페이스북, 인스타그램, 구글 등 다양한 매체에서 진행하며, 현재 오늘의집 퍼포먼스 마케터 업무의 중요한 부분을 차지하고 있습니다.

그림 1.37 오늘의집의 다양한 유료 광고(페이스북, 구글) 사례[3]

오늘의집은 여러 매체를 동시에 운영하면서 매체별 성과를 동일한 기준으로 비교할 필요성을 느꼈고, 그때부터 데이터 분석을 기반으로 하는 퍼포먼스 마케팅의 활용도가 더욱 높아졌습니다. 오늘의집의 성공은 유료 광고를 통해 유입된 사용자의 데이터 분석과 지속적인 최적화 과정의 결과로 이루어진 것입니다.

매체	OS	Segments	지출	유입	유입단가	전환	전환단가
googleadwords_int	android	구매 후 n일 미만	6,767,746	15,346	441	4,573	1,480
		구매 후 n일 이상	21,549,176	51,308	420	17,928	1,202
		미구매 가입 후 n일 미만	14,128,396	28,033	504	10,172	1,389
		미구매 가입 후 n일 이상	18,597,014	39,964	465	15,306	1,215
	ios	구매 후 n일 미만	12,622,724	21,991	574	9,413	1,341
		구매 후 n일 이상	28,886,387	48,305	598	28,010	1,320
		미구매 가입 후 n일 미만	7,002,026	17,727	395	4,910	1,426
		미구매 가입 후 n일 이상	25,999,381	54,165	480	24,298	1,070
Facebook Ads	android	...	—	—	—	—	—
	ios	...	—	—	—	—	—

그림 1.38 퍼포먼스 마케팅팀의 채널별 성과 관리 예시

---

[3] "오늘의집 퍼포먼스 마케팅의 비밀" – 오늘의인터뷰(2021.11.11) 발췌

02. 구매 전환율 개선을 통한 비즈니스 성장 전략 수립

오늘의집은 구매 빈도가 높은 사용자를 광고 타깃에서 제외하여 월간 방문자 수를 극대화한 사례가 있습니다. 일반적으로 충성 고객에게 광고를 더 많이 집행해야 할 것 같지만, 오히려 반대 전략을 사용했습니다. 그 이유는 무엇일까요?

대부분의 커머스 플랫폼은 거래액을 핵심 성장 지표로 삼습니다. 거래액을 늘리려면 플랫폼 방문자가 많아야 하므로, 오늘의집도 초기에는 월간 방문자 수를 KPI(Key Performance Indicator)로 설정하고 구매 가능성이 높은 사용자에게 광고를 집행했습니다.

하지만 시간이 지나면서 광고 단가가 급격히 상승했고, 동일한 예산으로 확보할 수 있는 방문자가 줄어들기 시작했습니다. 예를 들어, 과거에는 100만 원의 예산으로 약 1,000명의 방문자를 유입할 수 있었다면, 광고 단가가 두 배로 오르면서 동일한 예산으로 확보 가능한 방문자 수가 500명 수준으로 감소하는 상황이 발생한 것입니다(※ 본 데이터는 설명을 돕기 위한 예시로, 실제 수치가 아닙니다).

퍼포먼스 마케팅팀과 데이터팀이 분석한 결과, 광고가 일부 사용자에게 과도하게 집중된 것이 문제였습니다. 기존에는 한 달에 5번 방문하던 사용자가 광고 노출 증가로 다음 달에 10번 방문하는 현상이 발생했지만, 새로운 사용자의 유입 없이 기존 사용자만 반복 방문하는 구조로 변했습니다. 이로 인해 전체 거래액 성장에 한계가 생겼습니다. 마케팅팀은 이를 해결하기 위해 광고 성과 측정 방식을 '마지막 클릭(Last Click)'에서 '첫 번째 클릭(First Click)'으로 변경했습니다.

첫 번째 클릭 방식은 사용자가 처음 접한 매체를 유입의 핵심 요인으로 간주하는 방식이고, 마지막 클릭 방식은 사용자가 최종적으로 행동을 하기 직전에 접한 매체를 유입의 핵심 요인으로 평가하는 방식입니다.

한 사용자가 네이버 쇼핑 광고를 보고 오늘의집 앱을 설치한 후 다음 날 페이스북 광고를 클릭해 방문했다면, 마지막 클릭 모델은 페이스북 광고가 유입에 기여했다고 판단하지만, 첫 번째 클릭 모델은 네이버 쇼핑 광고가 주요 원인이라고 평가합니다.

그림 1.39 첫 번째 클릭 방식은 위 예시에서 '네이버 쇼핑'을 광고 성과에 기여한 매체로 판단한다.

광고 성과 측정 방식을 첫 번째 클릭 방식으로 변경한 후, 오늘의집은 자연유입 가능성이 높은 사용자를 찾아 광고에서 제외하는 '디타겟팅(De-targeting)' 전략을 실행했습니다. 그 결과, 광고비는 절감하면서도 방문자 수를 늘릴 수 있었고, 시즌 프로모션에서 역대 최고 방문자 수를 기록했습니다.

이처럼 퍼포먼스 마케터는 광고 집행을 넘어 데이터 분석과 최적화를 통해 비즈니스 성장에 기여합니다.

03. 새로운 퍼포먼스 광고 매체 발굴

퍼포먼스 마케터는 끊임없이 새로운 광고 매체를 발굴합니다. 디지털 마케팅 환경은 빠르게 변화하며, 새로운 광고 매체와 형식이 지속적으로 등장합니다. 2010년대 초반에는 페이스북 광고만으로도 충분했지만, 이후 인스타그램 광고가 필수 채널이 되었고, 최근에는 유튜브뿐만 아니라 짧고 강렬한 영상 콘텐츠가 중심인 틱톡 광고까지 핵심 마케팅 채널로 자리잡았습니다. 사용자의 관심과 이용 플랫폼은 끊임없이 변화하기 때문에 퍼포먼스 마케터는 새로운 광고 매체를 발굴하고 테스트하며, 적절한 전략을 세워야 합니다.

오늘의집 퍼포먼스 마케터가 새로운 광고 매체로 '구글 쇼핑 광고'를 도입한다고 가정해봅시다. 새로운 광고 상품을 도입하기 위한 과정은 다음과 같습니다.

1) 시장 조사 및 데이터 분석

새로운 광고 매체의 주요 사용자 연령대, 관심사, 광고 노출 위치, 콘텐츠 소비 패턴 등을 분석하여 오늘의집과의 적합성을 평가합니다. 광고 매체를 새롭게 평가할 때는 광고 노출 위치를 세밀하게 분석해야 합니다. 그림 1.40은 구글 쇼핑 캠페인에서 적용되는 다양한 광고 위치를 보여주며, 여러 영역에서 광고가 어떤 방식으로 노출되는지를 시각적으로 정리한 자료입니다. 각 위치에 대한 설명은 광고의 도달 범위와 타겟팅 전략을 구체화하는 데 중요한 역할을 하며, 오늘의집과 같은 쇼핑몰의 광고 최적화 과정에서 참고할 만한 정보를 제공합니다.

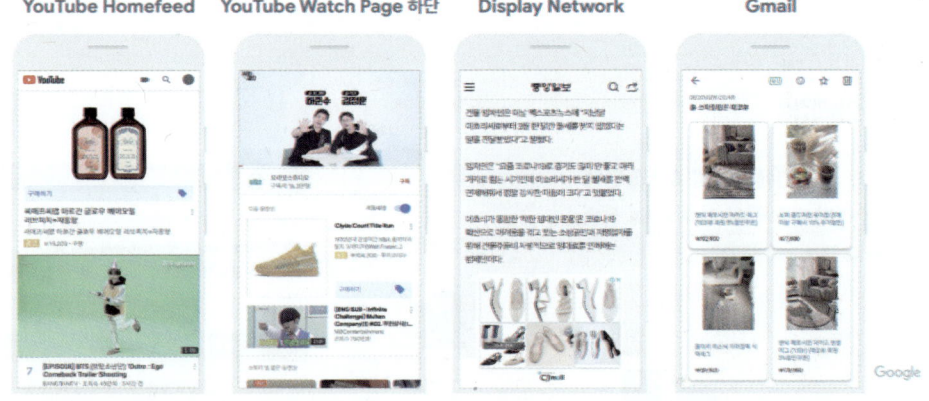

그림 1.40 구글 쇼핑 광고의 노출 위치 소개서 - Think with Google[4]

2) 캠페인 특성 및 기존 광고와의 차이점 분석

구글 쇼핑 광고가 기존 광고와 비교했을 때 어떤 장점과 단점이 있는지 분석합니다. 일반 검색 광고는 광고 문구와 키워드를 마케터가 직접 작성해야 하지만, 쇼핑 광고는 상품 피드 데이터를 기반으로 자동 생성된다는 점이 특징입니다. 오늘의집 마케터는 이 특성을 활용해 빠르게 광고를 진행할 수 있다는 점에서 테스트 효율성이 높다고 판단합니다.

---

[4] 「Google 쇼핑 광고의 모든 것 - 쇼핑 플레이북」(곽나래, 2020년 4월) 발췌

3) 광고 전략 수립

새로운 광고 매체 특성에 맞춰 최적의 광고 전략을 설정합니다. 20대를 겨냥한 '자취 팁' 키워드 점유율을 높이는 전략으로 광고 성과를 극대화합니다.

4) 캠페인 기획 및 실행

구글 스마트 쇼핑 광고에 맞춰 최적화된 키워드를 설정하고, 최대한 많은 사용자에게 도달할 수 있도록 알고리즘에 맞춰 캠페인을 기획합니다. 광고 검수 과정에서 승인 기준을 충족하는지, 오류 사항이 없는지 사전에 점검합니다.

5) 성과 분석 및 최적화

캠페인 데이터를 실시간으로 모니터링하고 광고 성과를 지속적으로 최적화합니다. 성공적인 성과를 거두었다면 구글과 협업하여 성공 사례를 케이스 스터디로 진행할 수도 있습니다.

그림 1.41 오늘의집 구글 쇼핑 광고 성공 사례 – Think with Google[5]

---

[5] 『Google 쇼핑 광고의 모든 것 – 쇼핑 플레이북』(곽나래, 2020년 4월) 발췌

04. 크리에이티브 기획

퍼포먼스 마케터는 흔히 데이터를 분석하고 캠페인을 최적화하는 역할로 인식됩니다. 그러나 오늘의집의 퍼포먼스 마케터 채용 공고를 보면, 크리에이티브 기획 역량도 중요한 요소로 요구됩니다.

잘 기획된 광고 크리에이티브는 다음과 같은 효과를 가져옵니다.

1) 사용자 맞춤형 광고로 광고 효율 극대화

오늘의집 사용자들은 연령, 라이프스타일, 관심사에 따라 다양한 니즈를 가집니다. 퍼포먼스 마케터는 이러한 데이터를 분석하여 맞춤형 광고를 제작함으로써 광고 효과를 극대화합니다.

사용자의 관심사와 취향을 반영한 광고는 자연스럽게 주목도를 높이고, 클릭률(CTR)과 전환율(CVR) 향상에 기여합니다. 자취생에게 고급 식기 광고를 노출하면 구매 전환율이 낮아질 가능성이 큽니다. 마찬가지로, 신혼부부를 대상으로 '자취 필수템' 광고를 진행하면 효과가 떨어질 수 있습니다. 즉, 타깃에 적합한 메시지와 크리에이티브를 기획하는 것이 필수입니다.

그림 1.42 오늘의집에서는 연령대별로 맞춤형 광고 크리에이티브를 활용합니다. 왼쪽은 20대 자취생을 타깃으로 한 배너이며, 오른쪽은 30대 이상 구매력을 갖춘 사용자를 타깃으로 프리미엄 브랜드 제품을 홍보하고 있다.[6]

2) 경쟁력 확보 및 브랜드 이미지 강화

사용자의 요구를 깊이 이해하여 맞춤형 광고를 디자인하고, 경쟁사와 차별화된 크리에이티브를 기획합니다. 단순한 제품 홍보를 넘어, 사용자가 실질적으로 필요로 하는 정보를

---

[6] 출처: 오늘의집, "Oh!nsight 데이터 기반 의사결정을 하는 오늘의집이 데이터를 구성하고 활용하는 방법"(2021.07.13, 루카) 발췌

제공하는 방식으로 접근해야 합니다. 특히, 사용자의 페인 포인트(pain point)를 해결하는 광고는 효과가 더욱 큽니다.

아래 사례는 사용자 니즈를 반영한 크리에이티브입니다. 왼쪽 이미지는 분리수거의 번거로움을 해결하는 제품을 소개하고 있고, 오른쪽 이미지는 재택근무 직장인의 편의를 고려한 광고입니다. 이처럼 실질적인 문제를 해결하는 광고는 브랜드 신뢰도를 높이는 데 기여합니다.

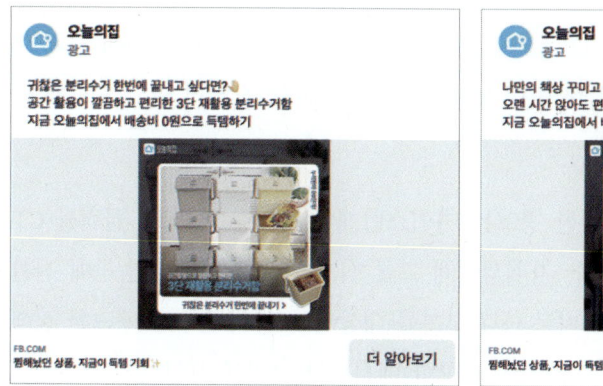

그림 1.43 분리수거 정리함 제품 광고(왼쪽)와 인체공학 의자 광고(오른쪽)

지금까지 야놀자와 오늘의집의 사례를 통해 퍼포먼스 마케터의 주요 업무를 살펴봤습니다. 이를 표로 정리하면 다음과 같습니다.

표 1.5 퍼포먼스 마케터의 업무

업무 항목	야놀자	오늘의집
데이터 분석 및 목표 설정	데이터 분석을 통해 잠재 사용자의 행동 패턴을 파악하고 특정 기간 동안의 예약 건수를 늘리는 목표를 설정	사용자 행동 데이터를 분석하여 인기 제품과 이탈이 발생하는 페이지를 파악하고 전략을 수립
디지털 광고 캠페인 기획 및 실행	'놀데이' 프로모션과 같은 대규모 캠페인을 기획하고, 인스타그램이나 유튜브와 같은 다양한 디지털 광고 매체를 활용	구글 애즈, 페이스북 애즈, 인스타그램 등 다양한 플랫폼에서 광고 캠페인을 기획하고 실행

업무 항목	야놀자	오늘의집
캠페인 테스트 및 최적화	광고 게시 시간과 타겟팅 설정 등을 테스트하여, 가장 효과적인 광고 집행 방식 모색	광고 소재와 랜딩 페이지의 다양한 요소를 A/B 테스트하여 가장 높은 전환율을 보이는 조합을 찾아내고 지속적으로 최적화
성과 보고 및 전략 수립	월별 또는 분기별로 캠페인 성과를 분석하고, 이를 경영진과 공유하여 향후 마케팅 방향을 설정	주기적으로 캠페인 성과를 보고하고, 이를 바탕으로 향후 마케팅 전략을 수립

퍼포먼스 마케터가 성공적으로 업무를 수행하려면 데이터 분석 능력, 디지털 마케팅 경험, 테스트 및 최적화 기술, 커뮤니케이션 및 협업 능력, 문제 해결 능력이 필수적입니다. 오늘의집 퍼포먼스 마케팅 채용 공고에서도 5년 이상의 경력을 요구하는 이유가 여기에 있습니다.

많은 기업이 퍼포먼스 마케터 채용 시 경력자를 선호하는 경향이 있습니다. 이는 퍼포먼스 마케터가 데이터를 기반으로 마케팅 캠페인의 성과를 측정하고 최적화하는 핵심 역할을 맡기 때문입니다. 경력자는 이미 다양한 데이터 분석 도구와 광고 운영 경험을 보유하고 있어, 더 정교한 캠페인 전략을 수립하고 광고비를 효율적으로 집행할 수 있습니다. 또한, 이전 캠페인의 인사이트를 바탕으로 최적화 전략을 세우는 데 강점을 가집니다.

경험이 많은 마케터는 예상치 못한 문제에 직면했을 때 신속하고 효과적으로 해결책을 찾는 역량도 갖추고 있습니다. 디지털 마케팅 환경이 빠르게 변화하는 만큼, 최신 트렌드를 파악하고 유연하게 대응하는 능력이 더욱 중요합니다.

그러나 신입도 퍼포먼스 마케터로 성장할 수 있습니다. 만약 신입 채용 기회가 부족하다면 트렌드에 민감한 신입의 강점을 살려 콘텐츠 마케터로 경험을 쌓고, 데이터 분석 및 광고 운영 경험을 축적하는 것도 좋은 방법입니다.

이어서 콘텐츠 마케터의 역할과 필요한 역량에 대해 살펴보겠습니다.

1.2.3 _ 콘텐츠 마케터

콘텐츠 마케팅은 사용자에게 유용한 정보와 가치를 제공하여 관심과 참여를 유도하는 전략입니다. 콘텐츠 마케터는 타깃 고객을 명확히 정의하고, 그들의 필요를 파악한 뒤 흥미로운 콘텐츠를 기획하고 제작합니다. 이후, 블로그, 유튜브, 인포그래픽, 소셜 미디어 등 다양한 디지털 플랫폼을 활용해 콘텐츠를 배포합니다.

콘텐츠 마케터의 주요 업무는 다음과 같이 나눌 수 있습니다.

첫째, 콘텐츠 전략을 수립하는 일을 합니다. 브랜드의 핵심 가치를 반영한 콘텐츠를 기획하고, 사용자가 공감할 수 있는 스토리를 만듭니다. 이를 위해 브랜드의 톤앤매너를 설정하고, 채널별로 구체적인 콘텐츠 전략을 수립합니다.

둘째, 콘텐츠를 제작하는 일을 합니다. 텍스트, 이미지, 영상 등 다양한 포맷을 활용하여 블로그 포스트, SNS 카드 뉴스, 브랜드 캠페인 영상 등을 제작하며, 사용자와 브랜드 간의 긍정적인 관계를 형성할 수 있는 콘텐츠를 만들어냅니다.

셋째, 콘텐츠를 배포하고 확산시키는 전략을 실행하는 일을 합니다. 제작한 콘텐츠가 더 많은 사용자에게 도달할 수 있도록 채널별 최적화 전략을 수립하고, SNS나 이메일 마케팅 등을 통해 타깃 고객에게 효과적으로 전달합니다.

넷째, 콘텐츠의 성과를 분석하고 최적화하는 일을 합니다. 도달률, 클릭률, 전환율 등의 데이터를 기반으로 어떤 콘텐츠가 효과적인지 파악하고, 성과가 높은 콘텐츠 유형과 주제를 중심으로 개선 작업을 이어갑니다.

다섯째, 브랜드 커뮤니티를 형성하고 사용자와 소통하는 일을 합니다. 댓글, 이벤트, 해시태그 챌린지 등을 활용해 사용자 참여를 유도하고, 브랜드와 사용자 간의 관계를 깊이 있게 만들어 장기적인 충성도를 높입니다.

콘텐츠 마케터의 역할은 단순한 정보 전달을 넘어, 브랜드의 스토리를 효과적으로 전달하고 사용자와의 관계를 구축하는 데 있습니다.

01장 _ 디지털 마케팅의 과거와 현재, 그리고 커리어 기회 45

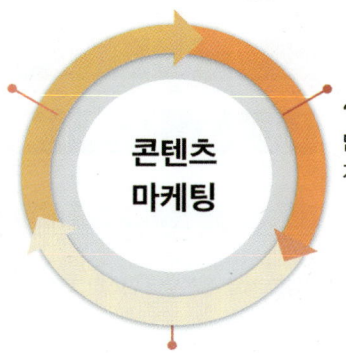

그림 1.44 콘텐츠 마케터의 주요 업무

오늘의집과 무신사의 성공적인 콘텐츠 마케팅 사례를 살펴보며, 콘텐츠 마케터가 실제로 어떻게 전략을 실행하는지 분석해보겠습니다.

오늘의집의 콘텐츠 마케팅

앞서 퍼포먼스 마케팅 사례에서 살펴본 대한민국 대표 인테리어 플랫폼 '오늘의집'의 콘텐츠 마케팅 전략을 소개합니다. 오늘의집은 플랫폼 초기부터 '사용자의 인테리어 콘텐츠'를 핵심으로 삼고 콘텐츠 마케팅에 적극적으로 투자해왔습니다.

다양한 SNS 채널을 효과적으로 운영하는 브랜드로도 유명합니다. 오늘의집은 인스타그램, 페이스북, 네이버 포스트, 유튜브 등에서 활발히 활동하며, 100만 명이 넘는 팔로워를 보유한 인스타그램 채널에서도 강력한 존재감을 드러내고 있습니다. 오늘의집 마케터들은 어떤 전략으로 SNS 채널을 운영하며, 사용자들에게 어떤 영향을 미쳤을까요?

그림 1.45 오늘의집에서 운영하고 있는 다양한 채널. 왼쪽부터 인스타그램, 유튜브, 다음 채널

01. 채널 맞춤형 콘텐츠 제작 및 운영

오늘의집 마케터들은 각 SNS 채널의 특성과 타깃 고객에 맞춰 최적화된 콘텐츠를 제작합니다. 인스타그램은 사진과 동영상 중심의 비주얼 콘텐츠가 중요한 플랫폼으로, 2030 젊은 층이 주요 이용자입니다. 이에 맞춰, 높은 퀄리티의 시각적 콘텐츠와 자취, 결혼 등 해당 연령대에서 자주 발생하는 이벤트를 반영한 콘텐츠를 제작합니다.

오늘의집은 인스타그램에서 원룸형 자취방이나 10~20평대 신혼집 인테리어를 주로 소개하며, 따뜻한 분위기의 사진과 직장인 및 자취인을 위한 실용적인 팁을 제공합니다. 첫 번째 이미지 선택에 심혈을 기울여 사용자의 이탈을 방지하고, 평수 및 건물 형태 정보를 추가해 가독성을 높이는 전략을 활용합니다. 또한, '인테리어 월드컵'과 같은 콘텐츠를 통해 팔로워의 참여를 유도하고, 고객 반응을 실시간으로 모니터링하여 콘텐츠 방향을 조정합니다.

한편, 현재는 운영을 종료했지만, 과거에는 40대 여성들이 주로 이용했던 카카오뷰(구 1boon)에서도 콘텐츠를 제공했습니다. 40대 사용자는 20대보다 넓은 평수의 주택에 거주하는 경우가 많으며, 정리·수납과 같은 실용적인 정보에 대한 관심이 높습니다. 이에 맞춰 30~40평대 아파트 인테리어 및 살림 노하우 콘텐츠를 제작했습니다. 마당이 있는 주택 리모델링 사례나 오래된 아파트를 몇천만 원으로 새롭게 단장한 시공기 등 40대 사용자층이 관심을 가질 만한 콘텐츠도 적극적으로 운영했습니다.

각 플랫폼의 사용자 특성에 맞춰 비주얼 중심 콘텐츠(인스타그램)와 정보 중심 콘텐츠(카카오뷰)를 병행하는 전략을 통해 다양한 사용자층의 관심을 효과적으로 끌어낸 것입니다.

02. 트렌드를 반영한 콘텐츠 기획

오늘의집 마케터들은 최신 트렌드와 이슈를 반영해 사용자의 관심을 끌 수 있는 콘텐츠를 기획합니다. MBTI가 유행했을 때는 성격 유형별 인테리어 스타일을 소개하는 콘텐츠를 제작했고, 코로나19로 홈캉스 트렌드가 확산되었을 때는 캠핑용품 및 바캉스 아이템을 소개하는 콘텐츠를 선보였습니다.

날씨 변화에 따른 콘텐츠 기획도 중요한 전략 중 하나입니다. 여름이 끝나고 가을이 다가오면 에어컨·선풍기 커버를 소개하며 계절에 맞는 제품을 자연스럽게 추천합니다.

일기예보를 확인하고, 기온 변화에 따라 콘텐츠를 실시간으로 조정하기도 합니다. 더운 날씨가 지속될 것으로 예상되어 에어컨 관련 콘텐츠를 준비했으나, 갑작스런 비 소식이 확인된다면 제습기 관련 콘텐츠로 변경하는 등 기민하게 대응합니다.

그림 1.46 MBTI 트렌드를 접목하여 만든 MBTI 유형별 인테리어 영상 콘텐츠

03. 고객 참여형 콘텐츠로 인게이지먼트 증대

오늘의집은 고객 참여형 콘텐츠를 적극적으로 활용하여 브랜드와 고객 간의 관계를 강화합니다. 인스타그램 Q&A, '컬러 인테리어 챌린지' 등의 이벤트를 진행해 사용자들이 직접 자신의 집 사진을 공유하도록 유도합니다. 또한, "지난 5년간 한국에서 가장 많이 팔린 가구는?" 같은 흥미로운 퀴즈 콘텐츠를 활용하여 사용자들의 호기심을 자극하고, 자연스럽게 오늘의집 플랫폼으로 유입되도록 유도합니다. 뿐만 아니라, 경쟁 브랜드들의 SNS 운영 방식을 꾸준히 모니터링하고 벤치마킹할 요소를 분석하여, 오늘의집만의 차별화된 콘텐츠 전략을 지속적으로 발전시켜 나가고 있습니다.

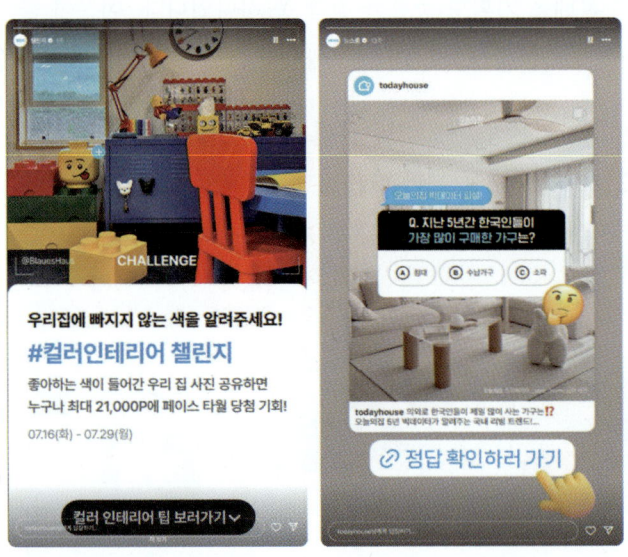

그림 1.47 오늘의집의 고객 참여형 콘텐츠 예시

04. SNS 플랫폼의 UI/UX 파악 및 최적화

각 SNS 플랫폼의 UI(User Interface)/UX(User experience)를 분석하여 콘텐츠 노출을 극대화하는 것도 오늘의집 콘텐츠 마케팅의 중요한 전략 중 하나입니다. SNS 플랫폼들은 사용자가 더 오래 머무르도록 하기 위해 지속적으로 알고리즘을 개선합니다. 오늘의집 마케터들은 이러한 변화에 발맞춰 자사 계정뿐만 아니라 경쟁사의 콘텐츠와 각 플랫폼 내 콘텐츠 소비 방식을 면밀히 분석합니다.

네이버 포스트에서는 리빙판의 UI 구조를 분석하여, 더 많은 사용자가 오늘의집 채널로 유입될 수 있도록 전략을 조정합니다. 어떤 게시물이 상단에 노출되는지, 베스트 콘텐츠의 공통점이 무엇인지, 자주 등장하는 브랜드는 무엇인지 등의 요소를 분석하여 콘텐츠 노출 빈도를 높이고 최적의 콘텐츠 전략을 발굴합니다.

이 전략은 네이버뿐만 아니라 인스타그램, 페이스북, 유튜브 등 다른 SNS 채널에도 동일하게 적용됩니다. 각 플랫폼의 UI/UX 변화를 지속적으로 파악하고 콘텐츠 전략을 조정하면 브랜드 채널의 노출을 극대화하고 더 많은 사용자를 유입할 수 있습니다.

05. 콘텐츠 성과 분석 및 전략 개선

오늘의집은 콘텐츠 마케팅을 활용해 고객과 소통을 강화하고, 트렌드를 반영한 콘텐츠를 꾸준히 제작하며, 고객 참여를 유도하는 전략으로 높은 성과를 거두고 있습니다.

또한 콘텐츠의 도달률, 참여율, 전환율 등을 면밀히 분석하고, 성과 데이터를 기반으로 지속적으로 전략을 최적화하고 있습니다. 데이터 기반 최적화는 브랜드 가치를 극대화하는 것을 넘어, 광고비 절감 이상의 마케팅 효과를 창출하는 데 기여하고 있습니다.

무신사의 콘텐츠 마케팅

무신사는 2001년에 설립된 대한민국의 온라인 패션 플랫폼으로, 처음에는 '무진장 신발 사진이 많은 곳'이라는 이름으로 신발 판매를 중심으로 서비스를 시작했습니다. 이후 지속적으로 제품 카테고리를 확장하며 의류, 액세서리, 뷰티 제품 등 다양한 패션 아이템을 판매하는 대한민국 대표 온라인 패션 플랫폼으로 자리 잡았습니다.

그림 1.48 무신사 서비스 소개 화면

2021년 무신사는 시리즈 C 투자 유치로 2,000억 원 이상의 자금을 확보하며 기업 가치가 3조 원 중반대까지 상승했고, 2023년에는 매출이 9,931억 원으로 1조 원에 가까운 성과를 기록했습니다. 무신사의 성과 핵심 배경에는 온라인 패션 커뮤니티와 사용자 맞춤형 콘텐츠를 적극적으로 활용한 콘텐츠 마케팅 전략이 자리 잡고 있습니다.

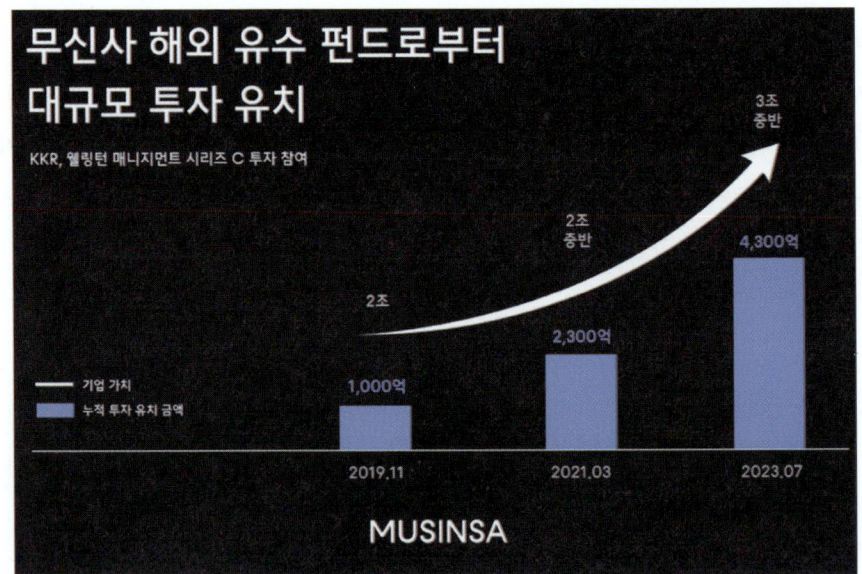

그림 1.49 무신사의 기업가치

무신사는 사용자가 직접 참여할 수 있는 콘텐츠 제작을 중요하게 생각하며, 다양한 콘텐츠 마케팅 활동을 전개했습니다. 특히, 온라인 패션 커뮤니티를 중심으로 한 인플루언서 마케팅을 적극 추진해 브랜드 가치를 극대화했습니다. 무신사의 성장 과정에서 콘텐츠 마케팅의 역할은 매우 컸으며, 이를 수행하는 콘텐츠 마케터들의 영향력 역시 매우 중요합니다.

실제 무신사의 채용 공고를 통해 콘텐츠 마케터의 구체적인 역할을 살펴보고, 무신사의 콘텐츠 마케팅 전략을 주도하는 이들이 어떤 업무를 담당하고 있는지 자세히 알아보겠습니다.

주요 업무

- 공식 SNS 채널 운영(인스타그램, 블로그, 카카오, 유튜브 등)
- 채널별 목적에 최적화된 콘텐츠 기획 및 제작
- 콘텐츠 스케줄링 및 업로드 / 관리
- SNS 이벤트 기획 및 운영
- 발행 콘텐츠별 결과 지표 및 인사이트 분석
- 유관 부서와의 커뮤니케이션 협업 진행

자격요건

- 최소 1년 이상 기업 SNS 채널 운영 및 콘텐츠 마케팅 경험 보유
- 다양한 콘텐츠 기획 및 제작, SNS를 통한 캠페인/이벤트 경험 보유

우대사항

- 콘텐츠 기획력 및 카피라이팅 감각
- SNS 플랫폼에 대한 깊은 관심과 이해도
- 마케팅 성과 측정툴 활용 경험
- 이커머스 및 브랜드 마케팅 경험
- 유관 부서와의 적극적이고 원활한 커뮤니케이션 능력
- 다양한 콘텐츠 기획에 대한 관심과 아이디어
- 자신이 하는 일에 대한 재미와 자신감

이 공고를 보면, 콘텐츠 마케터의 핵심 역할은 브랜드의 공식 SNS 채널별 목표에 맞춰 콘텐츠를 기획·제작하고 운영하며, 성과를 분석하는 것임을 알 수 있습니다. 단순히 콘텐츠를 업로드하고 성과를 확인하는 것이 아니라, 각 플랫폼의 특성과 알고리즘을 고려해 최적화된 전략을 수립하고, 다양한 유관 부서와 협업하여 콘텐츠를 만들어 나가는 과정이 필수적입니다.

무신사의 대표적인 콘텐츠 사례를 통해 실제로 어떻게 브랜드 인지도와 매출 성장을 이끌었는지 살펴보겠습니다.

01. 인스타그램: "DM확인부탁드려요"

"DM 확인 부탁드려요"는 인스타그램의 릴스를 활용한 인터뷰 형식의 콘텐츠입니다. 이는 릴스로 화제가 된 인물과 인터뷰하며 자연스럽게 패션 아이템을 소개하는 방식으로 진행됩니다. 인터뷰 형식이기 때문에 자연스럽게 옷에 대한 이야기가 나오며, 무신사의 광고처럼 보이지 않습니다. 릴스의 인기 인물을 선정해 시청자의 관심을 끌고, 사용자의 시청 지속성을 극대화하는 것이 특징입니다.

그림 1.50 무신사의 "DM확인부탁드려요" 콘텐츠(출처: 무신사 인스타그램)

이 콘텐츠는 인스타그램의 최근 알고리즘 변화를 적극적으로 반영한 사례입니다. 과거에는 팔로워 수가 많은 콘텐츠가 주로 노출되었지만, 독창적인 오리지널 콘텐츠 제작에 높은 가중치를 부여하는 구조로 바뀌었습니다. 이에 다른 기업들도 단순한 광고형 콘텐츠가 아닌, 독창적이고 사용자의 참여를 유도하는 콘텐츠를 제작할 필요성이 커졌습니다.

"DM 확인 부탁드려요"는 이러한 변화를 반영해, 사용자들이 자연스럽게 관심을 가질 만한 인물을 활용하고, 그들의 스타일을 소개하면서 무신사에서 구매할 수 있는 아이템을 노출시키는 방식으로 운영됩니다. 결과적으로 브랜드 홍보 효과는 물론, 무신사의 매출 증가에도 기여하는 콘텐츠 전략입니다.

02. 유튜브 '쇼미더클로젯'

'쇼미더클로젯'은 유명 인플루언서와 패션 피플의 옷장을 공개하며 그들의 스타일과 패션 철학을 공유하는 유튜브 콘텐츠 시리즈입니다. 이 콘텐츠는 단순히 옷을 소개하는 것이 아니라, 무신사가 패션 트렌드를 선도하는 브랜드라는 점을 강조하는 역할을 합니다.

그림 1.51 쇼미더클로젯 콘텐츠. 연예인 및 인플루언서의 옷장을 소개한다(출처: 무신사 유튜브)

인플루언서들의 실제 스타일링을 보여주면서 무신사에서 판매하는 제품을 자연스럽게 연결하는 것이 이 콘텐츠의 핵심입니다. 시청자들은 인플루언서가 착용한 아이템을 보며 스타일링 아이디어를 얻고, 영상 내 제공되는 링크를 통해 직접 구매까지 가능합니다.

또한, 출연한 인플루언서들이 자신의 SNS 채널을 통해 '쇼미더클로젯' 출연 소식을 공유하면서 무신사의 콘텐츠가 자연스럽게 확산됩니다. 이는 무신사의 전략적 콘텐츠 마케팅 사례로, 브랜드 인지도와 매출 성장에 효과적으로 기여하고 있습니다.

그림 1.52 쇼미더클로젯 제품 구매 링크 제공 화면

03. 무신사 쇼케이스: 브랜드와 사용자를 잇는 플랫폼

무신사는 패션 커뮤니티를 기반으로 성장한 브랜드로, 자사 사이트에서 차별화된 콘텐츠를 제작하는 것으로도 유명합니다. 중소 브랜드들이 겪는 대표적인 문제인 마케팅과 콘텐츠 제작의 어려움을 해결하기 위해 입점 브랜드의 홍보를 적극적으로 지원하고 있습니다. 그중에서도 무신사 쇼케이스는 입점 브랜드의 마케팅을 돕는 대표적인 전략으로, 다른 이커머스 플랫폼과 차별화되는 중요한 요소입니다.

무신사 쇼케이스는 단순한 제품 홍보가 아닌 온라인에서도 오프라인 쇼케이스의 감각적 경험을 그대로 제공하는 것이 핵심입니다. 브랜드가 직접 선정한 아이템을 감각적으로 보여주고, 고객이 온라인 팝업 스토어를 방문하는 듯한 경험을 할 수 있도록 구성됩니다. 사용자는 자연스럽게 컬렉션을 둘러보며 구매까지 하게 되고, 입점 브랜드들 역시 높은 만족도를 보입니다.

다음 그림의 무신사 글린트 틴트 쇼케이스 사례를 보면, 감각적인 사진과 스타일링 연출을 통해 제품을 구경하고 고객이 클릭 한 번으로 구매까지 할 수 있도록 설계되었습니다. 쇼케이스에 대한 감상평을 댓글로 남기면 추첨을 통해 선물을 증정하는 이벤트도 진행해 사용자 참여를 적극 유도하고 있습니다.

그림 1.53 무신사의 글린트 틴트 입점 쇼케이스

무신사 쇼케이스라는 하나의 콘텐츠가 완성되기까지 약 960시간이 걸리며, 평균 15명 이상의 전문 인력이 협업하여 제작합니다. 기획 단계에서는 에디터가 콘셉트와 테마를 정하고, 이후 MD, 포토그래퍼, 디자이너, 프로그래머, 운영팀, 마케터 등 여러 부서가 협력하여 전략적으로 진행됩니다.

2016년 처음 시작된 무신사 쇼케이스는 아디다스, 나이키 같은 글로벌 브랜드부터 앤더슨벨 등 국내 유망 브랜드까지 다양한 브랜드와 협업하며, 올해로 9년째 운영되고 있습니다. 2021년 진행된 '이벳필드와 쿠키런의 유쾌한 만남' 쇼케이스는 200만 조회수를 돌파했으며 성공적인 사례로 평가됩니다.

그림 1.54 무신사 쇼케이스 '이벳필드와 쿠키런의 유쾌한 만남' 사례

이렇게 무신사 쇼케이스는 단순한 제품 홍보를 넘어, 인터랙티브한 콘텐츠와 실시간 소통을 통해 사용자의 적극적인 참여를 유도하며 브랜드와 사용자 간의 유대감을 강화하는 중요한 역할을 합니다.

오늘의집과 무신사의 사례를 통해 볼 때, 콘텐츠 마케터의 역할은 단순한 콘텐츠 제작을 넘어 브랜드 성장에 직접적으로 기여하는 전략적 포지션이라는 점을 알 수 있습니다. 이를 통해 알 수 있는 콘텐츠 마케터의 핵심 역할은 다음과 같습니다.

표 1.6 콘텐츠 마케터의 업무

업무 항목	오늘의 집	무신사
콘텐츠 기획 및 제작	다양한 인테리어 스타일을 보여주는 사진 및 영상 콘텐츠를 기획 실사용자 집 꾸미기 콘텐츠를 제작하여 유용한 정보를 제공	화제가 된 인물의 인터뷰를 통해 그들의 스타일을 소개하는 릴스 콘텐츠를 기획 브랜드와 제품의 매력을 극대화하는 영상 및 그래픽 콘텐츠를 제작

업무 항목	오늘의 집	무신사
소셜 미디어 운영 및 관리	인스타그램, 페이스북, 네이버 포스트, 유튜브 등 다양한 SNS 채널을 운영 (예: 인스타그램에서 인테리어 팁을 주제로 한 스토리와 포스트를 정기적으로 게시)	패션 콘텐츠를 다양한 소셜 미디어 채널에 배포하고 프로모션을 진행
마케팅 캠페인 및 이벤트 기획	계절별 이벤트를 기획하고, 사용자들이 참여할 수 있는 콘텐츠 아이디어를 제안하여 캠페인 제작에 참여	신제품 런칭 이벤트 및 특별 프로모션을 기획하고, 인플루언서 인터뷰 콘텐츠와 연계된 이벤트를 기획
트렌드 및 경쟁사 분석	시장 트렌드와 경쟁사 분석을 통해 전략을 수립 최신 인테리어 트렌드를 반영하여 콘텐츠를 최적화	패션 트렌드 분석 및 신제품 소개 전략을 수립 최근 인기 있는 인플루언서와 크리에이터를 선별하고, 홍보 전략을 개발

콘텐츠 마케터는 브랜드와 사용자 간의 소통을 이끄는 중요한 역할을 합니다. 오늘의집과 무신사의 사례를 보면, 이들은 기획 단계에서부터 사용자의 관심과 최신 트렌드를 반영해 콘텐츠를 제작합니다. 여기에 다양한 이벤트와 참여 요소를 더해 사용자의 반응을 유도하고, 이를 분석해 지속적으로 개선해 나갑니다.

하지만 콘텐츠 마케팅은 단순한 콘텐츠 제작에서 끝나지 않습니다. 사용자의 피드백을 반영해 브랜드 경험을 최적화하고, 장기적으로는 고객 충성도를 높이는 데 기여합니다. 이 과정에서 브랜드는 사용자와의 관계를 더욱 견고하게 다지고, 지속적인 성장의 기반을 마련합니다.

결국, 콘텐츠 마케터는 브랜드와 사용자를 연결하는 핵심 역할을 합니다. 변화하는 사용자 요구와 트렌드에 맞춰 전략을 발전시키고, 장기적인 브랜드 성장까지 고려하는 것이 콘텐츠 마케터의 핵심 과제입니다.

1.2.4 _ CRM 마케터

CRM(Customer Relationship Management)은 고객 관계 관리를 의미하며, 현재 고객과 잠재 고객을 대상으로 기업이 효과적으로 소통하고 관계를 유지하는 방법론입니다. 사실이 개념은 우리 일상에서도 쉽게 발견할 수 있습니다. 자주 방문하는 식당에서 단골이라는 이유로 반찬을 서비스로 받거나, 동네 병원이나 마사지숍에서 프로모션 안내 문자를 받아본 경험이 있을 것입니다. 또한, 카페에서 스탬프 쿠폰을 모아 무료 음료를 받는 것도 CRM 활동의 일환입니다. 이처럼 한 번 브랜드를 방문한 고객의 재방문을 유도하는 활동이 CRM 영역에 속합니다.

같은 제품을 판매하더라도 신규 고객을 유치하는 것보다 기존 고객을 유지하는 것이 비용과 효율성 측면에서 훨씬 더 유리합니다. 기존 고객은 이미 브랜드 경험이 있어 신뢰를 구축하는 데 추가 비용이 들지 않으며, 보유한 고객 데이터를 활용해 개인 맞춤형 마케팅을 실행할 수 있습니다. 또한, 제품을 구매한 경험이 있는 고객은 반복 구매 가능성이 높아 장기적인 매출 성장에도 기여합니다.

최근 온라인 시장의 경쟁이 치열해지면서 신규 고객 유치 비용이 급증하고 있습니다. 이에 따라 많은 기업이 기존 고객의 재방문을 유도하고 브랜드에 대한 충성도를 높이는 CRM 마케팅에 집중하고 있습니다.

서비스에 이미 가입한 고객에게 문자, 이메일, 카카오톡, 앱 푸시 등을 발송하는 활동이 대표적인 CRM 마케팅입니다. 최근에는 단순한 메시지 발송을 넘어, 회원 등급별 혜택 제공, 개인 맞춤형 프로모션 운영 등 고객의 브랜드 경험을 최적화하는 방향으로 확장되고 있습니다.

퍼포먼스 마케팅이 신규 고객 유치에 초점을 맞추고 있다면, CRM 마케팅은 기존 고객이 브랜드를 다시 방문하고 지속적으로 이용하도록 유도하는 데 초점을 둡니다.

CRM 마케터의 주요 업무는 다음과 같습니다.

첫째, 고객 데이터를 분석하고 세분화합니다. 고객의 행동 패턴과 구매 이력을 수집·분석하여 맞춤형 마케팅 전략을 수립합니다. 고객 그룹을 세분화하고, 각 그룹에 최적화된 메시지를 전달합니다. 쇼핑몰 앱에서는 고객의 검색 및 구매 데이터를 바탕으로 개인 맞춤형 메시지를 제공하여 구매를 유도합니다.

둘째, 고객 맞춤형 캠페인을 기획·운영합니다. 이메일, 푸시 알림, SMS 등을 활용해 고객과 지속적으로 소통하며, 고객의 재방문을 높이는 마케팅 활동을 진행합니다.

셋째, 이탈 고객을 방지하고 재활성화 전략을 운영합니다. 고객의 활동 데이터를 분석해 이탈 가능성이 높은 고객을 대상으로 리타겟팅 마케팅을 실행합니다. 또한, 특별 할인이나 맞춤형 혜택을 제공해 고객이 다시 브랜드를 방문하도록 유도합니다.

마지막으로, CRM 성과를 측정하고 최적화합니다. 고객 유지율, 재구매율 등 주요 지표를 분석해 CRM 전략의 효과를 평가하고, 지속적으로 개선해 나갑니다.

CRM 마케터는 기존 고객과의 관계를 강화하고 브랜드 충성도를 높이는 핵심적인 역할을 수행합니다. 이를 통해 브랜드는 단기적인 매출뿐만 아니라 장기적인 성장을 도모합니다.

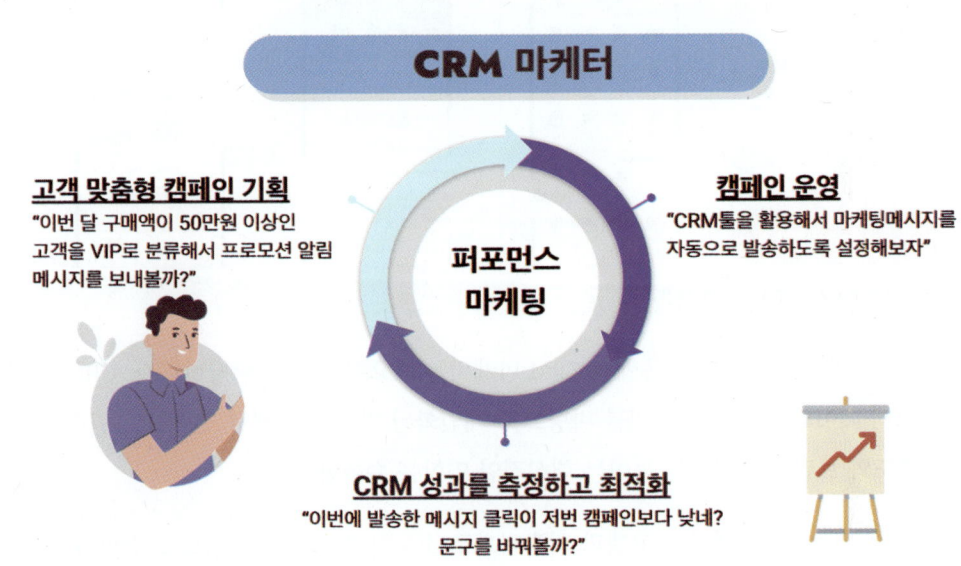

그림 1.55 CRM 마케터의 주요 업무

다음으로, 아이디어스와 에이블리의 사례를 통해 CRM 마케터의 업무가 실무에서 어떻게 적용되는지 구체적으로 살펴보겠습니다.

아이디어스의 CRM 마케팅

아이디어스는 대한민국을 대표하는 핸드메이드 작품 거래 플랫폼으로, 수공예 작가와 사용자를 연결하는 중요한 역할을 합니다. 2014년 출시 이후 공예, 패션·뷰티, 인테리어 소품, 수제 먹거리 등 다양한 분야에서 4만여 명의 작가가 55만 개 이상의 작품을 선보였습니다. 매년 두 배 이상 높은 성장률을 기록하며, 서비스 출시 9년 만에 누적 거래액 1조 원을 돌파하는 성과를 달성했습니다.

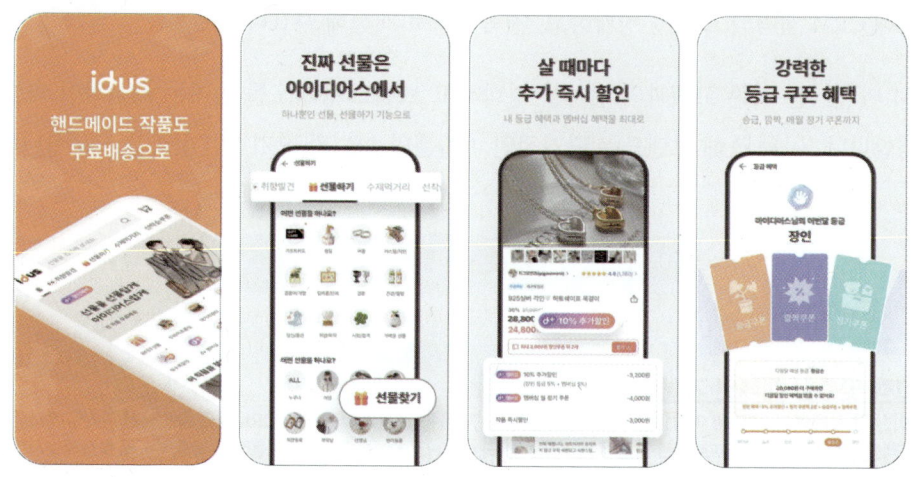

그림 1.56 아이디어스 서비스 소개 화면

이처럼 빠르게 성장하는 플랫폼에서 CRM 마케터는 중요한 역할을 담당합니다. CRM 마케터는 고객 데이터를 분석하고 이를 바탕으로 개인화된 맞춤형 마케팅 전략을 수립하여 고객 만족도와 브랜드 충성도를 높이는 핵심적인 역할을 수행합니다.

아이디어스의 CRM 마케터는 고객과 지속적으로 소통하며 브랜드 충성도를 강화하고, 효과적인 마케팅 전략을 기획하고 운영합니다. 이번 글에서는 아이디어스의 CRM 마케팅이 실제로 어떻게 이루어지는지 구체적인 사례를 통해 알아보겠습니다.

01. 사용자 커뮤니케이션 기획/운영/분석

CRM 마케터는 아이디어스 앱에서 푸시 알림, SMS, 카카오톡 메시지 등 다양한 채널을 활용해 사용자와 긴밀히 소통합니다. 이 과정에서 고객 특성과 시즌을 고려한 효과적인 커뮤니케이션 전략을 수립하고, 메시지 발송 이후에는 성과를 면밀히 분석하여 더 나은 소통 방식을 찾는 노력을 기울입니다.

크리스마스 시즌을 맞아 CRM 마케터는 '크리스마스 특별 할인 쿠폰' 제공 SMS 캠페인을 기획합니다. 이때 신규 가입자에게는 첫 구매를 유도하는 메시지를 보내고, 기존 고객에게는 맞춤형 메시지를 통해 재구매를 촉진하는 전략을 적용합니다.

캠페인이 종료된 후에는 메시지의 열림률, 클릭률, 전환율 등을 종합적으로 분석하여 효과성을 평가하고, 이를 기반으로 다음 마케팅 전략의 개선점을 찾는 과정이 필수적입니다. 이처럼 데이터를 활용해 지속적으로 소통 방식을 최적화하는 것이 중요합니다.

그림 1.57 가정의 달, 발렌타인데이, 설날 등 시즌 이벤트를 카카오톡 채널로 홍보하는 아이디어스

02. 앱 내 오퍼 영역 기획/운영/분석

CRM 마케터는 앱 내의 오퍼 영역(앱 사용 중 사용자의 눈에 쉽게 띄는 배너, 팝업 창, 화면 하단의 작은 영역 등)을 전략적으로 기획하고 운영하여 사용자에게 맞춤형 오퍼를 제공합니다. 이러한 전략적 배치와 디자인을 통해 사용자 경험을 향상시키고 구매 전환을 효과적으로 유도합니다.

사용자가 **홈 데코** 관련 제품을 자주 검색하는 경우, 앱 메인 화면에 '**홈 데코 20% 할인**' 배너를 배치하여 사용자가 이를 클릭하면 관련 상품 페이지로 자연스럽게 유도합니다.

광복절, 고양이의 날, 여름 시즌 등 다양한 시즌 이벤트가 진행될 때 앱 내 배너를 적극 활용하여 프로모션을 홍보하고, 배너를 클릭한 사용자가 해당 이벤트 상품 페이지로 손쉽게 이동하도록 구성합니다.

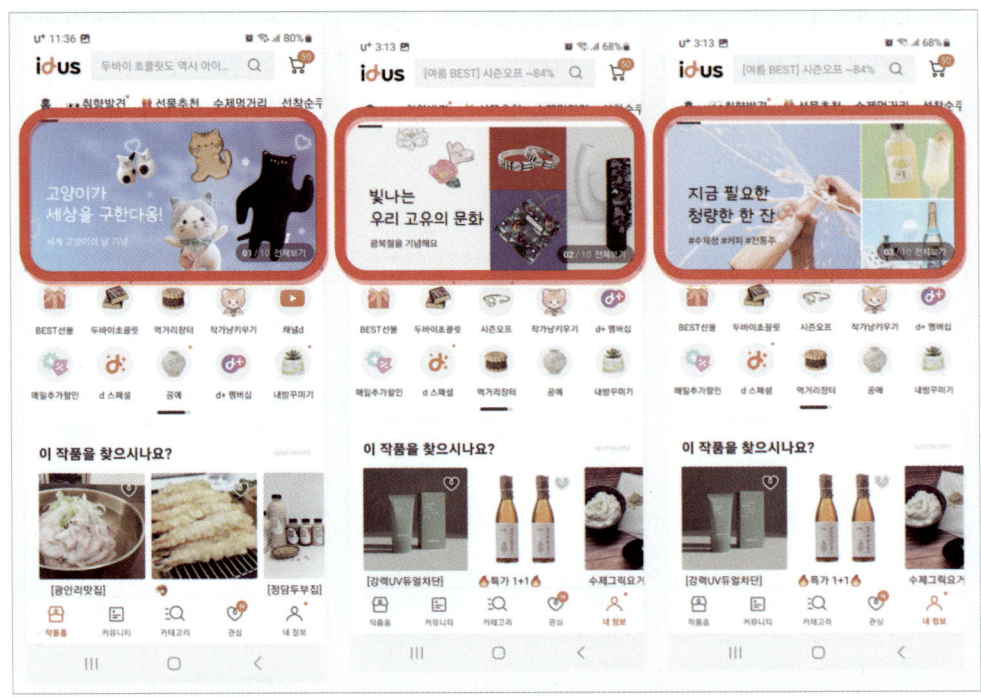

그림 1.58 아이디어스 앱 메인 화면에서 진행 중인 다양한 이벤트를 한눈에 확인할 수 있도록 배너를 배치

03. 고객 여정 설계 및 운영

CRM 마케터는 신규 가입부터 첫 구매, 재구매로 이어지는 고객의 전체적인 여정을 설계하고 운영합니다. 또한 고객의 행동 패턴을 분석하여 적절한 시점에 맞춤형 메시지를 발송하여 고객 여정을 효과적으로 관리합니다.

아이디어스는 앱을 설치하지 않은 사용자에게 앱 설치를 유도하는 팝업을 띄워 앱 다운로드를 촉진합니다. 첫 구매를 완료한 신규 고객에게는 일주일 이내에 '재구매 10% 할인 쿠폰'을 포함한 이메일을 발송하여 재구매를 유도하고, 장기적으로 브랜드 충성도를 높일 수 있습니다.

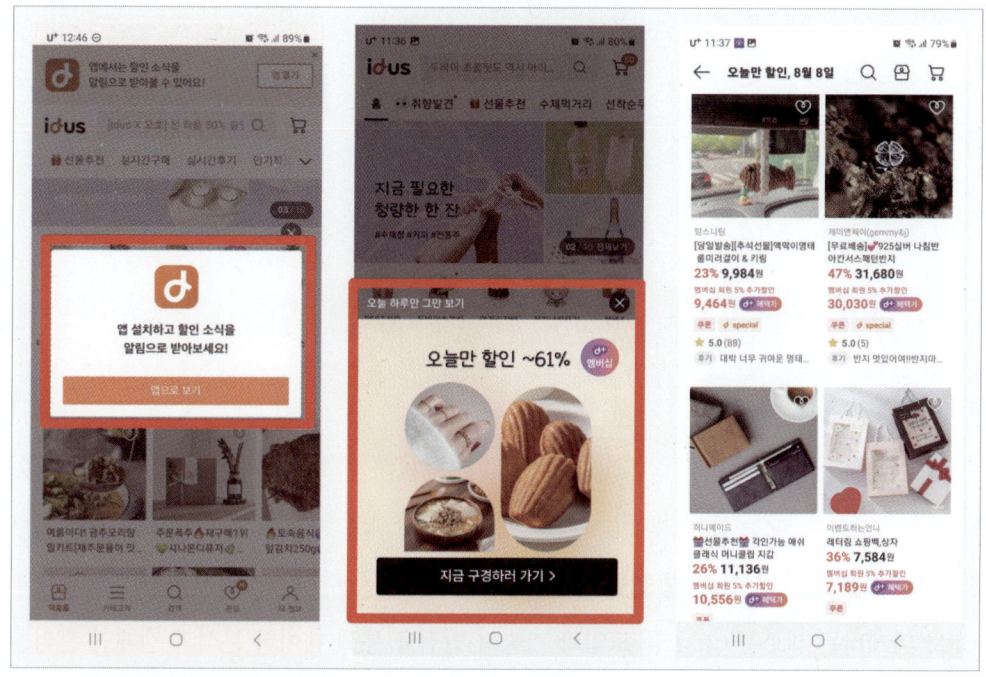

그림 1.59 아이디어스를 방문한 사용자를 앱 설치로 유도하는 팝업 배너

04. 개인화 경험 제공

CRM 마케터는 개인화된 고객 경험을 제공하기 위해 다양한 전략을 활용합니다. 사용자가 즐겨찾기한 특정 작가에 대한 맞춤형 쿠폰을 발행하고 이를 알림을 통해 전달하여 해당 작가의 작품을 재방문하고 구매하도록 유도합니다.

또한 요일별로 특별 할인 쿠폰을 발행하는 프로모션을 통해 사용자의 앱 사용 빈도와 구매율을 높입니다. 여기에 고객의 과거 구매 이력, 관심 상품, 검색 패턴 등 다양한 데이터를 활용해 개인화된 할인 쿠폰을 발행함으로써 보다 효과적인 마케팅 전략을 전개합니다.

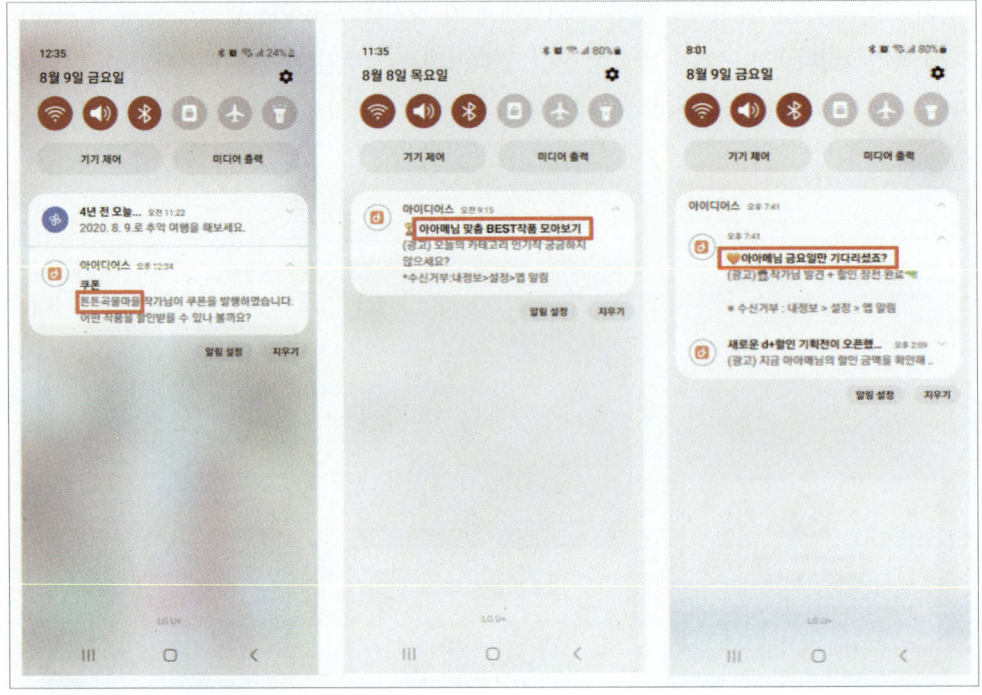

그림 1.60 아이디어스의 맞춤형 메시지 사례

05. CRM 툴 고도화 기획 및 회원 등급 제도 관리

CRM 마케터는 새로운 CRM 툴 도입과 기술적 발전을 통해 데이터 분석과 캠페인 관리를 더욱 효율적으로 수행할 수 있는 시스템을 구축합니다. 고객의 구매 패턴을 실시간으로 분석하고 이를 바탕으로 맞춤형 할인 쿠폰을 자동으로 발송하는 시스템을 구현하여 고객의 행동에 최적화된 프로모션을 제공합니다. 이 시스템은 고객 맞춤형 마케팅을 정밀하게 구현하고, CRM 전략의 전반적인 효율성을 극대화하는 중요한 역할을 합니다.

더불어 아이디어스는 회원 등급 제도를 통해 고객에게 특별한 혜택과 서비스를 제공합니다. 회원의 구매액과 활동에 따라 등급을 차등적으로 구분하고, 등급별 맞춤형 혜택을 제공하여 고객의 지속적인 활동을 유도합니다. 이를 통해 충성도 높은 고객을 확보하고 브랜드 가치를 극대화하는 전략을 적극적으로 추진하고 있습니다.

이처럼 아이디어스의 CRM 마케터는 고객 데이터 분석과 개인화 전략을 통해 고객과 브랜드 사이의 유대감을 강화하고, 장기적인 브랜드 성장을 촉진하는 핵심적인 역할을 하고 있습니다.

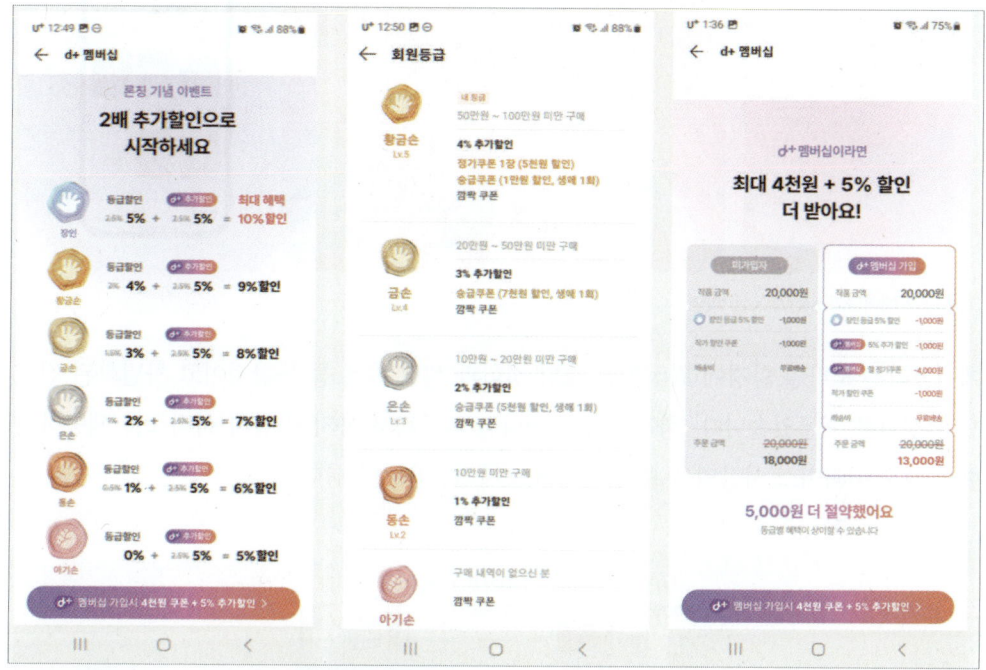

그림 1.61 아이디어스의 회원 등급과 멤버십 프로그램

에이블리의 CRM 마케팅

에이블리는 빠르게 성장하고 있는 패션 이커머스 플랫폼으로, 주로 패션, 뷰티, 생활용품 등을 판매하며 특히 젊은 층에서 큰 인기를 얻고 있습니다. 2024년 기준 누적 회원 수 1,200만 명, 월간 활성 이용자 수(MAU)는 800만 명, 누적 다운로드 수는 4,500만 건을 돌파하며 성장세를 이어가고 있습니다. 또한 글로벌 시장 진출과 신규 사업 투자에도 적극적으로 나서고 있으며, 남성 패션 플랫폼 '4910'을 통해 남성 시장 공략도 본격화했습니다.

그림 1.62 에이블리 서비스 소개 화면

에이블리는 모바일 환경에 최적화된 쇼핑 경험과 셀럽 마켓 등 독창적이고 차별화된 전략으로 성과를 거두었습니다. 향후에도 트렌디한 상품과 사용자 중심의 서비스를 제공하며 한국 패션 이커머스 시장의 주요 플레이어로 자리잡을 것입니다.

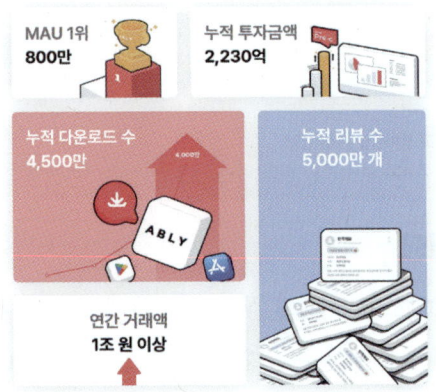

그림 1.63 2024년 에이블리의 주요 성과(출처: https://ably.team/)

에이블리의 성과 뒤에는 고객 경험을 최적화하고 사용자 중심 마케팅 전략을 지속적으로 추진해 온 CRM 마케팅팀이 있습니다. CRM 마케팅 팀은 고객의 니즈에 맞춘 맞춤형 커뮤니케이션을 통해 사용자 경험을 지속적으로 개선하고, 고객과 강력한 관계를 형성해왔습니다.

에이블리의 CRM 마케터 채용 공고와 실제 사례를 통해 이들의 구체적인 업무를 자세히 살펴보겠습니다.

주요 업무

- 문제 해결을 위한 가설 수립 > 기획 > 실행 > 분석 > 고객 지표 개선의 전 과정을 실행합니다.
- 프로모션 유입 증대를 위한 CRM 캠페인을 기획하고, 실행 후 인사이트를 도출해 개선합니다.
- 사용자 방문 및 구매 리텐션 향상을 위한 CRM 캠페인을 기획·실행·회고하며 전략을 최적화합니다.
- 캠페인 실행을 위한 푸시, 인앱 메시지 등 타깃에 맞는 커뮤니케이션을 기획합니다.
- MD, 디자이너, 마케터, 엔지니어 등 다양한 직군과 협업하여 프로젝트를 관리합니다.

자격요건

- 사용자 데이터를 기반으로 CRM 아이디어 도출·실행·분석·개선하며 성과를 낸 경험
- 사용자 관점에서의 기획력과 카피라이팅 능력 보유
- Amplitude 및 Braze와 같은 CRM 툴 사용 경험
- 다양한 부서와의 원활한 커뮤니케이션 및 협업 능력

우대사항

- 여성 패션·뷰티·라이프스타일 분야 이해도가 높은 분
- 이커머스 마케팅 경험이 있는 분
- 성장 중인 스타트업 근무 경험
- SQL을 활용하여 데이터 추출 및 분석이 가능한 분

채용 공고를 보면 에이블리의 CRM 마케터는 사용자 데이터를 기반으로 전략적인 캠페인을 기획하고 실행하는 핵심 역할을 맡고 있는 것을 알 수 있습니다. 이들은 고객의 방문 및 구매 리텐션을 개선하기 위한 가설을 설정한 후, 실제 실행과 함께 고객 여정 전반에 걸쳐 지표를 분석하고 개선하는 과정을 담당합니다. 자세히 살펴보면 다음과 같습니다.

01. 문제 해결을 위한 가설 수립 및 실행

CRM 마케터는 고객 데이터와 행동 분석을 통해 서비스 이용 과정에서 발생하는 문제점을 발견하고, 이를 해결하기 위한 가설을 수립합니다. 이후 기획, 실행, 분석, 개선의 프로세스를 통해 고객 지표를 지속적으로 개선합니다.

마케터는 많은 고객이 상품을 검색한 후 실제 구매로 연결되지 않는다는 문제를 발견했습니다. 이에 마케터는 '검색한 상품에 대한 푸시 알림을 보내면 고객이 구매를 완료할 가능성이 높아지고, 따라서 구매 전환율이 상승할 것이다'라는 가설을 세우고 푸시 알림 캠페인을 기획합니다.

이 과정에서 CRM 마케터는 다음의 요소들을 고려합니다.

- **타이밍**: 푸시 알림을 언제 보낼지 결정합니다. 고객이 특정 제품을 검색한 후 일정 시간이 지난 시점(예: 24시간 후)이나 특정 시간대(예: 저녁 8시, 주말 오후 등)에 알림을 보내는 것이 효과적일 수 있습니다.
- **메시지 내용**: 고객이 구경한 상품을 상기시키며 구매를 유도하는 메시지를 작성합니다. "이 상품이 곧 품절될 수 있어요! 지금 구매하세요!" 또는 "아직 고민 중이신가요? 20% 할인 쿠폰을 드려요!"와 같은 메시지를 사용합니다.
- **타겟팅**: 푸시 알림을 모든 고객에게 보내지 않고, 특정 타깃 그룹(예: 장바구니에 특정 금액 이상의 상품을 담은 고객 또는 일정 기간 구매하지 않은 고객)에게만 발송합니다.

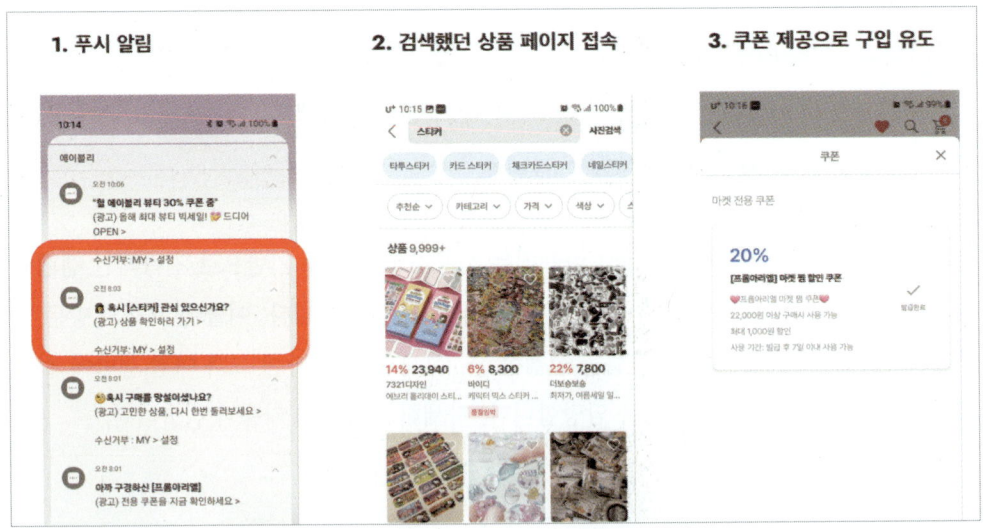

그림 1.64 에이블리의 푸시 마케팅

캠페인 실행을 위해 CRM 마케터는 다양한 팀과 협업합니다.

- **디자이너와의 협업**: 푸시 알림에 사용할 이미지나 배너를 제작합니다. 시각적 요소가 포함된 배너는 텍스트만 있는 알림보다 높은 클릭률을 기록합니다.
- **기술팀과의 협업**: 푸시 알림 시스템을 설정하고, 타깃 고객에게 정확히 알림이 전달되도록 구현합니다. 실시간으로 장바구니 데이터를 연동하여 적시에 푸시 알림이 발송되게 합니다.

캠페인 실행 후, CRM 마케터는 실시간으로 성과를 모니터링합니다. 주요 지표로는 푸시 알림의 열림률, 클릭률, 구매 전환율을 추적하고, 알림 메시지의 효과를 분석합니다. 필요한 경우 메시지 내용이나 발송 시점을 조정합니다.

A/B 테스트를 통해 캠페인의 효과를 최적화합니다. 한 그룹에는 "상품이 곧 품절될 수 있어요"라는 메시지를 보내고, 다른 그룹에는 "지금 구매하고 추가 혜택을 받아보세요"라는 메시지를 보내는 방식입니다.

캠페인이 종료된 후에는 전반적인 성과를 평가하고, 그 결과를 바탕으로 향후 전략을 수립합니다. 장바구니 푸시 알림이 실제로 구매 전환율을 얼마나 향상시켰는지, 어떤 메시지와 타이밍이 효과적이었는지를 분석합니다.

위 과정을 통해 에이블리의 CRM 마케터는 장바구니 푸시 알림 캠페인을 성공적으로 기획하고 실행하며, 고객의 구매 전환율을 높이는 데 기여합니다.

02. 프로모션 유입을 위한 CRM 캠페인 기획 및 실행

CRM 마케터는 앱 내에서 진행되는 각종 프로모션을 통해 고객 유입을 늘리기 위한 캠페인을 기획하고 실행합니다. 이후 캠페인의 효과를 회고하고, 얻은 인사이트를 바탕으로 다음 캠페인에 반영하여 지속적으로 개선합니다.

가령, '포카 꾸미기' 프로모션은 젊은 층의 K-POP 팬들을 주요 타깃으로 삼을 수 있으며, '웹툰 문샤크 굿즈' 프로모션은 웹툰 팬들을, '미니니 에디션 런칭 프로모션'은 패션과 뷰티에 관심이 많은 고객을 타깃으로 합니다. 또한, '썸머 세일 프로모션'은 여름 시즌에 맞춰 전반적인 고객층을 대상으로 세일을 홍보하는 프로모션입니다.

각 프로모션에 맞춘 커뮤니케이션 전략을 수립하여, 다양한 채널을 활용해 고객에게 다음과 같이 맞춤형 메시지를 전달합니다.

- **푸시 알림**: '포카 꾸미기' 프로모션에서는 K-POP 팬들을 대상으로 감성적인 메시지를 담은 푸시 알림을 통해 빠르게 소식을 전달하고, 팬심을 자극하여 참여를 유도합니다.
- **인앱 메시지**: '웹툰 문샤크 굿즈' 프로모션은 웹툰을 자주 읽는 고객들이 앱을 열었을 때 팝업으로 표시되는 인앱 메시지를 활용하여, 관련 상품 이미지와 함께 "지금 바로 구매하세요"라는 행동 유도 메시지를 포함합니다.
- **배너**: '미니니 에디션 런칭 파우치 증정 프로모션'은 앱 내 주요 위치에 배너 광고로 노출시키며, 뷰티 카테고리를 탐색 중인 고객을 타겟팅하여 관련 제품 구매 시 증정되는 파우치를 홍보합니다.
- **이메일 캠페인**: '썸머 세일 프로모션'은 보다 넓은 고객층을 대상으로 하므로 이메일 캠페인을 통해 다양한 세일 품목을 홍보하고, 해당 이메일을 통해 앱으로의 유입을 유도합니다. 여름 분위기를 살린 디자인과 할인 혜택을 강조하는 내용을 포함합니다.

이렇게 각각의 커뮤니케이션 채널을 통해 프로모션에 적합한 메시지를 전달함으로써 고객의 참여를 유도하고 캠페인의 효과를 극대화합니다.

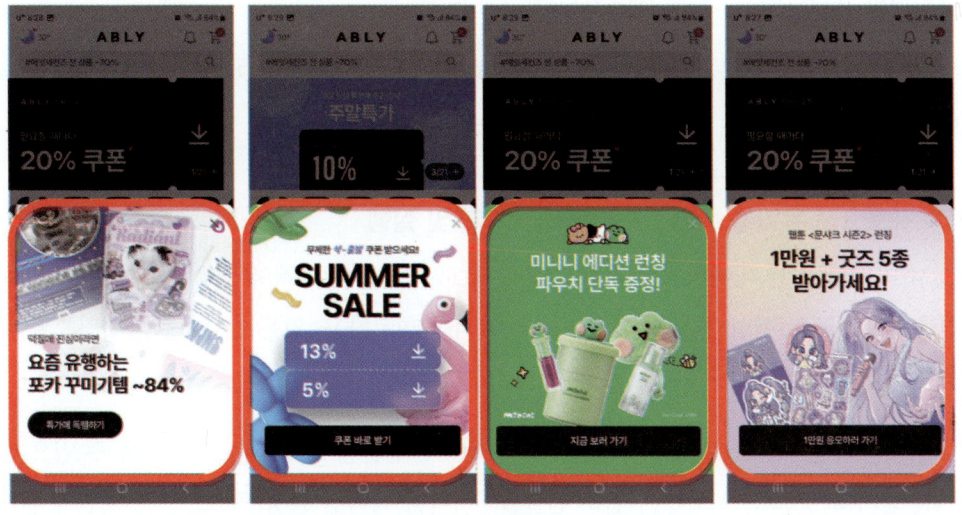

그림 1.65 에이블리 앱 접속 시 등장하는 프로모션 배너 광고

03. 사용자 방문 및 구매 리텐션 향상 캠페인

에이블리의 CRM 마케터는 사용자의 리텐션을 높이기 위해 맞춤형 커뮤니케이션 전략을 적극 활용하며, 그 전략 중 하나는 "오늘의 날씨를 확인해보세요"와 같은 푸시 알림입니다. 마케터는 날씨 데이터와 사용자 행동 데이터를 결합하여 특정 날씨에 맞는 상품을 추천하는 푸시 알림을 기획합니다. 비 오는 날에는 우산이나 레인코트를, 더운 날에는 선크림이나 시원한 의류를 홍보하는 메시지를 발송합니다. 이 푸시 알림은 단순한 날씨 정보 제공을 넘어, 사용자가 현재 날씨에 맞는 제품을 즉시 확인하고 구매할 수 있도록 유도하며 방문율과 구매 전환율을 높입니다.

마케터는 이 캠페인의 효과를 분석하고, 푸시 알림의 클릭률 및 궁극적인 구매 전환율을 평가합니다. 분석을 통해 '오늘의 날씨를 확인해보세요'와 같은 맞춤형 커뮤니케이션이 리텐션 향상에 미치는 영향을 검토하고, 데이터를 바탕으로 지속적으로 개선해 나갑니다.

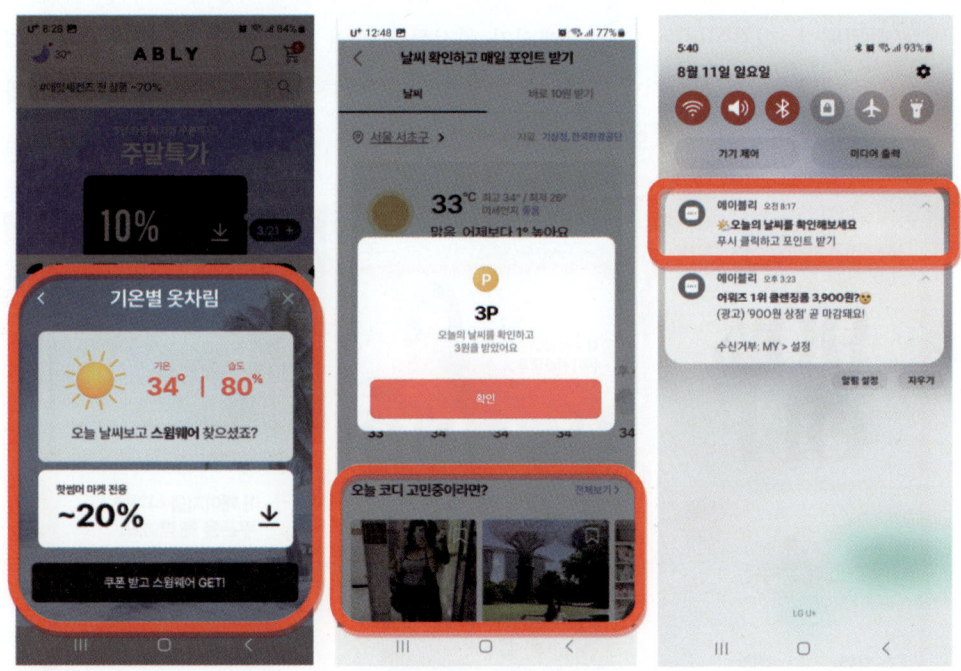

그림 1.66 에이블리의 날씨 푸시 알림. 날씨에 맞는 코디를 추천해주고 구매를 유도한다.

04. 다양한 직군과의 협업 및 프로젝트 관리

CRM 마케터는 MD, 디자이너, 마케터, 엔지니어 등 다양한 직군과 긴밀히 협업하며 프로젝트를 관리합니다. 에이블리의 CRM 마케터가 썸머 시즌 오프 스페셜 쿠폰 발급 캠페인을 기획하고 실행하는 과정에서 다양한 팀과 어떻게 협력하는지 살펴보겠습니다.

먼저, CRM 마케터는 MD(머천다이저)와 협력하여 캠페인의 목표와 전략을 수립합니다. MD는 썸머 시즌 오프에 포함될 상품과 더 큰 할인 혜택을 받을 상품군에 대한 인사이트를 제공합니다. 이를 바탕으로 CRM 마케터는 시즌 오프에 적합한 상품을 선정하고, 특정 상품이나 브랜드에 더 큰 할인 혜택을 제공하는 스페셜 쿠폰 전략을 기획합니다. 이 단계에서 중요한 것은 고객의 구매 패턴과 선호도를 반영하여 가장 효과적인 할인 구성을 만드는 것입니다.

기획이 완료되면, CRM 마케터는 디자이너와 협업하여 캠페인에 사용할 비주얼 콘텐츠를 제작합니다. 쿠폰 디자인, 배너 이미지, 이메일 및 앱 푸시 알림에 사용될 그래픽 요소들이 이에 포함됩니다. 디자이너는 CRM 마케터가 설정한 캠페인 콘셉트와 타깃 고객층에 맞춰 시각적으로 매력적이고 직관적인 디자인을 개발합니다. 여름을 연상시키는 시원한 색상과 디자인 요소를 활용하여 시즌 오프 분위기를 강조합니다.

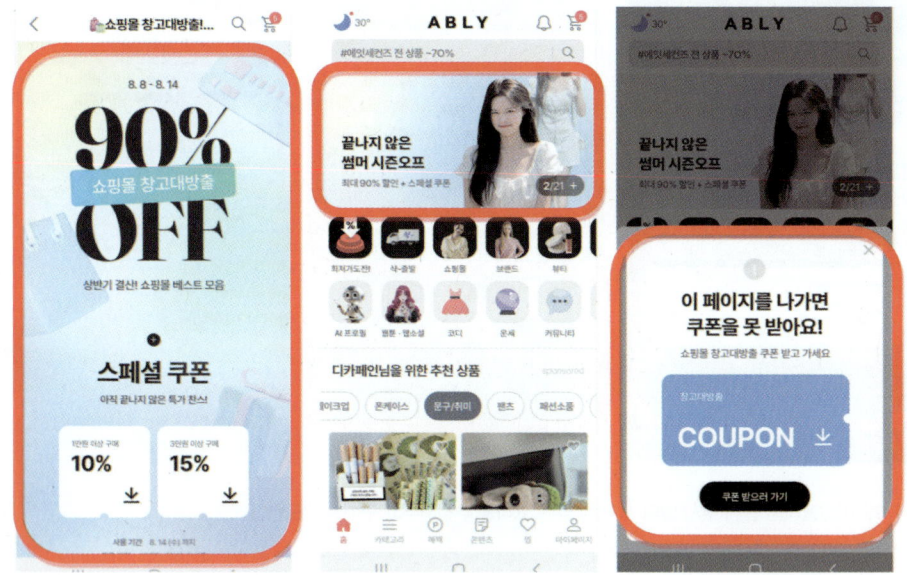

그림 1.67 썸머 시즌 오프 캠페인에 사용된 플랫폼 메인 배너, 상단 배너, 팝업 배너 등 다양한 비주얼 콘텐츠.

다음으로, CRM 마케터는 기술팀과 협력하여 쿠폰 발급 시스템을 설정하고, 타겟팅을 위한 기술적 구현을 진행합니다. 기술팀은 특정 조건(예: 시즌 오프 기간 동안 해당 상품을 조회한 고객에게만 쿠폰 발급)을 설정하고, 쿠폰이 자동으로 지급되도록 시스템을 개발합니다. CRM 마케터가 실시간으로 캠페인 성과를 분석할 수 있도록 데이터 수집 및 분석 툴을 연동하는 작업도 담당합니다.

캠페인이 시작되면 CRM 마케터는 MD와 협력하여 상품 재고 상황을 모니터링하고, 디자이너와 협력하여 필요 시 추가적인 프로모션 비주얼을 제작합니다. 기술팀과 함께 시스템 오류나 문제점을 신속히 해결하며, 캠페인의 성과를 실시간으로 분석합니다. 쿠폰 발급률, 사용률, 전환율 등을 추적하여 필요 시 쿠폰 전략을 조정합니다.

캠페인이 종료되면, CRM 마케터는 MD, 디자이너, 기술팀과 함께 성과를 회고하고, 각 부서의 피드백을 반영하여 향후 캠페인 개선 방안을 도출합니다. 어떤 할인 전략이 가장 효과적이었는지, 어떤 비주얼 콘텐츠가 높은 반응을 얻었는지, 그리고 시스템적으로 보완할 점은 없는지를 분석하여 다음 시즌 오프 캠페인에 적용할 인사이트를 정리합니다.

에이블리의 CRM 마케터는 MD, 디자이너, 기술팀과 긴밀히 협업하여 썸머 시즌 오프 스페셜 쿠폰 발급 캠페인을 성공적으로 기획하고 실행합니다. 고객 만족도를 높이고 브랜드 충성도를 강화하며, 매출 증대까지 실현하는 것이 CRM 마케팅의 핵심 역할입니다.

아이디어스와 에이블리 사례를 통해 정리해본 CRM 마케터의 핵심 역할은 다음과 같습니다.

표 1.7 CRM 마케터의 업무

업무 항목	아이디어스	에이블리
고객 데이터 분석	고객의 구매 패턴을 실시간으로 분석하고 맞춤형 할인 쿠폰을 발송합니다.	사용자 데이터를 분석하여 리텐션 향상을 위한 전략적 캠페인을 기획하고 실행합니다.
캠페인 기획 및 실행	고객 맞춤형 프로모션을 제공하며(예: 맞춤형 할인 쿠폰) 캠페인을 진행합니다.	특정 시즌(예: 썸머 시즌 오프)과 관련된 상품 할인 및 쿠폰 발급 캠페인을 기획하고 실행합니다.
협업	MD, 디자이너, 마케터 등 다양한 팀과 협력하여 캠페인 전략을 수립합니다.	MD, 디자이너, 기술팀 등과 협력하여 상품 선정, 비주얼 디자인, 시스템 구현 등 캠페인 실행을 위한 협업을 진행합니다.

업무 항목	아이디어스	에이블리
커뮤니케이션 전략	데이터 기반 맞춤형 커뮤니케이션을 제공하며(예: 할인 쿠폰 발송) 고객과의 소통을 강화합니다.	고객에게 적합한 메시지(예: 푸시 알림, 인앱 메시지)를 발송하여 고객 행동을 유도합니다.
성과 분석 및 최적화	실시간으로 성과를 분석하고, 개선 사항을 도출하여 전략을 수정합니다(예: 구매 전환율 상승을 위한 전략 수정).	캠페인 성과를 모니터링하며(예: 쿠폰 사용률, 클릭률) 인사이트를 도출하고, A/B 테스트를 통해 캠페인을 최적화합니다.
시스템 및 기술적 구현	고객 행동에 맞춘 시스템을 연동하고, 자동화된 쿠폰 발송 시스템을 구축합니다.	기술팀과 협력하여 쿠폰 발급 시스템을 구현하고, 실시간 데이터 분석 툴을 연동하여 캠페인 효과를 극대화합니다.
기타 전략적 활동	고객 등급 및 활동에 따라 차별화된 혜택을 제공하여 고객의 만족도를 높입니다.	캠페인 기간 동안 상품 재고 및 프로모션 비주얼에 대해 지속적으로 모니터링하고 수정하여 최적의 효과를 거둡니다.

1.2.5 _ AI 시대의 디지털 마케터

한때 디지털 마케팅은 각 역할의 전문성을 중심으로 뚜렷하게 분화되어 있었습니다. 퍼포먼스 마케터는 광고 매체를 운영하며 효율을 극대화했고, CRM 마케터는 고객 유지와 재활성화를 위한 커뮤니케이션을 담당했습니다. 콘텐츠 마케터는 브랜드 메시지를 담은 스토리와 검색 엔진 최적화(SEO) 콘텐츠를 제작했으며, 브랜드 마케터는 브랜드의 정체성과 일관성을 관리하는 역할을 맡았습니다.

기업들은 이 네 가지 축을 기준으로 마케팅 팀을 구성하고, 직무별로 서로 다른 역량을 요구했습니다. 퍼포먼스 마케터에게는 캠페인 최적화 경험, 데이터 분석 능력, 광고 운영 툴 숙련도를 기대했고, CRM 마케터에게는 리텐션 캠페인 기획력과 푸시 메시지 발송 등 마케팅 자동화 툴 활용 경험을 기대했습니다. 콘텐츠 마케터는 키워드 리서치와 스토리텔링 능력, 콘텐츠 작성 역량을 갖추어야 했고, 브랜드 마케터는 브랜드 자산을 유지하고 대내외 커뮤니케이션을 효과적으로 이끌 수 있는 감각이 필요했습니다.

하지만 이처럼 명확했던 역할 간 경계가 점차 희미해지고 있습니다. 특히 2022년 11월 OpenAI가 공개한 ChatGPT는 단순한 챗봇의 범주를 넘어 디지털 마케팅 업무 전반에 근본적인 변화를 가져왔습니다. 방대한 언어 데이터를 기반으로 한 생성형 AI는 마케터가 수작업으로 진행하던 많은 과정을 빠르게 자동화하고 있습니다.

콘텐츠 기획, 카피라이팅, 고객 문의 응답 초안 작성, 설문 설계, 광고 문구 테스트 등 이전까지 사람이 직접 했던 작업들이 이제는 AI를 통해 단 몇 초 만에 실행 가능한 제안으로 바뀌고 있습니다. 광고 문구나 블로그 글 초안을 자동으로 생성해주고, 콘텐츠에 어울리는 비주얼을 실시간으로 제작하는 기능도 더 이상 낯설지 않습니다. 고객 행동 데이터를 요약하고 분석해주는 AI는 CRM 마케터의 분석 부담을 줄여주고, 브랜드 타깃에 맞는 문장을 생성하는 AI는 브랜드 마케터의 표현 작업을 보조합니다.

이처럼 AI가 디지털 마케팅 업무의 많은 부분을 효율화하면서, 마케터들은 이전과 달리 더욱 전략적이고 창의적인 영역에 집중할 수 있게 되었습니다. 하지만 AI가 대체할 수 있는 업무가 늘어나는 만큼 디지털 마케터들에게 요구되는 역량 또한 조금씩 변화하고 있습니다. 그렇다면 AI 시대의 디지털 마케터가 갖춰야 할 필수적인 역량은 무엇일까요? 다음 절에서는 마케터라면 반드시 갖추어야 할 핵심 역량을 하나씩 자세히 알아보겠습니다.

1.3 디지털 마케터의 직무 확장성

디지털 마케팅 직무의 채용 공고와 사례를 살펴보면, 이 분야가 다양한 전문성을 요구하는 동시에 공통적으로 필요한 핵심 역량이 있다는 점을 확인할 수 있습니다. 브랜드 마케터, 퍼포먼스 마케터, 콘텐츠 마케터, CRM 마케터는 각기 다른 역할을 수행하지만, 성공적인 마케팅을 위해 갖춰야 할 중요한 역량은 상당 부분 겹칩니다.

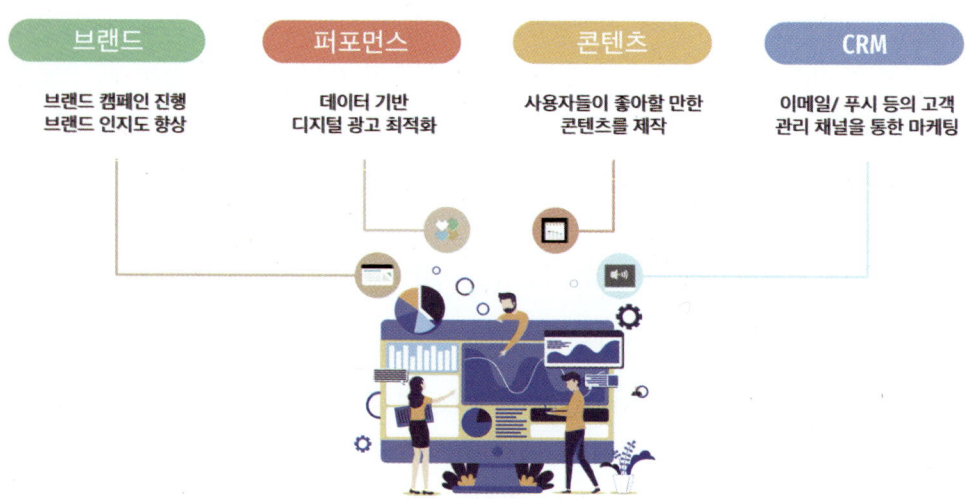

그림 1.68 디지털 마케팅 직무 정리

그럼, 디지털 마케터가 갖추어야 할 역량에 관해 알아보겠습니다.

첫째, **데이터 분석 능력**은 디지털 마케팅 직무에서 핵심적인 역량입니다. 퍼포먼스 마케터는 광고 캠페인의 데이터를 분석하여 클릭률(CTR)과 전환율(CVR)을 개선하고, 브랜드 마케터는 브랜드 인지도 조사 데이터를 통해 사용자와의 연결을 강화하는 전략을 수립합니다. 데이터 분석 능력은 마케팅 효과를 수치적으로 측정하고, 향후 전략을 최적화하는 데 중요한 기반이 됩니다.

둘째, **창의력**은 마케팅에서 빼놓을 수 없는 요소입니다. 창의적인 사고는 브랜드 메시지를 효과적으로 전달하고, 고객의 관심을 끌 수 있는 매력적인 콘텐츠를 만드는 데 큰 도움이 됩니다. 콘텐츠 마케터는 고객의 흥미를 유발하는 콘텐츠를 기획하고, 브랜드의 톤과 메시지를 일관되게 전달하는 역할을 합니다. 퍼포먼스 마케터 역시 광고 소재의 기획과 테스트를 반복하며 최적의 크리에이티브 전략을 찾아갑니다. 창의적인 사고가 바탕이 되어야 사용자에게 강력한 인상을 남기고, 브랜드와의 긍정적인 연결을 형성할 수 있습니다.

셋째, 마케팅은 여러 팀과 협업이 필수적인 직무이므로 **원활한 커뮤니케이션** 능력이 중요합니다. 브랜드 마케터는 브랜드의 일관성을 유지하고, 퍼포먼스 마케터는 광고 효율을 극대화하며, 콘텐츠 마케터는 고객과의 소통을 강화하고, CRM 마케터는 고객 관계를 관리합니다. 마케터들은 마케팅 팀 내부뿐만 아니라 MD, 디자이너, 기술팀과도 긴밀히 협력해야 하며, 효과적인 의사소통이 성과에 큰 영향을 미칩니다. 퍼포먼스 마케터와 콘텐츠 마케터가 협력하여 캠페인 콘텐츠를 최적화하고 브랜드 메시지를 강화하는 것도 그 한 예입니다.

넷째, **유연성과 문제 해결 능력**이 필요합니다. 빠르게 변화하는 시장에서 신속하게 대응하고, 예기치 못한 문제를 해결하는 능력도 중요합니다. 디지털 마케팅은 실시간으로 데이터를 분석하고 전략을 조정해야 하기 때문에 마케터는 환경 변화에 유연하게 적응하며 해결책을 찾아야 합니다. 예산이 예상보다 빠르게 소진될 경우 퍼포먼스 마케터는 광고 효율을 높이는 방안을 모색하고, 콘텐츠 마케터는 고객 반응을 반영하여 콘텐츠 전략을 수정하는 방식으로 대응합니다. 변화에 적응하고 최적의 대안을 찾아 실행하는 것이 성공적인 마케팅 전략의 핵심입니다

다섯째, AI 활용 역량과 생성된 결과물에 대한 비판적 검토 능력이 필요합니다. 이는 디지털 마케터에게 필수적인 차별화 요소로 자리 잡고 있습니다. 최근 마케팅 업무에는 생성형 AI를 비롯한 다양한 AI 기반 기술이 빠르게 도입되고 있으며, 이러한 툴을 얼마나 능숙하게 활용하는지가 업무의 효율성뿐 아니라 개인의 경쟁력에도 직접적인 영향을 미치고 있습니다.

무엇보다 중요한 점은 AI가 단순히 업무를 대신하는 존재가 아니라, 마케터의 역량을 한 단계 확장해 주는 강력한 보조 수단이라는 사실입니다. AI가 작성한 블로그 초안이나 광고 문구는 겉보기에는 자연스럽고 완성도도 있어 보이지만, 실제로 고객의 최신 니즈나 시장의 변화 흐름을 충분히 반영하지 못할 수 있습니다. 데이터 분석 결과 역시 AI가 자동으로 요약해 주지만, 그 수치를 제대로 해석하고 전략적 행동으로 연결하는 것은 결국 마케터의 판단력에 달려 있습니다.

즉, AI를 잘 활용하는 마케터란 단순히 결과물을 수동적으로 받아들이는 사람이 아니라, AI가 생성한 결과물이 브랜드의 맥락과 전략적 방향성에 부합하는지 지속적으로 평가하고 수정할 수 있는 사람입니다. 더 나아가 이러한 과정에서 새로운 인사이트를 도출하고 실질적인 비즈니스 성과로 연결하는 것이 마케터의 핵심 역량이 되고 있습니다.

결국, AI 시대의 디지털 마케터는 AI라는 툴에 끌려가는 사용자가 아니라, AI를 능숙히 다루면서 최상의 결과를 이끌어내는 전략적 의사결정자의 역할을 수행해야 합니다. 이처럼 AI 활용과 비판적 검토 능력이 결합될 때 디지털 마케터의 진정한 전문성이 완성됩니다.

표 1.8 디지털 마케팅 직무 정리표

마케팅 유형	개념	하는 일
브랜드 마케팅	브랜드 인지도를 높이고, 브랜드의 이미지와 가치를 구축하는 마케팅 활동	브랜드 전략 수립, 브랜드 캠페인 기획 및 실행, 브랜드 메시지 관리, 사용자 인식 조사
퍼포먼스 마케팅	목표를 달성하기 위해 데이터에 기반한 실적 중심의 마케팅 활동	디지털 광고 캠페인 실행, 성과 추적 및 분석, 비용 대비 수익 최적화, 고객 획득당 비용 관리
콘텐츠 마케팅	유용하고 흥미로운 콘텐츠를 통해 타깃 고객과의 관계를 구축하고 유지하는 마케팅 활동	콘텐츠 전략 수립, 다양한 채널에 콘텐츠 제작 및 배포
CRM 마케팅	고객과의 관계를 관리하고 강화하여 장기적인 고객 충성도와 가치를 창출하는 마케팅 활동	고객 데이터 분석 후 고객 여정 맞춤형 마케팅 캠페인 기획 및 실행, 고객 이탈 방지 활동

한편, 디지털 마케팅에서 쌓은 경험은 구글, 메타, 애플, 아마존과 같은 글로벌 대기업의 Sales(영업), CSM(Customer Success Manager), PDM(Partner Development Manager), AM(Account Manager) 등 다양한 직무로 확장하는 기반이 됩니다. 디지털 마케팅 경험이 이러한 직무와 맞닿아 있는 이유는 마케팅에서 중요한 데이터 분석, 커뮤니케이션, 문제 해결 능력이 Sales, CSM, PDM, AM에서도 핵심적인 역할을 하기 때문입니다.

가령 고객 데이터를 분석하여 맞춤형 전략을 세우는 CRM 마케터의 역량은 CSM과 유사하며, 광고 성과를 최적화하며 다양한 파트너사와 협업하는 퍼포먼스 마케터의 경험은 PDM 업무에서도 중요한 역할을 합니다. 각 직무를 구체적으로 살펴보면 다음과 같습니다.

- **세일즈(Sales)**

    세일즈는 제품이나 서비스를 판매하며, 잠재 고객과의 관계를 구축하고 유지하는 역할을 합니다. 고객의 니즈를 파악해 맞춤형 제안을 하고, 계약을 체결하는 과정에서 시장 분석과 전략적 접근이 필요합니다.

    디지털 마케팅 경험은 고객 인사이트 분석과 데이터 기반 의사결정을 통해 세일즈 업무에 직접 활용됩니다. 고객 행동 패턴, 니즈, 관심사를 분석해 맞춤형 메시지를 전달하는 경험은 고객과의 협상에서 중요한 자산이 됩니다. 마케터가 A/B 테스트와 캠페인 분석을 통해 고객 선호도를 파악하는 과정은 세일즈에서 고객 요구를 이해하고 최적의 솔루션을 제시하는 데 큰 도움이 됩니다.

- **CSM(Customer Success Manager)**

    CSM은 고객이 제품이나 서비스를 성공적으로 사용하고, 기대하는 성과를 얻을 수 있도록 돕습니다. 고객의 피드백을 반영해 제품을 최적화하고 이탈을 방지하는 전략을 세웁니다. 고객이 제품 사용 중 문제를 겪을 때 이를 해결하며 장기적인 관계를 구축합니다.

    디지털 마케팅 경험은 고객 여정을 이해하고, 문제 해결 능력을 키우는 데 큰 역할을 합니다. 맞춤형 캠페인을 운영하면서 고객의 반응을 실시간으로 분석하고 최적화하는 과정에서 고객이 필요로 하는 지원과 해결책을 빠르게 찾아내는 역량이 길러집니다. CSM 직무에서도 고객 데이터를 활용해 맞춤형 솔루션을 제공하는 것이 중요한 만큼, 디지털 마케팅 경험이 강력한 기반이 됩니다.

- **PDM(Partner Development Manager)**

    PDM은 회사와 파트너 간의 협력 관계를 관리하고 강화하는 역할을 합니다. 파트너가 회사 제품을 판매하거나 공동 마케팅을 통해 비즈니스를 성장시킬 수 있도록 지원하며, 상호 이익을 극대화하는 전략을 수립합니다.

    파트너십 관리에서 중요한 것은 파트너와의 관계를 효과적으로 조율하고, 협력을 통해 비즈니스 성장을 이끄는 역량입니다. 디지털 마케터로서 다양한 대행사 및 파트너사와 협업하며 마케팅 캠페인을 운영해 본 경험은 파트너십 전략을 수립하고 협업을 최적화하는 데 직접적인 도움이 됩니다.

    마케터는 여러 채널을 활용해 캠페인을 실행하고 다양한 이해관계자와 협력하며 성과를 도출하는 과정에서 PDM이 요구하는 협상력과 조율 능력을 갖추게 됩니다. 파트너와의 상호작용을 최적화하는 전략을 기획하고 실행한 경험은, PDM 역할에서 관계를 강화하고 비즈니스 성장을 주도하는 데 강점으로 작용합니다.

- **AM(Account Manager)**

    AM은 고객의 마케팅 목표를 이해하고, 이를 반영한 캠페인 전략을 제안하거나 직접 실행하여 고객의 성과를 극대화하는 역할을 합니다. 고객의 요구에 맞춰 마케팅 최적화 전략을 조언하거나 실행하며, 브랜드와 고객 간의 장기적인 관계를 구축하는 것이 핵심입니다.

    디지털 마케팅 경험은 AM 직무에서 고객의 요구를 파악하고 맞춤형 솔루션을 제공하는 데 유용합니다. 퍼포먼스 마케터가 광고 성과 데이터를 분석해 최적의 광고 전략을 제시하는 경험은 AM 역할에서도 고객에게 최적의 마케팅 솔루션을 제공하는 데 적용됩니다. 또한, 커뮤니케이션 능력 역시 중요한 요소로, 고객과의 소통을 통해 캠페인 진행 상황을 조율하고 문제를 해결하는 역할을 수행합니다.

    디지털 마케팅 경험을 통해 고객 피드백 분석 능력을 키운 AM은 고객의 불만이나 요구 사항을 실시간으로 파악하고, 이를 개선하는 전략을 즉시 반영할 수 있습니다. 캠페인 진행 중 고객이 원하는 성과가 나오지 않으면, 데이터를 바탕으로 빠르게 문제를 진단하고, 그에 맞는 전략을 고객에게 제공합니다. 빠른 문제 해결 능력과 고객 대응 능력은 AM 직무에서 중요한 역할을 하며, 고객 만족도를 높이는 데 직접적인 영향을 미칩니다.

디지털 마케팅에서 얻은 고객 인사이트와 행동 분석 능력은 세일즈의 거래 성사, CSM의 고객 만족도 향상, PDM의 파트너십 최적화, AM의 고객 요구 분석 및 맞춤형 전략 수립과 밀접하게 연결됩니다.

세일즈 팀은 마케터가 분석한 고객 데이터를 기반으로 맞춤형 판매 전략을 수립하고, CSM 팀은 고객의 요구를 실시간으로 파악해 적절한 지원을 제공합니다. PDM 팀은 파트너 데이터를 활용해 공동 캠페인을 최적화하거나 파트너의 니즈에 맞춘 전략을 개발합니다. AM 팀은 고객의 피드백을 분석하고, 이를 바탕으로 최적의 캠페인 운영 전략을 수립합니다.

디지털 마케팅 경험을 보유한 사람은 이미 Sales, CSM, PDM, AM 직무에 필요한 핵심 역량을 갖추고 있어, 직무 간 전환이 자연스럽게 이루어질 수 있습니다.

그림 1.69 디지털 마케터의 커리어 확장 예시

연습문제

1. 다음 중 디지털 마케팅 역사의 흐름에 맞는 것은 무엇인가요?

    A. 최초의 배너 광고는 디즈니가 웹사이트에 처음 도입했다.

    B. SKAdNetwork는 2000년대 초반부터 널리 사용되었다.

    C. 검색 광고는 SNS 광고보다 먼저 등장했다.

    D. 1980년대 영상 마케팅이 등장했다.

2. 다음 중 전통적인 마케팅에 비해 퍼포먼스 마케팅의 장점이 <u>아닌</u> 것은 무엇인가요?

    A. 실시간으로 캠페인 성과를 측정할 수 있다.

    B. 정해진 목표(전환, 클릭 등)에 따라 성과를 최적화할 수 있다.

    C. 세부 타겟팅이 가능하다.

    D. 캠페인 성과와 무관하게 고정 예산을 소진한다.

3. 퍼포먼스 마케터의 특징이 <u>아닌</u> 것은 무엇인가요?

    A. 광고 성과 데이터를 기반으로 캠페인을 최적화한다.

    B. ROAS와 같은 지표를 중요하게 여긴다.

    C. 브랜드 이미지 형성에 집중한다.

    D. A/B 테스트를 자주 실행한다.

4. 다음 중 '틱톡'의 마케팅 특성으로 가장 적절한 것은 무엇인가요?

    A. 검색 기반 콘텐츠 소비 구조가 강하다.

    B. 긴 형식의 전문 정보 영상이 중심이다.

    C. 알고리즘 기반의 추천 피드가 핵심이며, 짧고 강한 몰입형 콘텐츠에 최적화되어 있다.

    D. 주로 B2B 세일즈 콘텐츠 유통에 활용된다.

5. 디지털 마케팅 경력이 CSM, PDM, AM, Sales 등의 직무로 확장 가능성이 있는 이유는 무엇인가요?

    A. 마케팅은 모든 직무의 하위 개념이기 때문이다.

    B. 다양한 고객 접점을 다루며 제품 이해도와 커뮤니케이션 역량을 쌓을 수 있기 때문이다.

    C. 광고 예산을 다뤄본 경험은 재무팀 경력과 유사하기 때문이다.

    D. 브랜드 캠페인을 다루면 바로 세일즈 경험이 생기기 때문이다.

정답

1.

정답: C

해설: 최초의 배너 광고는 1994년 AT&T가 Wired 웹사이트에 게재한 것으로 알려져 있습니다. 검색 광고는 2000년대 초반 구글 AdWords(현 Google Ads) 등을 통해 상용화되었으며, 페이스북이나 인스타그램 같은 SNS 광고는 그보다 이후에 등장했습니다.

2.

정답: D

해설: 퍼포먼스 마케팅은 성과 기반으로 광고비를 집행하기 때문에 전환, 클릭 등 측정 가능한 지표에 따라 예산이 집행됩니다. 반면, D는 전통적인 마케팅에서 자주 나타나는 특징으로, 결과와 관계없이 정해진 예산을 모두 소진하는 구조입니다.

3.

정답: C

해설: 퍼포먼스 마케터는 성과 지표를 기반으로 광고 효율을 개선하는 역할을 하며, 브랜드 이미지보다는 전환이나 수익률에 집중합니다.

4.

정답: C

해설: 틱톡은 짧은 영상(Short-form) 중심의 피드 구조와 강력한 알고리즘 추천 기능을 통한 빠른 도달과 확산이 특징입니다.

5.

정답: B

해설: 디지털 마케터는 제품, 고객, 시장을 폭넓게 이해하며 고객 대응(CSM), 제품 전략(PDM), 대외 커뮤니케이션(AM, 세일즈 등)에 필요한 역량을 자연스럽게 기를 수 있습니다.

02장

디지털 마케팅 환경 이해하기

2.1 서드파티 툴 이해하기

2.2 디지털 마케팅 측정 아이디 이해하기

2.3 웹 투 앱 광고 측정하기

2.4 디지털 마케팅 측정 매체 종류

2.5 신규 설치 캠페인, 리타겟팅 캠페인

2.6 그 외 주요 디지털 마케팅 용어

디지털 마케팅은 단순한 광고 운영을 넘어, 다양한 플랫폼과 기술, 데이터 분석이 결합된 복합적인 영역으로 발전해 왔습니다. 사용자는 하루에도 수십 개의 웹사이트와 앱을 이용하고, 여러 광고를 접하며, 다양한 채널을 통해 브랜드와 상호작용합니다. 이처럼 복잡한 환경 속에서 효과적인 마케팅 전략을 수립하려면 디지털 마케팅이 작동하는 방식과 이를 둘러싼 환경을 이해하는 것이 필수입니다.

이 장에서는 디지털 마케팅의 기본 환경을 구성하는 요소들을 살펴보고, 각 요소가 어떻게 연결되어 있는지 알아보겠습니다. 디지털 마케팅 환경을 이해하면 마케팅 전략을 더욱 정교하게 설계하고, 변화하는 시장에 더욱 효과적으로 대응할 수 있을 것입니다.

2.1 서드파티 툴 이해하기

디지털 마케팅을 효과적으로 실행하려면 데이터를 효율적으로 수집하고 분석하는 능력이 필수입니다. 이를 돕는 것이 바로 서드파티 툴입니다. 서드파티 툴은 광고 매체와 데이터 분석의 복잡한 구조를 이해하는 데 중요한 역할을 합니다.

서드파티 툴을 이해하려면 먼저 **퍼스트파티(First-Party)**, **세컨드파티(Second-Party)**, **서드파티(Third-Party)**의 개념부터 알아야 합니다. **퍼스트파티**는 특정 시스템, 애플리케이션, 플랫폼 등을 직접 개발하고 운영하는 주체입니다. **세컨드파티**는 퍼스트파티와 직접 협력 관계를 맺고 있는 파트너사입니다. **서드파티**는 독립적인 외부 개발자나 기업이 제공하는 제품이나 서비스를 뜻합니다.

일상에서 흔히 접할 수 있는 애플의 iOS 모바일 운영체제를 예시로 살펴보겠습니다.

1. **퍼스트파티(First-Party)**: 퍼스트파티는 운영체제(OS) 개발사가 직접 만든 애플리케이션을 의미합니다. 애플이 개발한 웹 브라우저 **사파리(Safari)**는 애플의 퍼스트파티 애플리케이션입니다. 아이폰이나 맥북에 기본으로 설치되어 있으며, 애플이 직접 개발, 유지 및 보수합니다.

2. **세컨드파티(Second-Party)**: 세컨드파티는 퍼스트파티와 직접 계약을 맺고 협력하는 관계를 의미합니다. 애플의 Apple Health(건강 관리 앱)와 나이키의 Nike Running Club(피트니스 앱)은 세컨드파티 관계에 해당합니다. Nike Running Club은 나이키가 개발한 앱이지만, 애플과 협력하여 Apple Health와 데이터를 연동할 수 있도록 지원합니다.

3. **서드파티(Third-Party)**: 서드파티는 퍼스트파티와 직접적인 관계가 없는 독립적인 기업이나 개발자가 만든 애플리케이션입니다. **인스타그램, 페이스북, 링크드인** 등은 애플이 직접 개발한 앱이 아니지만, iOS 환경에서 작동하며 애플 앱스토어를 통해 제공됩니다.

그림 2.1 퍼스트, 세컨드, 서드파티 예시

퍼스트, 세컨드, 서드파티의 개념을 정리했으니, 디지털 마케팅에서 서드파티 툴이 어떤 역할을 하는지 살펴보겠습니다.

많은 기업은 다양한 서드파티 툴을 활용하여 사용자가 서비스를 지속적으로 이용하고, 구매까지 하도록 유도합니다. 디지털 마케팅에서 서드파티 툴은 **광고 성과 분석, 고객 데이터 관리, 마케팅 캠페인 운영** 등 다양한 기능을 수행하며, 다음과 같이 분류합니다.

- **광고 툴**(Ad Tools): 디지털 광고 집행 및 최적화
- **검색 최적화 툴**(SEO Tools): 검색 엔진에서의 노출 최적화
- **고객 관리 툴**(CRM, Customer Relationship Management): 고객 데이터를 분석하고 관계 관리
- **제품 분석 툴**(Product Analytics Tools): 사용자 행동 데이터를 분석하여 제품 개선
- **성과 측정 툴**(MMP, Mobile Measurement Partner): 마케팅 성과 측정 및 통합 분석
- **데이터 시각화 툴**(Data Visualization Tools): 마케팅 데이터를 그래프나 테이블로 정리
- **AI 마케팅 툴**(AI Marketing Tools): 콘텐츠 생성, 데이터 분석, 성과 예측 등 마케팅 효율성 극대화

기업이 위와 같은 툴을 직접 개발하지 않고 서드파티 툴을 활용하는 이유는 간단합니다. 시간과 비용을 절감하면서도 빠르고 효율적으로 마케팅을 운영하기 위해서입니다. 요리사가 프라이팬이나 칼을 직접 제작하지 않고, 검증된 조리 도구를 사용하여 효율적으로 요리를 완성하는 것과 같은 원리입니다.

디지털 마케팅은 다양한 분야와 단계로 이루어져 있으며, 각 툴은 특정 문제를 해결하는 역할을 합니다. 따라서 마케터는 자신의 목표와 상황에 맞춰 적절한 툴을 선택해야 합니다.

이제 마케팅에 활용되는 여러 가지 툴을 보다 쉽게 이해할 수 있도록 구체적인 설명과 예시를 살펴보겠습니다.

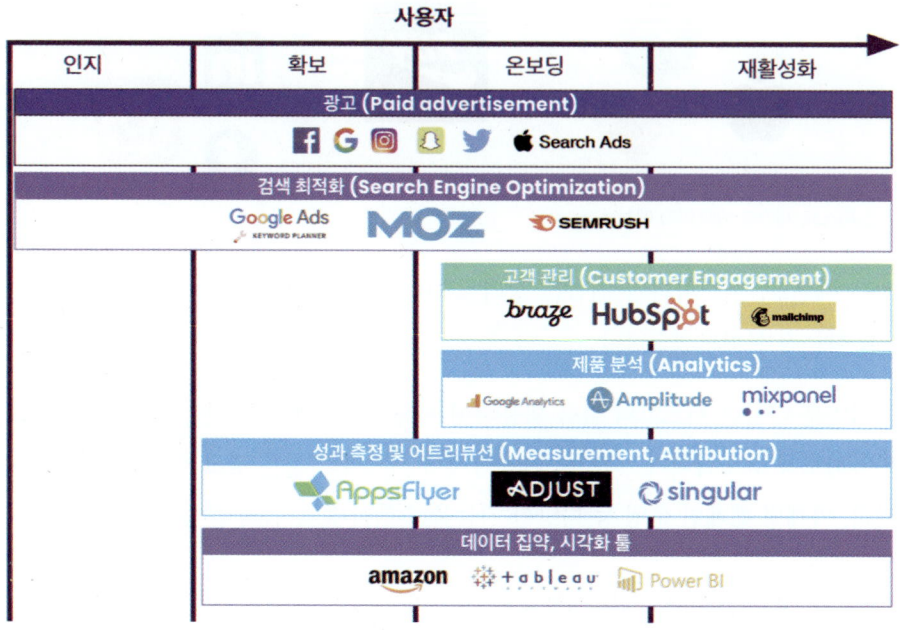

그림 2.2 다양한 서드파티 툴

2.1.1 _ 광고 툴(Ad tools)

광고 툴은 마케터가 사용자의 관심을 끌고 브랜드 인지도를 높이는 데 필수적인 도구로, 사용자가 브랜드나 제품을 처음 접하고 관심을 갖게 되는 데 중요한 역할을 수행합니다.

기업의 마케터라면 자사 제품이나 서비스를 이용할 사용자들을 어떻게 효율적으로 찾아 광고를 집행할지 고민할 것입니다. 무작정 모든 곳에 광고를 노출하며 '누구든 관심을 가져줬으면 좋겠다'는 식의 접근은 현실적으로 어렵습니다. 항상 광고 예산이 한정되어 있기 때문입니다.

광고 툴은 이 문제를 해결하기 위해 타겟팅, 광고 배포, 광고 성과 보고 등의 주요 기능을 제공하여 제한된 광고 예산을 더욱 효율적으로 사용할 수 있도록 돕습니다.

- **주요 광고 툴**: Google Ads, Meta Ads(Facebook/Instagram Ads), Twitter/X Ads, TikTok Ads 등

타겟팅(Targeting)

광고 툴은 사용자의 관심사, 행동, 인구통계학적 데이터를 바탕으로 특정 사용자 그룹에게 광고를 정확히 전달하는 기능을 제공합니다. 페이스북의 타겟팅 기능은 정교하며, 수십억 명의 사용자 데이터를 기반으로 다양한 타겟팅 옵션을 지원하여 광고주가 원하는 고객층에 정확하게 도달할 수 있도록 합니다. 대표적인 타겟팅 유형은 다음과 같습니다.

01. 인구통계학적 타겟팅(Demographic Targeting)

성별, 연령, 위치, 언어와 같은 인구통계학적 정보를 기준으로 광고를 노출합니다. 25세에서 35세 사이의 여성, 영어 사용자와 같은 고객군에 광고를 집중적으로 보여줄 수 있습니다.

02. 관심사 타겟팅(Interest Targeting)

페이스북은 사용자의 좋아요, 팔로우, 검색 기록, 콘텐츠 소비 패턴을 분석해 관심사를 정의합니다. 이를 통해 요가, 테크놀로지, 여행 등 각 키워드에 관심이 높은 사용자에게 맞춤형 광고를 제공합니다. 요가 매트를 판매하는 업체라면 '요가'와 '건강'에 관심이 있는 사용자들에게 효과적으로 광고를 노출할 수 있습니다.

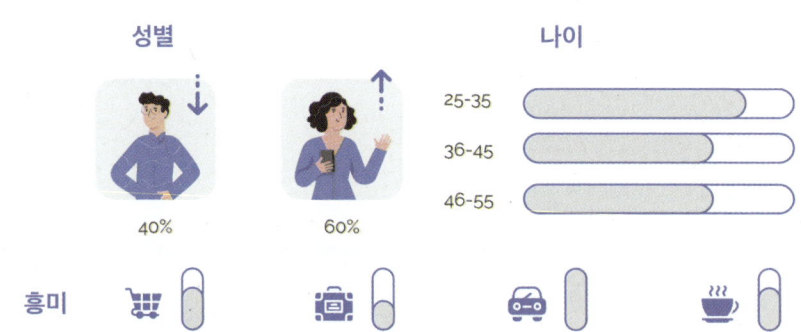

그림 2.3 인구통계학적, 관심사 타겟팅 예시

03. 유사 타겟팅(Lookalike Audiences)

페이스북의 유사 타깃 기능은 기존의 가치 있는 고객(예: 일주일 동안 100만 원 이상 구매한 고객)의 특성을 분석해 이들과 비슷한 행동과 관심사를 보이는 신규 고객을 찾아주는 머신러닝 기반의 타겟팅 방법입니다. 광고주가 플랫폼에 이상적인 고객의 데이터를 제공하면, 페이스북은 이를 분석하여 가장 유사한 신규 고객군을 발굴하여 광고를 노출해 줍니다.

그림 2.4는 스킨케어 브랜드가 기존 충성 고객 데이터를 바탕으로 페이스북을 통해 유사한 관심사와 행동 패턴을 가진 사용자에게 광고를 집행하는 과정을 보여줍니다.

그림 2.4 유사 타깃의 예시. 기존 고객과 페이스북 데이터를 결합하여 유사한 특성을 가진 신규 고객을 타겟팅한다.

04. 위치 타겟팅(Location Targeting)

사용자의 현재 위치 또는 최근 방문한 지역 정보를 기반으로 광고를 노출하는 기능입니다. 패션 브랜드가 강남 지역에 새로운 매장을 오픈한 경우, 대한민국 전체 사용자에게 광고하는 것보다 강남에 거주하거나 최근 방문한 사용자에게 광고를 집중 노출하는 것이 효과적입니다. 페이스북의 광고 툴 애드 매니저(Ad Manager)는 국가, 지역, 도시 등 사용자의 위치를 기반으로 광고 타겟팅을 설정할 수 있도록 지원합니다.

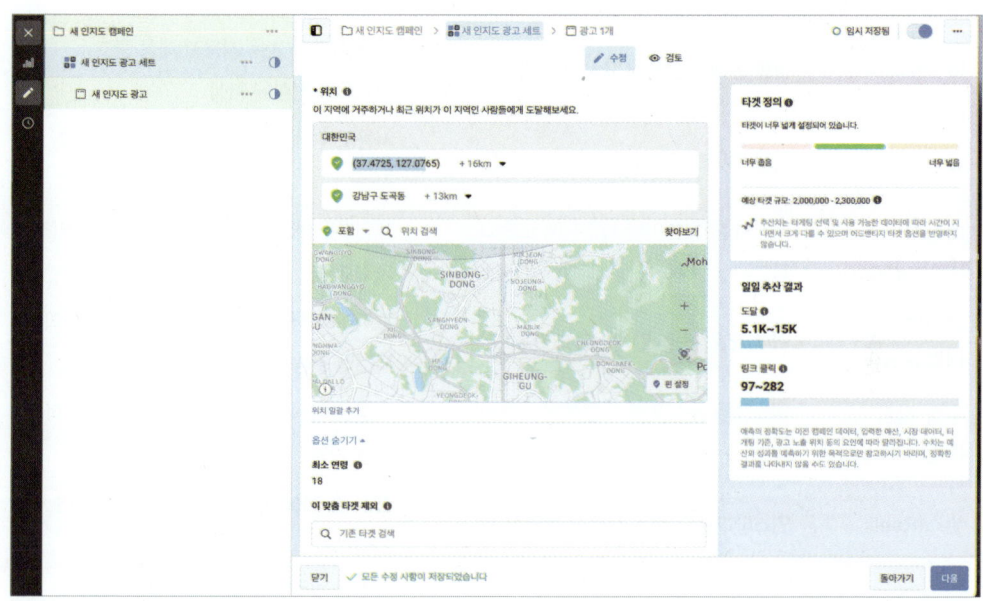

그림 2.5 페이스북 광고 툴의 위치 타겟팅 설정 화면

광고 배포

광고 툴은 소셜 미디어, 검색 엔진, 디스플레이 네트워크 등 다양한 채널을 통해 광고를 배포할 수 있도록 도와줍니다. 이를 활용하면 여러 플랫폼에서 일관된 광고 캠페인을 운영할 수 있습니다.

페이스북은 전 세계적으로 가장 널리 사용되는 소셜 미디어 플랫폼 중 하나로, 다양한 광고 지면과 옵션을 제공하여 광고 효율성을 극대화합니다. **페이스북 광고 매니저**를 활용하면 다음과 같은 지면에 광고를 노출할 수 있습니다.

표 2.1 페이스북의 주요 노출 위치 및 지면

노출 위치/지면	설명	특징 및 장점
피드(Feed)	페이스북 및 인스타그램의 메인 피드에 표시되는 광고	일반 게시물과 유사하여 높은 참여율 유도 가능
스토리(Stories)	24시간 동안 표시되는 풀스크린 광고	짧고 강렬한 메시지 전달, 즉각적인 행동 유도에 효과적
동영상 내 광고	동영상 콘텐츠 중간에 삽입되는 광고	콘텐츠 몰입도가 높아 관심과 집중도를 유지
마켓플레이스	상품 판매 플랫폼에 표시되는 광고	구매 의도가 높은 사용자 대상 광고 집행으로 전환율 향상
검색 결과	특정 키워드 검색 시 관련 광고 노출	사용자 검색 의도에 기반한 효율적 광고 가능
메신저(Messenger)	메신저 홈 화면이나 채팅창에 노출되는 광고	개인화된 메시지로 참여 유도, 고객 서비스 기회 제공
오디언스 네트워크	외부 제휴 앱 및 웹사이트에 표시되는 광고	페이스북 생태계 외부에서도 높은 효율의 타겟팅 가능
우측 칼럼(Right Column)	데스크톱 뉴스 피드 오른쪽에 노출되는 광고	저렴한 비용으로 데스크톱 사용자에게 다수 노출 가능
릴스(Reels)	인스타그램의 짧은 세로형 동영상 광고	젊은 층 대상의 창의적이고 빠른 바이럴 콘텐츠
페이스북 그룹	특정 관심사 그룹의 피드 내 노출되는 광고	맞춤형 광고로 사용자 참여도와 브랜드 충성도 증가

페이스북이 다양한 광고 지면을 제공하는 이유는 광고 성과 극대화, 다양한 사용자 접점 활용, 광고 비용 최적화라는 목표를 달성하기 위해서입니다. 광고주는 각 지면의 특성을 고려하여 마케팅 목표에 맞는 전략을 수립합니다.

그림 2.6은 패션 브랜드 마케터가 인스타그램 지면만 활용하는 사례를 보여줍니다. 그림 2.7의 페이스북 광고 툴 설정 화면에서는 광고주가 원하는 플랫폼과 지면을 직접 선택하여 광고 전략을 조정합니다.

02장 _ 디지털 마케팅 환경 이해하기

그림 2.6 인스타그램에만 광고를 진행하고 싶은 광고주 예시

그림 2.7 페이스북 광고 관리 툴의 노출 위치 설정 화면. 마케터가 광고하고 싶은 플랫폼과 위치를 선택할 수 있다.

성과 측정 및 최적화

광고 툴은 광고 성과를 실시간으로 측정하고, 결과에 따라 캠페인을 최적화할 수 있는 기능을 제공합니다.

퍼포먼스 마케팅 담당자가 앱의 신규 사용자 확보를 위해 페이스북 광고 캠페인을 진행했다고 가정해 보겠습니다. 페이스북 비즈니스 관리자에서 광고 관리 대시보드에 접속하면 캠페인의 노출 수, 클릭 수, 클릭당 비용 등 주요 성과 지표를 한눈에 확인할 수 있습니다. 그림 2.8은 광고 툴의 보고서 기능을 활용해 광고 효과를 분석하는 과정을 시각적으로 보여줍니다.

그림 2.8 광고 툴의 보고서 기능을 통해서 위와 같은 광고 효과를 분석할 수 있다.

담당자는 서로 다른 두 캠페인(A: 동영상 광고, B: 이미지 광고)의 성과를 비교합니다. 클릭률, 앱 설치 전환율, 광고 비용 대비 수익률을 확인합니다. 표 2.2는 광고 성과를 대시보드 형태로 정리한 예시입니다.

표 2.2 광고 성과 대시보드 예시

캠페인 명	광고비 (지출)	광고 노출량	광고 클릭	앱 설치	매출	광고 클릭률	광고 대비 수익률
A	₩3,500,000	410,000	8,000	1,000	₩600,000	2%	17%
B	₩3,500,000	500,000	10,000	2,500	₩800,000	2%	23%
Total	₩7,000,000	910,000	18,000	3,500	₩1,400,000	2%	20%

분석 결과, 캠페인 B가 광고 비용 대비 수익률이 더 높았습니다. 그리고 캠페인 A는 클릭 수와 앱 설치 건수가 상대적으로 낮고, 비용 대비 성과도 B보다 저조했습니다. 이에 따라 마케터는 캠페인 A를 유지하되, 성과가 더 우수한 캠페인 B에 추가 예산을 배정하기로 결정합니다. 마케터는 이후에도 광고 대시보드를 지속적으로 모니터링하며 성과 변화를 분석하고, 최신 데이터를 반영해 광고 전략을 최적화합니다.

2.1.2 _ 검색 엔진 최적화(SEO) 툴

많은 사람들은 특정 장소를 찾거나, 서비스를 이용하거나, 제품을 구매할 때 구글이나 네이버와 같은 검색 엔진을 활용합니다. 그리고 검색 결과에서 상위에 노출된 페이지를 중심으로 결정을 내리는 경우가 많습니다.

대부분의 사용자는 검색 결과 페이지를 끝까지 확인하지 않기 때문에 웹사이트가 상위에 노출되지 않으면 선택받기 어려워집니다. 따라서 기업이나 브랜드가 특정 키워드로 검색될 때 구글이나 네이버와 같은 검색 엔진에서 상위에 노출되도록 최적화하는 작업을 **검색 엔진 최적화**(SEO, Search Engine Optimization)라고 합니다.

- **주요 SEO 툴**: Google Keyword Planner, Ahrefs, Ubersuggest, Moz, SEMrush

인테리어 아이템을 판매하는 기업의 콘텐츠 마케터가 크리스마스 시즌을 겨냥한 할인 이벤트를 기획했다고 가정해 보겠습니다. 많은 사용자들이 '크리스마스 인테리어'를 검색하지만, 해당 브랜드의 웹사이트는 검색 결과에서 후순위에 위치해 있어 눈에 띄지 않습니다. 검색 데이터를 분석한 결과, '크리스마스 인테리어'라는 키워드에 대한 검색량이 높아지고 있지만, 웹사이트가 최적화되지 않아 트래픽을 충분히 확보하지 못하고 있습니다.

SEO 툴은 다음과 같은 기능을 제공하여 검색 엔진 최적화와 마케팅 활동을 지원합니다.

키워드 분석 기능

키워드는 검색 엔진 최적화의 핵심 요소입니다. 사용자가 검색 엔진에 입력할 가능성이 높은 단어나 구문을 홍보 콘텐츠에 반영하는 것이 중요합니다. 키워드 분석 툴은 특정 키워드의 검색량, 경쟁 정도, 관련 키워드를 제공하여 효과적인 키워드 전략을 수립하는 데 도움을 줍니다.

브랜드의 이벤트 웹사이트를 구글 검색 결과 상위에 노출하기 위해 마케팅 담당자는 사용자들이 어떤 검색어를 입력하는지 파악해야 합니다. 먼저, 크리스마스 시즌에 인테리어 상품을 찾는 사용자들이 주로 사용하는 검색어를 조사하기 위해 키워드 분석을 시작합니다. 구글 키워드 플래너를 활용한 결과, 그림 2.9처럼 '크리스마스 트리'가 매달 1만 회 이상 검색된다는 사실을 확인했습니다. '더 현대 크리스마스', '크리스마스 선물'과 같은 관련 키워드도 발견했습니다.

이 분석을 바탕으로 '크리스마스 트리'를 메인 키워드로 선정하고, 이벤트 페이지의 제목을 "크리스마스 인테리어 - 최고의 크리스마스 트리 할인 특가!"로 변경했습니다. 추가로 브랜드 블로그에는 "크리스마스 트리 추천 TOP 10"과 같은 콘텐츠를 제작하여 검색 노출을 극대화하도록 했습니다.

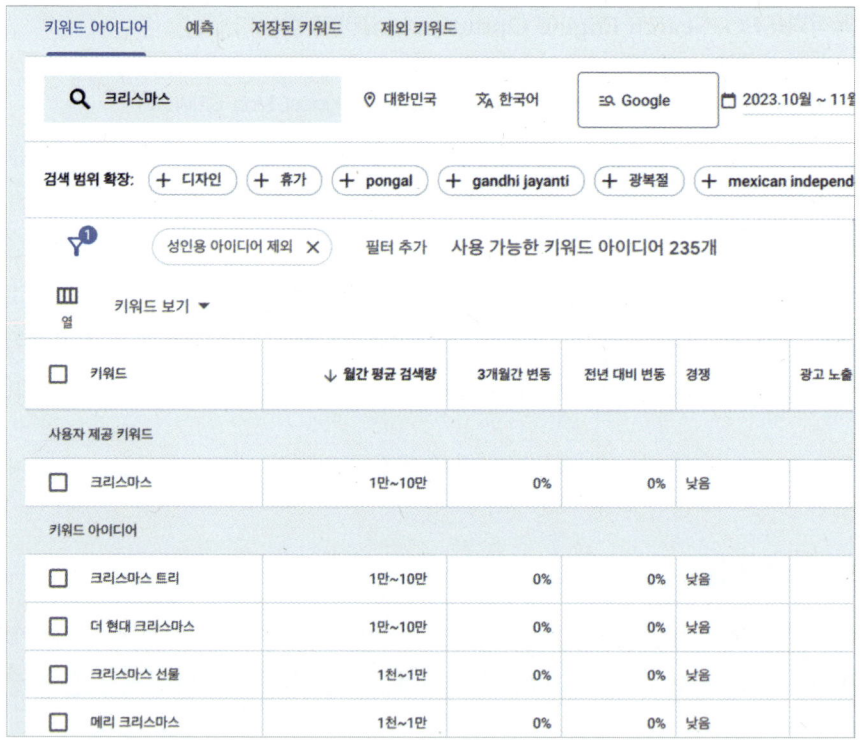

그림 2.9 구글의 키워드 플래너 화면(출처: 구글)

키워드 전략을 한 단계 더 발전시키기 위해 SEMrush의 키워드 난이도 분석 기능을 활용합니다. 키워드 난이도는 특정 키워드에 대해 검색 결과에서 상위에 노출되는 것이 얼마나 어려운지를 나타내는 지표입니다.

그림 2.10의 키워드 난이도(Keyword Difficulty)를 보면 '아이폰'의 난이도 점수는 98%로 매우 높습니다. 이는 '아이폰'이 지나치게 일반적인 단어이거나, 애플과 같은 권위 있는 사이트가 고품질의 관련 콘텐츠를 제공하고 있어 검색 순위를 올리기 어려운 키워드라는 의미입니다.

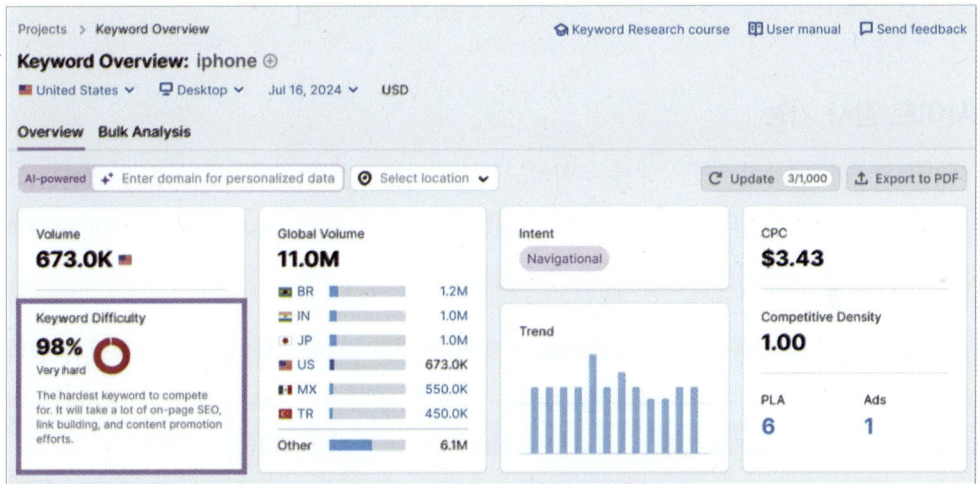

그림 2.10 SEMrush 키워드 난이도 분석 화면 – '아이폰' 키워드의 난이도 점수(98%) 표시(출처: SEMrush)

SEMrush 분석 결과, '크리스마스' 키워드는 너무 일반적이고 경쟁이 치열하여 검색 순위 확보가 어려운 것으로 나타났습니다. 따라서 이번 이벤트에서는 '크리스마스 트리'를 중심으로 콘텐츠를 구성하는 것이 더 효과적이라는 결론을 내렸습니다.

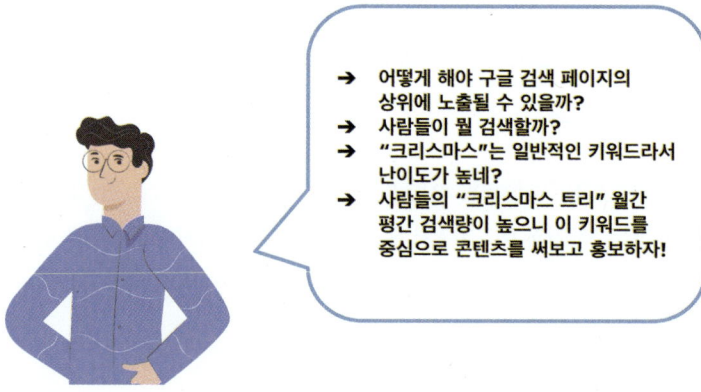

그림 2.11 키워드 분석 기능을 활용해 검색 엔진 최적화(SEO) 전략을 수립하는 마케터

사이트 감사 기능

사이트 감사는 웹사이트의 상태를 분석하고 성능 문제나 검색 엔진 친화성을 저해하는 요소를 식별하는 과정입니다. 사이트 구조, URL 구성, 내부 링크, 페이지 속도, 모바일 최적화 등의 요소를 점검하여 개선 사항을 도출합니다.

검색 최적화 툴을 활용해 키워드 분석을 진행한 후에도 브랜드 사이트가 구글 검색 결과 상위에 노출되지 않는 문제가 확인됐습니다. 이에 따라 사이트 감사 기능으로 웹사이트의 성능을 분석하고, 사용자 경험을 개선하기 위한 조치를 진행했습니다.

그림 2.12의 Moz의 대시보드를 활용하여 사이트의 SEO 상태를 점검한 결과, 다음과 같은 데이터가 확인되었습니다.

1. 주요 크롤링 데이터(Site Crawl overview)
   - 11k Pages Crawled: 11,000개의 웹페이지 크롤링 및 분석
   - 16.7k New Issues: 새롭게 발견된 16,700개의 문제
   - 13.6k Critical Crawler Issues: 중요한 크롤러 문제 13,600개(765개 증가)
   - 36.7k Total Issues: 총 36,700개의 문제 발견(130개 감소)

2. 주요 문제 목록(All Issues)
   - 4xx Error(233건): 클라이언트 오류(404 Not Found 등)로 인해 페이지가 정상적으로 로드되지 않는 문제
   - Redirect to 4xx(50건): 4xx 오류 페이지로 리디렉션되는 경우
   - Missing H1(45건): 웹페이지의 주요 제목 태그(H1) 누락
   - Title Too Long(2건): 페이지 타이틀이 너무 길어 SEO에 부정적인 영향을 미칠 가능성이 있음
3. 추천 수정 사항(Recommended Fixes)
   - 4xx Error(233건) → 발생 원인을 분석하고 해결 필요(페이지 삭제, URL 변경 등 확인)
   - Redirect to 4xx(50건) → 리디렉션 오류 수정
   - Missing H1(45건) → 페이지마다 적절한 태그 추가

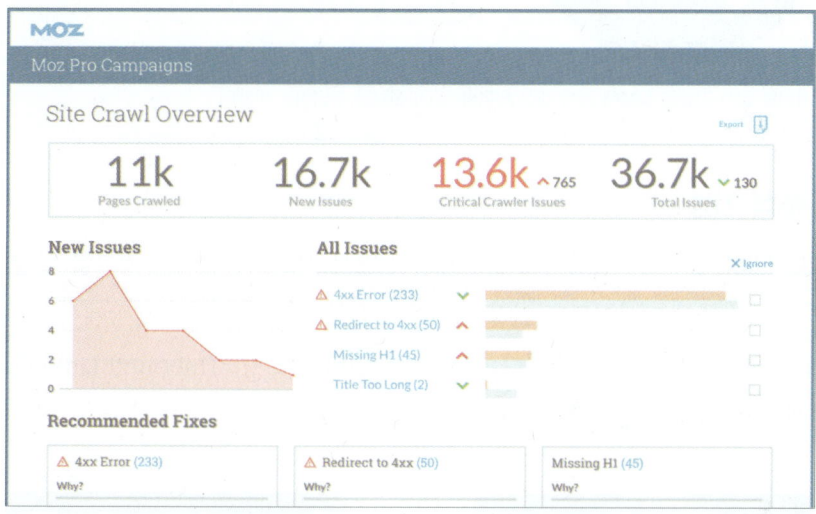

그림 2.12 Moz의 사이트 검사 예시(출처: Moz)

마케터는 Moz의 사이트 감사 기능을 활용하여 웹사이트 성능 저하의 원인을 분석하고, 수정이 필요한 요소를 식별하여 다음과 같은 다양한 최적화 작업을 진행했습니다.

- 내부 링크 구조를 점검하여 존재하지 않는 URL을 제거하고 올바른 주소로 수정
- 4xx 오류 페이지로 연결된 잘못된 리디렉션을 제거하고 적절한 대체 페이지로 연결
- 페이지 타이틀을 간결하게 정리하여 가독성 개선

이후에도 내부 링크 구조를 지속적으로 점검하고, 404 오류 모니터링 시스템을 강화하여 동일한 문제가 재발하지 않도록 관리할 예정입니다. SEO 성능을 지속적으로 개선하기 위해 검색 최적화팀과 개발팀 간의 정기적인 협업 프로세스도 구축할 계획입니다.

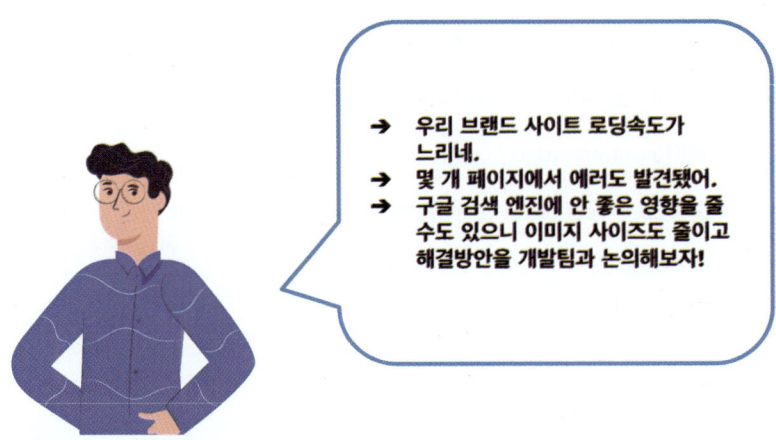

그림 2.13 사이트 감사 기능을 활용해 검색 엔진 최적화(SEO) 전략을 수립하는 마케터

백링크 분석 기능

백링크(Backlink)는 다른 웹사이트에서 자신의 웹사이트로 연결되는 링크를 말합니다. A 사이트의 페이지에서 B 사이트로 연결되는 링크가 있다면, B 사이트 입장에서는 A 사이트로부터 받은 링크가 백링크가 됩니다. 백링크는 '인바운드 링크(Inbound Link)'라고도 불리며, 검색 엔진 최적화에서 매우 중요한 요소입니다.

그림 2.14 웹사이트 B 입장에서, 웹사이트 A의 콘텐츠에 있는 'www.웹사이트B.co.kr'은 백링크이다.

검색 엔진은 백링크를 '추천'으로 간주하여 웹사이트의 신뢰도를 평가합니다. 고품질 백링크를 다수 확보한 웹사이트는 검색 결과에서 상위에 노출될 가능성이 높아집니다. 백링크 분석 기능은 경쟁사 분석, 잠재적 링크 구축 기회 탐색, 링크 품질 평가, 손상된 링크 수정 등을 지원합니다.

백링크 전략 수립 사례를 살펴보겠습니다. 마케터는 자사의 브랜드 사이트의 랭킹이 경쟁사보다 낮은 것을 확인했습니다. 이에 따라 경쟁사의 백링크를 분석하고, 어떤 웹사이트에서 백링크를 확보해야 검색 엔진에서 긍정적인 평가를 받을지 검토했습니다.

분석 결과, 검색 엔진 최적화에 효과적인 백링크 유형을 다음과 같이 도출했습니다.

1. **권위 있는 사이트의 백링크**
   - 정부 기관, 대학, 유명 뉴스 사이트 등의 백링크는 검색 엔진에서 높은 신뢰도를 부여하는 요인으로 작용합니다.

2. **관련성이 높은 웹사이트의 백링크**
   - 동일하거나 유사한 주제를 다루는 웹사이트에서 백링크를 받을 경우, 검색 엔진은 이를 긍정적으로 평가합니다.

3. **높은 트래픽을 보유한 웹사이트의 백링크**
   - 방문자가 많은 웹사이트로부터의 백링크는 검색 순위 향상뿐만 아니라 실제 트래픽 유입 증가에도 기여합니다.

이에 다음과 같은 마케팅 활동을 진행하기로 결정했습니다.

1. **언론 홍보**
   - 유명 뉴스 사이트에 기업의 크리스마스 이벤트를 홍보하고 브랜드 사이트 링크를 포함.

2. **블로거 및 인플루언서 협업**
   - 제품을 블로거에게 제공하고 솔직한 리뷰 콘텐츠를 작성하도록 유도.

3. **제휴 마케팅**
   - 유명 패션 브랜드와 콜라보레이션을 진행하고, 각 브랜드 웹사이트에서 서로를 홍보.

그림 2.15 백링크 분석 기능으로 검색 엔진 최적화(SEO) 전략을 수립하는 마케터

마케팅 활동 진행 후, 백링크 분석 기능을 활용하여 웹사이트의 백링크 트래픽 변화를 분석했습니다. 그림 2.16의 대시보드는 Ahrefs.com의 SEO 성과와 백링크 프로필을 보여주며, 다음과 같이 웹사이트의 SEO 상태를 평가하는 데 유용한 지표를 제공합니다.

1. **Domain Rating(DR): 91**
   - 100점 만점 기준 91점으로 높은 신뢰도를 유지하고 있음.
   - DR은 웹사이트의 백링크 품질과 강도를 평가하는 지표로, 높은 점수는 강력한 백링크 네트워크를 의미함.

2. **URL Rating(UR): 55**
   - 특정 URL(홈페이지 또는 주요 페이지)의 SEO 성과를 평가하는 지표.

3. **백링크 수(Backlinks): 62M(6,200만 개)**
   - Ahrefs.com으로 연결된 총 백링크 수.
   - 최근 4,100개 증가, 전체 누적 백링크 수는 1억 8,200만 개.

4. **참조 도메인 수(Referring Domains): 78.3K(7만 8,300개)**
   - Ahrefs.com으로 링크를 제공하는 고유 도메인 수.
   - 최근 118개 증가, 전체 누적 도메인 수는 18만 9,000개.
   - 다양한 도메인에서 백링크를 받는 것은 검색 엔진 최적화에서 중요한 요소로 작용함.

결론적으로 백링크 증가세가 지속되며, 참조 도메인이 꾸준히 추가되고 있어 SEO 성과가 긍정적인 방향으로 유지될 가능성이 큽니다.

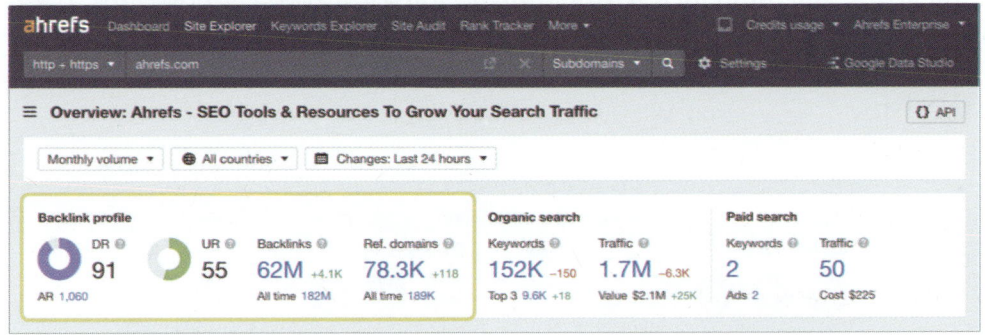

그림 2.16 백링크 프로필 대시보드(출처: Ahrefs)

백링크는 SEO의 핵심 요소로, 웹사이트의 가시성과 신뢰도를 높이는 데 중요한 역할을 합니다. 양질의 백링크를 확보하면 검색 엔진 순위 상승뿐만 아니라, 더 많은 사용자 트래픽 유입에도 기여합니다.

2.1.3 _ 고객 관리(CRM) 툴

CRM 마케팅은 다양한 채널을 활용해 고객과의 상호작용을 관리하고, 맞춤형 메시지를 전달하여 고객 참여를 유도하는 전략입니다. 푸시 메시지, 인앱 메시지, 채널 메시지, 이메일 마케팅 등 다양한 방식으로 고객과 소통하며, 고객 관리 툴을 활용해 보다 효과적으로 운영할 수 있습니다.

- **주요 고객 관리 툴**: Braze, Mailchimp, Hubspot, Airship, OneSignal, CleverTap

고객 관리 툴은 다음과 같은 기능을 제공합니다.

푸시 메시지(Push Messages)

푸시 메시지는 사용자가 앱을 실행하지 않아도 모바일 기기나 웹 브라우저에서 즉시 확인할 수 있는 짧은 알림 메시지입니다. 기업은 푸시 메시지를 활용해 특별 할인, 긴급 공지,

이벤트 안내 등 사용자 관심을 유도할 수 있는 정보를 제공합니다. 대표적인 사례로, 쇼핑 앱에서 기획전이나 할인 이벤트와 관련된 푸시 메시지를 발송하는 경우가 있습니다.

그림 2.17을 보면, 아이디어스가 할인 이벤트와 기획전을 안내하는 푸시 메시지를 사용자에게 전송하고 있으며, 메시지를 터치하면 즉시 앱 내 관련 페이지로 이동하도록 구성되어 있습니다.

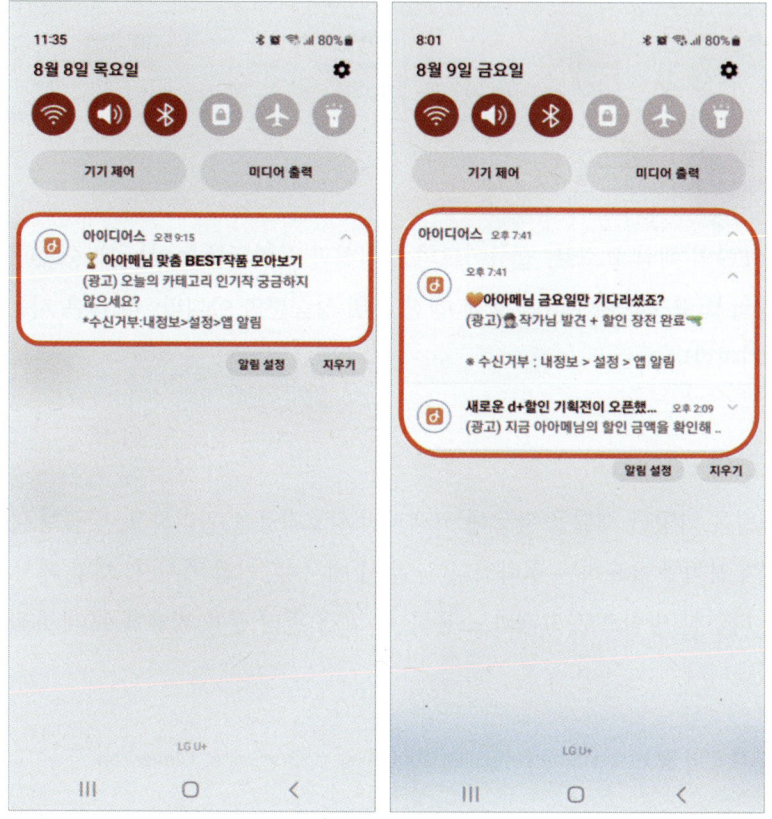

그림 2.17 기획전과 할인 이벤트를 홍보하는 아이디어스의 푸시 메시지 예시

그림 2.18은 고객 관리 툴인 Braze의 푸시 알림(Push Notification) 설정 화면이며, 개인화된 메시지 적용 방식을 확인할 수 있습니다. 사용자 이름(first_name)이 존재하면 해당 이름이 표시되고, 없으면 기본값 'Hey there'이 적용됩니다. 사용자가 최근 조회한 여행지(Recently Browsed Destination)가 제목에 자동으로 삽입됩니다.

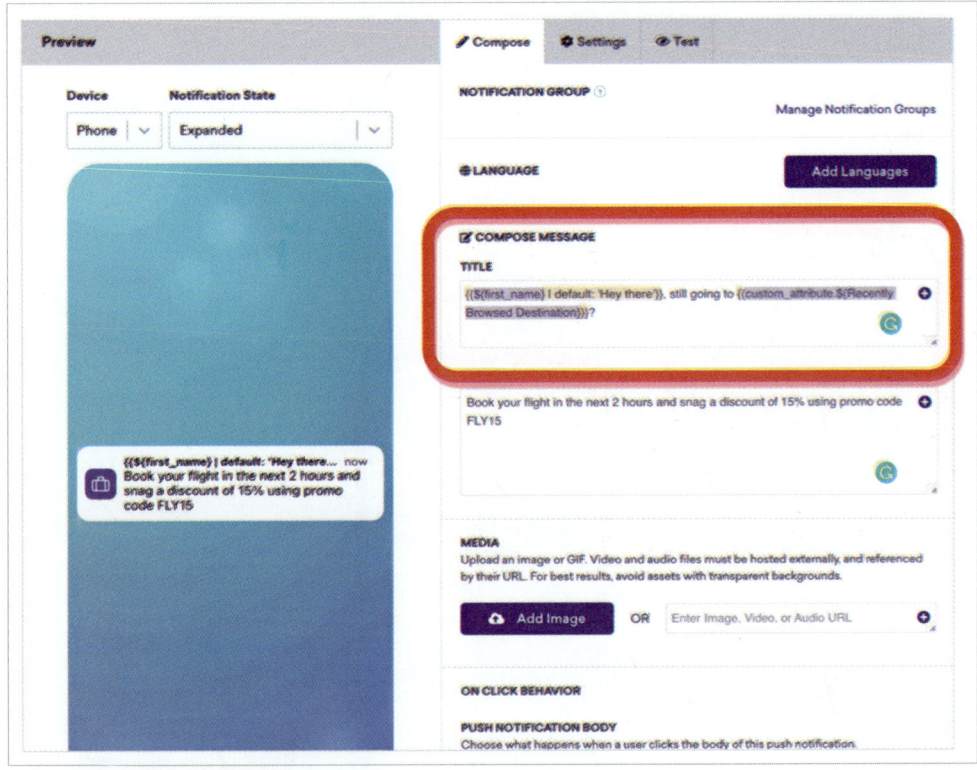

그림 2.18 푸시 메시지 설정 화면(출처: Braze)

인앱 메시지

인앱 메시지(In-App Messages)는 사용자가 앱을 실행하고 있을 때 앱 내 화면에 팝업, 배너, 알림창 등의 형태로 노출되는 메시지입니다. 기업은 이 메시지를 통해 특정 프로모션이나 할인 쿠폰을 제공하여 사용자의 앱 내 참여를 촉진하거나 설문조사로 사용자 피드백을 받아 앱 만족도를 측정합니다. 새로운 기능 소개, 서비스 안내 등 고객에게 유익한 정보를 제공하여 사용자 경험을 향상시키는 데 활용합니다.

그림 2.19는 Braze에서 다양한 유형의 인앱 메시지를 설정하는 방식을 보여줍니다. 고객 관리 툴을 활용하면 다음과 같이 여러 형식의 인앱 메시지를 작성하는 것이 가능합니다.

- 풀스크린 인앱 메시지: 화면 전체를 차지하며, 사용자의 주의를 집중시키는 데 효과적입니다.

- **모달형 인앱 메시지**: 화면 중앙에 표시되어 UI를 방해하지 않으면서도 중요한 내용을 전달하는 데 적합합니다.
- **배너형 인앱 메시지**: 화면 하단에 표시되며, 앱 이용 흐름을 방해하지 않으면서 메시지를 제공하는 형식입니다.

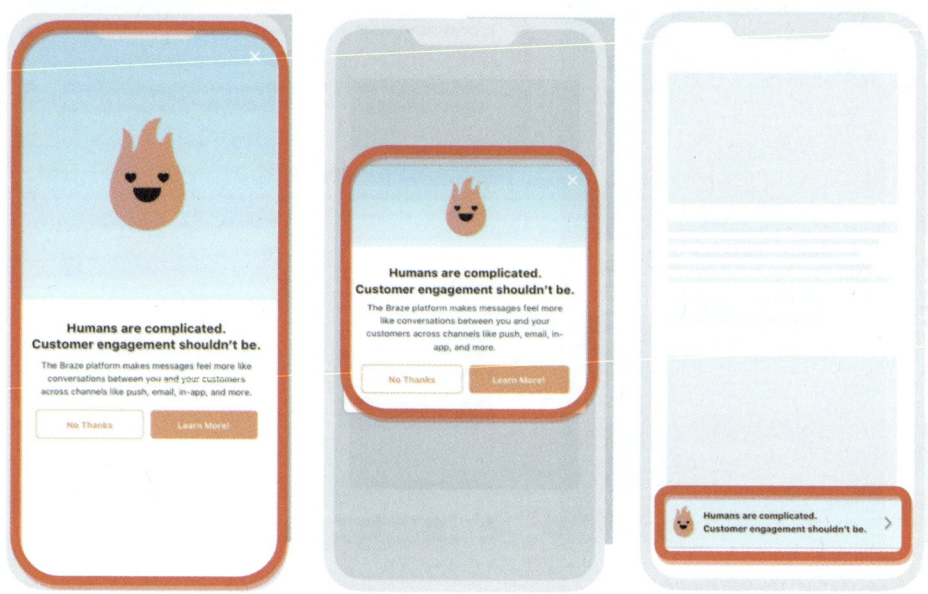

그림 2.19 인앱 메시지 설정 예시(출처: Braze)

채널 메시지

채널 메시지(Channel Message)는 카카오톡, WhatsApp, 페이스북 메신저 등 사용자가 일상적으로 사용하는 메시징 앱을 통해 고객과 직접 소통하는 방법입니다. 이 방식은 고객이 자주 사용하는 친숙한 환경에서 빠르고 높은 참여율을 유도할 수 있다는 장점이 있습니다. 기업은 채널 메시지를 활용해 개인화된 마케팅 메시지를 전송하거나 고객의 문의 사항에 실시간으로 답변 및 지원을 제공하며 브랜드와 고객 간 관계를 강화합니다.

관련 툴

- **KakaoTalk BizMessage**: 카카오톡 채널을 통해 고객 맞춤형 마케팅 메시지와 알림을 자동화하여 전송할 수 있도록 지원합니다.

- **WhatsApp Business**: 고객과 직접 소통하며 메시징 기반의 개인화된 고객 서비스를 지원합니다.
- **페이스북 메신저**: 고객과 브랜드 간의 실시간 상호작용을 지원하며, 개인화된 마케팅과 고객 서비스에 효과적입니다.

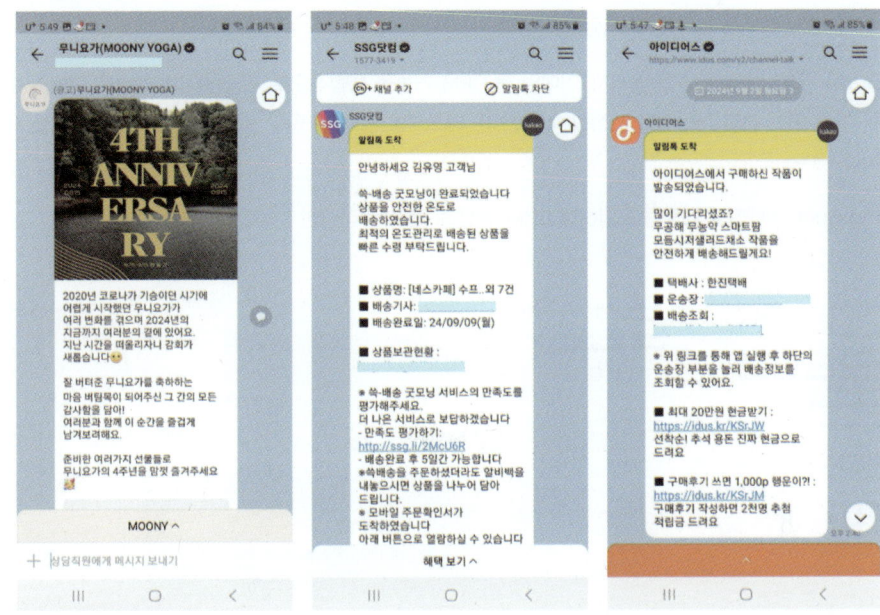

그림 2.20 카카오톡 비즈메시지를 활용한 홍보 및 배송 알림 예시(왼쪽부터 무니요가, SSG닷컴, 아이디어스)

이메일 마케팅

이메일 마케팅은 뉴스레터, 프로모션, 정보성 콘텐츠 등을 이메일로 전달하여 고객과 지속적인 관계를 형성하는 전략입니다. 고객 관리 툴을 활용하면 맞춤형 콘텐츠 제공, 고객 세분화, 자동화 기능을 통해 장기적인 고객 관리와 브랜드 충성도를 높이는 데 기여합니다.

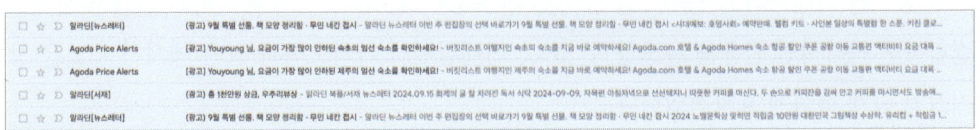

그림 2.21 알라딘과 아고다의 뉴스레터 및 홍보 이메일 마케팅

기업은 이메일 마케팅을 효과적으로 운영하기 위해 다양한 고객 관리 툴을 활용할 수 있으며, 대표적인 이메일 마케팅 툴은 다음과 같습니다.

- **Mailchimp**: 기업이 손쉽게 이메일을 작성할 수 있도록 다양한 템플릿을 제공하여 고객 맞춤형 이메일을 효과적으로 발송할 수 있도록 지원합니다.
- **Braze**: 푸시 메시지, 인앱 메시지, 이메일 등 CRM 기능을 통합적으로 제공합니다. 테스트 이메일 수신자를 그룹 또는 개별 사용자로 지정할 수 있으며, 데스크톱, 모바일, 일반 텍스트 버전의 미리보기를 제공합니다.
- **HubSpot**: 이메일 마케팅을 포함하여 CRM, 콘텐츠 관리 등 다양한 기능을 통합 제공합니다.

그림 2.22 이메일을 테스트하는 과정(출처: Braze)

이와 같이 고객 관리 툴을 활용하면 개인화된 고객 관리 마케팅을 운영하여 구매 전환율을 높일 수 있습니다. 또한 기업이 각 채널의 강점을 활용해 CRM 마케팅 전략을 구축하면, 고객 참여를 극대화하고 만족도를 높이는 데 도움이 됩니다. 푸시 메시지와 인앱 메시지를 결합하면 즉각적인 반응을 유도할 수 있고, 이메일이나 카카오톡과 같은 메시지 채널은 장기적인 관계 형성에 효과적입니다.

2.1.4 _ 성과 측정 툴 MMP

MMP(Mobile Measurement Partner)는 모바일 마케팅 성과를 측정하는 대표적인 서드파티 툴입니다. 페이스북과 구글 같은 광고 플랫폼에서도 각각 광고 성과 데이터를 제공하지만, 구글은 페이스북 데이터를 확인할 수 없으며, 페이스북도 구글 데이터를 볼 수 없습니다. 성과 측정 툴은 페이스북과 구글을 포함한 다양한 광고 매체들과 협력하여 데이터를 통합하고, 사용자의 유입 경로와 효과적인 채널을 종합적으로 분석합니다. 이렇게 수집된 데이터를 다른 서드파티 툴로 전송하여 심화 분석을 진행하거나 추가적인 마케팅 활동을 수행할 수도 있습니다.

- **주요 성과 측정 툴**: 앱스플라이어(AppsFlyer), 애드저스트(Adjust), 싱귤래(Singular)

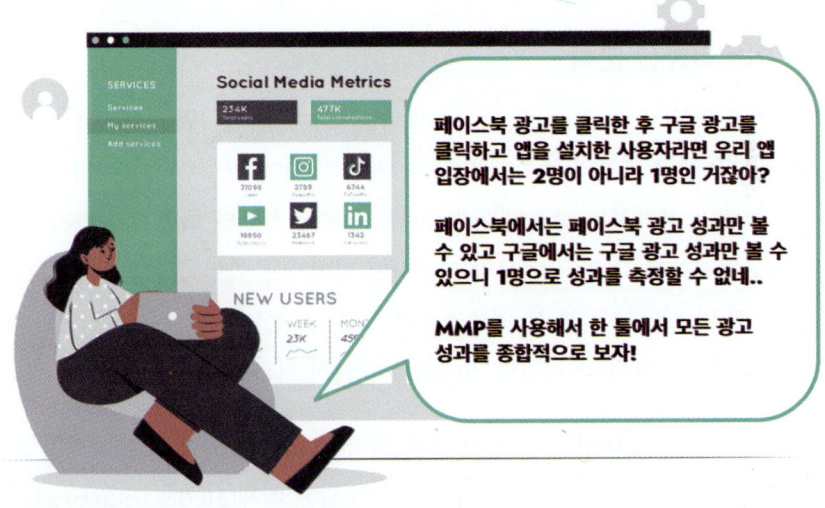

그림 2.23 MMP를 활용하는 이유

그럼 MMP의 핵심 기능을 하나씩 살펴보겠습니다.

어트리뷰션 분석

어트리뷰션(Attribution) 분석은 사용자의 앱 설치 및 구매와 같은 전환 행동이 어떤 채널과 광고 캠페인을 통해 일어났는지 확인하는 기능입니다. 앱스플라이어와 같은 MMP는 페이스북, 구글, 인스타그램 등 다양한 채널에서 발생한 고객 여정을 종합적으로 측정하여 광고 성과를 파악합니다. 이를 바탕으로 마케터는 전환 행동에 가장 많이 기여한 채널을 파악하고 광고 전략을 최적화합니다.

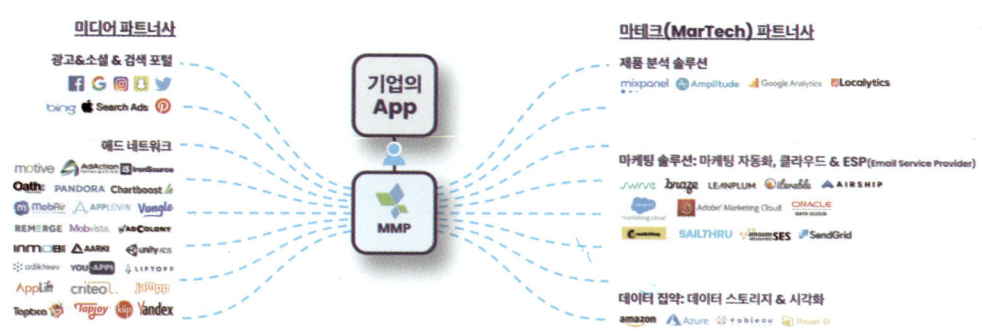

그림 2.24 다양한 광고 플랫폼의 데이터를 통합 분석하는 앱스플라이어의 예시 화면

멀티 터치 어트리뷰션 분석

멀티 터치 어트리뷰션(Multi-Touch Attribution) 분석은 앱 설치와 같은 전환이 발생하기 전, 사용자가 여러 광고 매체와 접촉했을 때 각 채널의 기여도를 분석하는 기능입니다. 단순히 마지막 클릭만 고려하는 방식이 아니라, 첫 광고 접촉부터 최종 전환까지 거친 모든 채널의 영향을 평가하여 각 광고 매체의 실질적인 기여도를 확인합니다. 사용자가 페이스북과 인스타그램 광고를 모두 본 뒤 최종적으로 구글 광고를 통해 앱을 설치했다면, MMP는 이 모든 경로를 추적하여 각 채널의 기여도를 정확히 기록합니다.

그림 2.25는 광고 매체별(Media source) 보조 설치(Assisted installs) 데이터를 보여주는 그래프입니다. 화면 상단의 'Show top' 옵션은 상위 광고 매체(Media source)를 기준으로 결과를 표시하는 기능입니다. 'By' 항목에서는 데이터를 정렬하는 기준을 선택할 수 있으며, 이 경우 'Assisted installs(보조 설치)' 기준으로 정렬되어 있습니다. 파란색은 직접 기여한 설치 수를, 주황색은 보조 기여한 설치 수를 나타냅니다.

이 데이터를 바탕으로 각 광고 매체의 역할(신규 사용자 유입 vs. 보조 기여)을 분석하여 예산을 효과적으로 배분합니다.

그림 2.25 앱스플라이어의 멀티 터치 어트리뷰션(출처: 앱스플라이어)

코호트 분석

코호트 분석(Cohort Analysis)은 특정 기간이나 특정 광고 캠페인을 통해 유입된 사용자 그룹을 분류하여 시간이 흐름에 따라 이들이 보이는 행동 변화를 분석하는 기능입니다. 이 분석을 통해 특정 마케팅 캠페인이 장기적으로 얼마나 효과적인지 파악합니다.

예를 들어, 3월에 페이스북 광고를 통해 앱을 설치한 사용자가 이후 얼마나 자주 앱을 방문하고, 얼마나 많은 구매를 했는지 추적합니다. 다음 그림과 같이 사용자를 지역별 그룹으로 묶어 국가별 사용자의 성과를 비교할 수도 있습니다.

Country	Users	Day 0	Day 1	Day 2	Day 3	Day 4	Day 5	Day 6	Day 7
United States	11,269	$5,891.15	$2,766.57	$2,666.45	$2,477.46	$1,816.33	$1,292.32	$2,458.26	$982.01
Canada	1,068	$1,062.32	$299.81	$449.84	$361.84	$304.42	$299.02	$191.74	$140.96
Australia	2,017	$715.07	$430.52	$268.80	$66.36	$369.82	$166.03	$185.98	$281.53
New Zealand	182	$108.55	$58.37	$173.96	$127.22	$13.22	$0.00	$0.00	$0.00
Puerto Rico	71	$17.00	$0.00	$0.00	$0.00	$0.00	$4.00	$6.85	$0.00
Singapore	14	$0.00	$22.69	$0.00	$0.00	$2.94	$0.00	$0.00	$0.00
Germany	2	$0.00	$0.00	$0.00	$0.00	$0.00	$0.00	$0.00	$0.00
Colombia	2	$0.00	$0.00	$0.00	$0.00	$0.00	$0.00	$0.00	$0.00

그림 2.26 앱스플라이어의 코호트 대시보드. 사용자를 국가별 코호트로 묶어 시간 변화에 따른 구매 금액을 분석한다.

그림 2.26의 대시보드를 활용하여 다음과 같이 국가별 수익 흐름을 분석한 후, 분석 결과를 바탕으로 미국, 호주, 캐나다에 예산을 추가하는 방향으로 전략을 설정할 수 있습니다. (실제 마케팅에서는 비용, 구매자 수 등 더 다양한 변수를 함께 고려하지만, 이해를 돕기 위해 단순화된 예시를 사용하였습니다.)

1. **총 사용자 수**
   - 사용자 수가 가장 많은 국가: United States(11,269명)
   - 그다음으로 사용자수가 많은 국가: Australia(2,017명), Canada(1,068명)
   - 사용자 수가 가장 적은 국가: Germany, Colombia(각 2명)

2. **수익 규모**
   - United States가 모든 날짜에서 가장 높은 수익을 기록하고 있음. Day 0 수익은 $5,891.15로 전체 국가 중 최고이며, 이후 Day 6($2,458.26)과 Day 1($2,766.17)에서도 높은 수익 유지.

3. **수익의 지속성**
   - United States와 Australia는 Day 7까지 수익이 유지됨.
   - 하지만 New Zealand, Singapore, Puerto Rico는 특정 날짜 이후 수익이 거의 없거나 급감함. (예: New Zealand는 Day 4까지만 수익이 발생하고 이후 $0)

4. **비활성 국가**
   - Germany, Colombia는 2명의 사용자가 있으나 전 기간 동안 수익이 없음.

5. **결론**
   - 미국은 사용자 수와 총 수익 모두 압도적으로 높고, 수익 지속성도 뛰어남.
   - 호주는 초기 수익은 낮지만 후반까지도 수익이 유지됨.
   - 캐나다는 사용자 수 대비 수익성이 좋음.
   - 일부 소규모 국가는 수익 발생 시점이 한정적이며 불규칙하므로, 미국과 호주, 캐나다에 예산 추가.

비용 분석

비용 분석(Cost Aggregation)은 여러 광고 플랫폼에서 발생한 광고 비용을 통합하여 전환당 비용을 종합적으로 분석하는 기능입니다. 마케팅 성과를 정확하게 평가하려면 각 광고 매체에서 지출한 금액과 그로 인해 발생한 전환(설치, 구매, 가입 등)을 종합적으로 비교하는 것이 필수입니다.

하지만 각 광고 플랫폼(페이스북, 구글, 인스타그램 등)의 데이터를 개별적으로 확인해야 한다면, 광고 성과를 비교하는 데 많은 시간과 인력이 소모됩니다.

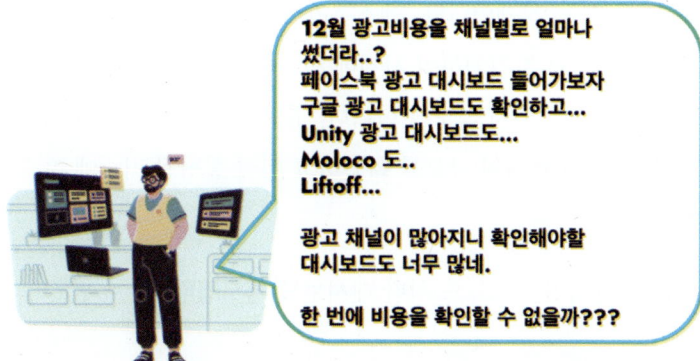

그림 2.27 광고매체가 늘어날수록 마케터가 각 광고 대시보드에 개별적으로 접근해 데이터를 확인하는 것은 큰 인력 소모로 이어진다.

MMP와 같은 성과 측정 툴을 활용하면 광고 비용 데이터를 한곳에서 통합 관리할 수 있어 효율적인 분석이 가능합니다. 그림 2.28은 MMP인 앱스플라이어의 ROI360 기능이 광고 매체별로 분산된 비용 데이터를 통합하고, 다양한 분석 도구와 연동하는 구조를 시각적으로 보여줍니다.

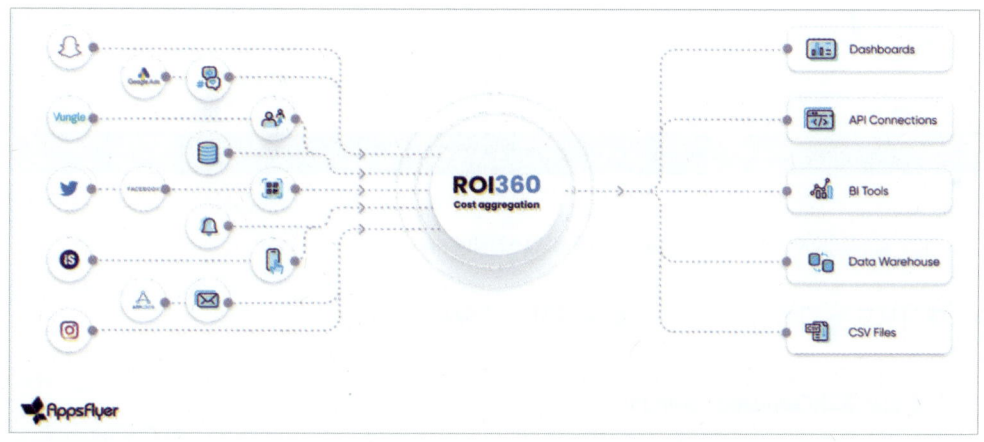

그림 2.28 앱스플라이어의 비용 분석 기능 ROI 360. 여러 광고 파트너사의 비용 데이터를 통합하여 제공한다.

프로드 방지

MMP의 프로드 방지(Fraud Prevention) 기능은 광고 사기를 탐지하고 방지하는 역할을 합니다. 프로드는 마케팅 성과 데이터 왜곡을 일으켜 불필요한 비용 지출을 초래하기 때문에 반드시 예방해야 하는 문제입니다. 앱스플라이어와 같은 MMP는 허위 트래픽이나 비정상적인 패턴을 실시간으로 감지하여 사전에 방지하거나 이미 발생한 프로드를 보고서로 제공하여 광고 예산이 낭비되지 않도록 합니다. 광고주는 프로드 방지 대시보드를 통해 특정 채널에서 발생한 허위 트래픽 규모를 확인하고 미리 설정된 기준에 따라 사전에 차단할 수도 있습니다.

그림 2.29는 앱스플라이어의 프로드 차단 대시보드 예시입니다.

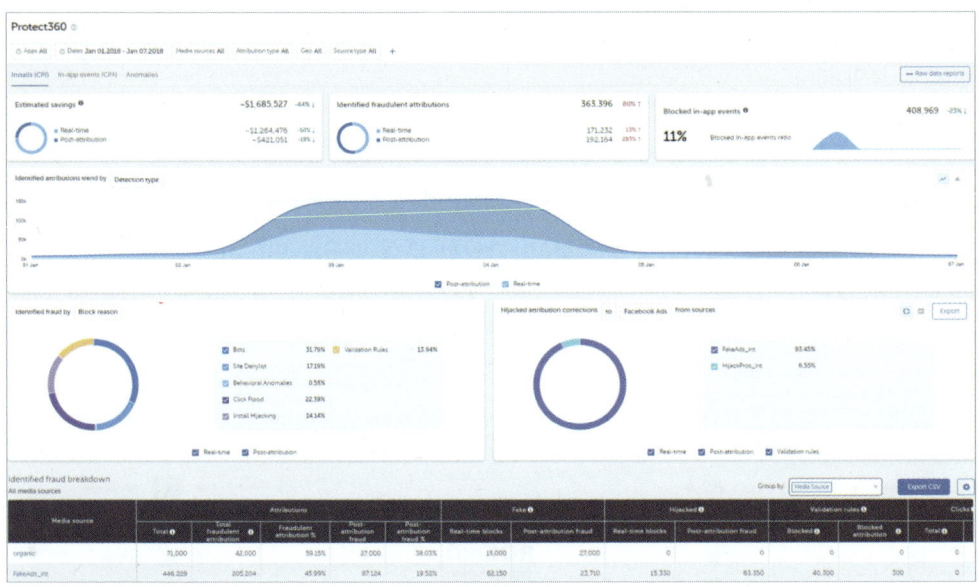

그림 2.29 앱스플라이어의 Protect360 대시보드(출처: 앱스플라이어)

이 대시보드는 다음과 같은 정보를 종합적으로 보여줍니다.

1. **비용 절감 효과(Estimated Savings)**

    - 총 절감된 비용: $1,685,527(+44%)

        • 실시간 차단(Real-time): $1,264,476(-50%)

        • 사후 차단(Post-attribution): $421,051(-19%)

        • 광고 사기 차단을 통해 약 168만 달러를 절감했으며, 실시간 차단과 사후 차단을 포함하여 광고비 손실을 방지함.

2. **탐지된 광고 사기(Identified Fraudulent Attributions)**

   - 총 363,396건의 사기성 전환 탐지(80% 증가)

     - 실시간 차단(Real-time): 171,232건(13% 증가)

     - 사후 차단(Post-attribution): 192,164건(283% 증가)

     - 사기성 전환이 크게 증가했으며, 사후 차단(Post-attribution fraud)이 283% 늘어 광고 사기가 더욱 정교해지고 있음을 보여줌.

3. **차단된 인앱 이벤트(Blocked In-App Events)**

   - 총 408,969건(-23%)

   - 차단된 인앱 이벤트 비율: 11%

     - 광고 사기로 의심되는 인앱 이벤트(구매, 가입 등) 차단 비율이 11%이며, 이전보다 23% 감소.

     - 불필요한 광고 비용이 절감되었음을 의미함.

그림 2.30은 앱스플라이어의 프로드 방지 기능 중 하나인 데이터 검증 규칙(Validation Rule)의 핵심 개념을 시각화한 것입니다.

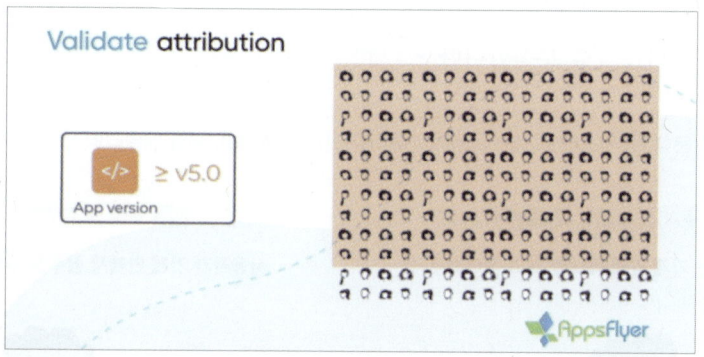

그림 2.30 앱스플라이어의 Validation rule 기능. 특정 조건(예: 앱 버전 5.0이하)의 트래픽은 미리 차단하도록 설정이 가능하다.

화면 왼쪽에 있는 아이콘은 앱 버전이 5.0 이상일 때만 유효한 기여 데이터로 인정된다는 조건을 나타냅니다. 이는 Validation Rule 설정을 통해 특정 기준(예: 앱 버전, OS 버전, SDK 버전 등)을 만족하는 사용자 데이터만 신뢰할 수 있는 데이터로 수집하겠다는 의미입니다.

오른쪽 그림에서 상단에 색칠된 사용자들은 기준에 부합하는 사용자들이고, 하단의 희미하게 표현된 사용자들은 기준 미달로 기여에서 제외된 사용자들을 나타냅니다. 즉, 이 규칙을 적용하면 광고 클릭이나 노출 이후 설치가 이루어졌더라도 지정한 조건을 충족하지 못하는 경우 해당 설치는 성과에서 제외됩니다. 이를 통해 마케터는 정확하고 신뢰할 수 있는 기여 데이터만 분석에 활용할 수 있으며, 부정확한 기여로 인한 비용 낭비나 성과 왜곡을 줄일 수 있습니다.

2.1.5 _ 제품 분석 툴

제품 분석 툴은 웹사이트나 앱에서 사용자의 행동 데이터를 분석하는 도구입니다. 사용자 행동 패턴을 분석하고, 이탈 원인이나 사용 과정에서의 문제점을 파악하는 데 초점을 둡니다. 광고 대시보드나 MMP에서도 일부 데이터를 제공하지만 주로 광고 성과 분석에 집중하는 반면, 제품 분석 툴은 사용자 행동과 제품 사용 패턴을 더욱 심층적으로 분석합니다.

광고 대시보드는 주로 '사용자가 어떻게 유입되었는지'를 분석하지만, 제품 분석 툴은 '유입된 사용자가 제품을 어떻게 활용하는지'에 초점을 맞춥니다. 비유하자면, 광고 대시보드나 MMP는 '사람들이 가게에 들어오는 과정'을 분석하는 반면, 제품 분석 툴은 '가게 안에서 어떤 행동을 하는지'를 분석합니다.

- **주요 제품 분석 툴**: 믹스패널(Mixpanel), 앰플리튜드(Amplitude), 구글 애널리틱스(Google Analytics)

그림 2.31 광고 성과 분석 툴과 제품 분석 툴의 차이

사용자 흐름 분석

제품 분석 툴은 사용자가 제품을 이용하는 과정에서 어느 단계에서 이탈하는지, 어떤 지점에서 어려움을 겪는지를 파악하는 데 활용됩니다. 예를 들어 앱 내에서 '장바구니 담기 → 결제 페이지 이동 → 결제 완료' 흐름을 분석하면, 결제 페이지에서 몇 명의 사용자가 이탈하는지 확인할 수 있습니다. 이 데이터를 기반으로 리타겟팅 광고를 집행하거나 UX/UI를 개선하여 전환율을 높일 수 있습니다.

그림 2.32의 대시보드는 사용자 가입(User Sign Up) 이후, 노래 또는 비디오를 구매(Purchase Song or Video)한 비율을 분석하는 퍼널(Funnel) 분석 결과를 보여줍니다.

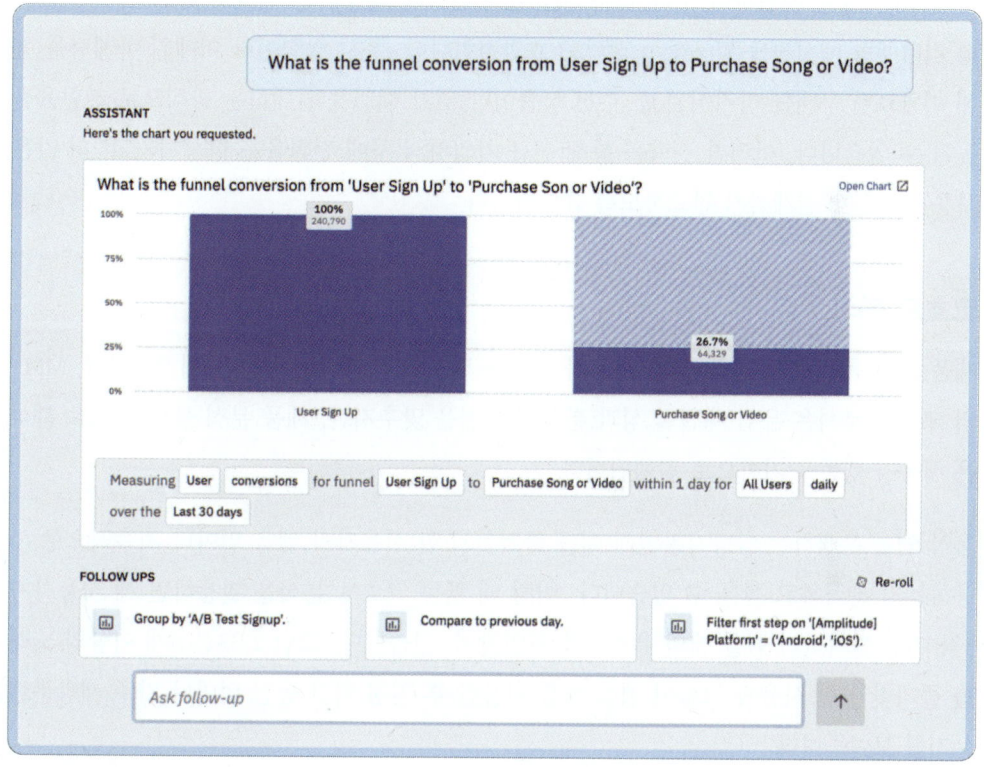

그림 2.32 앰플리튜드의 분석 예시

그림에서 주요 데이터를 요약하면 다음과 같습니다.

- User Sign Up(회원가입) → 기준 사용자 수: 240,790명
- Purchase Song or Video(노래 또는 비디오 구매) → 26.7%(64,329명) 전환
- 회원 가입 후 1일 이내에 노래 또는 비디오를 구매한 사용자 비율은 26.7%. 즉, 전체 가입자 중 약 73.3%는 1일 내에 구매 전환이 이루어지지 않음

데이터 분석 결과, 회원 가입 후 구매 전환율(26.7%)을 높이기 위한 전략 수립이 필요합니다. 이를 위해 먼저 구매 유도 프로모션을 제공하는 방법이 있습니다. 신규 가입자에게 첫 구매 할인 쿠폰을 제공하는 것도 구매를 유도하는 방법입니다.

결제 과정이 복잡하거나 불편하면 사용자가 이탈할 가능성이 높기 때문에 결제 단계를 단순화하고 UX를 개선하여 보다 직관적인 결제 환경을 제공하는 전략도 유효합니다. 맞춤형 리타겟팅 메시지를 활용하는 전략도 효과적입니다. 푸시 알림이나 이메일 마케팅을 통해 미완료된 구매를 상기시키고, 추천 상품이나 추가 혜택을 안내하는 방식으로 전환율을 높일 수 있습니다. 이러한 전략을 통해 신규 가입자의 구매 전환율을 향상시키고, 더 많은 사용자가 실제 결제까지 완료하도록 유도합니다.

코호트 분석

제품 분석 툴은 특정 행동을 한 사용자 그룹을 별도로 분석하는 기능을 제공합니다. MMP의 코호트 분석은 유입 채널별 성과 분석에 초점을 맞추지만, 제품 분석 툴의 코호트 분석은 사용자 행동을 기반으로 진행됩니다.

음악 앱을 운영하는 담당자라면 노래를 즐겨찾기 한 사용자가 앱을 얼마나 지속적으로 사용하는지 분석하고 싶을 수 있습니다. 이럴 때 행동 코호트 분석을 활용하면 새 사용자가 3곡 이상 즐겨찾기 했을 때의 유지율을 확인할 수 있습니다. 그림 2.33은 3개 이상의 노래를 즐겨찾기 한 사용자 그룹이 앱을 처음 사용한 후 일정 기간 동안 얼마나 자주 재방문했는지를 보여줍니다.

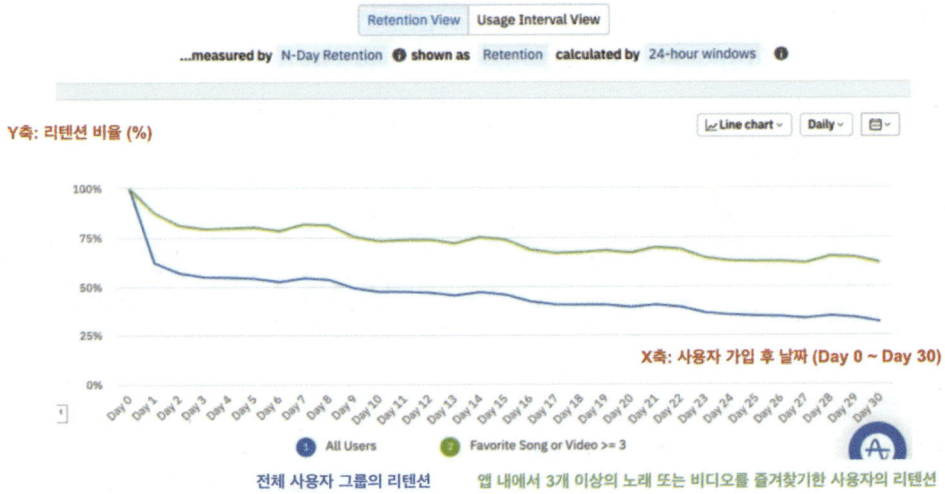

그림 2.33 앰플리튜드의 코호트 분석 예시

그림에서 주요 데이터를 요약하면 다음과 같습니다.

- 전체 사용자(All Users) 그룹(파란색)의 리텐션은 첫날부터 급격히 감소한 후 점진적으로 하락하는 패턴을 보임.
- 즐겨찾기 3개 이상 추가한(Favorite Song or Video ≥ 3) 사용자 그룹(초록색)은 전체 사용자 대비 높은 리텐션을 유지하고 있음.
- 첫날(Day 1)부터 두 그룹 간의 차이가 뚜렷하며, 이후에도 즐겨찾기 3개 이상 추가한(Favorite Song or Video ≥ 3) 사용자 그룹(초록색)이 지속적으로 유지율이 높은 모습을 보임.

분석에 따르면, 즐겨찾기 추가와 같은 특정 행동이 사용자 리텐션을 높이는 데 중요한 역할을 합니다. 온보딩 과정에서 즐겨찾기 기능을 적극적으로 소개하고, 추천 콘텐츠를 활용해 사용자가 쉽게 즐겨찾기를 추가하도록 유도하면 장기적인 사용자 유지율을 향상시킬 수 있습니다.

A/B 테스트 기능

A/B 테스트는 두 가지 버전(A와 B)을 비교하여 어떤 요소가 더 효과적인지 분석하는 실험 방식입니다. 디자인, 버튼 색상, 메시지 등의 사용자 반응을 비교하여 최적의 UX/UI를 구축하는 데 활용합니다.

제품 분석 툴은 A/B 테스트 툴과 연동하여 데이터를 시각적으로 분석하고 최적의 인사이트를 도출하는 역할을 합니다. 그림 2.34는 제품 분석 툴의 A/B 테스트 결과를 보여줍니다.

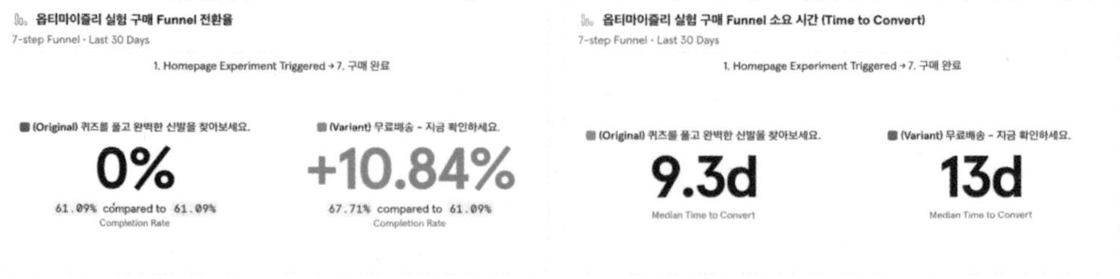

그림 2.34 믹스패널(Mixpanel)과 옵티마이즐리(Optimizely) 연동을 통한 A/B 테스트 대시보드 예시

실험 결과, 두 가지 메시지 버전(Original과 Variant)의 전환율과 전환 소요 시간을 비교한 결과는 다음과 같습니다.

Original 버전의 메시지는 "퀴즈를 풀고 완벽한 신발을 찾아보세요"였으며, 해당 메시지에서의 구매 완료율은 61.09%, 구매까지 걸린 평균 시간은 9.3일이었습니다. 반면, Variant 버전의 메시지는 "무료배송 – 지금 확인하세요"였으며, 이 메시지는 구매 전환율이 10.84% 증가했고, 구매 완료율은 67.71%로 기존 메시지 대비 6.62% 상승했습니다. 그러나 구매까지 걸린 평균 시간은 13일로, Original 버전보다 길어졌습니다.

Original(기존 메시지)

- 메시지: "퀴즈를 풀고 완벽한 신발을 찾아보세요."
- 구매 완료율(Completion Rate): 61.09%
- 구매까지 걸린 평균 시간: 9.3일

Variant(새로운 메시지 – 무료배송 강조)

- 메시지: "무료배송 – 지금 확인하세요."
- 구매 전환율: +10.84% 증가
- 구매 완료율(Completion Rate): 67.71%(기존 대비 6.62% 상승)
- 구매까지 걸린 평균 시간: 13일

무료배송을 강조한 메시지는 기존 메시지보다 구매 전환율을 높이는 데 효과적이었습니다. 그러나 구매까지 소요되는 시간이 증가하는 경향이 있어 즉각적인 구매를 유도할 추가적인 전략이 필요합니다. 따라서 마케팅 메시지를 상황에 맞게 최적화하고, 전환율과 구매 속도를 동시에 개선할 수 있도록 지속적인 테스트가 필요합니다.

2.1.6 _ 데이터 시각화 툴

마지막으로 데이터 집약 및 시각화 툴에 대해 살펴보겠습니다. 데이터 시각화 툴은 대량의 데이터를 시각적으로 표현하여 누구나 쉽게 이해하고 분석할 수 있도록 도와줍니다.

데이터를 글이나 표로만 전달할 경우, 직관적으로 이해하기가 어렵습니다. 다음은 연도별로 증가한 배달의민족 이벤트 응모작 수를 표와 막대그래프로 표현한 사례로, 같은 데이터라도 시각화 방식에 따라 전달력이 달라질 수 있음을 보여줍니다.

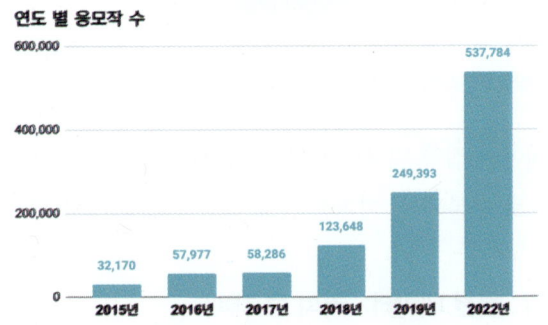

그림 2.35 표와 막대 그래프를 이용한 데이터 시각화 비교 예시. 막대그래프가 데이터를 직관적으로 보여준다.

광고 툴, MMP, 제품 분석 툴 등에서도 이미 다양한 데이터를 시각화해 제공하는데, 별도의 시각화 툴이 필요한 이유는 무엇일까요? 각각의 광고 툴, MMP, 제품 분석 툴은 서로 다른 목적과 팀(마케팅팀, 제품 분석팀 등)을 위해 최적화된 데이터를 제공합니다. 광고 툴은 광고 성과를 최적화하는 데 중점을 두고, MMP는 사용자 유입 경로 및 광고 기여도를 측정하며, 제품 분석 툴은 사용자의 행동 데이터를 바탕으로 제품 개선에 기여합니다.

이러한 데이터는 개별적으로 유용하지만, 실제 기업 내에는 마케팅뿐 아니라 제품, 기술 개발, 영업, 재무 등 다양한 팀이 존재하며, 각 팀이 필요로 하는 데이터와 인사이트가 서로 다릅니다. 각 팀은 광고 성과나 사용자 행동뿐만 아니라 시장 동향, 고객 피드백, 재무 정보 등 여러 데이터를 종합적으로 분석해야 합니다. 따라서 다양한 소스에서 얻은 데이터를 통합하고 시각적으로 표현하는 데이터 집약 및 시각화 툴이 필수적으로 요구됩니다. 예시로, 마케팅 팀이 광고 매체별 성과를 분석하는 동안 제품 팀은 제품 전체 사용자 구매 전환 데이터를 검토하고 있을 수 있습니다.

그림 2.36 각 팀은 목적에 따라 서로 다른 데이터를 활용한다.

데이터 집약 및 시각화 툴은 원천 데이터 저장 및 처리, 데이터 분석, 데이터 시각화 기능으로 구분되며, 커피를 예로 들면 전체 과정을 더 쉽게 이해할 수 있습니다.

01. 원천 데이터: 커피 콩 재배

커피는 농장에서 수확한 커피 열매에서 시작됩니다. 기업에서 처음 수집하는 원천 데이터는 바로 이 커피 콩과 같은 상태로, 아직 가공되지 않은 상태의 데이터를 의미합니다. 사용자 행동, 광고 성과, 매출 기록 등 다양한 소스에서 나오는 정제되지 않은 상태의 데이터를 포함합니다.

관련 툴 예시

- **광고 성과 툴(MMP)**: 모바일 광고 성과, 사용자 설치 및 인앱 행동 데이터 등을 원본 데이터 형태로 제공합니다.
- **광고매체 대시보드**: MMP 수준의 로데이터(Raw data)는 아니더라도 광고 비용, 설치 건수 등의 데이터를 제공합니다.

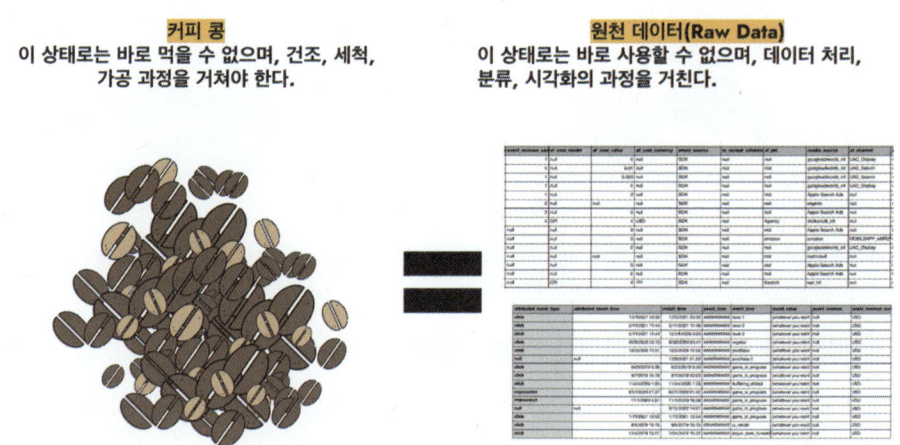

그림 2.37 원천 데이터 수집 과정을 커피 콩 수확 과정에 비유한 예시

02. 데이터 저장 및 처리: 커피 콩의 세척 및 선별

커피 콩을 수확한 후에는 공장에서 씻고, 상한 것을 골라내는 작업이 필요합니다. 이 과정은 데이터를 저장하고 처리하는 단계와 유사합니다. 커피 콩을 건조하고 세척하며 품종을 분류하는 것처럼, 다양한 소스에서 수집된 데이터도 하나의 저장소(예: 아마존 AWS, 구글 클라우드)에 모아 정리하고, 필요한 정보만 선별하는 과정을 거칩니다. 상한 원두는 버리듯이, 불필요한 데이터는 걸러내고 중요한 데이터만 남기는 것이 핵심입니다.

관련 툴 예시

- **구글 클라우드 플랫폼(GCP)**: BigQuery 등의 서비스를 통해 대규모 데이터를 빠르게 분석합니다.
- **AWS(Amazon Web Services)**: S3로 데이터를 저장하고 Redshift와 같은 데이터 웨어하우스를 통해 효율적인 분석 환경을 제공합니다.
- **마이크로소프트 애저(Azure)**: Azure SQL Database를 통해 데이터 저장 및 처리를 간편하게 지원합니다.

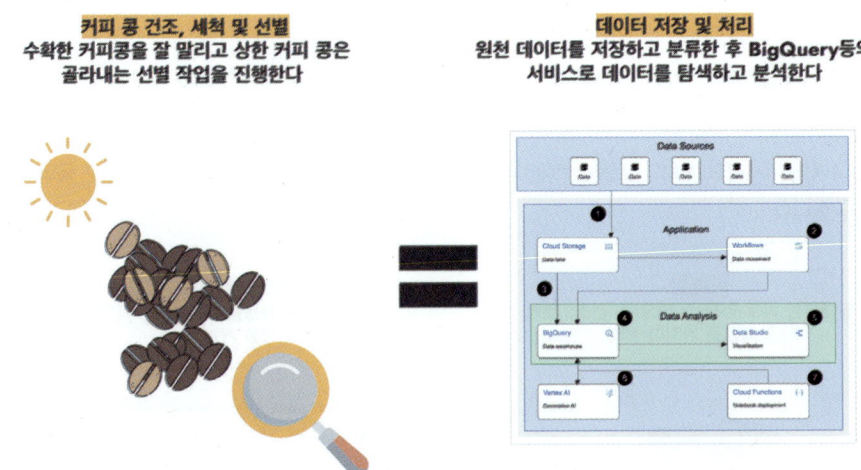

그림 2.38 데이터 저장 및 처리 과정을 커피 콩 세척 및 선별에 비유한 예시

03. 데이터 가공 및 시각화: 다양한 커피 제품으로 가공

공장에서 정리된 원두는 업체로 보내져 여러 형태의 제품으로 가공됩니다. 일부 업체는 원두를 활용해 카페라테, 카푸치노, 아메리카노 같은 다양한 커피 음료로 가공해 사용자에게 제공합니다. 데이터도 마찬가지로, 목적에 따라 정리되고 가공되어 차트, 그래프, 대시보드 등으로 변환됩니다. 가공된 원두가 다양한 형태의 커피 음료로 제공되듯이, 데이터 역시 시각화를 통해 직관적인 형태로 변환됩니다. 시각화된 데이터는 내부 팀이나 고객에게 효과적으로 전달되어 보다 빠르고 정확한 의사결정을 지원합니다. 이처럼 데이터 시각화는 복잡한 정보를 한눈에 파악할 수 있도록 도와주며, 분석의 효율성을 극대화하는 중요한 역할을 합니다.

관련 툴 예시

- **마이크로소프트 Power BI**: 다양한 데이터 소스에서 데이터를 가져와 분석하고, 대시보드 형태로 시각화할 수 있는 툴입니다. DAX(Data Analysis Expressions) 언어를 활용해 복잡한 계산을 수행하고 데이터를 다각도로 분석합니다.
- **태블로(Tableau)**: 데이터를 다양한 방식으로 분석하여 패턴과 트렌드를 파악하는 데 유용한 시각화 툴입니다. 다양한 차트, 그래프, 대시보드를 활용해 데이터를 효과적으로 표현합니다.
- **Google Looker Studio**: 구글의 다양한 데이터 소스(Google Analytics, Google Ads 등)와 연동하여 시각화 대시보드를 만들 수 있는 툴입니다.

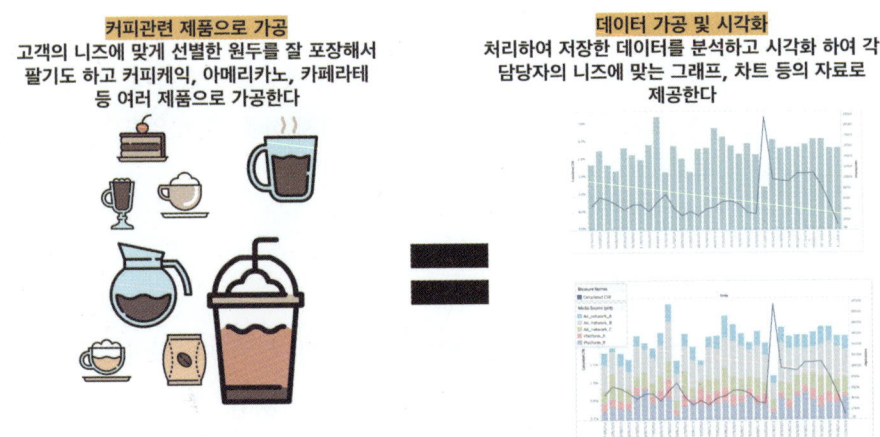

그림 2.39 데이터 시각화 과정을 다양한 커피 제품으로 비유한 예시

2.1.7 _ 디지털 마케터를 위한 AI 툴

AI는 마케터가 더 빠르고, 더 다양하게, 더 창의적으로 일할 수 있도록 돕는 새로운 형태의 서드파티 툴입니다. 생성형 AI는 콘텐츠를 기획하고, 고객 메시지를 작성하며, 데이터를 요약하는 등 다양한 실무 영역에서 마케터의 손과 두뇌 역할을 합니다. 이는 단순히 반복적인 작업을 줄이는 수준을 넘어, 아이디어를 확장하고 실험을 돕는 창의적 파트너가 되었습니다.

여기서는 마케팅 실무에 유용한 주요 AI 툴들을 소개합니다. 우선 마케팅 업무에 적합한 AI 툴들을 업무 유형별로 정리하고, 이어서 각 마케터의 직무에 따라 어떤 툴을 활용하면 더 효과적인지 구체적인 사례를 통해 살펴보겠습니다.

- **주요 AI 툴**: Miro AI, Gamma.app, ChatGPT, Claude, Google Gemini, Perplexity

아이디어 도출, 마케팅 기획

마케팅 기획의 출발점은 늘 막막합니다. 정답이 없는 시장과 타깃 앞에서 어떤 메시지와 콘텐츠로 고객과 소통할지를 결정하는 일은 마케터들에게 가장 어려운 과제의 하나입니다. 모든 것이 불확실한 상태에서 아이디어를 도출하고 전략을 수립해야 하는 초기 단계에, AI는 단순히 정보를 찾는 역할을 넘어 아이디어를 구체화하고 전략을 체계적으로 정리하는 실질적인 조력자로 자리 잡고 있습니다. 특히 다양한 관점을 신속하게 제시하거나 시각적으로 자료를 구성하는 기능은 팀 내의 소통과 협업까지 한층 더 효율적으로 만들어줍니다.

- **주요 툴**: Miro AI, Gamma.app

Miro AI는 아이디어를 확장하고 정리하는 과정에 최적화된 툴입니다. 화이트보드 기반의 시각적 구성 방식을 채택하고 있으며, 브레인스토밍, 고객 여정 맵, 캠페인 플로우 등의 기획 흐름을 시각적으로 정리할 수 있어 팀 단위 협업에 적합합니다. 특히 콘텐츠 전략 수립의 초기 단계에서 Miro의 AI 마인드맵 기능은 강력한 역할을 합니다.

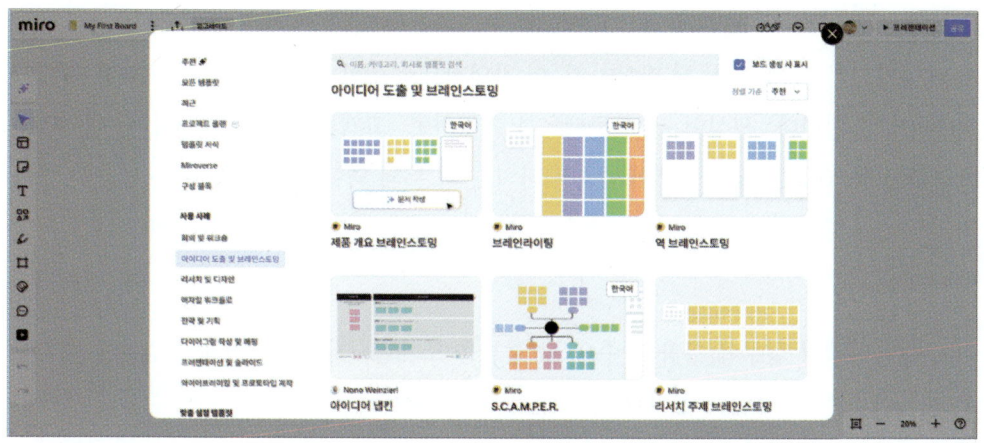

그림 2.40 Miro AI의 브레인스토밍 템플릿

마케터가 '마케팅 콘텐츠 기획하기'와 같은 핵심 주제를 입력하면, Miro의 AI 기능이 자동으로 관련 질문과 아이디어를 제시하며 마인드맵을 생성하고 확장해 줍니다. 이 과정에서 "이 콘텐츠의 목적은 무엇인가?", "가장 효과적인 콘텐츠 형식은 무엇인가?"와 같은 질문들이 함께 제공되어 기존에 고려하지 못했던 새로운 관점으로 아이디어의 범위를 넓힐 수 있습니다.

다음 예시는 핵심 주제를 입력한 후 '마인드맵 확장 → 아이디어로 확장' 단계를 거쳐 자동으로 생성된 질문입니다.

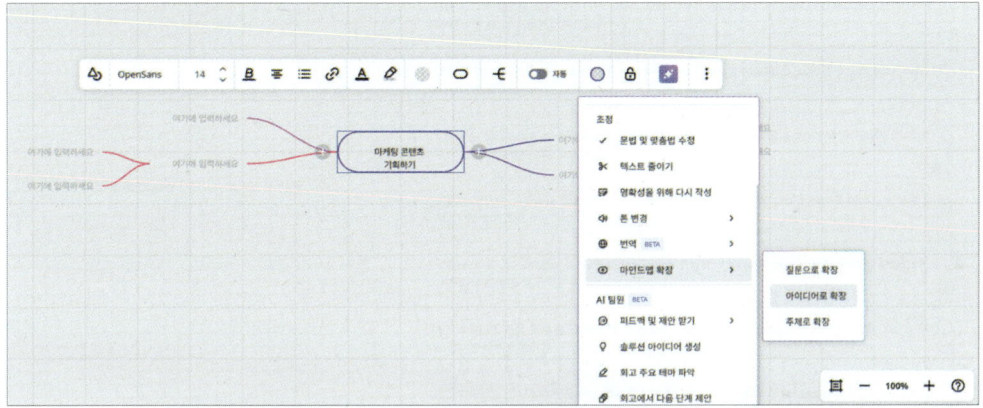

그림 2.41 Miro AI에서 '마인드맵 확장 → 아이디어로 확장' 기능을 실행한 화면 예시

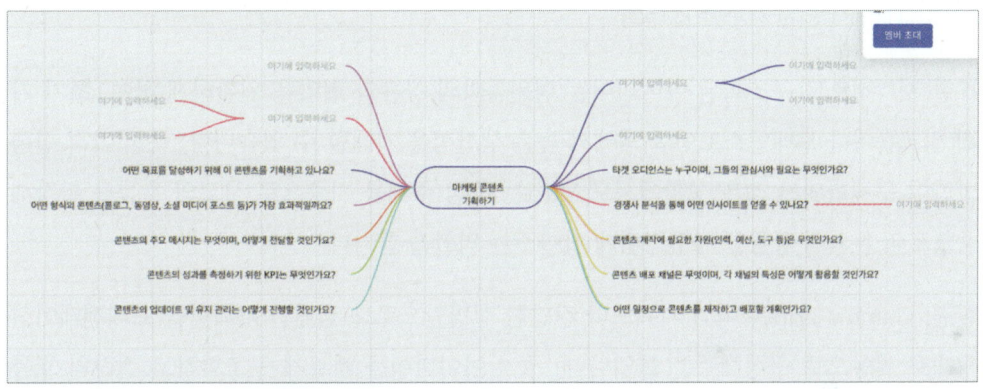

그림 2.42 Miro AI가 자동 생성해준 아이디어

이렇게 생성된 결과물은 초기 아이디어 기획 단계부터 콘텐츠 아이디어를 도출하면서, 이후 해당 콘텐츠의 성과를 어떤 KPI로 측정할 수 있을지 미리 제시해 주어 보다 구체적인 마케팅 전략을 수립하게 해줍니다.

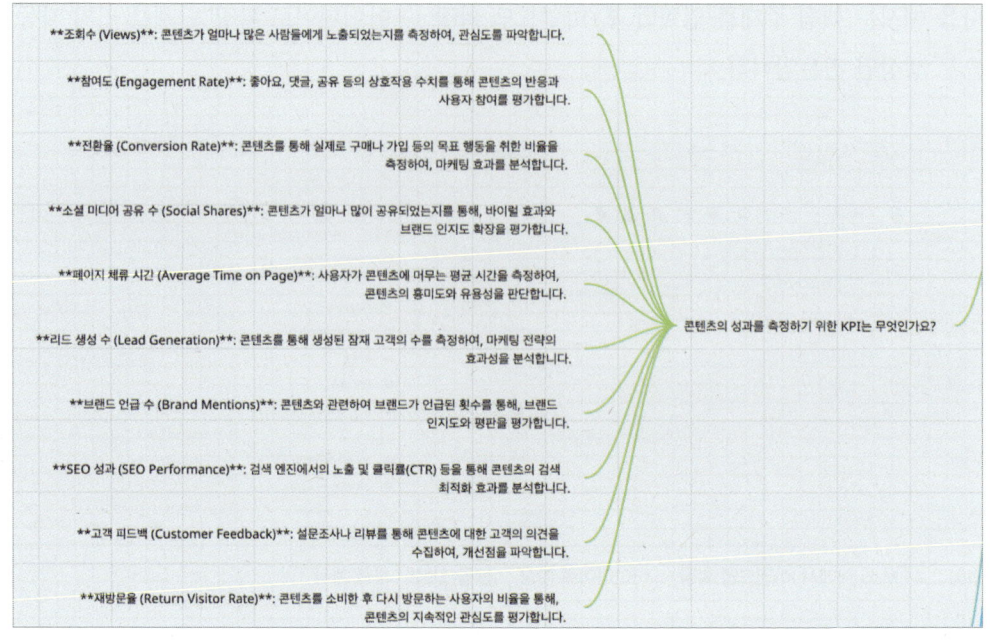

그림 2.43 Miro AI가 자동 생성해준 KPI 목록

또한 시각적으로 구조화된 아이디어는 팀원들과의 공유와 협업을 원활하게 하여, 초기 기획 워크숍이나 브레인스토밍 회의에서 높은 생산성을 기대할 수 있습니다. 특히 아직 실행 방안이 구체화되지 않은 상황에서도 Miro는 중심 주제를 기준으로 사고의 흐름을 확장해 줌으로써 논의의 방향을 자연스럽게 잡아주는 역할을 합니다.

한편, Gamma.app은 핵심 키워드나 간단한 설명만으로도 캠페인 기획안을 프레젠테이션 형태로 자동으로 구성해주는 툴입니다. 초기 아이디어를 빠르게 구조화하고 전략의 흐름을 명확히 정리할 수 있어, 화면 구성을 고민하거나 디자인 작업에 시간을 쏟지 않고도 기획의 방향을 신속히 설정할 수 있습니다.

예를 들어 "모바일 게임 앱의 광고소재 기획을 위한 프레젠테이션을 만들어줘. 게임 소개, 광고 목적, 소재 방향성, 벤치마크 사례 등을 포함해줘."라는 식의 지시문을 입력하면, Gamma는 각 항목을 슬라이드 단위로 정리해 콘텐츠 카드 형태로 만듭니다.

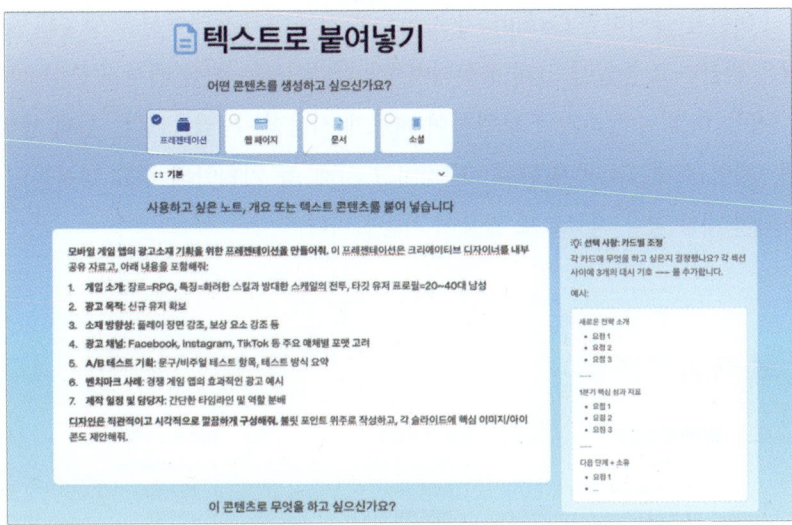

그림 2.44 Gamma에 광고 소재 기획 내용을 텍스트로 입력한 화면

각 카드는 핵심 키워드와 설명으로 구성되어 있으며, 디자인은 전체적으로 깔끔하고 통일감 있게 정리됩니다.

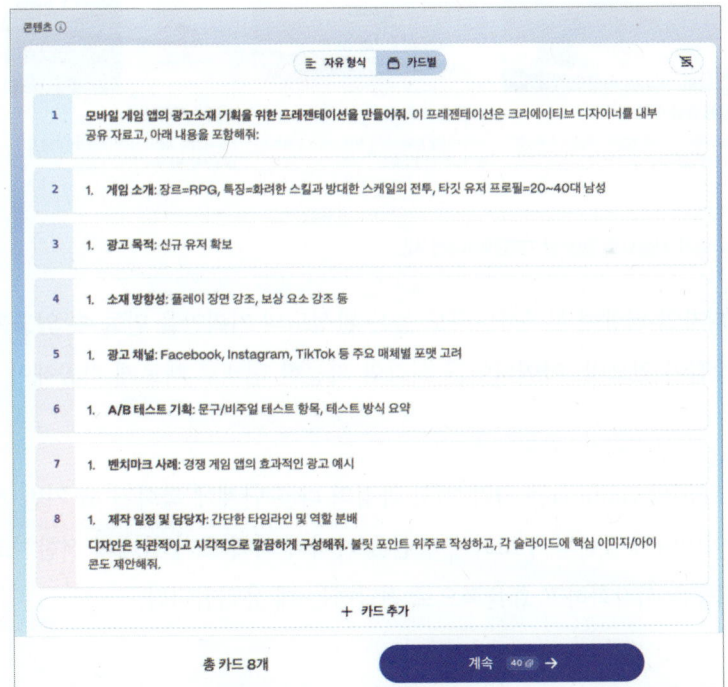

그림 2.45 Gamma가 자동으로 생성한 콘텐츠 카드

이후 [계속] 버튼을 클릭하면 Gamma가 자동으로 전체 프레젠테이션을 생성해 줍니다. 전체 디자인은 깔끔하고 통일감 있게 구성되며, 각 슬라이드는 핵심 메시지 중심으로 요약되어 있어 내용을 바로 수정하거나 보완하여 빠르게 사용할 수 있습니다. 실제 생성된 결과물을 보면, '게임 소개', '소재 방향성', '벤치마크 사례' 등 기획안의 주요 항목들이 보기 좋게 시각화되어 내부 공유 자료로도 활용이 가능합니다.

그림 2.46 Gamma가 자동으로 생성한 프레젠테이션 시안

Gamma는 디자인 역량이 부족하더라도 높은 완성도의 기획안을 만들 수 있도록 도와준다는 점에서 강점이 있으며, 아이디어를 시각화 가능한 형태로 빠르게 가공해야 할 때 특히 유용합니다.

결론적으로 Miro와 Gamma는 각각 기획 과정의 다른 단계에 특화된 AI 기반 기획 툴입니다. Miro는 아이디어 발산과 구조화에 강점을 가지며 기획 초기 단계에 적합하고, Gamma는 정리된 내용을 시각화하고 효율적으로 전달하는 데 유리합니다.

아이디어를 정리할 때는 Miro를 활용하고, 정리된 내용을 공유 자료로 가공할 때는 Gamma를 사용하는 방식으로 역할을 구분하면 콘텐츠 기획의 전 과정을 더욱 체계적이고 효율적으로 운영할 수 있습니다.

콘텐츠 작성 툴

기획 단계를 마친 후, 디지털 마케팅의 본격적인 실행은 콘텐츠 작성에서 시작됩니다. 고객의 관심을 끌고 행동으로 유도하는 모든 커뮤니케이션의 중심에는 결국 '문장'이 있으며, 이는 광고 문구, 블로그 게시글, 이메일 제목, 소셜 미디어 콘텐츠 등 다양한 형태로 확장됩니다.

각 채널의 특성에 맞춰 여러 버전의 콘텐츠를 작성하고, 이를 반복적으로 수정하고 다듬는 과정은 마케터의 일상적인 업무 중 하나입니다. 이러한 상황에서 AI는 반복적인 작업을 줄여주고 다양한 문장 표현을 빠르게 생성해주는 것은 물론, 콘텐츠의 방향성과 메시지의 일관성을 유지하는 데에도 도움을 줍니다. 단순히 시간을 아껴주는 수준을 넘어, 마케터가 보다 전략적인 판단과 창의적인 업무에 집중할 수 있도록 지원하는 역할을 하게 됩니다.

- **주요 툴**: ChatGPT, Claude

ChatGPT는 OpenAI에서 개발한 생성형 언어 모델로, 이메일 시리즈, 블로그 초안, SNS용 짧은 카피 등 다양한 콘텐츠를 빠르게 생성하는 데 효과적인 툴입니다. 짧고 감각적인 문장 구성에 강점을 가지고 있어, 가볍고 감성적인 콘텐츠를 기획할 때 유용합니다.

Claude는 Anthropic이 개발한 생성형 언어 모델로, 긴 맥락을 안정적으로 이해하고 논리적인 흐름을 구성하는 데 뛰어납니다. 감정 표현이 살아 있는 서사형 콘텐츠나 브랜드 스토리 작성에 적합하며, 정제된 문장과 구조화된 표현이 필요한 경우에 유리한 결과를 제공합니다.

같은 프롬프트를 입력하더라도 생성형 AI는 툴에 따라 서로 다른 스타일의 결과물을 생성합니다. '발리 여행을 다녀온 감상을 글로 작성해 달라'는 동일한 요청을 ChatGPT와 Claude에 각각 입력해본 결과, 두 툴은 표현 방식과 문체에서 뚜렷한 차이를 보였습니다.

> 발리 여행 후 블로그에 게재할 여행 후기를 작성할거야. 블로그 초안을 작성해줘.
> 아래 내용을 바탕으로, 독자가 현지의 분위기와 감정을 함께 느낄 수 있도록 진정성 있고 매력적인 글을 구성하고 싶어.
>
> 1. 글의 목적
>   감성적인 경험 공유를 통해 독자에게 발리 여행의 매력을 생생하게 전달
>   단순한 정보 전달이 아닌, '경험을 통해 느낀 행복'을 중심에 둠
>   휴식과 재충전을 원하는 이들에게 정서적인 공감을 유도
>
> 2. 타깃 독자
>   발리 여행을 고민 중인 20~40대
>   일상에 지쳐 힐링이 필요한 사람들
>
> 3. 톤
>   따뜻하고 서정적인 어조 + 감정선이 살아있는 표현
>   스타일: 짧고 리듬감 있는 문장 속에 이미지화된 묘사
>
> 4. 감동받았던 포인트들
>   현지인들이 매우 따뜻하고 친절
>   마사지 서비스는 가격 대비 품질이 뛰어나며, 세심하고 정성 어린 서비스가 인상적
>   숙소에서는 매일 다채로운 음식과 신선한 열대과일이 제공됨

그림 2.47 '콘텐츠 작성' 프롬프트 예시

그림 2.48 동일 프롬프트를 ChatGPT와 Claude에 입력했을 때 콘텐츠 결과 비교. (좌) ChatGPT (우) Claude

ChatGPT는 짧고 리듬감 있는 문장 구성과 이미지 중심의 묘사가 특징입니다. 햇살, 인사, 마사지와 같은 일상의 장면을 감성적으로 풀어내며, 에세이 또는 SNS용 콘텐츠처럼 감정을 전달하는 데에 적합한 스타일을 보여줍니다.

Claude는 구조화된 서술형 글을 생성합니다. '프롤로그', '첫 번째 선물', '두 번째 선물'처럼 내용을 단계적으로 전개하며, 맥락과 정보 전달에 초점을 둡니다. 문장의 길이는 상대적으로 길고, 배경 설명과 인물의 행동, 감정 변화 등을 구체적으로 묘사하고 있어 독자가 상황을 머릿속에 그릴 수 있게 도와줍니다. 블로그 포스트, 체험기 기반의 뉴스레터, 후기 콘텐츠와 같은 포맷에 적합한 스타일입니다.

다음 사례는 AI 기반 운동 추천 앱의 광고 문구를 A/B 테스트용으로 작성한다는 조건하에서 동일한 요청을 ChatGPT와 Claude에 각각 입력했을 때 생성된 결과를 비교한 것입니다.

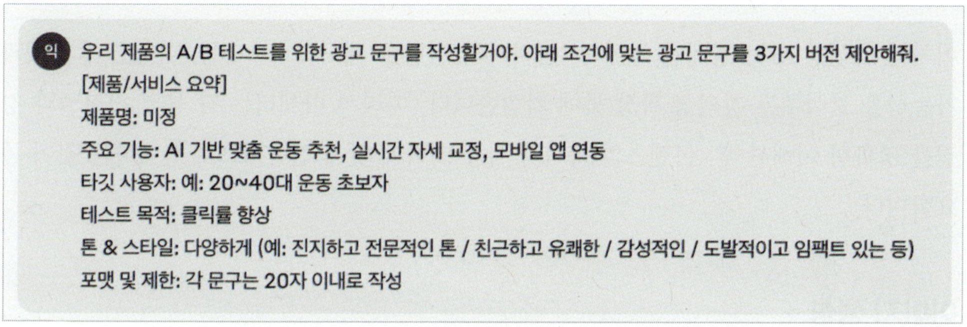

 우리 제품의 A/B 테스트를 위한 광고 문구를 작성할거야. 아래 조건에 맞는 광고 문구를 3가지 버전 제안해줘.
[제품/서비스 요약]
제품명: 미정
주요 기능: AI 기반 맞춤 운동 추천, 실시간 자세 교정, 모바일 앱 연동
타깃 사용자: 예: 20~40대 운동 초보자
테스트 목적: 클릭률 향상
톤 & 스타일: 다양하게 (예: 진지하고 전문적인 톤 / 친근하고 유쾌한 / 감성적인 / 도발적이고 임팩트 있는 등)
포맷 및 제한: 각 문구는 20자 이내로 작성

그림 2.49 ChatGPT와 Claude에 동일하게 입력한 프롬프트('광고 문구 작성')

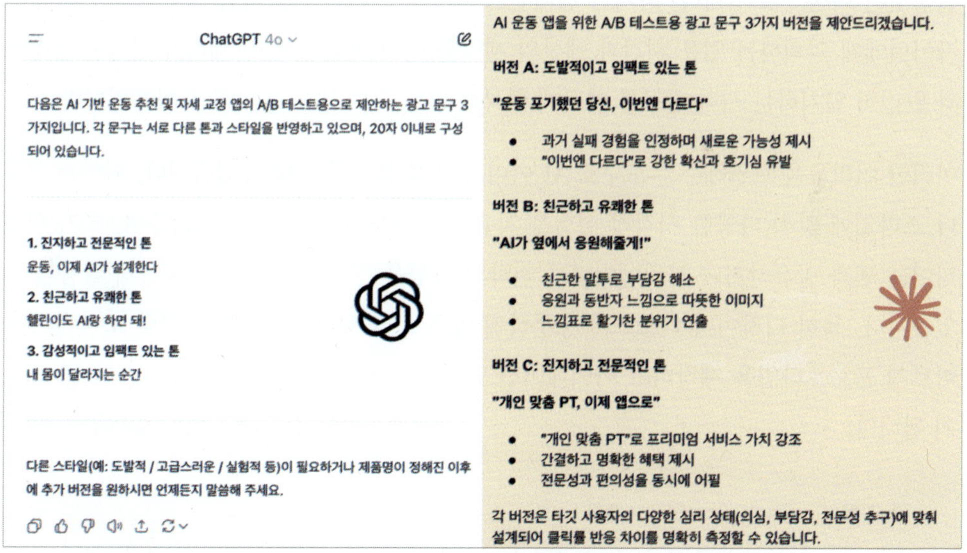

그림 2.50 각각의 툴이 제시한 광고 문구 예시. (좌)ChatGPT (우)Claude

ChatGPT는 "운동, 이제 AI가 설계한다"와 같이 직관적이고 임팩트 있는 한 줄 문장을 빠르게 생성하며, 감각적인 표현을 활용해 클릭을 유도하는 데 초점을 맞춥니다. Claude는 제품 기능과 타깃 사용자에 기반한 간결한 문구를 제안하고, 각 문구마다 작성 의도에 대한 설명을 함께 제공합니다.

같은 목적의 광고 문구지만, 전달 방식이나 강조점이 툴마다 다르게 구성된다는 점에서 차이가 드러납니다. 빠르게 다양한 문구를 실험해야 하는 상황이라면 ChatGPT의 스타일이 적합하고, 각 문구의 구성 이유를 설득해야 하는 상황이라면 Claude의 접근이 더 효과적일 수 있습니다.

이처럼 생성형 AI는 정해진 틀에 맞는 하나의 정답을 제시하기보다는, 다양한 방향성과 가능성을 보여주는 창의성 확장 툴에 가깝습니다. 따라서 마케터는 각 툴의 스타일과 강점을 명확히 이해한 후, 콘텐츠의 목적과 사용 맥락에 맞게 전략적으로 선택하는 것이 중요합니다.

이미지 생성

감각적인 이미지와 비주얼 콘셉트는 브랜드의 정체성을 전달하고 광고 캠페인의 몰입도를 결정짓는 핵심 요소입니다. 하지만 캠페인마다 새로운 이미지를 직접 제작하거나 외부 디자이너에게 의뢰하는 일은 시간과 예산의 제약을 받기 마련이며, 마케터가 구상한 방향성과 완전히 일치하는 시각 자료를 빠르게 확보하는 일도 여전히 쉽지 않은 과제입니다.

이러한 어려움을 보완해주는 도구로 AI 이미지 생성 툴이 주목받고 있습니다. 원하는 무드나 스타일에 맞춰 다양한 시각적 실험을 자유롭게 시도할 수 있도록 도와주며, 초기 아이디어를 팀과 공유하거나 크리에이티브 전략의 방향을 정리할 때에도 유용하게 활용할 수 있습니다. 특히 디자이너 리소스가 충분하지 않은 스타트업이나 실험 중심의 조직에서는, 빠르게 프로토타입을 제작하고 아이데이션 단계에서 시각적 방향을 탐색하는 데 큰 도움이 됩니다.

- **주요 툴**: Canva AI, ChatGPT + DALL·E

Canva AI의 '이미지 생성하기(Create an image)' 기능은 사용자의 텍스트 프롬프트를 기반으로 이미지 생성 결과를 즉시 제공합니다. 별도의 디자인 지식 없이도 다양한 스타일과 이미지 비율을 조정할 수 있으며, 프레젠테이션, 소셜 콘텐츠, 마케팅 자료 등 다양한 목적에 맞는 비주얼을 직관적으로 제작할 수 있습니다.

ChatGPT + DALL·E는 텍스트 기반의 아이디어를 시각적으로 구현하는 이미지 생성 툴입니다. 대화형 인터페이스에서 프롬프트를 입력하면 복잡한 콘셉트도 고해상도의 이미지로 자동 변환되며, 이후 추가 명령을 통해 세부 요소를 조정할 수도 있습니다.

이 두 툴이 어떤 방식으로 이미지를 생성하는지, 그 결과물이 어떻게 콘셉트 공유나 크리에이티브 기획 단계에 활용되는지 예시를 통해 살펴보겠습니다.

Canva의 디자인 화면 왼쪽 메뉴에서 'Canva AI'를 선택하면 다양한 생성형 AI 기능을 확인할 수 있으며, 이 중 '이미지 생성하기(Create an image)' 기능을 통해 직접 이미지를 생성할 수 있습니다. 상단 입력창에 프롬프트를 입력하고 원하는 스타일(예: Cinematic, Bokeh, Macro, Illustration, 3D Render 등)을 선택하면, 그에 맞는 이미지가 우측 화면에 실시간으로 출력됩니다.

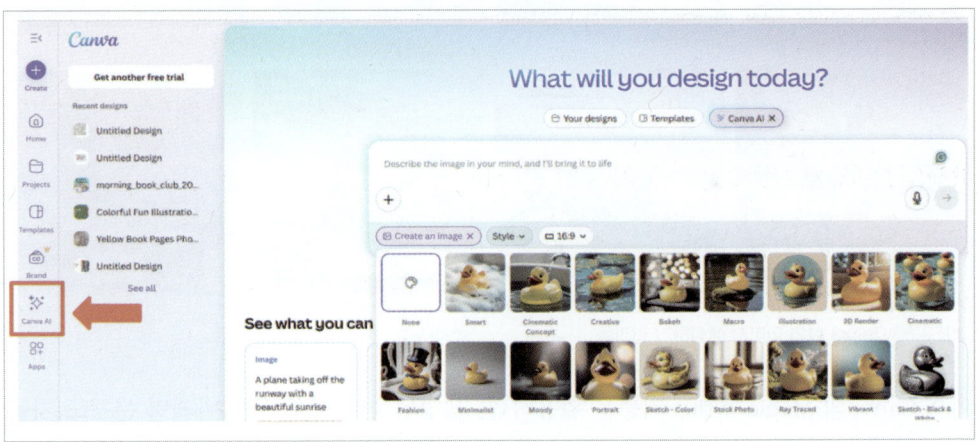

그림 2.51 Canva AI에서 스타일과 프롬프트를 기반으로 이미지를 생성하는 인터페이스

"광고 캠페인 이미지를 생성해줘"와 같은 명령어를 입력하면 다양한 스타일의 광고 이미지가 즉시 생성됩니다.

> 광고 캠페인 이미지를 생성해줘.
>
> 1. 캠페인 테마: 여름 한정판 음료 출시
> 2. 목표: 청량한 여름 무드와 트렌디한 감성을 담은 콘셉트 이미지 제작
> 3. 이미지에는 해변 배경의 낮은 테이블 위에 맑고 투명한 유리잔에 담긴 음료 배치, 주변에 파인애플, 패션후르츠, 민트 잎이 감각적으로 연출해줘. 전체적인 색감은 시원하고 밝게해줘.

그림 2.52 Canva AI에 입력한 광고 이미지 생성 프롬프트 예시

이렇게 생성된 이미지는 프레젠테이션이나 아이디어 공유 자료에 활용할 수 있으며, 실무 커뮤니케이션 과정에서도 시각적 메시지를 효과적으로 전달하는 보조 자료로 유용하게 사용됩니다.

그림 2.53 Canva AI의 이미지 생성하기 결과물

이후 Canva의 Magic Write 기능을 활용하면, 생성된 이미지에 맞는 마케팅 문구도 자동으로 생성할 수 있습니다. '신규 음료 출시 이벤트'와 같은 주제를 입력하면 마케팅 문구나 안내문 형식의 문장이 빠르게 생성됩니다. 생성된 문장은 문체가 자연스럽고 실무에서 바로 사용할 수 있는 수준이기 때문에 콘텐츠 기획과 제작에 소요되는 시간을 드는 시간을 줄이는 데 효과적입니다.

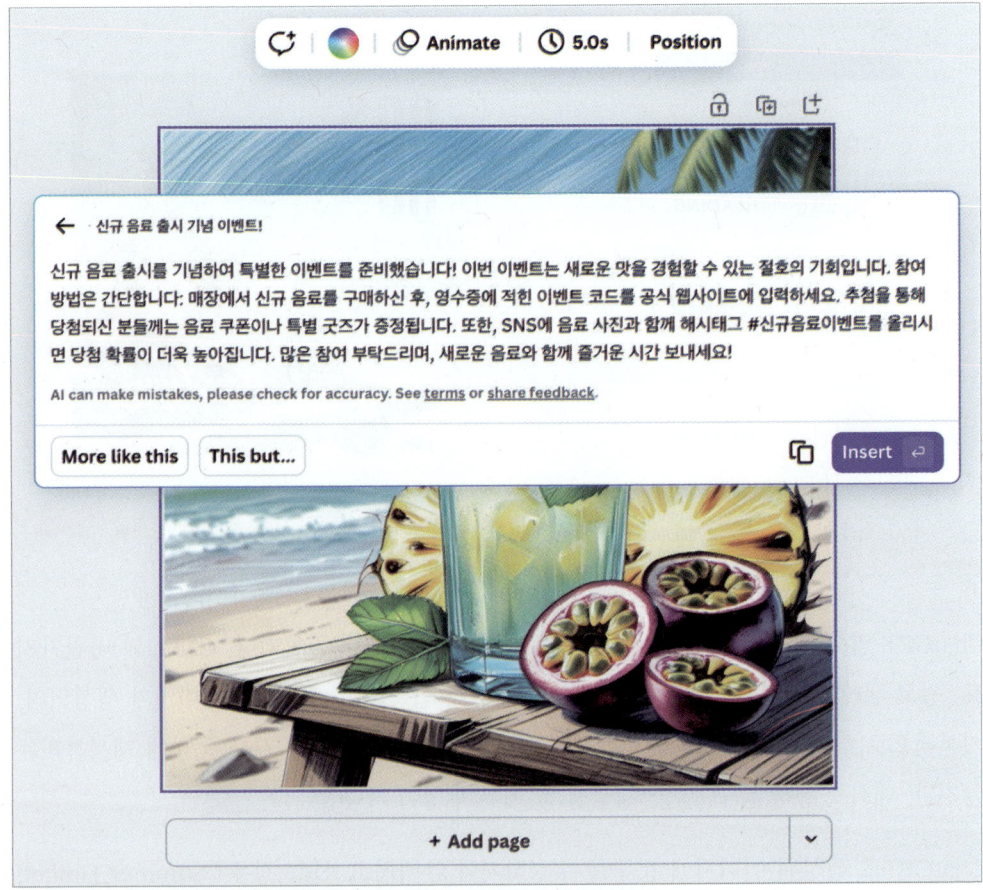

그림 2.54 생성된 이미지에 적합한 마케팅 문구를 자동 생성하는 Magic Write

이미지에 문구를 추가하거나 수정할 때도 별도의 디자인 작업 없이 인터페이스에서 바로 조정이 가능합니다. 다음은 생성된 광고 이미지에 '30% OFF'라는 문구를 사용자가 따로 추가하여 넣은 예시입니다.

그림 2.55 Canva AI에서 생성된 이미지에 문구를 직접 삽입 및 편집한 예시

ChatGPT 역시 DALL·E를 기반으로 자동 이미지 생성을 지원합니다. Canva와 마찬가지로 "광고 캠페인 이미지를 만들어줘"라는 명령어를 입력하면 자동으로 이미지가 생성되며, 기본적으로 하나의 이미지가 출력됩니다. Canva처럼 4개의 이미지를 동시에 제시하지는 않지만, 대화를 통해 문구 변경, 재생성 등 세부 수정이 가능합니다.

ChatGPT로 생성된 이미지에 문구를 수정하거나 추가하고 싶을 경우 "'Summer Limited Edition' 글자 대신 '30% OFF' 글자를 넣어줘"와 같은 명령어를 입력하면 바로 적용됩니다.

그림 2.56 동일한 프롬프트 입력 시 각 툴이 생성한 광고 이미지 비교 (좌) ChatGPT + DALL·E / (우) Canva AI

이번에는 광고 이미지가 아닌 마케팅 개념을 시각화하는 프롬프트를 두 툴에 입력하여 비교해 보겠습니다. 동일한 명령어 "사용자의 라이프사이클을 다섯 개의 핵심 단계로 나누는 프레임워크 AARRR을 그려줘"라고 입력했을 때 출력 결과는 툴마다 뚜렷한 차이를 보입니다.

그림 2.57 동일한 프롬프트(AARRR 시각화 요청)에 따른 결과 비교 (좌) ChatGPT / (우) Canva AI

ChatGPT는 이미지 생성 기능인 DALL·E를 즉시 호출하지 않고, 먼저 정보 구조화 방식으로 응답을 제공합니다. 출력된 결과는 메모 형태의 정리된 도식으로, 각 단계의 정의와 주요 KPI가 간결하게 정리되어 있으며 시각적 구성보다는 내용 전달에 집중되어 있습니다. 이는 ChatGPT가 사용자의 "그려줘"라는 요청을 반드시 이미지로 해석하지 않고, 텍스트 기반의 구조화가 더 적합하다고 판단한 경우 해당 형식으로 응답하는 방식에서 기인합니다.

실제로 시각적 일러스트레이션 형태의 결과를 원한다면, "DALL·E를 이용해서 시각적 일러스트레이션을 생성해줘"와 같이 생성 툴의 호출을 명시해야 이미지가 출력됩니다.

ChatGPT에 "DALL·E를 이용해서 AARRR 프레임워크를 설명하는 시각적 일러스트레이션을 생성해줘"라는 명령어를 추가로 입력하면, 이미지 생성 기능이 활성화되면서 결과물이 출력됩니다.

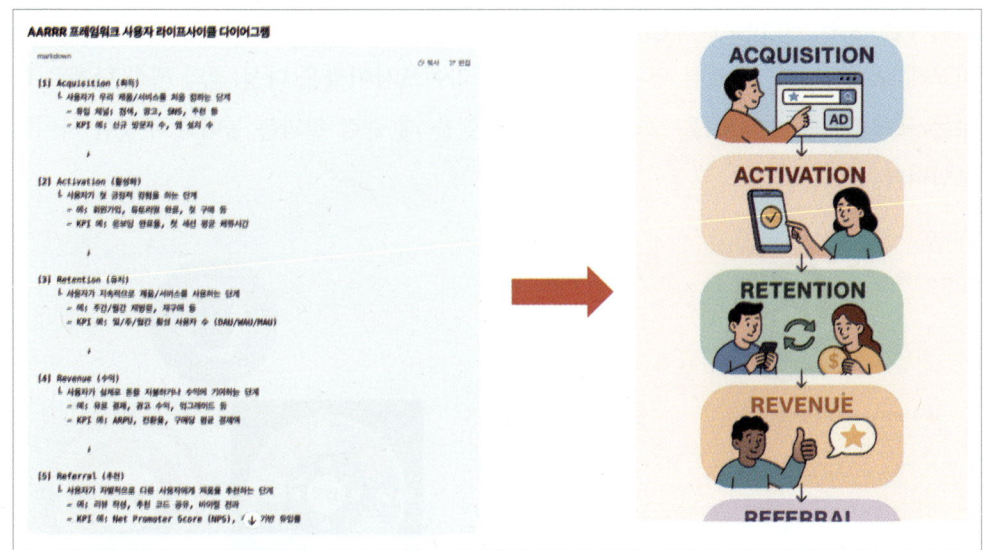

그림 2.58 ChatGPT프롬프트에 "DALL · E를 이용해 시각화해줘" 조건을 포함한 경우의 결과 비교. (좌) DALL · E 조건 없음 / (우) DALL · E 조건 포함

다만 생성된 이미지에서 마지막 단계인 Referral이 하단 프레임 바깥으로 잘려 일부 요소가 보이지 않거나 전체 흐름이 부자연스럽게 마무리되는 문제가 나타납니다. DALL · E로 이미지를 생성할 때 프레임 내부 요소가 잘리는 현상은 프롬프트가 레이아웃이나 배치에 대해 구체적인 지시를 포함하지 않을 경우 자주 발생합니다.

이 문제는 프롬프트에 각 요소의 위치, 정렬 방식, 프레임 내 배치 조건 등을 명확히 지시하면 충분히 방지할 수 있습니다. 이미지가 잘리지 않도록 "Acquisition, Activation, Retention, Revenue, Referral 다섯 단계의 모든 정보가 균형 있게 배치되도록 하고, 모든 텍스트와 아이콘이 프레임 안에 정확히 보이게 구성해서 다시 그려줘"와 같은 방식으로 지시를 추가해줍니다.

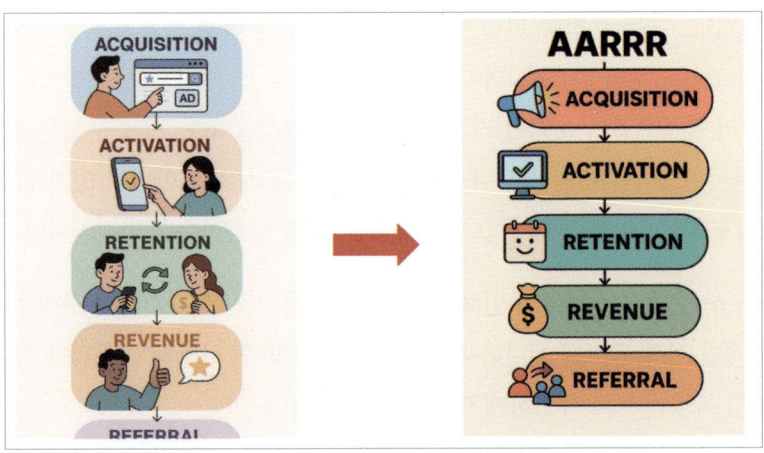

그림 2.59 프롬프트에 위치 조건을 포함한 경우의 결과 비교. (좌) 위치 조건 없음 / (우) 위치 조건 포함

이와 같은 방식으로 명령어를 구성하면 시각적으로 누락 없이 모든 요소가 프레임에 포함된 결과물을 얻을 수 있습니다.

ChatGPT+ DALL · E와 Canva AI 각각에 AARRR 프레임워크 시각화를 요청했을 때의 최종 결과를 비교하면 다음과 같습니다.

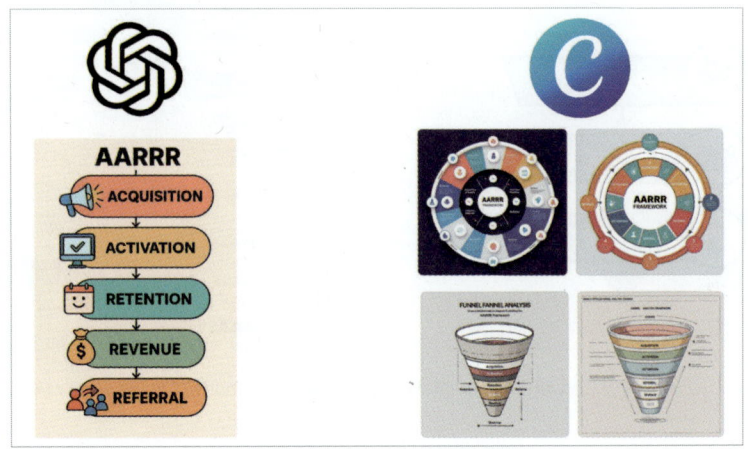

그림 2.60 AARRR 프레임워크 시각화 결과 비교. (좌) ChatGPT + DALL · E / (우) Canva AI

ChatGPT+DALL·E는 수직형 퍼널 구조를 중심으로 각 단계의 개념을 간결하게 시각화합니다. Acquisition부터 Referral까지 다섯 개의 단계를 한 방향으로 정렬하고, 각 단계는 아이콘과 컬러 블록으로 구분되어 직관적인 흐름을 형성합니다. 전체 구성은 깔끔하고 단순하지만, 다이어그램 외부의 정보나 추가 시각 요소는 거의 포함되어 있지 않습니다. 이에 따라 시각화의 스타일은 명확하고 단순하지만, 구성 다양성은 제한적입니다.

반면, Canva AI는 여러 스타일의 인포그래픽 템플릿을 기반으로 시각적 구성을 자동 추천하고, 각 단계별 시각 요소를 시나리오에 맞게 재조정할 수 있도록 구성되어 있어, 마케팅 커뮤니케이션 목적에 보다 유연하게 대응할 수 있습니다.

마지막으로 두 툴에 "비즈니스 프레젠테이션용 인포그래픽 디자인을 그려줘. 3단계 퍼널 구조: Reach → Engage → Convert. 심플한 배경에 아이콘 중심 구성"이라는 명령어를 입력했을 때의 결과를 비교해 보겠습니다.

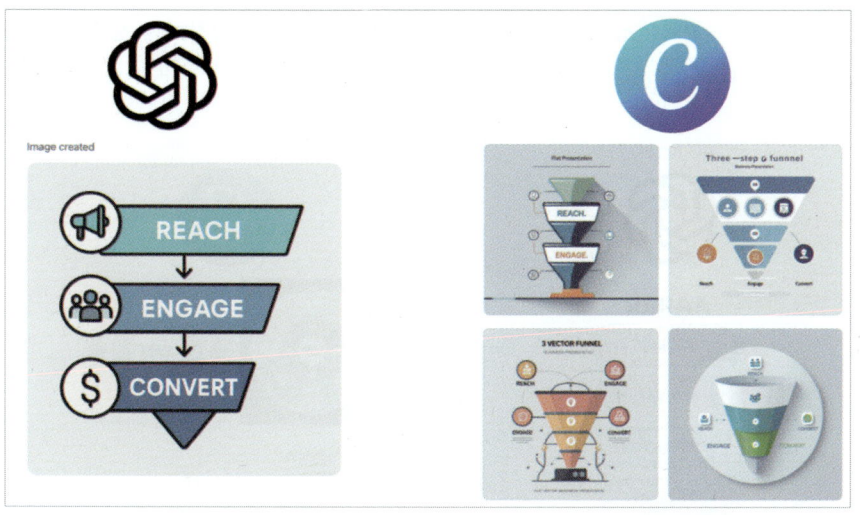

그림 2.61 Reach → Engage → Convert 프레임워크 시각화 결과 비교 (좌) ChatGPT + DALL·E / (우) Canva AI

ChatGPT의 DALL·E는 요청한 내용을 기반으로 간결하고 직관적인 퍼널 이미지를 생성합니다. 배경은 단순하고 흐름은 명확하며, 정보 전달에 집중된 구조로 구성되어 있어 문서 삽입이나 교육용 자료에 적합합니다. 복잡한 커스터마이징에는 한계가 있으나, 핵심 메시지를 전달하는 데에는 무리가 없습니다.

Canva AI는 다양한 인포그래픽 템플릿을 활용하여 시각적으로 보다 풍부한 결과물을 제공합니다. 퍼널 구조는 입체적으로 구성되며, 각 단계의 의미는 컬러와 아이콘을 통해 강조됩니다. 사용자 목적에 따라 다양한 레이아웃 스타일을 선택할 수 있으며, 프레젠테이션, 마케팅 교육, 세일즈 피치 자료 등에서 효과적으로 활용할 수 있습니다.

이와 같이 동일한 개념을 기반으로 하더라도 생성형 AI는 툴에 따라 스타일, 표현 방식, 활용 범위가 다르게 나타납니다. ChatGPT는 구조 중심의 정보 요약 및 간결한 시각화에 특화되어 있으며, Canva는 시각적 전달력과 커뮤니케이션 목적의 디자인 표현에서 강점을 보입니다.

보고서나 내부 문서에 삽입할 정제된 인포그래픽이 필요할 경우에는 ChatGPT가 적합하고, 청중을 대상으로 한 발표나 외부 공유용 자료가 필요한 경우에는 Canva AI가 효과적인 선택이 될 수 있습니다. 필요한 경우, ChatGPT로 먼저 정보 구조를 설계한 후 Canva로 시각적으로 구현하는 방식으로 두 툴을 병행 활용하는 전략도 실용적입니다.

AI 기반 디자인 툴은 단순한 시각자료 생성 수준을 넘어, 메시지 설계와 전달 방식 전체에 영향을 미칩니다. 마케터는 각 툴의 특성과 생성 결과의 차이를 이해하고, 콘텐츠의 목적과 맥락에 가장 부합하는 방식으로 이를 선택함으로써 시각 커뮤니케이션의 전략적 효과를 극대화할 수 있습니다.

데이터 분석, 보고서 정리

디지털 마케팅 데이터가 점점 더 정교해지고 있는 오늘날, 마케터는 단순한 감각이 아닌 데이터 기반의 분석을 통해 실행 방향을 설계해야 합니다. 클릭률, 전환율, ROAS, 세그먼트별 퍼포먼스 등 마케팅 실무에 필요한 데이터는 방대하고 복잡하게 구성되어 있으며, 이를 정확하게 해석하지 않으면 전략의 방향성은 쉽게 흐려질 수 있습니다. 실시간 분석과 빠른 피드백 루프를 구축하기 위해 수작업에 의존하는 방식은 속도와 정확성 모두에서 제약이 발생합니다. 이러한 한계를 극복하기 위해 활용되는 AI 기반 데이터 분석 툴은 정량적 지표의 해석력을 강화하고 전략 수립 과정을 체계화하는 데 실질적인 기여를 합니다.

AI툴을 잘 활용하면 데이터를 요약하거나 의미 있는 인사이트를 추출하는 과정에서의 시간 소모를 줄이면서도, 결과의 신뢰도는 더욱 높일 수 있습니다.

- **주요 툴**: Google Gemini, Perplexity

Google Gemini는 구글이 제공하는 생성형 AI 기반의 분석 툴로, Google Sheets 및 Google Docs 등 구글 워크스페이스 제품과 자연스럽게 연동됩니다. 데이터 정제, 피벗 테이블 생성, 차트 작성, 보고서 요약과 같은 반복 작업을 지시할 수 있으며, 이를 통해 엑셀 기반의 수작업 업무를 효율적으로 처리할 수 있습니다.

Perplexity는 실시간 검색 기반의 AI 어시스턴트로, 최신 웹 정보를 바탕으로 요약, 비교 분석, 출처 기반의 설명을 제공합니다. 참고 문서 링크를 함께 제시하기 때문에 리서치와 보고서 작성 시 신뢰도 높은 자료 확보가 가능합니다.

다음 사례는 퍼포먼스 마케터가 광고 매체별 캠페인 데이터를 분석하는 과정에서 두 툴을 활용한 결과를 기반으로 구성된 문장형 응답 예시입니다. 마케터는 각 매체의 퍼포먼스 데이터를 바탕으로 캠페인의 효율성과 비용 구조를 분석하고, 향후 예산 조정 및 최적화 전략 수립을 위한 인사이트를 얻고자 AI 분석 툴을 활용했습니다.

전체 데이터를 해석해줘.
주요 요점을 3줄로 예약해줘.
이 데이터를 바탕으로 앞으로 마케팅 캠페인 최적화를 어떻게 하면 좋을지 알려줘

광고 매체	지출	유입	유입단가	가입 전환	가입 전환단가
A	₩6,767,746	15,346	₩441	4,573	₩1,480
B	₩14,128,396	28,033	₩504	10,172	₩1,389
C	₩12,622,724	21,991	₩574	9,413	₩1,341
D	₩7,002,026	17,727	₩395	4,910	₩1,426

그림 2.62 AI 툴에 입력한 데이터 해석 요청 프롬프트 예시

두 툴은 동일한 요청에 대해 서로 다른 접근 방식으로 응답합니다.

Google Gemini는 수치를 문장 단위로 해석하면서, 각 지표의 의미와 맥락을 설명하는 데 집중합니다. 예산 소진 속도, 전환당 비용, 클릭당 매출 등 주요 수치들에 대해 해석과 함

께 전략 제안을 포함하여 전달하며, 문장 구성의 완성도가 높아 보고서 발표에 바로 활용하기 적합한 형태로 결과를 제공합니다. 특히 특정 수치의 중요성을 강조할 필요가 있는 경우, 설득력 있는 설명을 제공하는 데 유리합니다. 다만, 응답 내용은 길이가 다소 길고 전략 제안이 다수 포함되는 경향이 있어, 마케터가 이를 요약하고 정리하는 과정이 필요합니다.

데이터 해석:

- 매체 B가 가장 많은 지출(14,128,396)과 가장 많은 유입(28,033), 그리고 가장 많은 가입 전환(10,172)을 기록했습니다. 이는 매체 B가 가장 큰 규모의 캠페인을 진행했으며, 전반적인 볼륨에서 우위를 보인다는 것을 의미합니다.
- 유입단가가 가장 낮은 매체는 D(395)이며, 가장 높은 매체는 C(574)입니다. 유입단가는 광고 효율성을 나타내는 중요한 지표로, 매체 D가 상대적으로 효율적으로 트래픽을 유입하고 있음을 알 수 있습니다.
- 가입 전환단가가 가장 낮은 매체는 C(1,341)이며, 가장 높은 매체는 A(1,480)입니다. 가입 전환단가는 최종 목표 달성 효율성을 나타내며, 매체 C가 가장 적은 비용으로 가입을 유도하고 있음을 보여줍니다.

주요 요점 3줄 요약:

1. 매체 B는 가장 높은 유입 및 가입 전환 수를 기록하며 규모가 가장 크지만, 매체 D가 유입단가가 가장 낮아 효율적인 트래픽을 유도합니다.
2. 매체 C는 유입단가는 가장 높지만, 가입 전환단가는 가장 낮아 가입으로의 전환 효율성이 뛰어납니다.
3. 매체 A는 유입단가와 가입 전환단가가 모두 상대적으로 높아 비용 효율성 개선이 필요합니다.

마케팅 캠페인 최적화 방안:

이 데이터를 바탕으로 마케팅 캠페인을 최적화하기 위한 몇 가지 전략을 제안합니다.

1. **매체 B의 잠재력 극대화 및 효율성 개선:** 매체 B는 현재 가장 많은 유입과 전환을 발생시키고 있으므로, 여기에 더 많은 예산을 투자하여 전체적인 성장을 견인할 수 있습니다. 다만, 유입단가(504)와 전환단가(1,389)가 최저 수준은 아니므로, 광고 소재, 타겟팅, 랜딩 페이지 최적화 등을 통해 효율성을 개선할 여지가 있습니다.

그림 2.63 Google Gemini의 데이터 해석 결과 예시 (실제 응답은 전략을 총 5가지 제시했으며, 그림에서는 1번 전략까지만 캡처함)

Perplexity는 주요 인사이트를 간결하게 정리하고 실행 방향 중심의 요약을 제공합니다. 핵심 지표를 기준으로 성과를 세 줄 이내로 정리하고, 그에 따른 실무 전략을 명확히 제시하는 방식입니다. 전체적인 정보량은 적지만, 핵심만 빠르게 파악하고 싶은 실무 상황에 적합한 구조라고 할 수 있습니다.

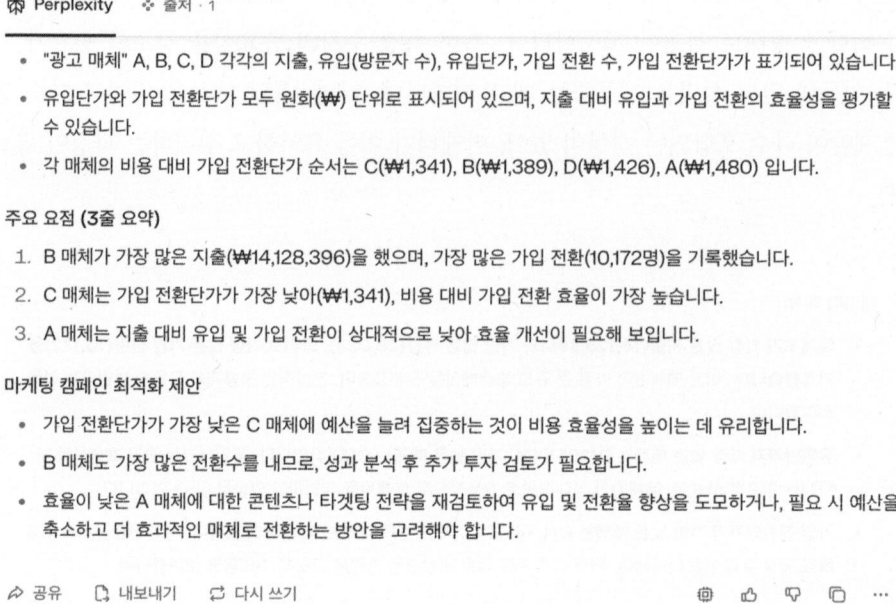

그림 2.64 Perplexity의 데이터 해석 응답 예시

Perplexity는 실시간 트렌드를 반영한 간결한 요약이 필요하거나 경영진 보고용 요약 자료 작성, 또는 타 부서 협업 시 핵심 메시지 전달이 요구되는 상황에 효과적입니다. 반면 Google Gemini는 마케팅 보고서, 분석 리포트, 내부 교육 자료 등 보다 심화된 설명이 필요한 환경에서 활용도가 높습니다.

또한 Google Sheets와 연동된 Gemini 환경에서는 "다음 표를 요약해줘"와 같은 지시를 통해 클릭 몇 번으로 테이블 내 수치에 대한 해석을 자동 추가할 수 있습니다. Google Sheets에서 Gemini를 활용하려면 화면 오른쪽 상단의 'Gemini에 질문(Ask Gemini)' 아이콘을 누른 후 지시 사항을 입력하면 됩니다.

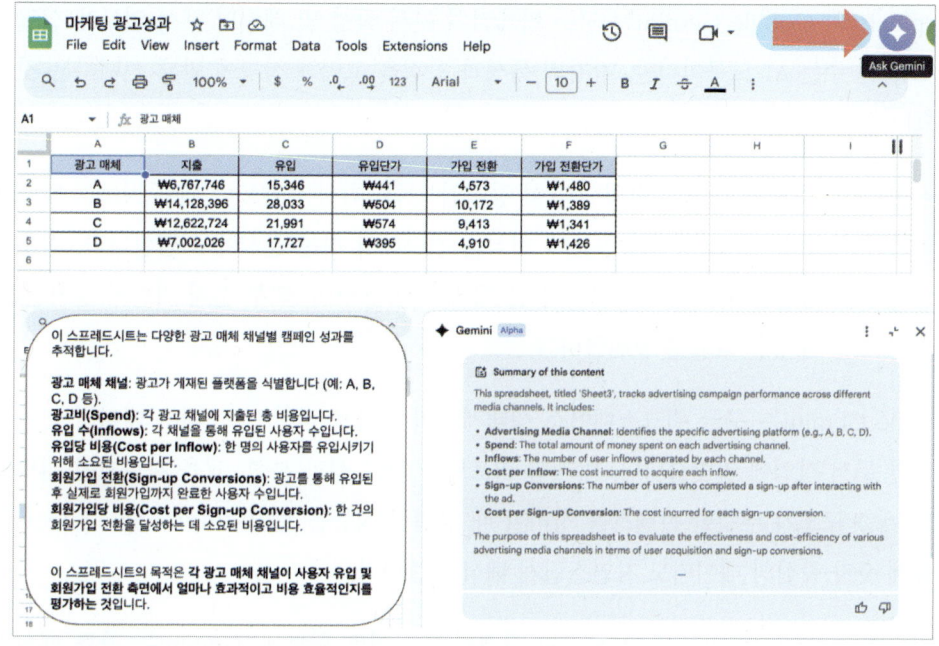

그림 2.65 Google Sheets에서 Gemini를 활용한 자동 해석 화면 (요약 문장 추가)

"가입 전환 단가가 가장 효율적인 매체를 알려줘"와 같은 질문에 대해 표를 해석해 명확한 응답을 제공하는 기능도 지원됩니다. 이러한 기능은 광고 성과 데이터를 빠르게 정리하고 공유하는 데 실질적인 도움을 줍니다.

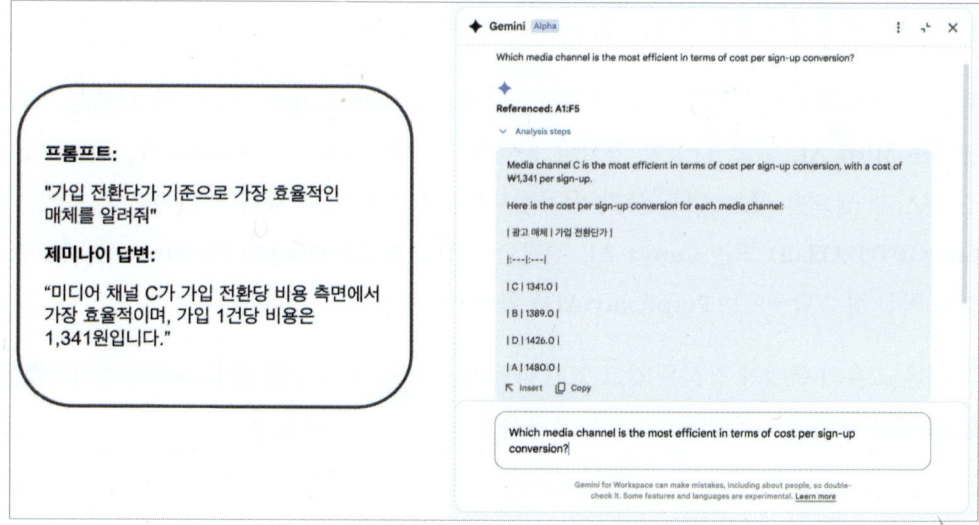

그림 2.66 Google Sheets에서 Gemini를 통해 '효율적인 매체'를 식별하도록 요청한 결과 화면

Perplexity와 Google Gemini는 모두 마케터의 문서 작성 및 데이터 해석 업무에 실질적인 도움을 주는 AI 도구이지만, 각자의 특성과 강점을 고려해 상황에 맞게 선택하는 것이 중요합니다.

Perplexity는 실시간 검색 기반의 응답이 강점인 만큼, 최신 트렌드나 외부 정보를 빠르게 요약하거나 경영진 보고서처럼 한눈에 핵심을 전달해야 하는 문서에 적합합니다. 질문에 대한 간결한 답변을 빠르게 확보하고자 할 때 특히 유용하며, 외부 출처 기반의 정리된 요약이 필요할 때 높은 효율을 발휘합니다.

Google Gemini는 구글 워크스페이스 생태계와의 통합을 바탕으로, 내부 데이터 기반의 정교한 문서 작업에 알맞습니다. 마케팅 리포트나 광고 성과 분석, 교육 자료처럼 설명이 길고 계층 구조가 뚜렷한 콘텐츠를 정리할 때 강력한 성능을 보여주며, Google Sheets와 연동해 숫자 중심의 데이터도 자연스럽게 해석해 줍니다.

이처럼 Perplexity는 외부 정보 요약과 간결한 인사이트 확보에, Gemini는 자료 해석과 설명에 강점을 지니고 있으므로, 업무의 목적과 정보의 성격에 따라 적절하게 선택하면 업무 효율을 높일 수 있습니다.

마지막으로 업무 유형에 따라 적합한 AI 툴을 선택할 수 있도록 아이디어 도출, 콘텐츠 작성, 이미지 제작, 데이터 분석 및 시장 조사 등 네 가지 주요 활용 카테고리를 기준으로 대표 AI 툴들의 특성과 활용 맥락을 정리한 다음의 비교표를 공유합니다.

빠르게 시각적인 아이디어 정리가 필요할 때는 Gamma.app, 팀 단위 브레인스토밍에는 Miro AI, 짧고 다양한 형식의 콘텐츠 작성을 원할 때는 ChatGPT, 구조적인 긴 문서가 필요할 때는 Claude가 유용합니다. 또한 이미지 제작이 필요한 경우에는 ChatGPT(DALL·E) 또는 Canva AI, 간단한 시장조사에는 Google Gemini, 신뢰할 수 있는 최신 정보 탐색에는 Perplexity AI를 활용해보세요.

각 툴은 고유의 특성과 강점을 갖고 있기 때문에 이 표를 참고하면 업무 목적에 따라 적합한 AI 툴을 전략적으로 선택하고 활용 효율을 높이는 데 도움이 될 것입니다.

표 2.3 업무 카테고리별 주요 AI 툴

카테고리	툴	툴별 특징	활용이 적합한 상황
아이디어 도출	Gamma.app	프레젠테이션 형태로 아이디어 자동 구성	기획안을 시각화하거나 아이디어 정리가 필요한 상황
	Miro AI	협업 화이트보드에 AI 요약 및 제안 기능	팀 단위 아이디어 회의, 전략 구상 등
콘텐츠 작성	ChatGPT	포맷 다양성과 속도가 강점	SNS 콘텐츠, 광고 문구, 이메일 초안 작성
	Claude	자연스럽고 논리적인 문장 구성	블로그, 보고서, 제안서 등 구조적인 문서 작성
이미지 제작	ChatGPT (DALL·E)	텍스트 입력만으로 콘셉트 이미지 생성	썸네일, 시각 초안 등 빠른 시각화
	Canva AI	템플릿 기반의 디자인 생성 및 편집	카드뉴스, 배너, 발표 자료 등 실사용 콘텐츠 제작
데이터 분석/ 시장조사	Google Gemini	구글 검색 기반 요약 및 차트 응답 제공	경쟁사 조사, 트렌드 요약 등 시장 정보 파악
	Perplexity AI	실시간 웹 정보 기반 요약, 출처 명시	업계 동향 조사, 최신 정보 기반 리서치

디지털 마케터 직무별 AI 툴 추천

AI 툴은 디지털 마케터의 생산성과 창의성을 동시에 확장해주는 강력한 수단으로 자리 잡고 있습니다. 하지만 모든 마케터가 동일한 툴을 똑같은 방식으로 활용해야 하는 것은 아닙니다. 각자의 역할과 업무 목표에 따라 필요한 툴의 유형과 기능은 달라질 수 있습니다. 다음은 주요 마케팅 직무를 중심으로 실무 시나리오에 따라 적합한 AI 툴과 그 활용 전략을 정리한 것입니다.

브랜드 마케터: 캠페인 콘셉트 기획 및 메시지 개발

브랜드 마케터는 브랜드의 핵심 가치를 일관된 메시지로 정제하고, 이를 내부 이해관계자 및 외부 고객에게 설득력 있게 전달하는 역할을 담당합니다. 감성과 전략적 사고가 동시에 요구되는 직무이기 때문에 복잡한 아이디어를 시각적으로 정리하고 명확하게 다듬을 수 있는 AI 툴이 효과적입니다.

- 캠페인 아이디어 정리

  캠페인 초기 기획 단계에서는 Miro AI를 활용하여 브랜드 콘셉트를 시각적으로 구성할 수 있습니다. 브랜드의 핵심 가치, 타깃 페르소나, 캠페인 목적 등을 포스트잇 형태로 배열하고, AI 요약 기능을 통해 아이디어 간의 흐름을 구조화하면 전체 기획의 방향성을 명확히 설정할 수 있습니다.

- 메시지 작성 및 표현 다듬기

  아이디어가 정리되었다면, Claude로 브랜드 톤앤매너에 맞는 문구를 작성해봅니다. Claude를 활용하면 어조, 단어 선택, 뉘앙스를 브랜드 철학에 부합하도록 조정할 수 있습니다.

- 기획안 정리 및 내부 공유

  기획 내용을 팀 내에서 공유하거나 경영진에 보고할 때는 Gamma.app을 활용해 간결하고 구조화된 시각 자료를 제작할 수 있습니다. 복잡한 설명 없이도 핵심 메시지를 직관적으로 전달할 수 있어 내부 의사결정 과정에도 효율적으로 활용할 수 있습니다.

그림 2.67 브랜드 마케터 추천 AI 툴

퍼포먼스 마케터: 광고 콘텐츠 실험부터 성과 분석 보고까지

퍼포먼스 마케터는 실험 가능한 광고 콘텐츠를 신속하게 제작하고, 데이터를 바탕으로 성과를 지속적으로 최적화하는 업무에 주력합니다. 여기에 더해, 도출된 인사이트를 내부 팀이나 외부 클라이언트에게 명확하게 전달하는 보고 업무 역시 주요 책임 중 하나입니다. 이러한 일련의 과정을 보다 효율적이고 정교하게 수행하기 위해 다음과 같은 AI 툴을 적절히 결합할 수 있습니다.

- 광고 콘텐츠 제작 및 실험 설계

  캠페인 기획 초기 단계에서는 Perplexity AI를 활용하여 업계 트렌드 및 경쟁사 메시지를 조사함으로써 인사이트 기반의 기획을 할 수 있습니다. 이후, ChatGPT를 통해 다양한 유형의 광고 문구를 생성하고, 각 문구에 적합한 배너 이미지는 Canva AI로 제작하여 A/B 테스트용 소재를 빠르게 구성할 수 있습니다. 이와 같은 조합은 짧은 시간 내 다수의 실험 콘텐츠를 준비해야 하는 퍼포먼스 마케팅 환경에 적합한 방식입니다.

- **성과 분석 및 인사이트 도출**

    캠페인 종료 후 성과를 요약할 때는 Google Spreadsheet와 Gemini를 사용하여 광고 플랫폼에서 수집한 주요 지표를 정리할 수 있습니다. Gemini는 표나 그래프 형태의 마케팅 성과의 주요 지표 간의 관계를 해석한 문장도 함께 제안합니다. 이를 기반으로 인사이트 중심의 보고서 초안을 보다 신속하게 작성할 수 있습니다.

- **리포트 문서화 및 공유**

    성과 요약과 인사이트 도출이 완료된 이후에는 ChatGPT를 통해 '성과 요약', '캠페인별 비교', '다음 실험 제안' 등 섹션별로 구성된 보고서 초안을 작성할 수 있습니다. 문장을 간결하게 정리하고 필요한 수치를 삽입하면 내부 공유용 문서를 빠르게 완성할 수 있으며, 반복적인 리포트 작성 과정에서도 생산성을 높일 수 있습니다.

그림 2.68 퍼포먼스 마케터 추천 AI 툴

콘텐츠 마케터: 블로그 콘텐츠 기획부터 최종 발행까지

콘텐츠 마케터는 브랜드와 제품의 메시지를 고객에게 전달하는 과정에서 기획력, 글쓰기 역량, 시각화 감각을 모두 활용해야 하는 포지션입니다. 이 역할에서 AI 툴을 적절히 활용하면 콘텐츠 품질은 유지하면서도 생산 속도를 크게 높일 수 있습니다.

- **콘텐츠 기획 및 구조 설계**

    콘텐츠의 기본 방향을 설정할 때는 Miro AI를 통해 핵심 메시지를 도식화하거나 목차 형태로 정리할 수 있습니다. 키워드 중심 아이디어를 시각적으로 배열하면 글의 전개 흐름을 명확히 구조화할 수 있어 기획 단계의 효율성을 높일 수 있습니다.

- **초안 작성 및 문장 다듬기**

    구조가 완성되면, ChatGPT를 통해 각 섹션의 초안을 빠르게 생성할 수 있습니다. 문체는 설명형, 카피라이팅 스타일, 대화체 등 목적에 따라 지정 가능하며, 콘텐츠의 길이도 상황에 맞게 조절할 수 있습니다. 문맥의 자연스러움과 논리 흐름이 중요한 경우에는 Claude를 활용하여 보다 정제된 서사 구조를 구현할 수 있습니다.

- **시각자료 제작 및 발행 준비**

    콘텐츠에 필요한 인포그래픽, 표지 이미지, 콘텐츠 내 시각 자료는 Canva AI로 빠르게 디자인할 수 있습니다. 템플릿 기반 자동 디자인 기능을 사용하면 디자이너 리소스를 거의 들이지 않고도 비주얼 퀄리티를 유지하면서 콘텐츠를 마무리할 수 있습니다. 전체 콘텐츠의 톤을 점검하거나 요약 버전을 제작할 때는 ChatGPT를 통해 흐름을 정리하는 것도 효과적입니다.

그림 2.69 콘텐츠 마케터 추천 AI 툴

CRM 마케터: 메시지 구성부터 반복 캠페인 자동화 설계까지

CRM 마케터는 고객 데이터를 기반으로 정교한 세그먼트 전략을 수립하고, 반복 가능한 메시지를 설계하여 자동화 체계를 구축하는 데 중점을 둡니다. AI 툴을 활용하면 이 전 과정을 빠르게 설계하고 효율적으로 운영할 수 있습니다.

- **고객 세그먼트 인사이트 정리**

    먼저 ChatGPT로 캠페인 타깃이 될 고객 세그먼트의 행동 패턴, 구매 이력, 이탈 가능성 등을 요약해 봅니다. 예를 들어 '최근 7일간 장바구니에 담기만 하고 이탈한 사용자'와 같은 집단의 특징을 정리하면 타깃 메시지의 방향성을 빠르게 설정할 수 있습니다.

- **메시지 콘텐츠 제작**

    푸시 알림, 이메일, 앱 내 배너 등 다양한 채널의 메시지는 ChatGPT를 통해 상황에 맞는 표현과 문체로 손쉽게 제작할 수 있습니다. A/B 테스트용 버전을 다양하게 생성하거나 목적에 따라 재구매 유도용 메시지와 이탈 방지 메시지를 구분해 작성하는 것도 가능합니다.

- 반복 콘텐츠 디자인 제작

    정기적으로 사용하는 배너 등의 디자인이 있다면 Canva AI를 활용해 디자인 구성 요소를 고정함으로써 콘텐츠의 일관성과 관리 효율을 동시에 확보할 수 있습니다. 필요하다면, Miro AI로 고객 여정 지도를 시각화하여 콘텐츠 유형을 구조화된 방식으로 정리할 수 있습니다.

그림 2.70 CRM마케터 추천 AI 툴

AI 툴 유의사항

지금까지 주요 마케팅 직무에 따라 적합한 AI 툴을 살펴봤습니다. 중요한 것은 툴 자체보다, 마케터가 자신의 역할과 팀의 리소스, 캠페인의 목표에 맞추어 전략적으로 툴을 선택하고 활용하는 감각입니다. 퍼포먼스 마케터에게는 실험과 분석 중심의 사고에 맞는 데이터 기반 툴이, 콘텐츠 마케터에게는 글쓰기와 시각자료를 넘나드는 창작형 툴이 필요합니다. 브랜드 마케터는 팀 협업과 메시지 구조화에 강한 툴로 브랜드 철학을 전달해야 하며, CRM 마케터는 반복되는 메시지 제작과 고객 인사이트 해석에 적합한 자동화 및 분석 중심의 툴을 선택해야 합니다.

AI 툴을 처음부터 모두 익히려 하기보다는 업무 중 반복적이고 비효율적인 지점을 우선 파악하고 해당 영역에 AI를 적용해보는 것이 가장 현실적인 시작이 될 수 있습니다. 이후 업무 경험과 실험을 통해 점진적으로 툴의 활용 폭을 확장해 나가는 방식이 효과적입니다.

AI 툴이 마케터의 실무에서 점점 필수적인 존재로 자리 잡고 있는 지금, 툴을 사용하는 방식만큼이나 중요한 것은 **그 결과물을 어떻게 해석하고 다듬는가**에 대한 마케터의 태도입니다.

AI가 만들어내는 문장은 외형적으로 매끄럽고 그럴듯해 보일 수 있지만, 그 안에는 종종 문맥의 오류, 문화적 맥락의 오해, 산업 지식의 누락이 존재할 수 있습니다. 콘텐츠는 어디까지나 초안일 뿐이며, 외부에 노출되는 메시지일수록 마케터의 교정과 해석이 반드시 수반되어야 합니다.

또한 AI는 다양한 문체를 생성할 수 있지만, 브랜드 고유의 어조나 톤앤매너를 일관되게 유지하는 데에는 한계가 있습니다. 따라서 프롬프트 작성 시 브랜드 스타일 가이드를 함께 제공하거나 예시 문구를 명시하는 방식으로 일관성을 유도하는 것이 효과적입니다.

보안과 저작권에 대한 고려도 중요합니다. 클라우드 기반 툴을 사용할 때는 내부 자료나 고객 정보를 그대로 입력하지 않아야 하며, 생성된 콘텐츠가 상업적으로 사용 가능한지, 인용 출처가 명확한지 등도 검토해야 합니다.

결국 AI는 마케터가 더 빠르게 일할 수 있도록 도와주는 툴이지만, 콘텐츠의 최종 책임은 언제나 인간인 마케터에게 있습니다. 이러한 유의사항을 숙지하고 AI 툴을 활용한다면 AI는 단순히 업무 속도를 높이는 수단을 넘어, 마케터가 더 깊이 사고하고 전략적으로 일할 수 있는 든든한 기반이 될 것입니다.

2.1.8 _ 서드파티 툴 총정리 & 체크리스트

지금까지 디지털 마케팅에서 주로 사용하는 서드파티 툴을 6가지 유형으로 구분하여 살펴보았습니다. 서드파티 툴은 디지털 마케팅의 성공적 실행과 관리를 위해 필수적이며, 각기 다른 목적과 기능을 가지고 있습니다. 마케터는 이 툴들을 적절히 조합하여 효과적인 마케팅 전략을 실행합니다.

광고 툴은 마케터가 광고를 쉽게 설정하게 해주고, **검색 최적화 툴**은 기업의 제품 검색 결과가 상위에 노출되도록 도와줍니다. **CRM 툴**은 고객 데이터를 관리하고 분석하여 전체적인 마케팅 성과를 향상시켜주며, **성과 측정 툴**은 광고 성과 기여도를 정밀하게 측정하고 분석할 수 있도록 도와줍니다. **제품 분석 툴**은 사용자의 행동 패턴을 분석하여 UX를 개선하고 제품의 전환율을 높이는 데 기여하며, **데이터 시각화 툴**은 방대한 데이터를 직관적으로 정리하고 분석하여 팀 간 협업을 강화하고 전략적 결정을 지원합니다. AI 툴은 방대한 데이터 분석을 보조하여 개인화된 마케팅 전략을 제안하고, 반복적인 업무를 효율화하여 마케터가 전략적 의사결정에 집중할 수 있도록 지원합니다.

서드파티 툴을 적절히 활용하면 마케팅 효율성을 극대화하고 더 높은 성과를 달성할 수 있습니다. 이제 각 툴의 역할과 필요성을 한눈에 정리해 보겠습니다.

1. **광고 툴(예: Google Ads, Facebook Ads)**
   - **목적**: 잠재 고객 또는 기존 고객에게 도달하여 트래픽을 유도하고 전환을 이끌어냄.
   - **기능**: 광고 캠페인 생성, 타겟팅 설정, 실시간 성과 모니터링.
   - **필요성**: 특정 플랫폼(구글, 페이스북 등)에서 광고 성과를 극대화하기 위한 전용 도구.
   - **비유**: 광고 툴은 가게를 홍보하는 전단지와 같습니다. 고객을 가게로 유입시키는 역할을 합니다.

2. **검색 최적화(SEO) 툴(예: SEMrush, Ahrefs)**
   - **목적**: 검색 엔진에서 제품이나 브랜드가 상위에 노출되도록 최적화.
   - **기능**: 키워드 분석, 백링크 분석, 경쟁사 분석을 통해 자연 검색 트래픽 증가.
   - **필요성**: 유료 광고 없이도 꾸준한 오가닉 트래픽 확보 가능.
   - **비유**: SEO 툴은 사람들이 검색했을 때 쉽게 찾을 수 있는 간판과 같습니다.

3. **고객 관리(CRM) 툴(예: Braze, Mailchimp, HubSpot)**
   - **목적**: 고객과의 관계를 관리하고, 지속적인 유지 및 재참여 유도.
   - **기능**: 고객 데이터 저장, 맞춤형 메시지(이메일, 푸시 알림, 인앱 캠페인) 발송.
   - **필요성**: 고객 데이터를 효율적으로 관리하고 장기적인 관계 형성을 촉진.
   - **비유**: CRM은 가게 단골 고객을 관리하는 것과 같습니다. 방문 이력을 기억하고 맞춤 혜택을 제공하는 역할을 합니다.

4. **성과 측정(MMP) 툴(예: AppsFlyer, Adjust, Singular)**
   - **목적**: 광고 및 마케팅 채널의 전환 기여도를 분석하여 광고 성과 최적화.
   - **기능**: 다양한 광고 매체의 성과 데이터를 통합 분석하여 ROI(투자 대비 효과)를 측정.
   - **필요성**: 광고 예산을 효율적으로 배분하고, 마케팅 전략을 최적화하기 위해 필요.
   - **비유**: MMP는 사람들이 어떤 광고를 보고 가게를 방문했는지 측정하는 역할을 합니다.

5. **제품 분석 툴(예: Mixpanel, Amplitude)**
   - **목적**: 사용자가 제품(앱, 웹사이트)을 어떻게 사용하는지 행동 데이터를 분석.
   - **기능**: 사용자 이탈 원인 분석, 전환율 개선을 위한 인사이트 제공.
   - **필요성**: UX 최적화 및 제품 개선을 통해 사용자 만족도를 높이기 위해 필요.
   - **비유**: 제품 분석 툴은 가게 안에서 사람들이 어떤 상품을 보고, 구매하거나 지나치는지를 분석하는 것과 같습니다.

6. **데이터 저장, 처리 및 시각화 툴(예: GCP, AWS, Azure, Tableau, Power BI, Google Data Studio)**
   - **목적**: 데이터를 효율적으로 저장하고, 가공 및 시각화하여 인사이트 도출.

- **기능**: 데이터를 차트, 그래프, 대시보드로 변환하여 마케팅 성과 및 트렌드를 분석.
- **필요성**: 데이터를 쉽게 분석하고, 팀원 간 협업을 원활하게 하기 위해 필요.
- **비유**: 데이터 시각화 툴은 복잡한 정보를 정리한 요리책과 같습니다. 필요한 정보를 쉽게 찾고 활용할 수 있도록 돕습니다.

7. **AI 마케팅 툴**(예: Miro AI, Gamma.app, ChatGPT, Claude, Google Gemini, Perplexity)
   - **목적**: 대규모 데이터 분석, 개인화 전략 수립, 콘텐츠 제작 효율화에 활용.
   - **기능**: 콘텐츠 및 이미지 자동생성을 통해 반복적인 캠페인 운영 과정을 자동화.
   - **필요성**: 빠르게 변화하는 시장 환경 속에서 효율적인 의사결정과 맞춤형 마케팅 실행을 가능하게 하기 위해 필요.
   - **비유**: AI 마케팅 툴은 똑똑한 보조 셰프와 같습니다. 셰프가 요리에만 집중할 수 있도록 재료 손질과 준비 과정을 처리해줍니다.

마지막으로, 서드파티 툴 도입 시 고려해야 할 주요 요소를 체크리스트로 정리했습니다. 기업마다 요구사항이 상이하므로 항목별 중요도는 자사 상황에 맞게 조정하는 것이 필요합니다.

가령 많은 서드파티 툴이 해외 기업에서 제공되기 때문에 기술 지원이 영어로 이뤄질 가능성이 높습니다. 영어 의사소통이 어렵다면 한국어 지원 여부를 중요한 고려 요소로 설정하는 것이 적절합니다. 가격보다 다양한 기능을 제공하는 툴이 더 중요하다면 비용보다는 기능 지원에 더 높은 비중을 두는 것이 바람직합니다. 제공된 체크리스트를 참고해 자사 요구에 맞게 항목을 조정하면 툴 도입과 운영 과정에서의 시행착오를 줄이고 효율적인 활용이 가능해집니다.

그럼, 분야별 체크리스트 항목을 표로 살펴보겠습니다.

공통 체크리스트

고려 항목	설명	중요도	체크 여부
팀이 필요한 기능	툴을 사용할 팀원들과 논의하여 필수로 필요한 기능을 정하고 툴이 그 기능을 제공하는지 확인	매우 높음	
한국어 지원	한국 영업 시간에 맞춰 한국어 지원 가능 여부	높음	

고려 항목	설명	중요도	체크 여부
컨설팅 지원 및 기술 지원	전문적인 상담 지원이 제공되는지, 충분한 가이드와 리소스(튜토리얼, 온보딩 교육자료)가 있는지 확인	높음	
사용자 친화성	툴의 인터페이스가 직관적이고 사용자가 쉽게 사용할 수 있는지 확인	중간	
비용	툴의 가격이 회사 예산에 맞는지, 무료 플랜이나 구독 모델(연간 구독인지)이 적절한지, 필요한 기능에 추가 금액이 들어가는지 등 가격의 합리성을 검토	매우 높음	
통합 가능성	다른 마케팅 툴 및 분석 툴과의 연동 가능 여부	매우 높음	
보고서 자동화 기능	정기적으로 데이터를 갱신하여 보고서를 생성하는 기능	중간	
커스터마이징	회사의 요구에 맞게 원하는 구성으로 커스터마이징이 가능한지 여부	중간	
보안 및 규정 준수	툴이 데이터 보안 및 개인정보 보호법(GDPR, CCPA 등)을 준수하는지 여부	중간	
업데이트 주기	지속적인 개선과 안정적인 운영	중간	
특장점	타 툴 대비 특장점	중간	
설치 방법 및 개발 리소스	도입 방법과 온보딩 가이드를 확인하여 개발 리소스 산출 → 현재 회사에서 지원 가능한지 여부	매우 높음	

검색 엔진 최적화(SEO) 툴 체크리스트

고려 항목	설명	중요도	체크 여부
키워드 분석 기능	관련 키워드와 검색 트렌드를 제공하여 검색 전략 수립을 도와주는 기능	높음	
사이트 감사 기능	웹사이트 구조를 분석하고 SEO 문제를 자동으로 감지하는 기능	높음	
백링크 분석	웹사이트의 백링크 수와 질을 분석하여 SEO 최적화에 필요한 정보를 제공	중간	
경쟁사 분석	경쟁사의 SEO 상태와 전략을 분석하여 비교하고 활용할 수 있는 기능	높음	
SEO 보고서 생성	SEO 상태를 요약하여 시각적 보고서를 자동으로 생성하는 기능	중간	
지역별 SEO 분석	특정 지역에 맞춘 키워드 및 검색 데이터를 제공하는 기능	낮음	

고객 관리(CRM) 툴 체크리스트

고려 항목	설명	중요도	체크 여부
사용자 데이터 관리	사용자 정보를 효과적으로 수집하고, 저장하며, 쉽게 검색 및 관리할 수 있는지 여부	매우 높음	
고객 세분화 및 타겟팅	고객 데이터를 기반으로 고객을 세분화하고, 마케팅 캠페인을 타겟팅할 수 있는 기능 지원 여부	높음	
마케팅 자동화	이메일 마케팅, 푸시 캠페인 등 마케팅 활동을 자동화하고, 고객 행동에 따라 맞춤형 메시지를 보낼 수 있는지 확인	높음	
데이터 분석 및 보고서	고객 행동, 마케팅 캠페인에 대한 데이터를 분석하고 대시보드를 제공하는 기능이 있는지 확인	높음	
다양한 채널 지원	메시징 채널을 다양하게 제공하는지 여부(푸시, 인앱, 메신저 등)	높음	

성과 측정(MMP) 툴 체크리스트

고려 항목	설명	중요도	체크 여부
데이터 정확성	설치, 이벤트, 전환 데이터를 정확하게 측정하는지 여부	매우 높음	
광고 소스 통합	페이스북, 구글, 틱톡 등 주요 광고 플랫폼과의 통합이 원활하고 데이터를 쉽게 가져올 수 있는지 확인	매우 높음	
실시간 데이터 처리 능력	실시간으로 데이터 처리가 가능하여 캠페인 실적을 확인할 수 있는지 확인	높음	
딥링킹 지원	딥 링크를 통해 신규 사용자의 앱 내 경험을 최적화할 수 있는지 확인	높음	
멀티 터치 어트리뷰션	사용자 여정에서 발생한 다양한 접점을 분석하고 다중 접점 어트리뷰션 모델 제공하는지 여부	매우 높음	
프로드 방지 기능	광고 사기를 방지하는 보안 기능 지원 여부	높음	
SDK 안정성 및 성능	MMP의 SDK가 앱 성능에 부정적인 영향을 미치지 않고, 안정적으로 작동하는지 확인	매우 높음	
파트너십과 에코시스템	광고 매체 외 주요 마케팅 파트너들과의 연동이 원활한지, 관련 생태계 내에서 협업이 잘 이루어지는지 확인	중간	

고려 항목	설명	중요도	체크 여부
데이터 저장 및 보관 기간	데이터를 저장하고 보관할 수 있는 기간이 적절한지, 장기적으로 데이터를 활용할 수 있는지 확인	중간	
크로스 플랫폼 지원	iOS, Android, 웹 등 멀티플랫폼 사용자를 분석할 수 있는지 확인	낮음	

제품 분석 툴 체크리스트

고려 항목	설명	중요도	체크 여부
데이터 정확성	사용자 행동 데이터를 정확하게 측정하고, 이벤트 데이터를 중복되거나 누락 없이 제공하는지 확인	매우 높음	
이벤트 추적 및 분석	사용자의 특정 행동(예: 장바구니 담기, 결제 등)을 쉽게 측정하고 분석할 수 있는지, 이벤트 설정이 직관적인지 확인	매우 높음	
실시간 분석 기능	실시간으로 데이터를 분석하고, 즉각적인 인사이트를 도출할 수 있는지 확인	높음	
사용자 세그먼트 및 코호트 분석	특정 사용자 그룹을 세그먼트로 나누어 분석할 수 있는지, 코호트 분석 기능이 지원되는지 확인	매우 높음	
A/B 테스트 지원	A/B 테스트 기능을 제공하여 제품 변경 사항의 효과를 쉽게 분석할 수 있는지 여부	높음	
데이터 시각화 기능	데이터를 직관적으로 시각화하는 기능(그래프, 차트 등)이 제공되는지 확인	중간	
크로스 플랫폼 지원	모바일 앱과 웹에서 모두 사용자 행동을 측정하는 멀티 플랫폼 지원이 가능한지 확인	매우 높음	
퍼널별 전환율과 리텐션 분석이 가능	사용자 여정에 따라 퍼널별 전환율과 리텐션을 분석할 수 있는지 여부	매우 높음	

시각화 툴 체크리스트

고려 항목	설명	중요도	체크 여부
다양한 데이터 소스 지원	여러 데이터 소스(CRM, MMP 등)와 연동하여 데이터를 통합할 수 있는지 확인	매우 높음	
실시간 분석 기능	실시간으로 데이터를 분석하고, 즉각적인 인사이트 도출이 가능한지 확인	높음	

고려 항목	설명	중요도	체크 여부
사용자 정의 대시보드	원하는 데이터만 선택하여 대시보드를 구성할 수 있는지 확인	높음	
필터 및 정렬 기능	특정 기간, 사용자 그룹, 이벤트별로 데이터를 필터링하고 정렬할 수 있는 기능이 있는지 확인	높음	
데이터 시각화 기능	데이터를 차트, 그래프, 히트맵 등 다양한 형식으로 시각화할 수 있는지 확인	매우 높음	
인터랙티브 시각화 지원	대시보드에서 데이터를 클릭하거나 드래그하여 세부 분석이 가능한지 확인	중간	
크로스 플랫폼 지원	웹, 모바일, 태블릿 등 다양한 기기에서 데이터 시각화가 가능한지 확인	높음	
API 및 데이터 내보내기	데이터를 API로 연결하거나 CSV, PDF 등 다양한 포맷으로 내보낼 수 있는지 확인	매우 높음	
보안 및 접근 권한 관리	사용자의 역할에 따라 접근 권한을 세분화할 수 있는지 확인	중간	

연습문제

1. 다음 중 '백링크 분석'의 주요 목적은 무엇인가요?

    A. 광고 클릭당 비용(CPC)을 확인하기 위함

    B. 경쟁사의 제품 가격을 비교하기 위함

    C. 웹사이트 외부에서 자사 사이트로 연결된 링크를 파악하고 SEO에 활용하기 위함

    D. 방문자의 클릭 흐름을 시각화하기 위함

2. 어트리뷰션 분석의 핵심 목적은 무엇인가요?

    A. 특정 콘텐츠의 디자인 품질을 평가하기 위함

    B. 사용자의 전체 여정 중 마케팅 채널별 기여도를 평가하기 위함

    C. 제품의 기능별 사용 만족도를 조사하기 위함

    D. 유입된 트래픽의 국가 분포를 파악하기 위함

3. 다음 중 A/B 테스트를 실행할 때 주의해야 할 점으로 가장 적절한 것은 무엇인가요?

   A. 두 그룹 간 노출 환경이 달라도 상관없다.

   B. 실험 중간에 성과가 좋아 보이면 바로 종료한다.

   C. 비교 그룹 외 다른 변수는 최대한 통제되어야 한다.

   D. 테스트는 가능한 한 많은 변수를 동시에 바꾸는 것이 좋다.

4. 코호트 분석과 A/B 테스트를 설명한 내용 중 옳은 것은 무엇인가요?

   A. 둘 다 실시간 사용자 위치를 추적하기 위한 기법이다.

   B. 코호트 분석은 특정 그룹의 행동 변화를 추적하고, A/B 테스트는 변수 간 성과 차이를 비교한다.

   C. A/B 테스트는 장기 사용자 분석에 특화되어 있고, 코호트 분석은 단기 성과 측정에 사용된다.

   D. 두 기법 모두 랜덤한 사용자 그룹 비교가 핵심이다.

5. SEO 성과를 장기적으로 개선하기 위해 가장 적절한 접근은 무엇인가요?

   A. 단기 클릭 수 증대를 위한 광고 집행에 집중한다.

   B. 구글 광고 예산을 늘린다.

   C. 검색 트렌드에 맞춘 키워드 기반 콘텐츠를 지속적으로 발행하고, 사이트 구조와 로딩 속도를 개선한다.

   D. 타사의 콘텐츠를 그대로 가져와 사이트에 게시한다.

정답

1.

   정답: C

   해설: 백링크는 외부 사이트에서 자사 사이트로 연결된 링크를 의미하며, 검색 엔진 최적화(SEO)에서 중요한 신뢰도 신호로 작용합니다. 이를 분석하면 검색 순위 향상에 도움이 되는 외부 링크 전략을 수립할 수 있습니다.

2.

   정답: B

   해설: 어트리뷰션 분석은 사용자가 구매나 전환에 이르기까지 거치는 다양한 채널의 기여도를 분석하는 기법입니다.

3.

정답: C

해설: A/B 테스트는 실험군과 대조군 간에 최소한의 변수를 비교하여 그 효과를 검증하는 방식입니다. 다른 변수들이 통제되지 않으면 테스트 결과의 신뢰도가 떨어집니다.

4.

정답: B

해설: 코호트 분석은 동일한 시점이나 조건에서 유입된 사용자 그룹이 시간이 지남에 따라 어떻게 행동이 변화하는지를 분석하며, A/B 테스트는 두 가지 이상의 변수를 동시에 테스트하여 어떤 요소가 더 나은 성과를 내는지를 확인하는 실험 방식입니다.

5.

정답: C

해설: SEO는 검색 엔진의 평가 기준에 따라 웹사이트의 콘텐츠, 기술 구조, 사용자 경험을 개선하는 장기 전략입니다. 검색 의도에 맞는 콘텐츠와 최적화된 사이트 구조가 핵심입니다.

2.2 디지털 마케팅 측정 아이디 이해하기

디지털 마케팅에서는 사용자의 행동을 정확하게 측정하고 분석하기 위해 다양한 식별자(아이디)를 사용합니다. 이 식별자는 사용자가 웹사이트나 앱을 방문하거나 특정 행동을 할 때 생성되며, 사용자의 행동 패턴을 파악하여 효율적인 마케팅 전략을 수립하는 데 도움을 줍니다. 다양한 디지털 아이디들은 일상에서 사용하는 개념과 비교하면 쉽게 이해할 수 있습니다.

01. 쿠키(Cookie)= 임시 신분증

쿠키는 사용자가 웹사이트를 방문할 때 브라우저에 임시로 저장되는 정보입니다. 쿠키를 통해 웹사이트는 사용자를 기억하고, 다음 방문 시 맞춤형 경험을 제공하거나 로그인 상태를 유지합니다.

주민등록증에 비유하면, 쿠키는 특정 장소에서만 유효한 임시 신분증과 비슷합니다. 쿠키는 사용자의 브라우저와 연결되며, 동일한 기기와 브라우저를 사용할 때만 유효합니다. 따라서 사용자가 다른 기기나 브라우저를 이용하면 동일한 쿠키 ID로 추적할 수 없습니다.

예를 들어, 사파리 브라우저(A 행사장)에서 발급받은 임시 신분증은 사파리에서만 유효하며, 크롬 브라우저(B 행사장)에서는 사용할 수 없습니다. 이처럼 쿠키는 특정 환경에서만 작동하는 제한적인 정보 저장 방식이라고 볼 수 있습니다.

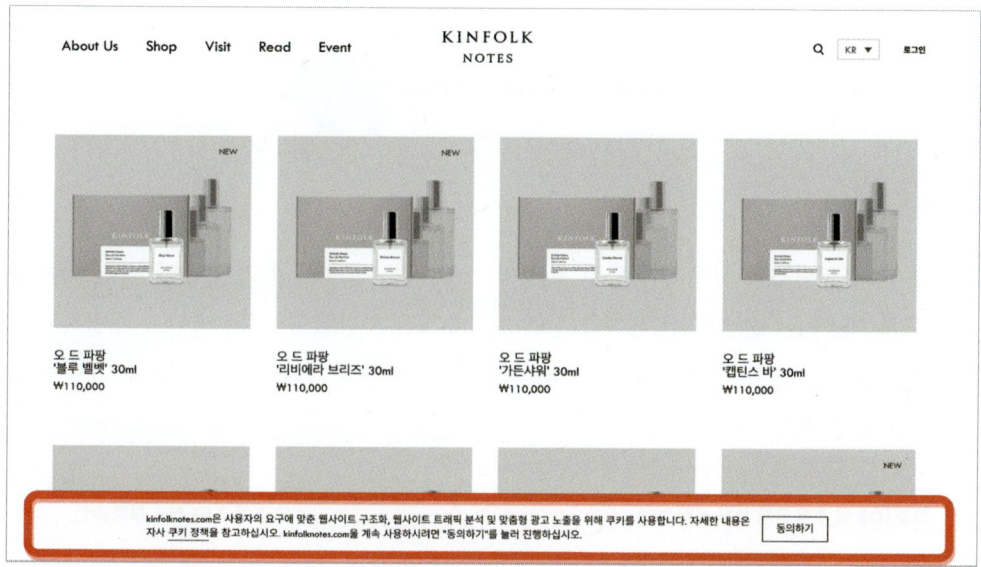

그림 2.71 킨포크 노츠의 쿠키 수집 안내. 쿠키 사용에 대한 정보를 사용자에게 고지하고 동의를 받는다.

02. 디바이스 아이디(Device ID) = 여권

디바이스 아이디(Device ID)는 스마트폰이나 태블릿 같은 기기에 할당된 고유한 식별 번호입니다. 앱은 이를 활용해 사용자의 기기를 구분하고, 기기 내 행동을 분석합니다.

디바이스 아이디는 여권과 유사합니다. 여권이 특정 국가에서 개인을 식별하는 것처럼 디바이스 아이디는 특정 기기를 식별하는 역할을 합니다. 여권이 변경되면(분실 후 재발급 등) 새로운 번호가 부여되는 것처럼 디바이스 아이디도 기기를 초기화하거나 변경하면 새로운 값이 할당됩니다.

- 애플(IDFA)

    IDFA(Identifier for Advertisers)는 애플이 사용자의 iOS 기기에 무작위로 할당하는 기기 식별자입니다. 사용자는 원할 경우 IDFA를 비활성화하거나 재설정할 수 있습니다.

- 구글(GAID)

    안드로이드에서는 GAID(Google Advertising ID)를 사용하며, 이는 32자리의 고유한 식별자로 구성됩니다. 사용자는 GAID의 재설정이나 제한된 광고 추적 설정을 통해 개인 정보 관리가 가능합니다.

그림 2.72 구글의 GAID 예시

그림 2.73의 화면들은 사용자가 광고 목적의 개인 정보 활용과 추적에 대해 직접 제어할 수 있도록 제공되는 설정입니다. 애플은 앱별로 추적을 차단할 수 있는 권한을 개별적으로 요청하는 방식으로, 구글은 광고 ID를 재설정하거나 완전히 삭제하는 방식으로 개인정보 보호를 강화합니다.

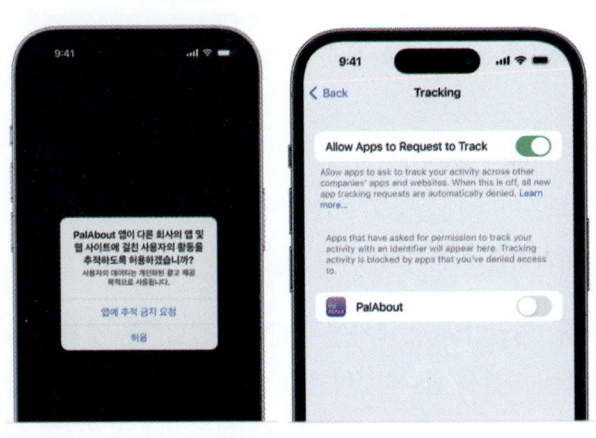

그림 2.73 디바이스 아이디 맞춤설정 예시(좌: 애플 iOS, 우: 구글 안드로이드)

03. IDFV(Identifier for Vendors) = 동일 회사의 멤버십 카드

IDFV는 iOS 환경에서 한 회사가 배포한 여러 앱에서 공통으로 사용하는 식별자입니다. 동일 회사의 여러 앱 간 사용자의 활동을 공유하는 데 활용됩니다.

이는 동일 회사가 발행한 멤버십 카드와 유사합니다. 다른 회사에서는 사용 불가능하며, 같은 회사의 여러 앱에서만 동일한 식별자를 공유합니다. 사용자가 해당 회사의 앱을 모두 삭제하지 않는 한 IDFV는 유지됩니다. 같은 개발자 계정에서 출시된 앱들은 사용자의 행동을 연결하여 분석할 때 IDFV를 활용합니다.

04. 사용자 아이디(Customer User ID, 고유 아이디, 이메일 주소 등) = 주민등록증

사용자 아이디는 사용자가 직접 생성하는 계정 기반 식별자로, 주로 이메일 주소나 로그인 아이디 형태로 존재합니다. 회사가 사용자를 특정하고 사용자의 모든 행동과 상호작용을 측정하는 데 활용됩니다. 사용자 아이디는 주민등록증처럼 특정 사용자와 1:1로 연결되며, 사용자가 계정 정보를 변경하지 않는 한 지속적으로 사용합니다. 사용자 아이디를 통해 사용자의 모든 행동이 하나의 계정으로 연결됩니다.

사용자가 PC에서 장바구니에 아이템을 담은 뒤 모바일 앱에서 동일 계정으로 로그인하면 같은 아이템이 유지됩니다. 이처럼 사용자 아이디는 사용자의 행동을 통합적으로 분석하는 강력한 디지털 마케팅 식별자 중 하나입니다.

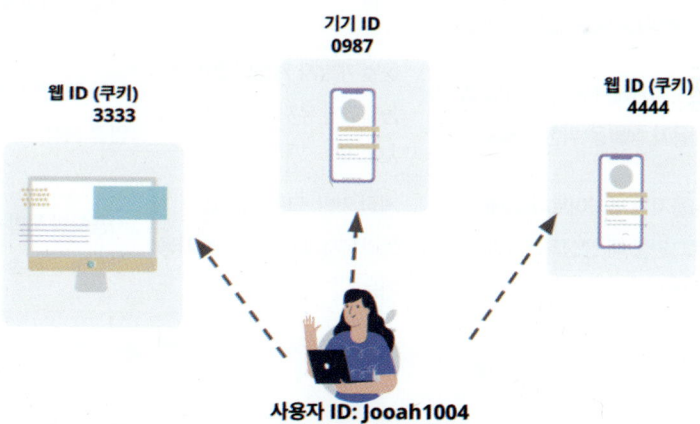

그림 2.74 다양한 환경에서 사용자 아이디는 동일 사용자로 인식된다.

이러한 측정 아이디의 주요 용도는 다음과 같습니다.

- **타깃 마케팅**: 마케터, 광고주, 앱 소유자는 디바이스 아이디와 앱 내 행동 데이터를 기반으로 사용자의 행동과 관심사를 파악하여 사용자를 그룹화하고, 개인화된 광고와 콘텐츠를 제공하여 마케팅 성과를 높일 수 있습니다.
- **향상된 사용자 경험**: 앱 개발자는 디바이스 아이디를 이용해 특정 기기에서 앱의 사용 현황을 모니터링할 수 있으며, 이를 바탕으로 맞춤형 사용자 경험을 제공하거나 앱 내 문제점을 개선합니다.
- **설치 및 행동 측정**: MMP(모바일 측정 파트너)와 앱은 디바이스 아이디를 활용하여 앱 설치 및 앱 내 행동 데이터를 정확히 기록하고 분석합니다.
- **제품 내 사용자 행동 이해**: 사용자 아이디를 통해 얻은 데이터를 분석하면 앱 소유자는 사용자의 고객 여정을 보다 명확히 이해할 수 있습니다. 사용자가 언제, 어디서, 왜 특정 기능을 사용하고 이탈 또는 충성 고객으로 변화하는지를 파악합니다.

다음 표는 디지털 마케팅에서 사용되는 주요 아이디 값의 특징을 정리한 것입니다. 각각의 아이디는 목적과 상황에 따라 적절하게 활용하면 마케팅 성과를 극대화할 수 있습니다.

표 2.4 각 아이디 특징 설명

아이디 값	설명	특징	활용 사례
쿠키 ID	웹사이트에서 사용자의 행동을 측정하기 위한 텍스트 파일	브라우저에 저장, 동일 브라우저와 기기에 유효	자동 로그인 유지, 장바구니 유지, 광고 리타겟팅
기기 ID	모바일 기기에서 사용자를 측정하기 위한 고유 식별자 (애플의 IDFA, 구글의 GAID)	기기와 연결, 브라우저와 무관	앱 사용자의 행동 측정, 앱 내 광고 타겟팅
IDFV	iOS 기기에서 동일 벤더의 앱 간 사용자 식별을 위한 식별자	동일 개발자 계정의 앱에서 동일하게 유지, 모든 앱 삭제 시 리셋	여러 앱 간의 사용자 행동 연결 분석
사용자 ID	사용자가 웹사이트나 앱에 로그인할 때 생성하는 고유 식별자	계정 기반, 모든 기기와 브라우저에서 동일하게 사용 가능	사용자의 통합 행동 분석, 맞춤형 콘텐츠 제공

표 2.5는 동일한 사용자가 iOS 환경에서 여러 앱과 기기를 사용할 때 IDFA, IDFV, 사용자 ID 등이 각각 어떻게 달라지는지 보여줍니다.

표 2.5 환경에 따라 달라지는 아이디 예시

사용자	바다			
Device	iPhone 16 pro	iPhone 16 pro	iPhone 16 pro	iPad mini
앱 이름	클로즈	아름다운집	로파	슈가캔디
개발사(회사)	원더랜드	원더랜드	유니콘	마운틴
User ID	Sea_of_love			
IDFA	12345	12345	12345	22222
IDFV	67890	67890	11111	33333

예시로 사용된 사용자는 '바다'이며, 총 네 개의 앱을 서로 다른 상황에서 사용하고 있습니다. 이 사용자는 동일한 디바이스인 iPhone 16 pro에서 세 가지 앱(클로즈, 아름다운집, 로파)을 사용하고 있으며, 각 앱은 서로 다른 개발사(원더랜드, 유니콘)에서 만든 것입니다. 또한 하나의 앱(슈가캔디)은 다른 디바이스인 iPad mini에서 사용하고 있고, 이는 마운틴이라는 개발사가 만든 앱입니다.

이 사용자의 IDFA(광고 식별자)는 디바이스에 따라 고유하게 부여되기 때문에 같은 iPhone 16 pro에서는 동일한 IDFA(12345)가 유지되지만, 다른 디바이스인 iPad mini에서는 다른 값(22222)으로 바뀝니다.

반면 IDFV(벤더 식별자)는 같은 개발사의 앱을 같은 디바이스에서 사용할 때는 동일하게 유지됩니다. 예를 들어, iPhone 16 pro에서 '클로즈'와 '아름다운집'은 모두 원더랜드에서 만든 앱이기 때문에 IDFV가 동일하게 67890으로 나타납니다. 하지만 다른 개발사의 앱인 '로파'에서는 IDFV가 11111로 바뀌며, 다른 디바이스(iPad mini)의 '슈가캔디'(마운틴 개발)에서는 또 다른 IDFV인 33333이 사용됩니다.

이 표를 통해 다음과 같은 사실을 알 수 있습니다:

- IDFA는 디바이스 기준으로 고유하며, 동일한 디바이스에서 앱이나 개발사에 관계없이 동일한 값이 유지됩니다.
- IDFV는 개발사 기준으로 고유하며, 동일한 개발사의 앱을 동일한 디바이스에서 실행할 경우 동일한 값이 유지됩니다.
- 사용자 아이디(예: 애플 아이디)는 디바이스를 변경하거나 IDFA가 다르더라도 동일하게 유지됩니다.

이러한 구조는 사용자 추적, 리타겟팅, 그리고 마케팅 활동에서 어떤 ID를 활용해야 하는지를 이해하는 데 중요한 기준이 됩니다.

2.3 웹 투 앱 광고 측정하기

웹 투 앱(W2A, Web to App) 광고는 사용자가 웹페이지에서 광고를 클릭한 후 앱으로 이동하여 특정 행동(설치, 구매, 회원가입 등)을 수행하도록 유도하는 마케팅 전략입니다.

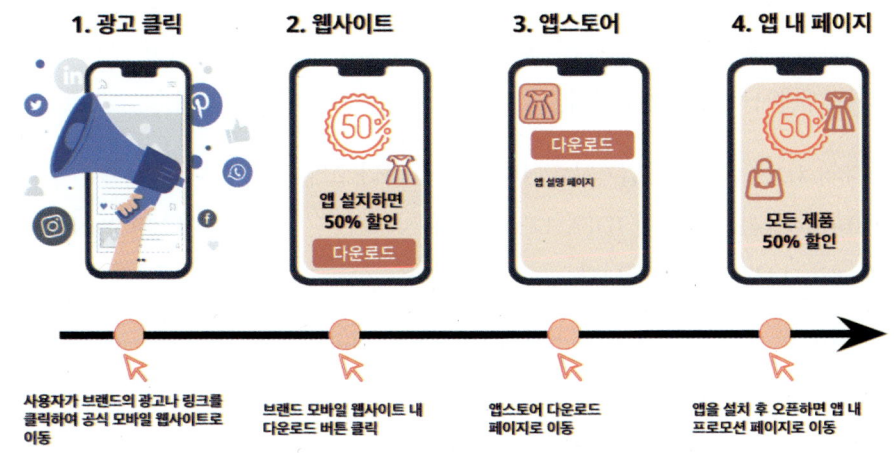

그림 2.75 웹 투 앱 광고 예시

W2A 캠페인은 모바일 사용자 경험을 최적화하고 전환율을 높이는 데 효과적이지만, 웹과 앱이 다른 환경에서 작동하기 때문에 정확한 성과 측정이 필요합니다. W2A이 중요한 이유와 주요 고려 사항을 살펴보겠습니다.

2.3.1 _ 웹 투 앱이 중요한 이유

지금 스마트폰을 꺼내 자주 접속하는 서비스를 구글이나 네이버에서 검색한 후 공식 사이트를 클릭해보세요. 대부분의 서비스가 앱 설치를 적극적으로 유도하는 것을 확인할 수 있을 것입니다.

그림 2.76은 구글에서 '당근마켓', '아이디어스', '29cm'를 검색하고 공식 사이트를 클릭했을 때 나타난 화면입니다. 이 화면은 사용자가 앱을 설치하면 할인 쿠폰을 받을 수 있다는 점을 강조하며, 앱 설치를 유도합니다.

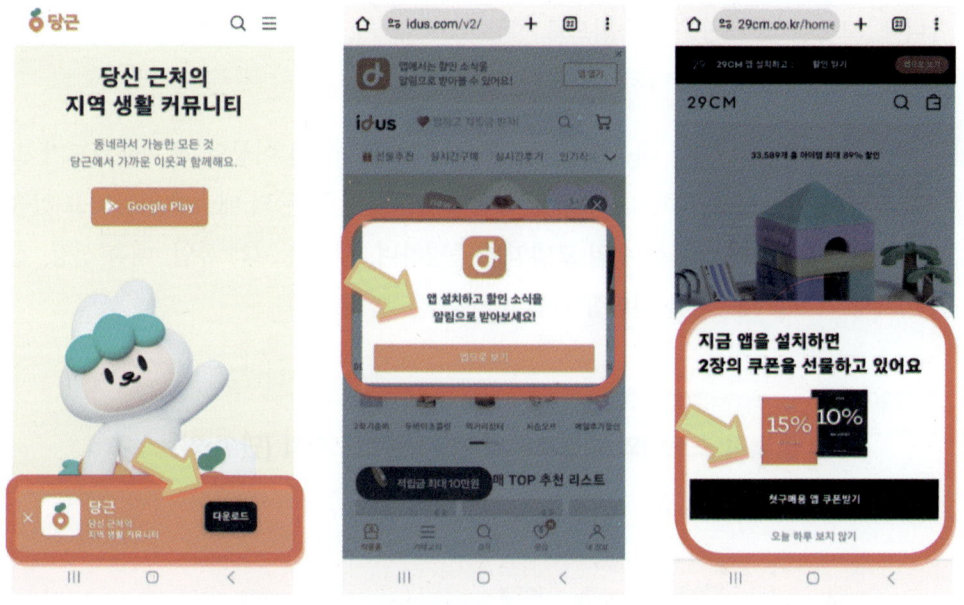

그림 2.76 앱 설치 유도 예시(좌측부터 당근마켓, 아이디어스, 29cm)

앱 사용이 웹사이트 이용 대비 더 나은 이유는 무엇이며, 기업이 사용자에게 앱 사용을 적극 권장하는 이유는 무엇일까요?

기업들이 앱 설치를 유도하는 핵심 이유는 사용자의 높은 참여도, 개인화된 서비스 제공, 그리고 정밀한 데이터 수집과 분석의 용이성 때문입니다. 이 요소들은 모두 기업의 수익 창출, 고객 충성도 향상, 마케팅 전략 효율화에 도움을 줍니다. 예시를 통해 자세히 알아보겠습니다.

01. 매출 증가

모든 비즈니스의 궁극적 목표는 이익 창출이며 마케팅 툴은 이 목표를 달성하는 데 기여해야 합니다. 현재 스마트폰은 사람들이 어디를 가든 항상 가지고 다니는 필수품이 되었으며 애플, 삼성, LG페이와 같은 모바일 결제 기능 덕분에 지갑 없이도 일상생활과 업무 처리가 가능합니다.

역사상 그 어떤 기기나 광고도 사용자의 주머니에 지속적으로 존재할 수 있는 기회를 제공하지 못했으나 스마트폰은 이를 가능하게 합니다. 기업은 모바일을 활용해 로열티 프로그램, 푸시 알림, 프로모션 및 할인 혜택 등을 통해 사용자와 실시간으로 소통하고 구매를 유도합니다. 모바일 앱 시장은 지속적으로 성장하고 있으며, 이에 따른 수익 증가로 기업들의 모바일 앱 투자는 더욱 확대되고 있습니다.

실제로 구글 플레이스토어와 애플 앱스토어에서 연간 148억 건 이상의 앱 다운로드가 발생하며, 약 1,090억 달러(한화 약 141조원, 1달러=1,300원 기준)의 매출이 창출되고 있습니다. 이는 모바일 앱이 강력한 수익 모델임을 증명하며, 새로운 고객 유입, 매출 성장, 정밀한 마케팅 기회를 제공함을 의미합니다.

그림 2.77 2024년 기준, 구글 플레이스토어와 애플 앱스토어의 합산 다운로드 수는 148억 건을 넘어섰다. (출처: asomobile.net)

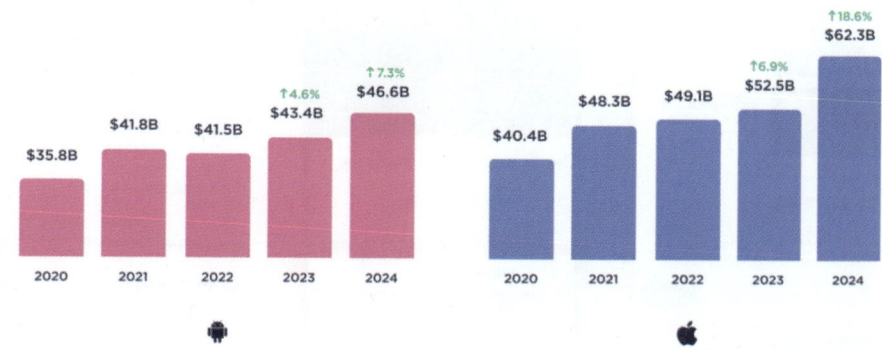

그림 2.78 2024년 기준, 두 스토어의 합산 매출은 약 1,090억 달러(한화 약 141조 원, 1달러=1,300원 기준)를 기록했다. (출처: asomobile.net)

02. 사용자 경험 향상

앱은 웹사이트보다 더 나은 사용자 경험을 제공합니다. 기기에 최적화되어 있어 빠르고 부드러운 사용이 가능하며, 일부 기능은 오프라인에서도 작동합니다. 웹사이트는 인터넷 접속이 필수지만, 모바일 앱은 미리 다운로드한 콘텐츠를 통해 인터넷이 없는 환경에서도 일부 기능을 이용할 수 있습니다.

넷플릭스와 유튜브 앱은 사용자가 원하는 콘텐츠를 미리 다운로드하면 인터넷 연결 없이도 시청할 수 있도록 지원합니다. 다음은 유튜브 앱의 오프라인 저장 기능 예시로, 비행기나 인터넷 연결이 어려운 환경에서도 유용하게 활용 가능합니다.

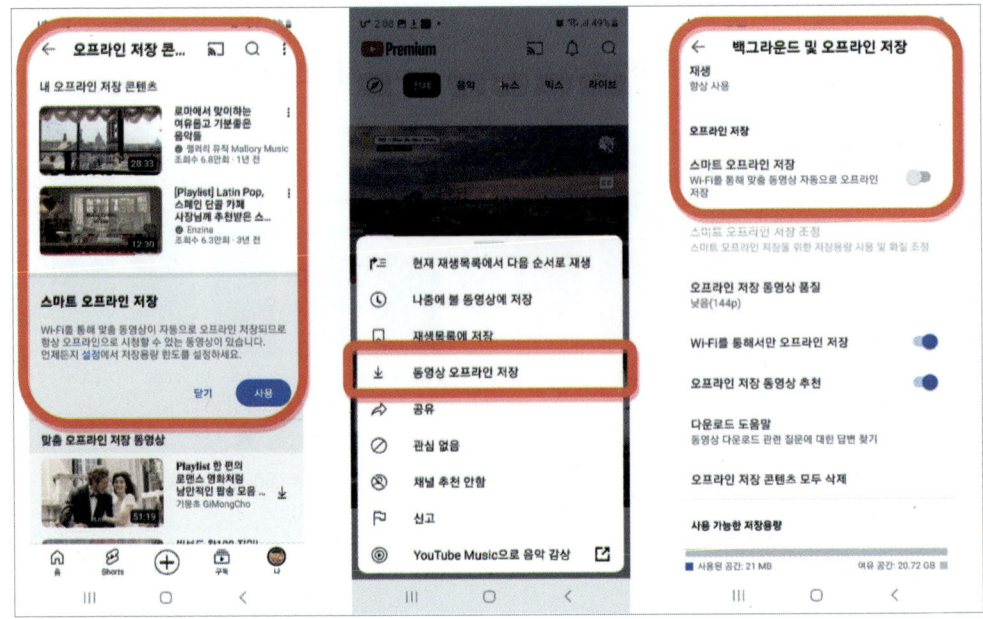

그림 2.79 유튜브의 동영상 오프라인 저장 기능

03. 개인화 기능 제공

모바일 환경에서 개인 맞춤형 사용자 경험을 제공하는 대표 기업으로 스타벅스를 꼽을 수 있습니다. 바쁜 현대사회에서 커피를 마시기 위해 스타벅스를 방문했을 때 긴 줄이 있다면 사용자는 다른 카페로 이동할 가능성이 높습니다. 하지만 모바일 앱으로 미리 주문하고 매장 도착 즉시 음료를 받을 수 있다면 어떨까요?

스타벅스는 모바일 앱의 '사이렌 오더' 기능을 통해 미리 주문과 결제가 가능합니다. 앱이 현재 위치를 기반으로 가까운 매장을 찾아주고, 사용자는 앱에서 바로 주문을 완료합니다. 웹사이트에서는 제공되지 않는 이 기능 덕분에 사용자는 긴 대기 없이 편리하게 음료를 받을 수 있습니다. 결제 완료 후 음료가 제조되므로 주문 후 픽업하지 않는 사례를 방지합니다. 이러한 편의성은 사용자가 앱을 설치하는 강력한 동기가 됩니다.

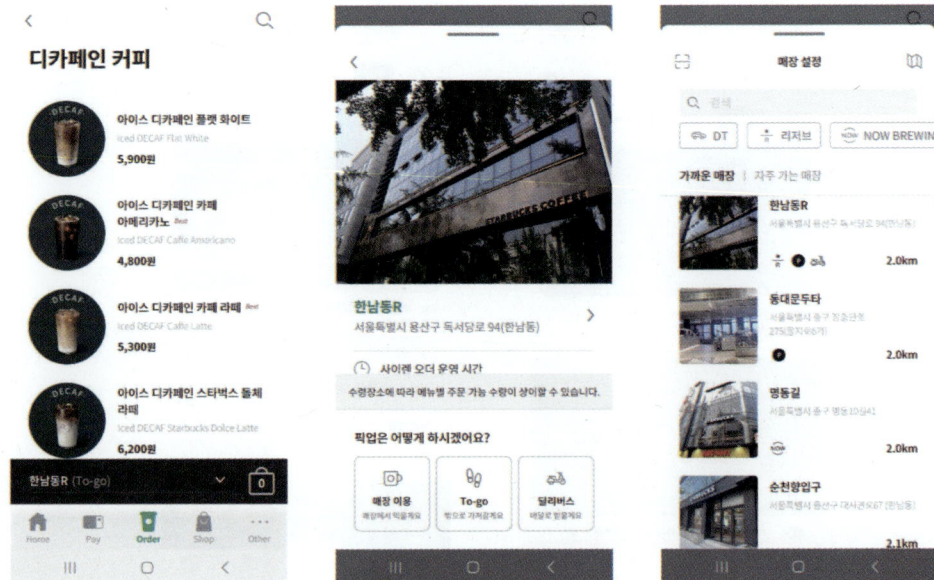

그림 2.80 스타벅스의 사이렌 오더 기능

04. 직관적인 사용자 인터페이스

모바일 앱은 일반적으로 웹보다 더 직관적인 사용자 인터페이스(UI)를 제공합니다. 최근 많은 웹사이트가 모바일 환경에 최적화되고 있지만, 앱과 동일한 수준의 UI/UX를 제공하는 경우는 드뭅니다.

자주 사용하는 서비스를 앱과 모바일 웹 브라우저에서 각각 실행해보면, 두 환경 간 UI 차이를 명확하게 확인할 수 있습니다. 그림 2.81은 유튜브를 모바일 웹과 앱에서 실행했을 때의 차이를 보여줍니다. 겉보기에는 유사하지만, 앱에서는 '영상 올리기' 버튼이 메인 화면에 바로 노출되는 반면, 모바일 웹에서는 해당 기능이 제공되지 않습니다. 이처럼 앱은 더 직관적인 조작이 가능하도록 설계되며, 핵심 기능에 손쉽게 접근할 수 있도록 최적화됩니다.

그림 2.81 (좌) 유튜브 웹사이트 화면, (우) 유튜브 모바일 앱 화면

05. 데이터 수집 및 분석의 용이성

앱을 통해 수집되는 데이터는 웹보다 정밀합니다. 앞서 설명했듯이, 웹에서는 쿠키가 브라우저마다 달라질 수 있지만, 모바일 디바이스 아이디는 브라우저와 관계없이 동일한 값을 유지합니다.

또한, 사용자의 행동 패턴, 자주 이용하는 기능, 이탈 시점을 분석하여 앱 기능 개선 및 마케팅 전략 최적화에 활용할 수 있습니다. 호텔 예약 앱을 사용하는 사용자가 특정 날짜에 숙박할 서울 호텔을 검색했으나 예약하지 않고 이탈했다면, 해당 앱은 이 사용자의 숙박일과 예산, 숙소 예약 현황 등의 정보를 기반으로 푸시 알림을 보내 예약과 구매를 유도할 수 있습니다.

그림 2.82 서울 호텔 검색 후 예약하지 않은 사용자에게 푸시 알림으로 예약 유도

2.3.2 _ 웹 투 앱 전환 분석 툴

오늘날 사용자는 웹사이트뿐만 아니라 모바일 앱을 적극적으로 활용하며 웹과 앱을 넘나드는 경험을 하고 있습니다. 점심에는 배달 앱을 이용하여 점심을 주문하고 저녁에는 모바일 웹에서 광고를 보고 앱에 재접속하여 저녁을 주문하는 등 다양한 디지털 접점을 거치게 됩니다.

웹과 앱을 오가는 고객 행동을 정확히 측정하고 최적화하는 것은 광고주에게 중요한 과제이며, 이를 웹 투 앱(Web-to-App, W2A) 광고 측정이라고 합니다. 웹 투 앱 전환을 분석하려면 전문적인 측정 툴 MMP가 필요합니다. MMP는 웹 광고 클릭부터 앱 설치, 그리고 설치 후 행동까지 모든 과정을 분석하여 광고 성과를 종합적으로 평가할 수 있도록 돕습니다. 글로벌 대표 MMP인 앱스플라이어는 다음과 같은 웹 투 앱 분석 기능을 제공합니다.

스마트 배너

앱스플라이어의 스마트 배너(Smart Banner)는 웹사이트 방문자를 앱 설치 또는 앱 내 특정 화면으로 유도하는 기능입니다. 모바일 웹사이트에 방문한 사용자가 배너를 클릭하면 앱스토어 또는 앱으로 연결되도록 구성됩니다. 스마트 배너의 주요 장점 중 하나는 디자이너의 도움 없이 마케터가 직접 다양한 디자인을 손쉽게 변경할 수 있다는 점입니다. 텍스트, 색상, 이미지, 버튼 문구 등 주요 구성 요소를 마케팅 목적에 맞게 실시간으로 수정할 수 있어 캠페인 효율을 높이기 위한 실험과 최적화를 빠르게 수행할 수 있습니다. 사용자 참여 유도 방식과 시각적 구성에 따라 다양한 형태의 배너도 제공합니다. 이를 통해 디자인 리소스에 대한 의존도를 줄이고, A/B 테스트나 시즌별 캠페인 변경에도 민첩하게 대응할 수 있는 유연성을 확보할 수 있습니다.

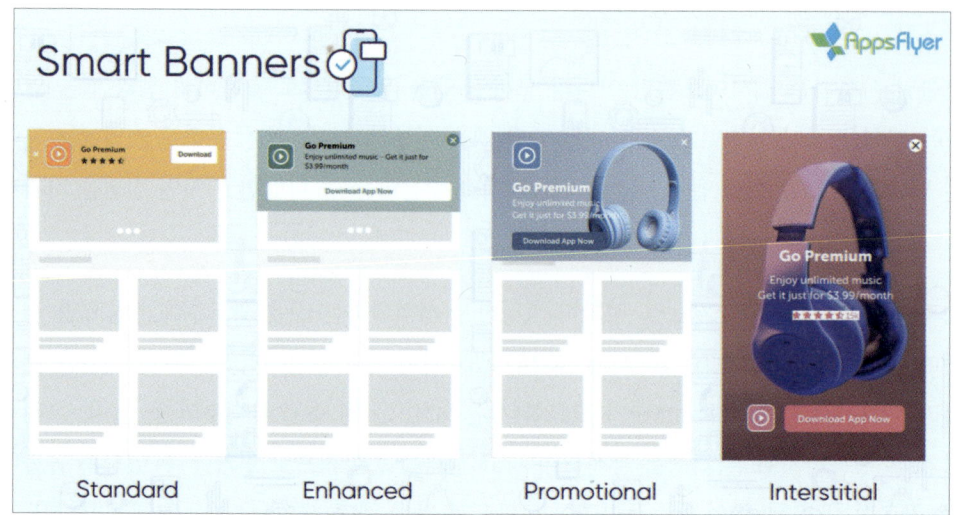

그림 2.83 스마트 배너의 다양한 포맷 예시(출처: 앱스플라이어)

다음은 스마트 배너 기능을 웹사이트에 적용하고, 사용자가 모바일 웹에서 앱 설치 또는 실행으로 전환되는 과정을 보여줍니다.

01. 초기 설정

스마트 배너를 사용하기 위한 초기 설정 단계입니다. 웹사이트 개발자는 웹사이트의 HTML에 스마트 배너 코드 스니펫을 입력합니다. 마케터는 앱스플라이어 대시보드에서 배너 디자인이나 버튼 문구를 설정합니다.

02. 사용자가 모바일 웹사이트 방문

모바일 브라우저(예: Safari, Chrome)를 통해 사용자가 웹사이트를 방문하면 설정된 조건에 따라 스마트 배너가 노출됩니다. 이 배너는 앱 설치를 유도하거나 이미 설치된 앱으로의 전환을 안내하는 역할을 합니다.

03. 배너 클릭 후 앱스토어 또는 앱 이동

사용자가 스마트 배너에 표시된 CTA 버튼(예: '앱 다운로드하기')을 클릭하면 현재 기기에 앱이 설치되었는지 여부에 따라 동작이 달라집니다. 앱이 이미 설치되어 있다면 앱이 실행되며, 설정된 특정 화면(예: 이벤트 페이지, 프로모션 상세 페이지)으로 바로 이동합니다. 반면, 앱이 설치되지 않은 경우에는 앱스토어(구글 플레이스토어 또는 애플 앱스토어)로 연결되어 다운로드를 유도합니다.

04. 데이터 분석
마케터는 대시보드를 통해 사용자 데이터를 확인하며 마케팅 성과를 평가할 수 있습니다.

스마트 스크립트
앱스플라이어의 스마트 스크립트(Smart Script)는 웹사이트 방문자의 행동에 따라 최적화된 앱 다운로드 또는 특정 앱 화면으로 연결하는 기능을 제공합니다. 스마트 스크립트는 사용자가 방문할 때마다 유입 URL을 읽어 버튼 링크를 동적으로 생성해 다양한 캠페인 URL을 유연하게 처리할 수 있습니다. 이 과정은 다음과 같이 이루어집니다.

01. 웹사이트에 스마트 스크립트 삽입
먼저 광고주는 앱스플라이어의 스마트 스크립트를 기업 웹사이트에 삽입하고, 프로모션 페이지나 상품 상세 페이지, 로그인 페이지 등 특정 페이지에서 스크립트가 작동하도록 설정합니다.

02. 사용자가 모바일 웹사이트 방문
이후 사용자가 SNS 광고, 검색 광고, 디스플레이 광고 등을 통해 웹사이트를 방문하면 스크립트가 실행됩니다.

03. 웹페이지에서 앱으로 자연스럽게 연결
앱이 설치되어 있지 않은 경우, 사용자는 앱 다운로드를 유도하는 페이지로 이동하며, 설치가 완료된 이후에는 웹페이지에서 보고 있던 내용과 동일한 앱 내 화면으로 자연스럽게 이어집니다. 반대로 이미 앱이 설치되어 있는 경우에는 별도 과정을 거치지 않고 바로 앱으로 연결됩니다.

04. 데이터 분석

사용자의 앱 설치나 앱 내 주요 행동(구매, 회원가입 등)이 발생하면 앱스플라이어 대시보드에서 이를 분석할 수 있습니다. 광고주와 마케터는 유입 경로, 전환율, 클릭-설치 흐름 등 다양한 데이터를 확인하여 캠페인 성과를 평가하고 최적화 전략을 수립할 수 있습니다.

그림 2.84 스마트 스크립트를 활용한 웹-투-앱 전환 프로세스(출처: 앱스플라이어)

2.4 디지털 마케팅 측정 매체 종류

디지털 마케팅을 효과적으로 운영하기 위해서는 사용자가 어떤 경로로 사이트나 앱에 도달했는지, 그리고 각 경로의 실제 효과가 얼마나 되는지를 정확히 파악하는 것이 중요합니다. 이 과정에서 핵심이 되는 개념이 바로 '어트리뷰션(Attribution)'입니다.

어트리뷰션은 여러 광고 매체 중 최종 성과에 기여한 매체를 찾아내는 것입니다. 어트리뷰션을 명확하게 이해하려면 애드 네트워크(Ad-network)[1], 커스텀 미디어 소스(Custom

---

[1] MMP와 데이터 통신 방식에서 나오는 Ad-network는 서버 간 통신(S2S)이 아닌, 링크 방식으로 MMP와 성과 데이터를 주고받는 광고 매체를 뜻합니다. Ad-network는 주로 광고 URL을 사용하여 데이터를 전송합니다.

Media Source, 온드미디어 포함), SRN(Self Reporting Network)에 대한 이해가 필요합니다.

각 개념의 특징과 어트리뷰션 로직을 순차적으로 살펴보겠습니다.

2.4.1 _ 애드 네트워크

애드 네트워크(Ad-network)는 디지털 광고 시장의 발전과 함께 자연스럽게 등장했습니다. 인터넷 사용 증가로 디지털 공간의 광고 수요 역시 빠르게 늘었으나, 초기에는 광고주가 각 사이트 운영자와 직접 광고 계약을 맺는 방식이 주류였습니다. 하지만 개별적으로 수많은 광고 지면과 광고주를 연결하는 방식은 매우 비효율적이었습니다.

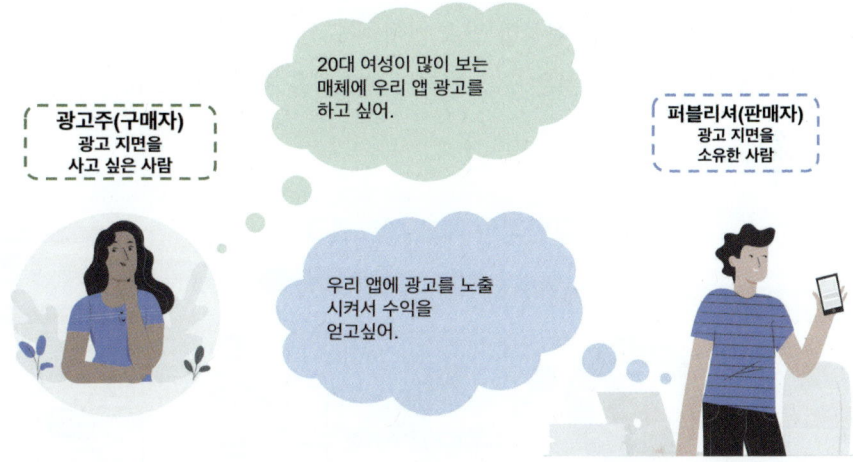

그림 2.85 디지털 광고 환경의 구매자와 판매자

광고의 수요와 공급이 급격히 늘어나면서 비효율성을 개선하기 위해 광고 지면을 보유한 퍼블리셔와 광고주를 중개하는 애드 네트워크가 등장하게 되었습니다. 애드 네트워크는 수많은 퍼블리셔의 광고 인벤토리(광고 게재 공간)를 모아 광고주가 원하는 타깃에 적합한 지면에 광고를 배정하는 역할을 합니다. 부동산 중개업자가 다수의 집을 매물로 보유하다가 구매자의 요구 조건에 맞는 집을 찾아 연결해주는 것과 같은 원리입니다.

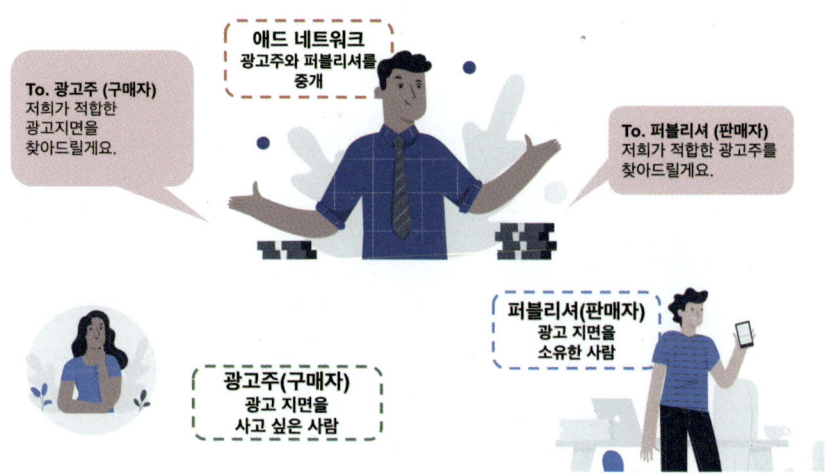

그림 2.86 애드 네트워크의 등장

광고주는 여러 퍼블리셔와 직접 협상할 필요 없이 애드 네트워크를 통해 조건에 맞는 광고 지면을 쉽게 확보합니다. 이 과정은 광고 거래의 복잡성을 최소화하고 효율성을 극대화합니다.

그림 2.87 애드 네트워크의 어트리뷰션 과정(출처: 앱스플라이어 웨비나)

애드 네트워크는 광고 성과 측정 툴(MMP)을 통해 어트리뷰션을 수행합니다. 애드 네트워크 어트리뷰션 과정에 대한 그림 2.87을 바탕으로, 각 단계(1~7까지)를 자세히 설명하겠습니다. 이 과정은 사용자의 광고 상호작용부터 최종 전환까지의 모든 단계를 포함하며, 광고 성과를 분석하는 데 중요한 역할을 합니다.

1. 사용자가 애드 네트워크를 통해 광고를 보거나 클릭합니다.
2. 애드 네트워크는 사용자를 MMP의 어트리뷰션 링크로 이동시킵니다. MMP가 제공하는 이 링크에는 각 광고의 고유한 식별 정보가 포함되어 있습니다. MMP는 사용자 기기에서 발생하는 클릭 데이터를 수집합니다.
3. 사용자는 앱 스토어(애플 앱스토어, 구글 플레이스토어 등)로 이동합니다.
4. 사용자가 스토어에서 앱을 설치하고 앱을 오픈합니다.
5. 앱 내 설치된 MMP의 SDK가 MMP 서버와 통신하며 사용자 기기의 앱 오픈 정보와 이전 광고 클릭 기록을 매칭합니다.
6. MMP 서버는 사용자가 클릭한 링크를 확인하고 앞서 수집된 클릭 정보와 설치 정보를 매칭합니다.
7. MMP는 애드 네트워크 및 파트너사들에게 사용자의 앱 오픈 및 앱 내 행동 데이터를 포스트백[2]하고 매체의 광고 성과로 기록합니다.

2.4.2 _ 커스텀 미디어 소스

커스텀 미디어 소스는 MMP와 직접 연동되지 않은 채널에서 광고주가 직접 MMP 링크를 발급하여 측정하는 모든 채널을 의미합니다. 온드미디어(Owned Media)는 대표적인 커스텀 미디어로, 기업이 직접 소유하고 운영하는 공식 웹사이트, 블로그, 소셜 미디어 계정 등을 말합니다.

그림 2.88 온드미디어 예시. 기업의 공식 SNS, 웹사이트, 이메일 등을 말한다. (출처: 앱스플라이어)

---

2   광고주가 MMP를 통해 광고 매체에게 데이터를 보내는 것으로, 파트너가 캠페인을 최적화하는 데 활용한다.

최근 콘텐츠 마케팅의 중요성이 커지면서, 온드미디어는 고객과의 장기적인 신뢰 구축과 긍정적인 브랜드 이미지를 형성하는 주요 수단으로 자리 잡았습니다.

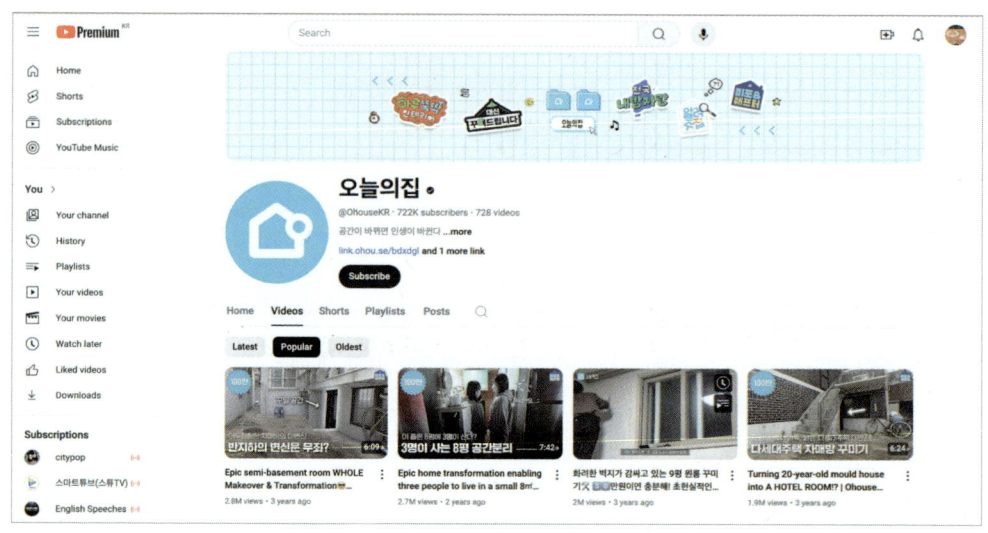

그림 2.89 온드미디어의 대표적인 예시인 오늘의집 공식 유튜브

특히 SEO의 중요성이 부상하면서 기업 웹사이트나 블로그는 검색 엔진 노출을 극대화하는 필수적인 요소로 자리 잡았습니다. 검색을 통해 유입된 사용자는 자연스럽게 해당 기업의 제품과 서비스를 접하게 되며, 유료 광고 없이도 지속적인 트래픽을 확보합니다. 기업이 직접 콘텐츠를 관리하기 때문에 원하는 방향과 시점에 맞

그림 2.90 무신사의 MMP 앱스플라이어 커스텀 미디어 소스 활용 예시(지하철 성수역 광고)

춰 전략적으로 콘텐츠를 배포할 수 있습니다. QR코드 역시 대표적인 커스텀 미디어 소스의 예입니다.

커스텀 미디어 소스의 어트리뷰션 과정은 다음과 같습니다.

그림 2.91 커스텀 미디어 소스 어트리뷰션 과정(출처: 앱스플라이어 웨비나)

단계별로 살펴보면 다음과 같습니다.

1. 사용자는 커스텀 미디어 소스(예: 이메일 캠페인, 블로그 포스트, QR 코드 등)에 포함된 링크를 클릭합니다.
2. 사용자는 스토어(애플 앱스토어 또는 구글 플레이스토어)로 이동합니다.
3. 사용자는 앱을 설치하고 앱을 오픈합니다.
4. 앱 내부에 설치된 MMP의 SDK는 앱 오픈과 동시에 서버와 통신하여 설치 정보를 기록하고 서버로 전송합니다.
5. MMP 서버는 사용자가 클릭한 커스텀 링크를 확인하고 앞서 수집된 클릭 정보와 설치 정보를 매칭합니다.
6. MMP는 이 설치를 커스텀 미디어 소스의 성과(예: 공식 웹사이트)로 기록합니다.

2.4.3 _ SRN(Self Reporting Network)

SRN은 구글, 페이스북과 같은 대형 플랫폼이 제공하는 광고 매체로, 광고 성과 데이터를 자체적으로 보고하는 시스템을 갖추고 있습니다. 사용자가 페이스북에서 광고를 클릭한 후 앱을 설치하면 페이스북은 이를 자체적으로 어트리뷰션하고 광고 성과로 기록합니다.

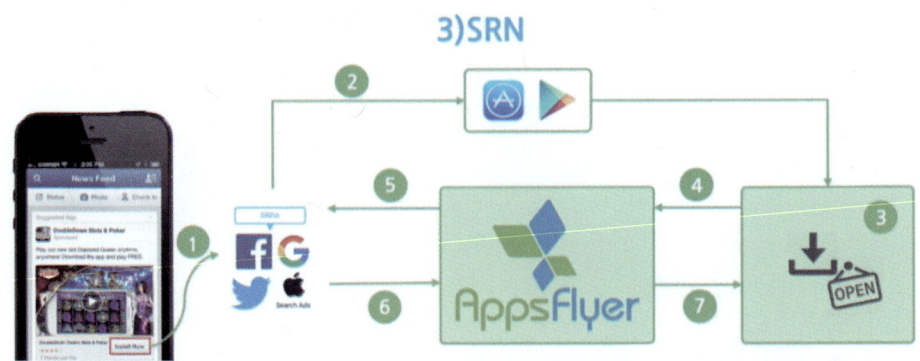

그림 2.92 SRN 어트리뷰션 과정

이로 인해 MMP 등 외부 툴은 해당 사용자의 광고 기록을 SRN에 요청해야 데이터를 받을 수 있습니다. SRN의 어트리뷰션 과정은 다음과 같습니다.

1. 사용자가 구글, 페이스북 등 SRN 광고를 클릭합니다.
2. SRN 매체는 사용자의 클릭 정보를 자체 저장한 후 사용자를 직접 스토어로 이동시킵니다
3. 사용자는 앱을 설치한 후 앱을 엽니다.
4. 앱에 설치된 MMP의 SDK는 앱 오픈 시 MMP 서버와 통신을 시작합니다.
5. MMP 서버는 SRN 매체에 해당 사용자의 광고 클릭 기록 존재 여부를 확인합니다(예: 특정 디바이스 ID의 광고 클릭 여부).
6. SRN은 클릭 정보가 있으면 "YES", 없으면 "NO"로 응답합니다.
7. MMP는 SRN으로부터 "YES" 응답을 받으면 어트리뷰션 로직에 따라 해당 성과를 SRN 매체로 인정하고 기록합니다. "NO" 응답을 받으면 다른 매체의 클릭 기록이 있는지 확인하고 다른 매체의 성과로 기록합니다.

디지털 마케팅에서 애드 네트워크, 커스텀 미디어 소스, SRN은 각기 다른 역할을 하며, MMP의 어트리뷰션 로직을 통해 성과를 측정합니다. 정확한 성과 평가가 이루어져야 캠페인의 성공 여부를 판단하고 효과적인 전략을 수립할 수 있기 때문에 이 개념을 이해하고 활용하는 것이 중요합니다.

2.5 신규 설치 캠페인, 리타겟팅 캠페인

디지털 마케팅에서 신규 설치 캠페인과 리타겟팅 캠페인은 각기 다른 목표를 가진 핵심 전략입니다. UA 캠페인(User Acquisition Campaign)은 신규 사용자 유치를 목적으로 하며, 광고와 프로모션을 활용해 브랜드나 앱을 처음 접하는 고객을 확보하는 데 집중합니다. 반면, 리타겟팅 캠페인은 기존 방문자나 이전에 상호작용한 사용자에게 다시 접근해 앱 재방문, 재구매, 재참여를 유도하는 전략입니다.

효율적인 마케팅 성과를 달성하려면 두 캠페인을 적절히 조합해 사용자 유입과 유지율을 함께 관리해야 합니다. 각 캠페인의 특징과 실행 방식, 그리고 최적화 전략을 살펴보겠습니다.

2.5.1 _ 신규 설치 캠페인

신규 설치 캠페인(User Acquisition Campaign)은 신규 사용자 확보를 목적으로 진행됩니다. 앱이나 서비스를 처음 출시할 때 UA 캠페인은 필수 전략이며, 서비스가 성숙기에 접어들어 신규 사용자 획득이 둔화될 때에는 기존 사용자 유지 전략이 병행되어야 합니다.

신규 설치 캠페인의 주요 타깃은 해당 브랜드나 제품에 이전에 노출되지 않았거나, 아직 구매 또는 설치 경험이 없는 사용자입니다. 앱 초기 단계에는 사용자 행동 데이터가 부족하므로 일반적으로 매체가 보유한 인구통계학적 정보(성별, 나이 등)와 관심사 및 행동 데이터를 바탕으로 폭넓은 타겟팅이 진행됩니다. 예를 들면, "한국의 20~30대 남성을 대상으로 신규 설치를 유도하는 광고를 집행한다"와 같은 방식입니다.

캠페인 설정 방법은 다음과 같습니다.

1. **캠페인 목표 설정**: 앱 설치, 웹사이트 가입, 최초 구매 등 명확한 전환 목표를 설정합니다.
2. **타겟팅 설정**: 관심사, 인구 통계, 행동 데이터를 기반으로 잠재 고객 그룹을 설정합니다.
3. **광고 소재 제작**: 브랜드 소개 및 제품의 핵심 가치를 강조하여 사용자에게 매력적인 가치를 제안합니다.
4. **광고 플랫폼 선택**: 구글, 페이스북, 틱톡과 같이 사용자 기반이 풍부한 플랫폼을 선택해 최대한 많은 신규 사용자에게 도달합니다.

사례로는 신규 모바일 게임 출시 시 구글 광고 플랫폼을 통해 게임에 관심을 가질 가능성이 높은 연령대와 관심사를 설정하고 게임의 특징을 명확히 전달하여 앱 설치를 유도하는 방식이 있습니다.

그림 2.93 UA 광고의 일반적인 타겟팅 방식. 초기 사용자 데이터가 부족하므로 광고 플랫폼이 보유한 인구통계 및 관심사 기반의 타겟팅이 이루어진다.

2.5.2 _ 리타겟팅 캠페인

리타겟팅 캠페인(Retargeting Campaign)은 이미 앱이나 서비스와 상호작용한 경험이 있는 사용자를 대상으로, 다시 방문하여 구매 또는 전환을 완료하도록 유도하는 캠페인을 의미합니다. 업계에 따라 리마케팅, 리인게이지먼트라는 표현을 사용하기도 하지만 기본 개념은 동일합니다.

리타겟팅 캠페인은 신규 설치 캠페인보다 훨씬 세밀한 사용자 세분화와 개인화된 타겟팅을 진행할 수 있습니다. 패션 앱에서 모자를 보고 구매하지 않은 사용자를 대상으로 '최근 30일 이내 모자 페이지를 방문한 사용자'라는 그룹을 설정해 광고를 집행합니다. 이 사용자 그룹은 이미 제품에 관심을 보였기 때문에 구매 전환 가능성이 매우 높습니다.

리타겟팅 캠페인의 최종 목표는 기존 사용자의 관심을 재활성화하여 구매로 연결하는 것입니다. 기존 고객층은 이미 브랜드와 제품에 익숙하므로 더욱 효율적인 성과를 기대할 수 있습니다.

그림 2.94 리타겟팅 캠페인은 사용자 행동 데이터와 개인 프로필 정보를 활용한 맞춤형 광고 소재가 높은 효과를 보인다.

캠페인 설정 방법은 다음과 같습니다.

1. **캠페인 목표 설정**: 구매 완료, 재방문, 앱 내 추가 구매 등 구체적인 행동을 목표로 설정합니다.
2. **타겟팅 설정**: 이전 방문 기록, 장바구니 내 상품 등 기존 사용자 행동 데이터를 기반으로 타깃 그룹을 정의합니다.
3. **광고 소재 제작**: 이전에 관심을 보인 상품을 바탕으로 맞춤형 광고를 제작하여 재방문을 유도합니다.
4. **플랫폼 선택**: 페이스북, 구글과 같은 대형 플랫폼뿐만 아니라 Criteo, 리머지(Remerge) 등 리타겟팅 전문 플랫폼도 활용 가능합니다.

예시로는 한 식재료 앱에서 특정 상품을 장바구니에 담고 구매하지 않은 사용자에게 해당 상품 할인 쿠폰을 제공하는 개인화된 광고를 통해 구매 완료를 유도하는 방식이 있습니다.

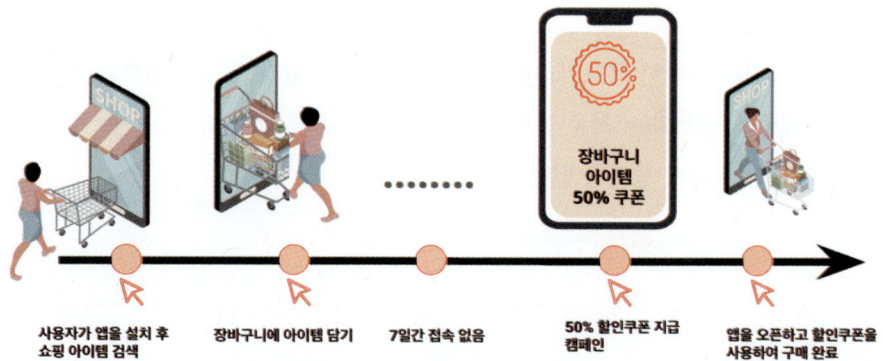

그림 2.95 앱 설치 후 장바구니에 상품을 담았으나 구매로 이어지지 않은 사용자에게 리타겟팅 광고 캠페인을 진행하는 사례

2.5.3 _ 신규 설치 캠페인과 리타겟팅 캠페인의 주요 차이점

신규 설치 캠페인과 리타겟팅 캠페인은 목표, 타깃층, 광고 전략 측면에서 차이가 있습니다.

첫째, 목표의 차이입니다. 신규 설치 캠페인은 새로운 사용자를 획득하는 것이 목적이며, 브랜드나 앱을 처음 접하는 사람들에게 노출되어 관심을 유도하는 데 집중합니다. 반면, 리타겟팅 캠페인은 기존 사용자의 재참여를 유도하고, 구매 또는 특정 액션을 완료하도록 하는 것이 목표입니다.

둘째, 타깃층이 다릅니다. 신규 설치 캠페인은 브랜드와 한 번도 접촉한 적이 없는 잠재 고객을 대상으로 진행됩니다. 반면, 리타겟팅 캠페인은 이미 웹사이트를 방문했거나 앱을 설치한 적이 있는 사용자에게 다시 접근하여 전환을 유도하는 전략입니다.

셋째, 광고 전략의 차이가 있습니다. 신규 설치 캠페인은 브랜드 인지도를 높이고, 기본적인 메시지를 전달하는 데 초점을 맞춥니다. 이에 비해 리타겟팅 캠페인은 사용자의 행동 데이터를 기반으로 개인화된 메시지를 제공하여 구매와 전환을 극대화하는 방식으로 진행됩니다.

캠페인 설정 및 타겟팅 시 고려할 사항은 다음과 같습니다.

- **신규 설치 캠페인**: 초기 단계에서는 넓은 타깃층을 대상으로 다양한 광고 소재와 타겟팅 옵션을 테스트하여 가장 효과적인 전략을 찾습니다.
- **리타겟팅 캠페인**: 개인화된 광고 콘텐츠와 정확한 타이밍으로 사용자의 관심과 재방문을 유도하는 것이 핵심입니다.

두 캠페인은 각자의 명확한 목표와 전략적 접근을 가지고 있지만, 공통적으로 기업의 서비스 홍보 및 매출 극대화라는 최종 목표를 향하고 있습니다. 두 캠페인을 전략적으로 조합하면 보다 강력한 마케팅 성과를 달성할 수 있습니다.

표 2.6 신규 설치 캠페인과 리타겟팅 캠페인 특징 비교

항목	신규 설치 광고 캠페인	리타겟팅 캠페인
일반적인 설명	새로운 사용자 유치를 위한 캠페인	기존 방문자나 사용자를 대상으로 특정 행동을 유도하는 캠페인
목표	앱 설치, 가입, 첫 구매 유도	재방문, 앱 내 재구매 유도
타깃 고객	브랜드와 상호작용하지 않은 잠재 고객 앱을 설치하지 않은 사용자	이전에 브랜드와 상호작용했으나 전환하지 않은 사용자 앱을 설치했으나 7일 동안 접속을 하지 않은 사용자 장바구니에 아이템을 담았으나 7일 동안 구매하지 않은 사용자
타겟팅 옵션	관심사, 인구 통계, 행동 데이터를 기반으로 새로운 잠재 고객 설정	방문 기록, 장바구니 이탈자, 앱 설치 기록 등을 기반으로 타겟팅
광고 전략	브랜드 인지도를 높이기 위한 일반적인 메시지와 혜택 강조	개인화된 메시지와 제품 추천을 통해 전환 촉진
설정	광범위한 타겟팅과 매력적인 광고 소재 활용	사용자 행동 데이터 기반의 맞춤형 광고 제작 및 노출 타이밍 최적화
사례	모바일 게임 신규 설치 유도를 위한 광고 캠페인	장바구니에 담긴 제품에 대한 리마인드 광고
주요 차이점	넓은 대중을 대상으로 새로운 사용자 유치	기존 방문자를 대상으로 전환 촉진

연습문제

1. 쿠키(Cookie)의 주된 역할은 무엇인가요?

    A. 웹사이트 속도를 개선하는 기능

    B. 광고 예산을 줄이는 기능

    C. 사용자의 웹사이트 방문 정보를 저장하는 기능

    D. 서버와 클라이언트 간 보안 연결을 유지하는 기능

2. 디바이스 아이디 중 Android 기기에서 사용하는 식별자는 무엇인가요?

   A. IDFA
   B. GAID
   C. UUID
   D. MAC 주소

3. IDFA는 어떤 플랫폼의 디바이스 식별자인가요?

   A. Android
   B. Windows
   C. iOS
   D. Web

4. Apple이 iOS 14 이후 IDFA 수집을 제한한 이유는 무엇인가요?

   A. 광고 수익 증대를 위해
   B. 광고주 수 감소 방지
   C. 개인정보 보호 강화를 위해
   D. 앱 용량 최적화를 위해

5. 타겟팅(Targeting)의 주된 목적은 무엇인가요?

   A. 광고를 가능한 한 많은 사용자에게 노출시키기 위해
   B. 특정한 사용자 그룹에게 광고를 효율적으로 전달하기 위해
   C. 광고 제작 단가를 낮추기 위해
   D. 랜덤하게 사용자를 분산시키기 위해

6. 리타겟팅 캠페인과 신규 설치 캠페인의 차이는 무엇인가요?

   A. 캠페인 예산 차이
   B. 광고 크리에이티브 포맷 차이
   C. 사용자의 앱 설치 이력 여부
   D. 사용 언어 차이

7. 다음 중 Self-Reporting Network(SRN)의 대표적인 예시는 무엇인가요? (정답 2개)

   A. Appsflyer
   B. Google Ads
   C. Unity Ads
   D. Facebook Ads

8. 다음 중 SRN, 애드 네트워크, 커스텀 미디어 소스에 대한 설명으로 틀린 것은 무엇인가요?

   A. SRN(Self-Reporting Network)은 광고 매체가 전환 데이터를 직접 어트리뷰션 툴(MMP)에 보고하는 방식이다.
   B. 일반 애드 네트워크는 어트리뷰션 링크를 통해 클릭 정보를 전달하고 측정한다.
   C. 커스텀 미디어 소스는 측정을 위해 반드시 광고 매체의 SDK를 연동해야 한다.
   D. 커스텀 미디어 소스는 이메일, 블로그, 인플루언서 등 다양한 비광고 매체의 성과 측정에 활용된다.

9. 웹 환경에서 쿠키가 차단될 경우 타겟팅 정확도에 어떤 영향이 있을까요?

   A. 전혀 영향이 없다.

   B. 광고 속도가 느려진다.

   C. 사용자 행동 측정이 제한되어 타겟팅 정확도가 떨어진다.

   D. 타겟팅 정확도가 상승한다.

10. 웹 투 앱(Web-to-App) 분석의 주요 목적은 무엇인가요?

    A. 앱 내에서 사용자의 클릭 경로를 시각화하는 것

    B. 사용자가 앱 설치 후 어떤 기기를 사용하는지 파악하는 것

    C. 웹페이지를 통해 앱으로 유입된 사용자의 전환 경로를 추적하고 성과를 분석하는 것

    D. 앱 개발 언어별 전환율을 비교하는 것

정답

1.

정답: **C**

해설: 쿠키는 사용자의 행동이나 방문 이력을 저장해 웹사이트에서 맞춤형 경험을 제공하고, 광고 타겟팅에 활용됩니다.

2.

정답: **B**

해설: GAID(Google Advertising ID)는 Android 환경에서 광고 목적에 사용되는 디바이스 식별자입니다.

3.

정답: **C**

해설: IDFA(Identifier for Advertisers)는 Apple iOS에서 사용되는 식별자입니다.

4.

정답: **C**

해설: iOS 14부터 Apple은 사용자의 동의 없이 IDFA를 수집할 수 없도록 하여 개인정보 보호를 강화했습니다.

5.

정답: B

해설: 타겟팅은 연령, 지역, 관심사 등 기준에 따라 적절한 사용자에게 광고를 효율적으로 노출시키기 위한 전략입니다.

6.

정답: C

해설: 리타겟팅은 앱 설치 이력이 있는 사용자를 대상으로, 신규 설치는 설치 이력이 없는 사용자를 대상으로 집행됩니다.

7.

정답: B, D

해설: Google Ads와 Facebook Ads는 SRN으로 분류되며, 광고 성과 데이터를 직접 측정해 어트리뷰션 툴에 보고합니다.

8.

정답: C

해설: 커스텀 미디어 소스는 광고 매체 SDK 없이도 MMP에서 제공하는 측정 링크로 어트리뷰션이 가능합니다.

9.

정답: C

해설: 쿠키는 사용자의 행동을 식별하고 타겟팅에 활용되므로, 쿠키 차단은 정확도에 부정적 영향을 줍니다.

10.

정답: C

해설: 웹투앱 분석은 웹사이트, 랜딩 페이지, 이메일 등에서 앱 다운로드 링크를 클릭한 사용자가 실제 앱 설치 및 실행까지 이어지는 과정을 추적하는 방식입니다.

2.6 그 외 주요 디지털 마케팅 용어

디지털 마케팅은 빠르게 변화하고 발전하는 분야로, 수많은 용어와 개념이 존재합니다. 마케팅 전문가들 사이에서 이러한 용어들은 공통 언어로 활용되며, 이를 이해하지 못하면 전략 수립 과정에서 중요한 부분을 놓치거나 혼란을 겪을 수 있습니다.

이 장에서는 디지털 마케팅에서 자주 사용되는 필수 용어를 간략히 설명합니다. 이후 다룰 심화 개념을 이해하는 데 필요한 기초가 되는 내용이므로, 개별 용어에 대한 깊이 있는 분석보다는 전반적인 개념을 익히는 데 초점을 맞췄습니다.

2.6.1 포스트백

앞서 애드 네트워크, 커스텀 미디어 소스, SRN에 대해 설명하면서 어트리뷰션 과정이 광고 매체 유형별로 다르다는 점을 다뤘습니다. 이 과정에서 여러 차례 **포스트백**(Postback)이라는 개념이 등장했습니다.

포스트백은 어트리뷰션 플랫폼에서 광고 매체로 데이터를 전송하는 방식으로, 광고 성과 측정 및 최적화에 핵심적인 역할을 합니다. 포스트백에는 크게 두 가지 유형이 있습니다.

- **인스톨 포스트백**: 앱 설치가 발생한 광고 매체에 어트리뷰션 정보를 전달합니다. 광고주는 기본적으로 설치가 발생한 광고 매체에만 포스트백을 보내지만, 필요에 따라 설치가 발생하지 않은 광고 매체에도 데이터를 전송하도록 설정 가능합니다.
- **인앱 이벤트 포스트백**: 사용자가 앱을 설치한 후 특정 인앱 이벤트(회원가입, 구매 등)가 발생하면 이를 광고 매체에 전달합니다.

포스트백의 역할

포스트백(Postback)은 디지털 마케팅에서 광고 성과를 측정하고 최적화하는 핵심 요소입니다. 광고 클릭, 앱 설치, 구매와 같은 사용자 이벤트 데이터를 특정 서버로 전달하여 광고 매체와 마케팅 자동화 시스템이 이를 분석하고 활용할 수 있도록 합니다. 포스트백을 통해 광고주는 캠페인을 최적화하고 매체 간 정산을 원활히 진행하며, 자동화 마케팅을 효과적으로 운영합니다.

01. 광고 최적화

광고를 집행하는 기업은 광고 목표에 맞춰 광고 매체가 최적의 전략을 수행하기를 기대합니다. '회원가입 100건과 200만 원의 구매'를 목표로 한다면, 포스트백을 통해 회원가입과 구매 데이터를 실시간으로 광고 매체에 전달해야 합니다.

광고 매체가 이 정보를 받지 못하면 캠페인 성과를 정확히 파악할 수 없어 최적화가 어려워집니다. 포스트백 덕분에 광고 매체는 어떤 캠페인이 효과적인지 분석할 수 있으며, 성과가 낮은 캠페인은 조정하고 예산을 보다 효율적으로 배분합니다.

02. CPA(Cost per Action) 또는 CPE(Cost per Engagement) 기반 정산

광고주는 일반적으로 CPA(행동당 비용) 또는 CPE(참여당 비용) 모델을 통해 매체와 정산합니다. 포스트백은 특정 이벤트(예: 앱 설치, 회원가입, 구매 등)가 광고를 집행한 매체에서 발생했는지를 광고 매체에 전달하는 역할을 합니다. 이 데이터가 없으면 광고주는 매체에 적절한 비용을 지불하기 어렵고, 성과를 정확하게 평가하는 것도 불가능해집니다.

03. 리타겟팅 및 자동화된 마케팅 활용

리타겟팅 캠페인은 기존 사용자에게 다시 광고를 노출하는 방식입니다. 포스트백을 활용하면 광고에 반응한 사용자의 행동을 실시간으로 분석하고, 이를 기반으로 자동으로 커스텀 오디언스를 생성해 업데이트할 수 있습니다.

예를 들어, 포스트백을 CRM 툴(Braze 등)과 연동하면 사용자의 행동 데이터를 기반으로 맞춤형 푸시 메시지를 보낼 수 있습니다. 장바구니에 상품을 담아두고 구매하지 않은 사용자에게 "장바구니에 담아둔 샌들이 곧 품절됩니다! 15% 할인 쿠폰을 드립니다."라는 메시지를 보내면, "15% 할인 쿠폰을 드립니다."라고 보내는 것보다 전환율이 높아집니다.

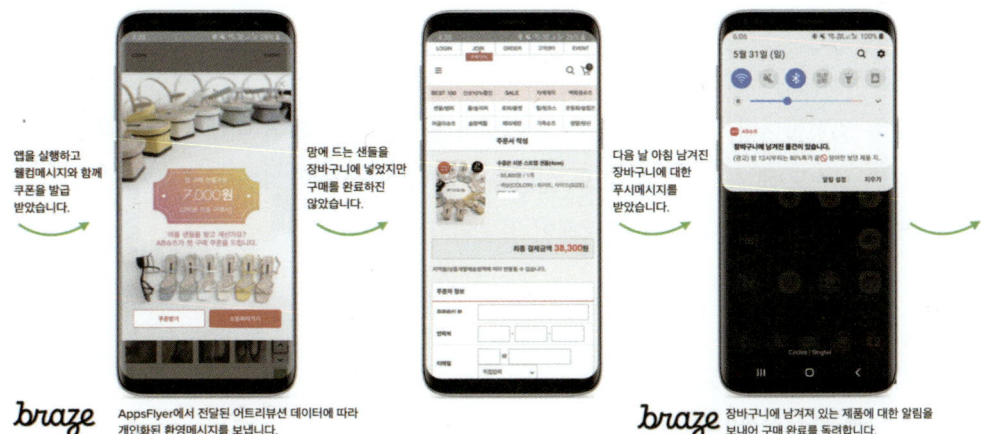

그림 2.96 앱스플라이어에서 받은 포스트백을 활용한 Braze의 예시(출처: Braze 웨비나)

MMP에서 인앱 이벤트 포스트백 설정하기

MMP에서 포스트백을 설정하는 방식은 MMP마다 차이가 있지만, 기본적인 절차는 유사합니다. 여기서는 대표적인 MMP인 앱스플라이어를 기준으로 포스트백 설정 방법을 설명합니다.

01. 파트너 설정 이동

MMP 대시보드에서 **파트너 마켓플레이스**(Partner Marketplace) 메뉴로 이동하여 포스트백을 설정할 광고 매체를 검색합니다.

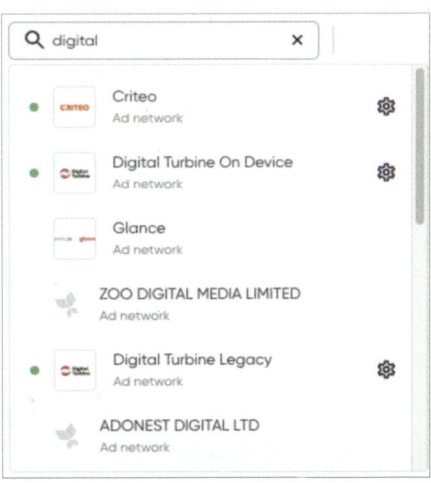

그림 2.97 포스트백을 설정할 광고 매체를 검색한다.

02. 포스트백 윈도우 선택

선택한 광고 매체의 포스트백 윈도우를 설정하여 전환 이후 특정 기간까지만 포스트백을 전송하도록 조정합니다. 앱 설치 후 15일 이내에 발생한 이벤트에 대해서 광고 최적화를 진행한다면 포스트백 윈도우를 15일로 설정하면 됩니다. 이렇게 하면 사용자가 앱을 설치한 후 15일이 지난 시점부터는 포스트백이 전송되지 않습니다.

그림 2.98 인앱 이벤트 포스트백 윈도우 설정 화면

03. 이벤트 선택

포스트백으로 보낼 이벤트(설치, 앱 실행, 인앱 구매 등)를 선택합니다. 기본적으로 앱 설치(Install) 이벤트가 선택되며, 추가적으로 특정 목표에 맞는 커스텀 이벤트(예: 특정 레벨 완료, 상품 구매 등)도 설정합니다.

그림 2.99 이벤트 설정 화면

04. 포스트백 유형 선택

포스트백 전송 방식은 두 가지가 있습니다.

- **이 파트너만 해당(This partner only)**: 이벤트가 해당 파트너에게 어트리뷰트된 경우에만 포스트백이 전송됩니다. 즉, 이벤트를 수행한 사용자가 이 파트너에서 유입된 경우에만 데이터를 전달합니다.

Event	Time	Device ID	OS Version	Install Channel	IP	Connection	포스트백 전송 여부
App Open	17 Jun 2025, 12:01:58	1a2b-3c4def	iOS 16	A매체	192.0.2	5G	Yes
Purchase	17 Jun 2025, 12:41:05	3a3b-3c3d5f	iOS 17	A매체아님	192.0.1	LTE	No
App Open	17 Jun 2025, 12:41:30	5a5b-5c4d5f	iOS 18	A매체아님	192.0.2	5G	No
Purchase	17 Jun 2025, 14:11:05	7g8h-9i1j2kl	iOS 16	A매체	198.3.1	LTE	Yes
App Open	17 Jun 2025, 15:30:05	3m4n-5op7q	iOS 16	A매체아님	203.0.113	Wi-Fi	No
Purchase	17 Jun 2025, 15:33:10	2a24-3c4d5f	iOS 16	A매체아님	198.5.100	LTE	No
App Open	17 Jun 2025, 16:13:15	1a2b-3c4f58	iOS 18	A매체아님	203.0.113.9	4G	No

그림 2.100 '이 파트너만 해당'을 선택한 경우 A파트너사가 받는 데이터 예시

- **오가닉을 포함한 모든 미디어 소스(All media sources, including organic)**: 특정 파트너의 성과 여부와 관계없이, 모든 사용자의 포스트백을 해당 파트너에게 전송합니다.

Event	Time	Device ID	OS Version	Install Channel	IP	Connection	포스트백 전송 여부
App Open	17 Jun 2025, 12:01:58	1a2b-3c4def	iOS 16	A매체	192.0.2	5G	Yes
Purchase	17 Jun 2025, 12:41:05	3a3b-3c3d5f	iOS 17	A매체아님	192.0.1	LTE	Yes
App Open	17 Jun 2025, 12:41:30	5a5b-5c4d5f	iOS 18	A매체아님	192.0.2	5G	Yes
Purchase	17 Jun 2025, 14:11:05	7g8h-9i1j2kl	iOS 16	A매체	198.3.1	LTE	Yes
App Open	17 Jun 2025, 15:30:05	3m4n-5op7q	iOS 16	A매체아님	203.0.113	Wi-Fi	Yes
Purchase	17 Jun 2025, 15:33:10	2a24-3c4d5f	iOS 16	A매체아님	198.5.100	LTE	Yes
App Open	17 Jun 2025, 16:13:15	1a2b-3c4f58	iOS 18	A매체아님	203.0.113.9	4G	Yes

그림 2.101 '오가닉을 포함한 모든 미디어 소스'를 선택한 경우 A파트너사가 받는 데이터 예시(더 많은 데이터 확보)

이 외에도 추가적인 설정이 필요할 수 있으나, 대부분 어렵지 않습니다. 각 기업이 사용하는 MMP의 공식 사이트에서 상세한 가이드를 제공하므로 즐겨찾기를 해두고 필요할 때 참고하면 도움이 될 것입니다.

2.6.2 _ A/B 테스트: 오바마의 6천만 달러짜리 버튼

A/B 테스트(Split Test)는 디지털 마케팅에서 전략이나 디자인을 평가하고 최적화하는 중요한 방법론입니다. 두 가지 버전(A와 B)을 비교해 더 높은 성과를 내는 요소를 확인하는 방식으로, 이를 통해 사용자의 행동, 반응, 선호도를 분석합니다.

오바마 전 미국 대통령은 2008년 대선 캠페인에서 A/B 테스트를 적극 활용해 큰 성과를 거둔 사례로 유명합니다. 오바마 선거캠프는 대선 자금을 마련하기 위해 웹사이트를 제작

하며 가입 버튼과 배경 디자인이 중요한 요소라고 판단하고, 이를 바탕으로 다양한 실험을 진행했습니다. 당시 데이터 분석을 총괄한 댄 시로커(Dan Siroker)는 네 가지 버튼 문구 (JOIN US NOW, LEARN MORE, SIGN UP NOW, SIGN UP)와 여섯 가지 배경 이미지를 조합해 총 24가지 버전을 만들었습니다.

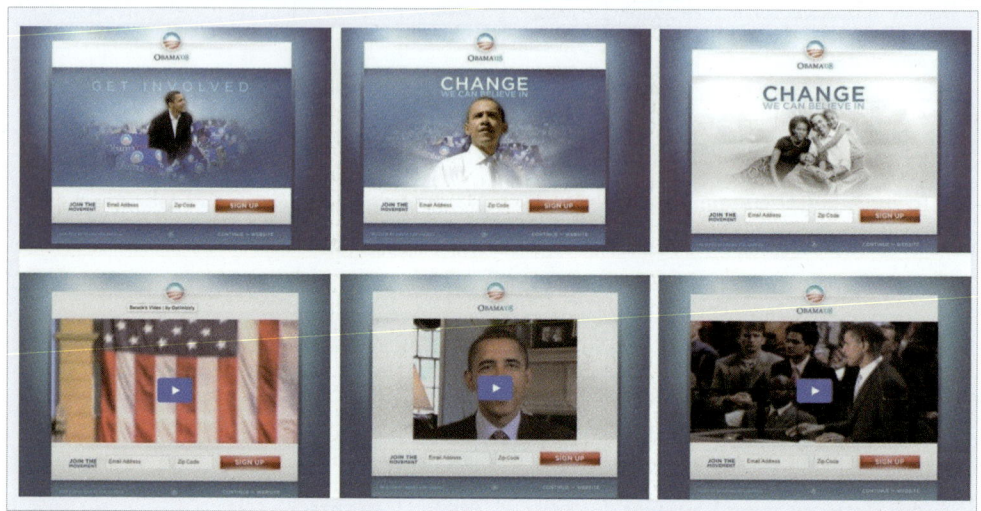

그림 2.102 오바마 캠페인의 다양한 조합(출처: https://www.mailmunch.com/blog/ab-testing-got-obama-60-million)

시로커는 무작위 실험을 설계해 방문자에게 서로 다른 버튼과 이미지 조합을 노출하고 가입 전환율을 측정했습니다. 참모들은 'Sign Up' 버튼과 오바마가 지지자들과 함께 있는 배경 이미지가 가장 효과적일 것으로 예상했습니다. 그러나 가장 높은 가입률을 기록한 조합은 'Learn More' 버튼과 오바마가 가족과 함께 있는 이미지였습니다. 이 조합은 11.6%의 가입 전환율을 기록하며 기존 대비 40.6% 상승한 수치를 보였습니다.

그림 2.103 성과가 가장 높았던 조합(출처: https://www.mailmunch.com/blog/ab-testing-got-obama-60-million)

캠페인 기간 동안 약 1천만 명이 이 페이지를 통해 가입했으며, 테스트 없이 기존 페이지를 유지했을 경우 가입자 수는 약 712만 명에 그쳤을 것으로 추정됩니다. 결과적으로 약 288만 명의 이메일 주소를 추가로 확보한 셈이며, 당시 평균 기부액이 21달러였다는 점을 고려하면 A/B 테스트를 통해 약 6천만 달러의 기부금 효과를 거둔 것으로 분석합니다.

이제 A/B 테스트를 디지털 마케팅 시나리오에 적용해보겠습니다. 어떤 이커머스 앱의 마케팅 팀이 앱 설치를 유도하는 배너에서 '다운로드' 버튼 디자인이 전환율에 미치는 영향을 확인하려고 합니다. A 버전의 디자인은 파란색이며, B 버전은 빨간색입니다.

그림 2.104 A/B 테스트 예시

마케팅 팀은 빨간색 버튼이 더 눈에 띄어 더 많은 사용자가 앱을 설치할 것이라는 가설을 세우고 다음과 같이 A/B 테스트를 체계적으로 수행합니다.

1. **목표 설정**

    가장 먼저 테스트의 목표를 설정합니다. 이 사례에서는 두 가지 버튼 디자인(A와 B) 중 어느 것이 더 높은 앱 설치 전환율을 보이는지 확인하는 것이 목표입니다.

2. **가설 설정**

    다음으로 가설을 수립합니다. 이번 실험에서는 빨간색 버튼(B버전)이 파란색 버튼(A버전)보다 더 높은 설치 전환율을 기록할 것이라는 가정을 세웁니다.

3. **사용자 그룹 나누기**
   실험을 위해 방문자를 무작위로 두 그룹으로 나눕니다. 한 그룹은 파란색 버튼(A버전)이 적용된 페이지를 보며, 다른 그룹은 빨간색 버튼(B버전)이 적용된 페이지를 확인합니다. 방문자가 총 10,000명이라면 5,000명은 A 버전을, 나머지 5,000명은 B 버전을 보도록 구성합니다.

4. **테스트 실행**
   테스트가 진행되는 동안 두 그룹의 방문자는 각기 다른 버튼이 적용된 제품 페이지를 방문하게 됩니다. 이 과정에서 일부 방문자는 앱을 설치하거나 구매 결정을 내립니다.

5. **데이터 수집 및 분석**
   실험이 끝난 후, 각 그룹에서 얼마나 많은 사용자가 앱을 설치했는지 데이터를 수집합니다. 파란색 버튼의 A버전을 본 5,000명 중 250명이 앱을 설치했다면 전환율은 5%입니다. 빨간색 버튼의 B버전을 본 5,000명 중 300명이 앱을 설치했다면 전환율은 6%로 계산합니다.

6. **결과 해석 및 적용**
   두 그룹의 전환율을 비교하여 어떤 버튼이 더 효과적인지 분석합니다. 빨간색 버튼의 B 버전이 전환율이 더 높으므로 빨간색 버튼이 앱 설치를 유도하는 데 더 효과적이라는 결론을 내릴 수 있습니다.

7. **추가 테스트 및 최적화**
   최적화를 위해 추가 실험을 진행할 수도 있습니다. 버튼 크기, 텍스트, 위치 등의 요소를 변경해가며 추가적인 테스트를 수행하면 더욱 정교한 최적화가 가능합니다.

A/B 테스트는 실제 사용자 행동을 기반으로 어떤 변화가 성과를 개선하는지 확인할 수 있는 강력한 도구입니다. 이번 사례에서는 버튼 색상을 변경해 전환율을 최적화했지만, 이 방식은 사이트 디자인, 이메일 캠페인, 광고 카피 등 다양한 마케팅 요소에도 적용 가능합니다.

데이터 기반 의사결정을 통해 지속적으로 성과를 개선하는 것이 A/B 테스트의 핵심입니다.

2.6.3 앱스토어 최적화

앱스토어 최적화(ASO, App Store Optimization)는 모바일 앱이 앱스토어에서 더 높은 검색 순위를 차지하고 다운로드 수를 증가시키기 위한 전략과 기법을 의미합니다. 수많은 앱이 경쟁하는 환경에서 효과적으로 상위에 노출되려면 앱 이름, 설명, 키워드 등 다양한 요소를 최적화하는 것이 필수적입니다. 핵심 목표는 앱이 검색 결과에서 더 잘 노출되도록

하면서도 사용자들에게 매력적으로 보이도록 최적화하는 것이며, 앱스토어 최적화 요소는 다음과 같습니다.

그림 2.105 앱스토어 최적화 요소

앱스토어 최적화를 효과적으로 수행하려면 이런 다양한 요소를 체계적으로 관리해야 합니다. 특히 키워드, 비주얼 요소, 사용자 평가 등 여러 측면을 종합적으로 개선하여 앱의 노출성과 전환율을 높여야 합니다. 각 요소를 최적화하는 방법을 체계적으로 실행하면 앱의 가시성을 높이고, 경쟁이 치열한 앱 마켓에서도 더욱 두각을 나타낼 수 있습니다. 다음 표에서 앱스토어 최적화의 주요 요소와 이를 개선하는 방법을 구체적으로 살펴보겠습니다.

표 2.7 앱스토어 최적화 요소

요소	설명
키워드 최적화	앱 이름 및 설명: 앱 이름과 설명에 관련 키워드 포함 메타데이터: 설명, 태그, 업데이트 노트 등에 키워드 사용
앱 아이콘	디자인: 시각적으로 매력적이고 눈에 띄는 아이콘 디자인
스크린샷과 비디오	스크린샷: 앱의 주요 기능과 유용성을 시각적으로 표현 소개 비디오: 앱의 기능과 사용법을 간단히 보여주는 비디오 포함
앱 제목과 부제목	제목: 주요 기능이나 목적을 명확히 설명하는 제목 사용 부제목: 핵심 기능이나 차별점을 강조하는 부제목 활용
리뷰와 평점	리뷰 관리: 사용자 리뷰에 적극적으로 응답하고 피드백을 통해 앱 개선 평점: 높은 평점 유지하여 신뢰성 높임
앱 업데이트	정기적인 업데이트: 버그 수정 및 새로운 기능 추가 업데이트 노트: 업데이트 내용 명확하게 설명
지역화	다국어 지원: 다양한 언어로 앱 제공 문화적 적합성: 지역별로 적합한 콘텐츠와 디자인 적용
앱 카테고리 선택	적절한 카테고리: 앱 기능과 목적에 맞는 카테고리 선택하여 관련 사용자들에게 노출

재밌는 예시를 하나 들어볼까요? 한동안 전략 게임 카테고리에서 상위권을 차지한 게임들의 앱 아이콘에는 공통적인 특징이 있었습니다. 앱 아이콘 대부분이 모자를 쓴 남성이 입을 벌리고 소리치는 모습이었습니다.

유명 게임사는 A/B 테스트를 통해 이 디자인이 가장 높은 전환율을 기록한다는 사실을 확인했고, 이를 아이콘 디자인에 반영했습니다. 이후 다른 전략 게임사들도 비슷한 스타일을 적용하게 되었고, 일명 'Shouty Men in Hats(모자를 쓰고 소리치는 남자)'가 하나의 트렌드로 자리 잡았습니다.

크리스마스, 할로윈과 같은 특별한 시즌에 맞춰 스토어에 접속하면 기업들이 앱 아이콘을 변경하는 사례를 쉽게 찾아볼 수 있습니다. 크리스마스에는 캐릭터가 산타 복장을 하거나 겨울 아이템이 추가

그림 2.106 'Shouty Men in Hats'를 앱 아이콘에 적용한 사례들

된 디자인이 적용되고 할로윈에는 마녀모자, 좀비, 해골 등의 디자인이 추가됩니다.

그림 2.107 크리스마스 시즌에 변경된 앱 아이콘 사례들[3]

이처럼 ASO는 단순히 키워드 최적화에 그치는 것이 아니라, 사용자 경험을 고려한 다양한 요소를 최적화하여 앱의 성과를 극대화하는 과정입니다.

---

[3] 출처: SplitMetrics, "Best Christmas App Icons ASO", 2022년 12월 21일, https://splitmetrics.com/blog/best-christmas-app-icons

2.6.4 _ AARRR 모델

AARRR 모델은 2007년 실리콘밸리의 스타트업 생태계를 연구하던 투자자이자 성장 전략가인 데이브 맥클루어(Dave McClure)가 고안한 개념입니다. 마치 해적이 "아르르르~!" 하며 외치는 소리처럼 들려 해적 지표(Pirate Metrics)라는 별명까지 붙었습니다.

AARRR은 사용자의 라이프사이클을 다섯 개의 핵심 단계로 나누는 프레임워크로, 각 단계의 앞 글자를 따서 만들어졌습니다.

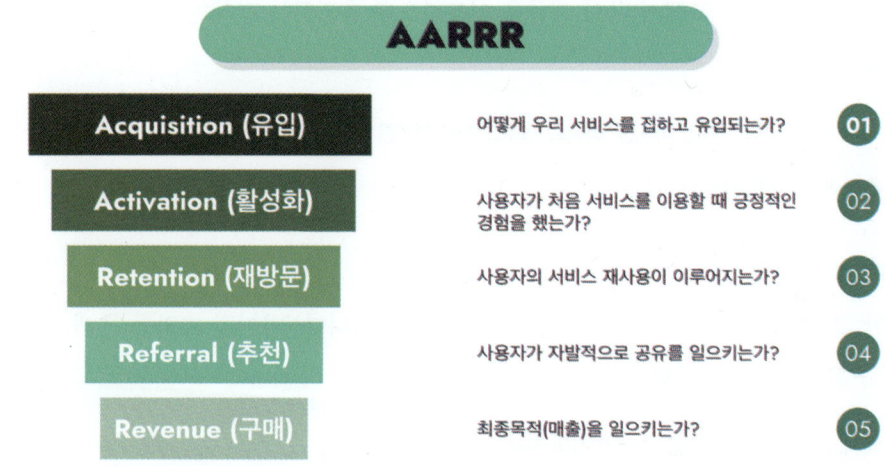

그림 2.108 AARRR 프레임워크

각 단계를 상세하게 살펴보면 다음과 같습니다.

1. Acquisition(유입)

고객이 처음으로 제품이나 서비스를 접하는 단계입니다. 이 단계에서는 고객이 어떤 경로로 유입되었는지 파악하는 것이 중요합니다.

- **예시**: 페이스북 광고, 검색 엔진 최적화(SEO), 소셜 미디어 마케팅 등을 활용해 사용자가 앱이나 웹사이트를 방문하는 경우
- **측정 지표**: 앱 설치 수

2. Activation(활성화)

사용자가 제품을 경험하고 가치를 인식하는 단계입니다. 긍정적인 첫인상을 주는 것이 핵심입니다.

- **예시**: 앱 가입, 첫 기능 사용
- **측정 지표**: 설치 후 가입 전환율

3. Retention(재방문)

한 번 제품을 사용한 고객이 다시 제품을 이용하도록 유도하는 단계입니다. 고객 충성도와 직결됩니다.

- **예시**: 푸시 알림, 이메일 마케팅, 리워드 프로그램을 활용한 사용자 재방문 유도
- **측정 지표**: 재방문율, 재구매율

4. Referral(추천)

만족한 고객이 제품을 다른 사람에게 추천하는 단계입니다. 바이럴 효과를 통해 자연스럽게 신규 고객을 확보합니다.

- **예시**: 친구 추천 프로그램, 소셜 미디어 공유
- **측정 지표**: 사용자 추천 수

5. Revenue(구매)

고객이 제품이나 서비스에 비용을 지불하는 단계로, 비즈니스 지속 가능성을 결정짓는 중요한 요소입니다.

- **예시**: 유료 구독, 인앱 구매, 광고 수익
- **측정 지표**: 고객당 평균 수익, 결제율, 수익 성장률

각 단계에서 점점 적은 수의 사용자가 다음 단계로 이동하는 깔때기(Funnel) 구조를 가지므로, AARRR 모델은 퍼널 분석과 밀접한 연관이 있습니다. 앱을 설치한 사용자 중 일부만 활성화되고, 더 적은 수가 지속적으로 이용하며, 소수만이 실제 구매나 추천까지 진행하게 됩니다.

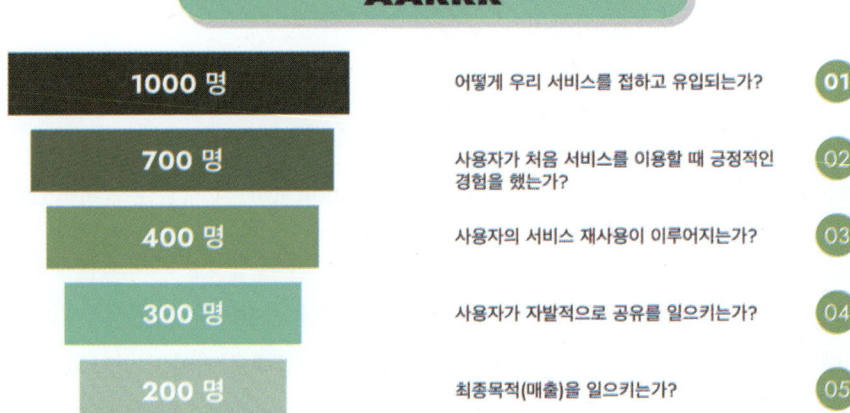

그림 2.109 퍼널 구조에서 각 단계를 지날수록 남는 사용자 수가 줄어드는 과정

이 퍼널 분석을 통해 고객 여정의 각 단계를 정량적으로 측정하고, 데이터 기반으로 개선합니다. 단순히 '신규 유입을 증가시키겠다'는 목표에서 나아가, '설치 후 첫 구매율을 높이기 위해 온보딩 프로세스를 최적화하겠다'와 같은 구체적인 전략을 수립하는 것이 가능합니다.

그림 2.110 퍼널 분석을 활용하면 보다 정교한 전략 수립이 가능해진다.

체계적인 퍼널 분석을 기반으로 AARRR 모델을 활용하면, 각 단계에서의 성과를 개선하며 비즈니스 성장을 효과적으로 이끌어갈 수 있습니다.

2.6.5 _ 메트릭, KPI

이번에는 메트릭(Metrics)과 KPI(Key performance indicator)의 개념을 살펴보겠습니다.

이해를 돕기 위해 김철수 씨가 체력 증진을 목표로 퍼스널 트레이닝 프로그램에 등록했다고 가정해보겠습니다. 헬스장에 가면 먼저 인바디 검사를 진행하여 키와 몸무게를 측정하고, 지방량과 골격근량도 분석합니다. 검사를 통해 현재 상태를 정확히 파악하고 나면 트레이너는 "현재 근력이 부족하므로, 목표 근력량을 설정하고 이를 달성하기 위한 운동 프로그램을 진행할 것입니다."라고 설명합니다. 일정 기간 운동한 후 다시 체성분 분석을 진행하면 몸에 변화가 있었는지 확인할 수 있습니다. 이 과정은 헬스장에서 설정한 목표를 기준으로 KPI와 메트릭을 활용하는 방식과 동일합니다.

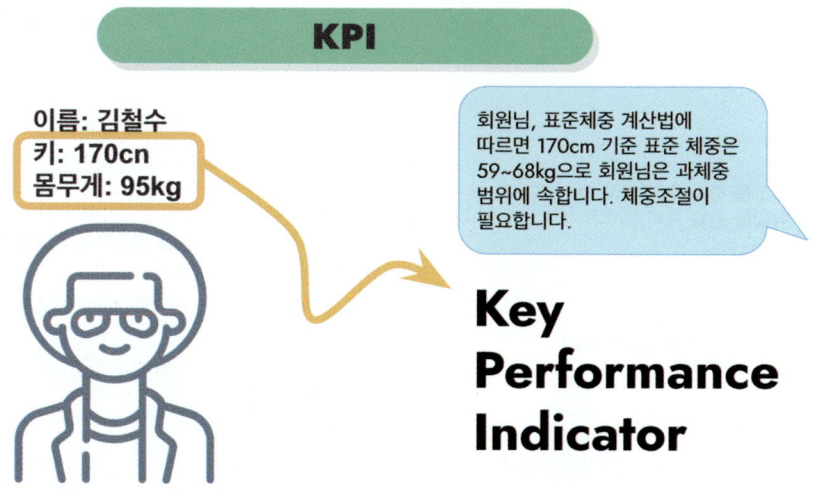

그림 2.111 KPI를 몸무게로 설정한 예시

철수는 6개월 안에 몸무게를 5kg 줄이겠다는 목표를 세웠습니다. 이 목표는 건강한 몸을 만들기 위한 중요한 지표이며, 이를 KPI로 설정합니다.

- **KPI: 몸무게**

  철수의 목표는 6개월 동안 5kg 감량이므로, **몸무게**가 핵심 성과 지표(KPI)가 됩니다. 매주 혹은 매달 몸무게를 측정하며 목표에 얼마나 가까워지고 있는지 확인합니다.

- **메트릭: 골격근량, 지방량**
  - **골격근량**: 체중 감량 중에도 근육량을 유지하는 것이 중요합니다. 골격근량을 메트릭으로 삼아, 근육이 줄지 않고 유지되거나 증가하는지 체크합니다.
  - **지방량**: 체중이 감소하더라도 지방이 아닌 근육이나 수분이 줄어든다면 건강한 감량이 아닐 수 있습니다. 지방량이 줄어드는지를 확인하면서 목표가 올바르게 진행되고 있는지 점검합니다.

철수는 6개월 동안 꾸준히 운동하고 식단을 관리하며 매달 체중을 측정했습니다. 근육량, 체수분, 지방량을 체크하며 감량이 건강하게 이루어지는지 확인했습니다. 이처럼 KPI(몸무게)는 주요 목표를 측정하는 핵심 지표이며, 메트릭(골격근량, 체수분, 지방량)은 목표 달성을 위한 세부적인 측정 요소입니다.

디지털 마케팅에서도 동일한 개념이 적용됩니다. KPI는 특정 목표를 달성하기 위해 설정한 **핵심 성과 지표**이며, 메트릭을 기반으로 진행 상황을 평가하는 데 사용됩니다.

- 예시:
  - KPI: "3개월 내 구매 전환율을 5%로 증가시키겠다"
  - 메트릭: 장바구니 담기 건수, 회원가입률, 방문자 수

목표를 달성하기 위해 단순히 전환율(KPI)만 확인하는 것이 아니라, 전환율에 영향을 미치는 다양한 메트릭도 함께 분석해야 합니다. 이들 메트릭은 캠페인의 성과를 평가하는 데 도움을 주지만, 그 자체로 목표 달성을 의미하지는 않습니다.

표 2.8 KPI와 메트릭의 비교

항목	KPI(Key Performance Indicator)	메트릭(Metric)
정의	비즈니스 목표 달성을 위한 주요 성과 지표	비즈니스 활동을 측정하는 일반적인 지표
목적	조직의 목표 달성 여부를 평가하기 위해 설정	특정 활동이나 프로세스의 성과를 세부적으로 측정

항목	KPI(Key Performance Indicator)	메트릭(Metric)
중요도	조직의 성공에 중대한 영향을 미치는 지표	일반적인 운영 상태를 평가하는 지표로서 중요도가 낮을 수 있음
예시	6개월 안에 구매 전환율 10% 증가	장바구니 내 아이템 수, 앱 오픈율, 구매건수, 구매액, 구매자 수
집중도	구체적이고 전략적 목표에 집중	여러 활동에 대한 포괄적인 데이터를 제공
설정 기준	비즈니스 목표, 전략, 그리고 중요한 성과 요인에 기반	비즈니스 활동이나 운영 프로세스 전반에 걸쳐 설정 가능
평가 주기	주로 분기별, 연간 등 비교적 긴 기간 동안 평가	실시간, 일간, 주간 등 짧은 주기로 평가 가능
의사결정	KPI 결과에 따라 전략적 의사결정이 이루어짐	메트릭은 세부적인 분석을 위해 사용되며, KPI 평가의 근거로 활용

헬스장에서 체성분 분석 데이터를 표나 그래프로 시각화해 한눈에 상태를 확인하는 것처럼, 디지털 마케팅에서는 대시보드를 활용해 KPI를 분석합니다. 아래 그림은 앱스플라이어의 앱 마케팅 성과 분석 대시보드로, 사용자 획득(User Acquisition), 매출(Revenue), 광고 노출 및 클릭(Touchpoints), 그리고 광고비(Cost) 등의 주요 지표를 분석한 결과를 보여줍니다.

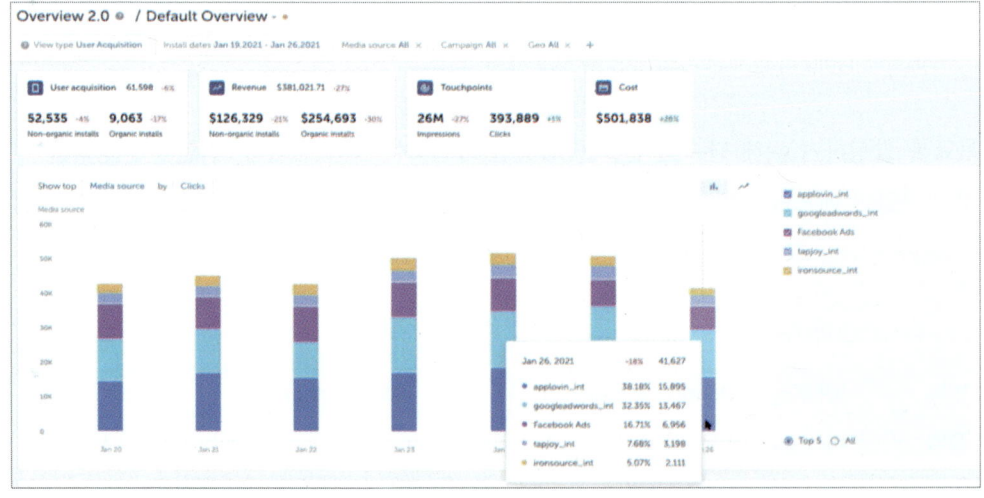

그림 2.112 데이터를 매체별로 한눈에 확인할 수 있도록 구성한 대시보드 예시(출처: 앱스플라이어)

1. **User Acquisition(사용자 획득)**
   - 총 61,598건의 설치 발생
   - 유료(Non-organic) 설치: 52,535건(-4%)
   - 자연(Organic) 설치: 9,063건(-17%)
   - 전체적으로 사용자 획득이 감소한 추세

2. **Revenue(매출)**
   - 총 매출: $381,021.71(-27%)
   - 유료 설치에서 발생한 매출: $126,329(-21%)
   - 자연 설치에서 발생한 매출: $254,693(-30%)
   - 전체 매출과 유료/자연 설치 매출 모두 감소

3. **Touchpoints(광고 노출 및 클릭)**
   - 총 광고 노출(Impressions): 26M(-27%)
   - 총 클릭(Clicks): 393,889(+1%)
   - 광고 노출은 감소했지만, 클릭 수는 소폭 증가

4. **Cost(광고비)**
   - 총 광고비: $501,838(+26%)
   - 광고비가 증가했지만, 사용자 획득 및 매출은 감소한 상황

데이터를 종합적으로 분석했을 때 광고비는 증가했지만, 사용자 획득(설치 수)과 매출이 감소한 것으로 나타났습니다. 이는 투자 대비 광고 수익률(ROAS)이 낮아졌다는 의미이며, 광고 예산이 적절하게 사용되고 있는지 점검이 필요합니다.

2.6.6 _ MMM

MMM은 마케팅 믹스 모델링(Marketing mix modeling)의 약어입니다(분석 요소에 따라 미디어 믹스 모델링이라고도 불립니다). 광고, 프로모션, 가격 정책, 유통 전략 등 다양한

마케팅 요소가 실제 성과에 얼마나 기여했는지를 정량적으로 평가하여 최적의 마케팅 예산 배분과 전략을 도출하는 데 활용됩니다.

MMM은 과거 마케팅 데이터(주로 수년간의 매출 및 광고비 데이터)를 활용해 통계 모델을 구축하며, 이를 바탕으로 각 마케팅 채널(디지털 광고, TV 광고, 오프라인 마케팅 등)이 비즈니스 성과에 미치는 기여도를 분석합니다.

쉽게 설명하자면, 요리사가 "소금을 더 넣었을 때 맛이 어떻게 달라졌을까?"를 분석하고 다음번 요리에서 최적의 소금 양을 찾는 것처럼, MMM은 마케팅 활동이 매출이나 앱 다운로드 같은 결과에 얼마나 기여했는지 따져보는 것입니다.

한 이커머스 회사가 다양한 마케팅 활동을 진행하며 TV 광고, 유튜브 광고, 페이스북 광고, 할인 프로모션 등을 활용했다고 가정해 보겠습니다. 마케팅 믹스 모델링(MMM)을 적용하여 분석한 결과, 각 채널의 효과는 다음과 같이 나타났습니다.

- **TV 광고**: 브랜드 인지도 향상에는 기여했지만 직접적인 매출 증대 효과는 낮음
- **유튜브 광고**: 구매 전환율이 높으며 광고비 대비 높은 ROI 기록
- **페이스북 광고**: 신규 고객 유입 효과가 높음
- **할인 프로모션**: 단기적으로 매출이 급증하지만, 장기적인 브랜드 가치 하락 위험 존재

위 분석 결과를 바탕으로, 기업은 몇 가지 전략적 결정을 내릴 수 있습니다. TV 광고 예산을 줄이고, 보다 높은 전환율을 기록한 유튜브 광고에 예산을 집중하는 것이 효과적일 수 있습니다. 할인 프로모션을 줄이는 대신, 기존 고객의 재구매를 유도하는 프로그램을 강화합니다. 신규 고객이 필요하다면 페이스북 광고에 예산을 투입하는 방향으로 예산을 조정합니다. 이처럼 MMM을 활용하면 각 마케팅 채널의 성과를 객관적으로 분석하고, 이를 기반으로 예산을 보다 효율적으로 배분할 수 있습니다.

지금까지 디지털 마케팅의 기본 개념과 주요 용어들을 살펴봤습니다. 디지털 마케팅은 변화 속도가 빠르고 복잡한 분야지만, 동시에 배울 것이 많고 흥미로운 영역입니다. 이제 한 단계 더 나아가 심화된 주제를 탐구할 차례입니다. 업계에서 흔히 사용되는 용어를 넘어, 실제 마케팅 전략과 분석 방법론을 보다 깊이 있게 살펴보겠습니다.

연습문제

1. 포스트백(Postback)의 정의로 가장 적절한 것은 무엇인가요?

   A. 광고주가 콘텐츠를 미리 업로드해두는 기능

   B. 사용자의 클릭 수를 예측하는 데이터셋

   C. 특정 이벤트 발생 시 전환 데이터를 전달하는 방식

   D. 사용자의 이메일 주소를 자동 수집하는 시스템

2. 이벤트 포스트백 윈도우란 무엇을 의미하나요?

   A. 사용자가 광고를 본 후 앱을 실행할 수 있는 시간 제한

   B. 이벤트 발생 후 포스트백이 유효하게 전송될 수 있는 기간

   C. 광고주가 포스트백을 수동으로 설정하는 화면

   D. 포스트백 데이터를 암호화하는 기술

3. 포스트백 전송 방식에서 'This partner only' 옵션을 선택하면 어떤 효과가 있나요?

   A. 오가닉 사용자 포함 전체 데이터를 모든 파트너에게 전송

   B. 해당 파트너의 전환 성과에 대해서만 포스트백을 전송

   C. 포스트백 전송을 모든 파트너에게 차단

   D. 포스트백이 전혀 수집되지 않음

4. 앱스토어 최적화(ASO)의 목적은 무엇인가요?

   A. 앱 내 UI를 최적화하여 충성도를 높이기 위함

   B. 앱스토어에서의 검색 노출과 설치 전환율을 높이기 위함

   C. 앱의 보안 기능을 강화하기 위함

   D. 인앱 광고 성과를 높이기 위함

5. AARRR 모델에서 'Retention' 단계는 어떤 의미인가요?

   A. 사용자가 첫 방문 후에도 지속적으로 서비스를 이용하는지

   B. 사용자가 서비스에 도달했는지

   C. 사용자가 유료 결제를 했는지

   D. 사용자가 친구를 초대했는지

6. MMM(Marketing Mix Modeling)의 주요 특징은 무엇인가요?

   A. 광고 클릭 데이터를 기반으로 실시간 최적화를 제공한다.

   B. 다양한 마케팅 채널의 기여도를 통합 모델로 분석하는 방식이다.

   C. 사용자의 구매 전환 경로를 추적한다.

   D. 리타겟팅 광고의 효율만 분석하는 기법이다.

7. 메트릭(Metric)과 KPI(Key Performance Indicator)의 차이로 옳은 것은 무엇인가요?

   A. 메트릭은 감성 기반이고 KPI는 수치 기반이다.

   B. KPI는 단순 지표이고 메트릭은 목표 지표이다.

   C. 메트릭은 측정 가능한 지표이며, KPI는 그중에서 전략적 목표 달성을 위한 핵심 지표이다.

   D. KPI는 시스템 내부 변수이며, 메트릭은 외부 변수를 의미한다.

정답

1.
   정답: C
   해설: 포스트백은 앱 내에서 이벤트(예: 설치, 구매 등)가 발생했을 때, 어트리뷰션 툴이 해당 정보를 광고 매체에게 전송하는 방식입니다. 성과 측정 및 최적화에 필수적인 기술입니다.

2.
   정답: B
   해설: 포스트백 윈도우는 특정 이벤트(예: 설치 후 구매)가 발생한 뒤, 그 데이터를 미디어 파트너에게 전송할 수 있는 시간 범위를 의미합니다. 기간이 너무 짧거나 길면 어트리뷰션 정확도에 영향을 줄 수 있습니다.

3.
   정답: B
   해설: 'This partner only'는 전환이 해당 파트너에 어트리뷰션된 경우에만 포스트백을 전송하는 옵션입니다.

4.
   정답: B
   해설: ASO(App Store Optimization)는 앱스토어 검색 결과 상위 노출, 다운로드 증가, 아이콘 및 스크린샷 최적화 등을 통해 앱 설치 전환을 높이는 전략입니다.

5.
  정답: A
  해설: Retention은 사용자의 지속적인 사용 여부를 분석하는 단계입니다.

6.
  정답: B
  해설: MMM은 TV, 온라인 광고, 오프라인 캠페인 등 다양한 채널의 투입 대비 매출 영향을 통계적으로 분석하는 모델입니다. 과거 데이터를 기반으로 장기적인 마케팅 전략 수립에 활용됩니다.

7.
  정답: C
  해설: 메트릭은 클릭 수, 설치 수, 페이지뷰처럼 측정 가능한 모든 지표를 의미하고, KPI는 그 중 비즈니스 성과와 직접적으로 연결된 핵심 지표를 의미합니다.

디지털 마케팅,
AI로 날개를
달다

03장

디지털 마케팅의 성과를 읽는 법: KPI의 모든 것

3.1 기본 광고 KPI

3.2 사용자 여정 단계별 KPI

3.3 리텐션 분석 방법 이해하기

3.4 KPI의 함정

3.5 이벤트 파라미터 기획하기

지금까지 디지털 마케팅의 역사, 직무, 기본 개념을 익히며 기초를 다졌습니다. 이제 한 걸음 더 나아가, 심화된 개념을 학습하고 실질적으로 활용할 수 있는 마케팅 전략을 살펴볼 차례입니다.

디지털 마케팅은 단순한 기술이나 전략의 활용을 넘어, 기업의 서비스와 사용자가 어떻게 상호작용하는지를 깊이 이해하는 과정입니다. 데이터를 기반으로 의사결정을 내리고, 변화하는 트렌드에 유연하게 대응하는 종합적인 접근이 필요합니다. 고객이 브랜드를 처음 인지하는 순간부터 구매 후 관계를 유지하는 과정까지 모든 단계가 중요하며, 각 과정마다 적절한 KPI를 설정해야 합니다.

이 장에서는 사용자 서비스 단계별 핵심 마케팅 KPI를 정의하고, 리텐션 분석을 활용해 지속적인 성장을 유도하는 방법을 다룹니다. 또한 KPI를 효과적으로 측정하기 위한 이벤트 파라미터 설정 과정도 자세히 살펴보겠습니다. 개념 설명에 그치지 않고, 실제 마케팅 운영에 적용할 수 있는 분석 기법과 전략을 중심으로 내용을 구성했습니다. 앱 마케팅 사례를 통해 주요 지표의 역할을 살펴보고, 이를 서비스 단계별로 어떻게 활용할 수 있는지 구체적으로 분석하겠습니다.

3.1 기본 광고 KPI

디지털 마케팅에서 광고는 브랜드 인지도를 높이고, 고객을 유도하며, 궁극적으로 매출을 증대시키는 핵심 요소입니다. 효과적인 광고 캠페인을 운영하려면 명확한 목표를 설정하고, 이를 평가할 수 있는 지표를 활용해야 합니다. 운동할 때 성과를 측정하기 위해 몸무게나 근육량을 확인하는 것처럼, 기업도 KPI를 통해 광고 성과를 객관적으로 평가합니다.

디지털 광고에서 기본적으로 사용되는 주요 KPI와 그 의미를 살펴보고, 각 지표를 어떻게 활용할 수 있는지 살펴보겠습니다.

1. **클릭(Click)**: 사용자가 광고를 클릭한 횟수를 의미합니다. 페이스북 뉴스피드에 게재된 광고가 10번 클릭되었다면 클릭 수는 10입니다.

2. **노출수(Impression)**: 광고가 얼마나 많이 노출되었는지를 나타내는 지표입니다. 페이스북 광고가 총 100회 노출되었다면 노출 수는 100회입니다.

3. **클릭률(Click-Through Rate, CTR)**: 광고가 노출된 후 클릭된 비율을 나타냅니다. 1,000회 노출된 광고가 50번 클릭되었다면 CTR은 5%입니다.

   - CTR 계산식= (클릭 수 / 노출 수) × 100

   CTR은 광고의 관심도를 측정하는 중요한 지표입니다. 높은 CTR은 광고가 사용자에게 매력적이거나 관련성이 높다는 의미이며, 반대로 낮다면 광고 메시지나 디자인을 개선할 필요가 있습니다.

4. **전환(Conversion) 또는 액션(Action)**: 사용자가 광고를 통해 특정 행동을 수행했는지를 측정하는 지표입니다. 전환은 기업의 목표에 따라 달라질 수 있으며, 대표적인 예는 다음과 같습니다.

   - **회원가입**: 사용자가 계정을 생성한 경우
   - **장바구니 담기**: 사용자가 제품을 장바구니에 추가한 경우
   - **구매**: 사용자가 광고를 클릭한 후 제품을 구매한 경우

5. **전환율(Conversion Rate, CVR)**: CVR은 광고를 클릭한 사용자 또는 앱을 설치한 사용자 중 목표 행동을 완료한 비율을 의미합니다. 100명이 광고를 클릭해 그중 10명이 앱을 설치했다면 **클릭 대비 설치 전환율**은 10%입니다. 100명이 앱을 설치해 그중 20명이 제품을 구매했다면 **설치 대비 구매 전환율**은 20%입니다.

   - CVR 계산식: (전환 수 / 클릭 또는 설치 건수) × 100

   CVR은 광고가 단순히 관심을 끌었는지 여부를 넘어, 실제로 비즈니스 목표를 달성하는 데 얼마나 효과적인지를 보여주기 때문에 광고 캠페인의 성과를 평가하는 데 가장 중요한 지표 중 하나입니다.

6. **광고 비용(Cost 또는 Spend)**: 특정 광고 캠페인 또는 기간 동안 실제 지출된 금액을 의미합니다. 캠페인이 진행되는 동안 실시간으로 측정하며, 마케팅 담당자가 예산을 관리하고 캠페인의 성과를 분석하는 데 활용됩니다. 비용은 일일, 주간, 월간 또는 캠페인 전체 기간을 기준으로 측정할 수 있으며, 광고 집행 후 총 지출 금액을 파악하는 데 도움을 줍니다. 디지털 광고에서 비용을 효과적으로 관리하기 위해 CPC, CPM, CPA, CPI 등의 KPI를 활용합니다.

   - **CPC(Cost Per Click)**: 클릭당 비용. 광고가 한 번 클릭될 때마다 지불하는 금액을 의미합니다. 검색 광고 및 디스플레이 광고에서 많이 활용되며, 클릭 수를 기반으로 비용이 산정됩니다. 광고비 10만 원을 사용해 500번 클릭이 발생했다면, CPC = 100,000 / 500 = 200원으로 1회 클릭당 200원의 비용이 발생한 것입니다.

     - CPC 계산식: 총 광고 비용 / 총 클릭 수

- CPM(Cost Per Mille): 1000회 노출당 비용. 광고가 1000번 노출될 때마다 지불해야 하는 금액을 의미합니다. 주로 디스플레이 광고 및 SNS 광고에서 활용되며, 광고 노출 수를 기준으로 비용이 산정됩니다. 광고비 50만 원을 사용해 200,000회 노출되었다면, CPM = (500,000 / 200,000) × 1,000 = 2,500원으로, 1000회 노출당 2,500원의 비용이 발생한 것입니다.

  • **CPM 계산식**: (총 광고 비용 / 총 노출 수) × 1,000

- CPA(Cost Per Action): 행동당 비용. 특정 행동(예: 구매, 회원가입 등)이 발생할 때마다 지불하는 금액을 의미합니다. 광고를 클릭한 사용자가 유의미한 활동을 수행하면 비용이 청구됩니다. 광고비 30만 원을 사용해 100명이 회원가입했다면, CPA = 300,000 / 100 = 3,000원으로, 한 명의 사용자가 회원가입을 완료하는 데 3,000원의 비용이 발생한 것입니다.

  • **CPA 계산식**: 총 광고 비용 / 총 전환(행동) 수

- CPI(Cost per Install): 앱 설치당 비용. 앱 설치 한 건당 광고주가 지불하는 금액을 의미합니다. 앱 마케팅에서 핵심적으로 활용되며, 광고를 클릭한 후 실제로 앱을 설치한 경우에만 비용이 발생합니다. 광고비 2만 원을 사용해 20명의 사용자가 앱을 설치했다면, CPI = 20,000 / 20 = 1,000원으로, 한 명의 사용자가 앱을 설치하는 데 1,000원의 비용이 발생한 것입니다.

  • **CPI 계산식**: 총 광고 비용 / 총 앱 설치 수

7. **광고 수익률(Return on Ad Spend, ROAS)**: 광고를 통해 발생한 매출이 광고비 대비 어느 정도인지 측정하는 지표입니다. 광고비 1천만 원을 투자해 5천만 원의 매출을 올렸다면 ROAS는 500%입니다.

  - **ROAS 계산식**: (광고 매출 / 광고 비용) × 100

일반적으로 ROAS가 높을수록 광고 캠페인이 효과적으로 운영되고 있음을 의미합니다. ROAS는 기업의 최종 목표인 구매에 직결되는 KPI로, 마케터가 예산을 효과적으로 배분하고, 광고 전략을 최적화하는 데 중요한 역할을 합니다.

8. **투자 대비 수익(Return on Investment, ROI)**: ROI는 광고뿐만 아니라 마케팅 활동 전반에 대한 투자 효율성을 측정하는 지표입니다. ROAS와 달리 광고비뿐만 아니라 제작비, 대행사 수수료 등 모든 비용을 포함하여 수익성을 평가합니다.

  - **ROI 계산식**: {(총 수익 − 총 비용) / 총 비용} × 100

9. **리텐션(Retention)**: 리텐션은 사용자가 앱이나 서비스를 처음 이용한 후 지속적으로 사용하는 비율을 나타냅니다. 특정 앱을 처음 다운로드한 사용자가 100명이고, 1주일 후에도 30명이 해당 앱을 이용하고 있다면 1주일 리텐션율은 30%입니다.

  - **리텐션 계산식**: (잔존 사용자 수 / 초기 사용자 수) × 100

높은 리텐션율은 사용자가 앱에 만족하고 있음을 의미하며, 낮은 리텐션율은 사용자 경험을 개선할 필요가 있음을 시사합니다.

지금까지 광고 KPI의 기본 개념을 살펴보았습니다. 각 KPI는 광고를 통해 유입된 사용자가 서비스와 어떻게 상호작용하는지를 측정하며, 디지털 마케팅 성과를 평가하는 데 중요한 기준이 됩니다. 기본 개념을 익혔으니 다음 글에서 각 KPI가 사용자들의 앱 서비스 경험 단계에서 어떤 역할을 하는지 살펴보겠습니다.

3.2 사용자 여정 단계별 KPI

사용자는 브랜드를 처음 인지하는 순간부터 서비스에 가입하고, 제품을 사용하며, 재방문하거나 이탈하는 과정까지 다양한 여정을 거칩니다. 각 단계에서 적절한 KPI를 설정하면 사용자 행동을 효과적으로 분석하고, 마케팅 전략의 성과를 객관적으로 평가할 수 있습니다. 이 장에서는 사용자의 주요 여정 단계별로 어떤 KPI를 활용해야 하는지 살펴보고, 데이터를 기반으로 마케팅 성과를 최적화하는 방법을 알아보겠습니다.

3.2.1 _ 광고 단계: 광고 최적화 KPI

다음 표는 앞서 다룬 광고 용어 중 일부 KPI를 활용하여 만든 기본 광고 성과 보고서입니다. 이 보고서는 다양한 산업군에서 공통적으로 적용 가능한 광고 성과 분석 기준이므로, 여기에 등장하는 용어들을 충분히 숙지하는 것이 좋습니다.

표 3.1 기본 광고 성과 보고서

매체명	지출	임프레션	클릭	설치	CTR	CVR	CPI
광고매체 A	₩3,500,000	410,000	8,000	1,000	2%	13%	₩3,500
광고매체 B	₩3,500,000	500,000	20,000	1,500	4%	8%	₩2,333
Total	₩7,000,000	910,000	28,000	2,500	3%	9%	₩2,800

테스트 광고를 진행할 때 위 표를 미리 만들어 CTR, CVR, CPI 등의 수치를 사전에 확인하면 향후 대규모 광고 예산 편성 시 목표 지표로 활용할 수 있습니다.

한 패션회사가 디지털 마케팅 광고비 1억 원을 사용하기 전에 500만 원으로 테스트 광고를 진행했다고 가정하겠습니다. 테스트 결과 CPI가 2,000원이라면, 1억 원 광고비로 5만 명의 다운로드를 예상할 수 있습니다. 테스트 광고를 진행할 때는 다음과 같은 사항을 확인해야 합니다.

- 사용자 한 명당 비용은 얼마인가?
- 목표 모수를 유입시키기 위한 비용은 얼마인가?
- 광고 매체와 상품 선택은 적절한가?
- 세분화 타겟팅(지역, 디바이스, 나이, 성별 등)이 가능한 플랫폼은 어디인가?
- CPI가 저렴한 플랫폼은 어디인가?
- 광고 콘셉트는 적절한가?

표 3.1의 KPI들은 모두 사용자 행동과 직결됩니다. CTR을 높이려면 광고 노출 대비 클릭을 많이 발생시켜야 하며, CVR을 높이려면 클릭 대비 설치를 늘리고, CPI를 낮추려면 광고 지출 대비 설치가 증가해야 합니다.

결국 광고 KPI 개선 작업이란 사용자 행동과 관련한 가설을 세우고 검증하는 과정입니다. 사용자 행동에 관한 여러 가설을 설정하고 KPI 개선을 위해 전략이나 요소를 조정하는 과정을 흔히 '광고 최적화' 또는 '캠페인 최적화'라고 부릅니다.

CTR 향상을 위해 사용자 활동이 많은 시간대에만 광고를 집행하는 것도 광고 최적화의 사례 중 하나입니다. 사용자 여정에 따라 CTR, CVR, CPI를 언제, 어떻게 확인하고 개선하는지 구체적으로 살펴보겠습니다.

서비스 인지 단계: CTR(Click-Through Rate)

앱이 출시되면 사용자가 이를 인지하고 설치하여 가치를 경험할 때 충성 사용자로 발전합니다. 하지만 아무런 홍보 활동이 없으면 앱의 존재조차 알려지지 않습니다. 그렇다면 기업은 앱을 출시한 후 무엇을 해야 할까요?

수많은 앱 사이에서 묻히지 않도록 유료 광고를 활용해 사용자의 관심을 끄는 과정이 필요합니다. 이 단계에서는 광고가 잠재 고객에게 도달하여 서비스에 대한 관심을 유도하는 것이 핵심입니다. 이를 평가하는 주요 지표는 CTR로, 광고가 노출된 후 실제로 클릭된 비율을 측정해 사용자의 관심도를 파악합니다.

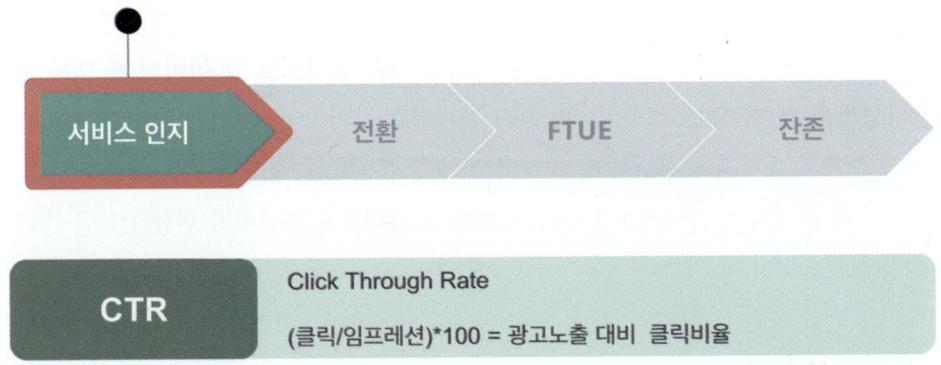

그림 3.1 서비스 인지 단계에 확인하는 CTR

CTR이 높다면 광고가 적절한 타깃에게 노출되어 효과적으로 클릭을 유도했다는 의미이며, 반대로 CTR이 낮다면 광고 소재가 매력적이지 않거나 타깃 설정이 적절하지 않을 가능성이 큽니다. 따라서 이 단계에서는 광고 소재와 타겟팅을 신중하게 테스트하고 최적화하는 것이 중요합니다.

광고 소재는 영상, 이미지, 광고 문구로 구성되며, 어떤 조합이 사용자들의 관심을 효과적으로 끌어낼 수 있는지 분석해야 합니다. 조금 더 구체적인 사례를 살펴볼까요?

그림 3.2 스카이스캐너의 다양한 광고 이미지(출처: 페이스북)

항공 및 호텔 예약 서비스 스카이스캐너의 광고 이미지(그림 3.2)를 보면, 유럽의 비행기 티켓 예약을 주제로 여러 광고를 진행하면서 지역별로 서로 다른 광고 이미지와 문구를 적용했습니다. 유럽 여행이라는 동일한 주제의 광고지만, 바다를 배경으로 한 이미지, 도시를 배경으로 한 이미지 등 다양한 소재를 활용해 테스트를 진행했습니다. 이를 통해 어떤 이미지가 사용자들의 반응을 더 잘 이끌어내는지 비교합니다.

CTR을 분석하면 바다를 배경으로 한 이미지와 도시를 배경으로 한 이미지 중 어느 쪽이 사용자들에게 더 매력적으로 어필되었는지 객관적으로 파악할 수 있습니다. CTR이 낮다면 광고 소재와 메시지를 변경하고, 타겟팅 전략을 조정하며, 광고 포맷과 노출 빈도를 점검하는 등의 최적화 작업이 필요합니다. CTR을 효과적으로 개선하기 위한 전략을 정리하면 다음과 같습니다.

01. 광고 소재 점검

광고의 비주얼 요소(이미지, 영상)와 광고 문구는 사용자의 관심을 끄는 핵심 요소입니다. 광고 문구가 매력적이지 않으면 클릭률이 낮을 가능성이 큽니다. 또한, 이미지나 영상이 강렬하지 않거나 메시지가 명확하지 않으면 클릭률이 저조해질 수 있습니다.

광고 플랫폼인 구글은 효과적인 광고 제작을 위한 가이드를 제공하며, 주기적으로 업데이트되는 크리에이티브 팁을 통해 광고 성과 향상을 지원합니다. 예를 들어, 구글은 '피사체가 프레임을 가득 채운 광고, 기억에 남을 시각적 요소가 포함된 광고, 사람이 중심이 되는 광고'가 CTR과 구매 의도 향상에 긍정적인 영향을 미친다고 보고한 바 있습니다.

그림 3.3 구글의 크리에이티브 최적화 팁(출처: https://www.thinkwithgoogle.com)

틱톡 또한 인기 있는 광고 사례를 제공하는 광고 크리에이티브 대시보드를 운영하며, 이를 활용하면 최신 트렌드를 반영한 효과적인 광고 소재 제작이 가능합니다.

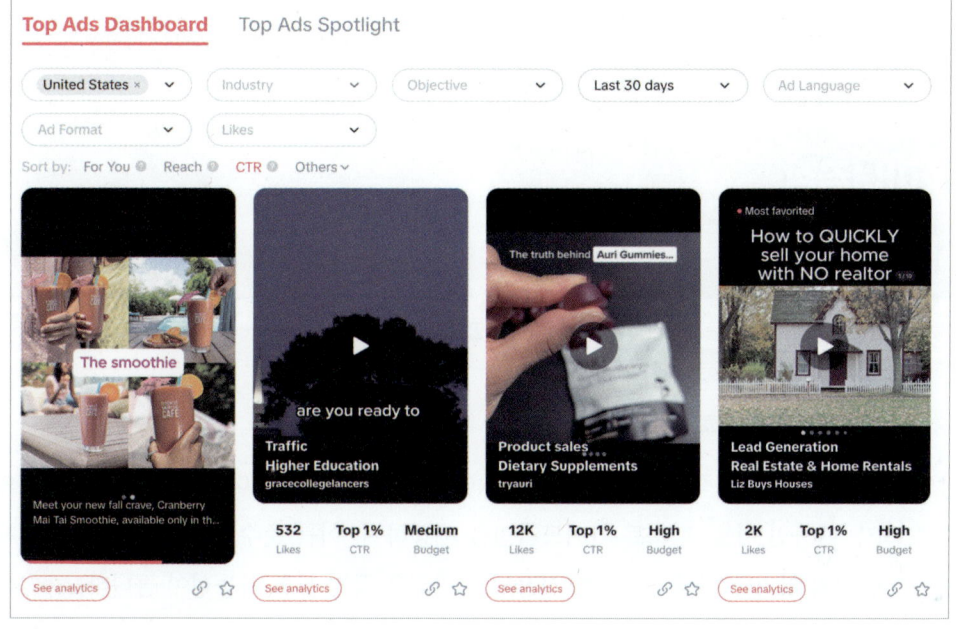

그림 3.4 틱톡의 CTR 기준 인기 광고 대시보드(출처: https://ads.tiktok.com/business/creativecenter)

02. 타겟팅 전략 조정

광고가 적절한 사용자에게 노출되지 않으면 클릭률이 낮아질 수 있습니다. 단적인 예로 RPG 게임 광고를 여행 관심층에게 노출하면, 게임을 좋아하는 사용자에게 광고할 때보다 CTR이 낮아질 가능성이 큽니다.

타깃 연령대에 맞는 광고 플랫폼을 전략적으로 선택하는 것도 매우 중요합니다. 뷰티 제품을 판매하는 마녀공장은 25-34세 뷰티 관심층인 여성을 주 타깃으로 설정하고, 이들이 주로 뷰티 정보를 찾는 유튜브를 주요 광고 플랫폼으로 삼아 캠페인을 진행했습니다. 모델 김세정을 뷰티 크리에이터로 등장시키고, 복잡한 성분 설명을 유쾌한 언어유희와 일러스트로 쉽게 전달해 주목을 끌었습니다. 유튜브에 최적화된 광고 콘텐츠와 정교한 타겟팅 전략을 활용한 결과, 캠페인 이후 구글과 유튜브에서 브랜드 및 제품 관련 검색량이 350% 이상 증가했습니다. 해당 브랜드의 클렌징 오일과 클렌징 워터는 국내 헬스 앤 뷰티 스토어에서 각각 매출 1위와 2위를 기록하며, 치열한 스킨케어 시장에서 두드러진 성과를 거뒀습니다.

그림 3.5 블랙헤드 참교육시키는 세정이의 세정법(출처: 마녀공장 유튜브)

03. 광고 포맷 가이드 확인

광고 포맷이 플랫폼에 적합하지 않으면 CTR이 낮아질 수 있습니다. 각 플랫폼은 최적의 광고 크기, 디자인 비율, 텍스트 가이드라인을 제공하며, 이를 준수하지 않으면 광고가 제대로 노출되지 않거나 해상도가 낮아 사용자의 관심을 끌지 못할 가능성이 큽니다.

광고 제작 단계에서 각 플랫폼의 가이드를 미리 확인하고 적용하면 성과 개선에 도움이 됩니다. 메타(Facebook)는 광고 크리에이티브 가이드를 제공하며, 광고 디자인부터 문구까지 세부적인 최적화 전략을 제시하고 있습니다.

그림 3.6 메타의 광고 크리에이티브 추천 광고 포맷. 디자인부터 텍스트 문구까지 가이드라인을 안내하고 있다. (출처: https://www.facebook.com/business/ads-guide/)

04. 광고 빈도와 노출 피로도

동일한 광고가 반복적으로 노출되면 사용자는 광고를 무시하거나 건너뛸 가능성이 높아집니다. 하루에도 같은 광고를 여러 번 보면 피로감을 느껴 오히려 브랜드에 대한 부정적인 인식이 쌓일 수 있습니다. 이를 방지하려면 광고 소재를 다양화하여 반복 노출의 부담을 줄이는 것이 중요합니다. 기존 광고와 차별화된 이미지나 영상을 활용해 새로운 광고를 제작하면 신선한 인상을 줄 수 있습니다.

광고 빈도 제한 기능을 활용하면 개별 사용자에게 광고가 과도하게 노출되지 않도록 조절할 수 있습니다. 오늘의집은 광고 피로도를 줄이고 CTR을 높이기 위해 플로피, 스타우브 등의 제품을 광고하며, 동일한 제품을 다양한 형태의 광고 소재로 제작해 할인 혜택을 효과적으로 홍보했습니다.

그림 3.7 오늘의집 바이너리위크 광고

05. A/B 테스트 실행

광고 성과를 높이기 위해서는 A/B 테스트를 활용하여 가장 효과적인 광고 요소를 분석해야 합니다. 그림 3.8의 A 광고는 '지금 할인받기' CTA(Call to Action) 버튼이 포함된 디자인이고, B 광고는 CTA 버튼이 없는 디자인입니다. 두 광고의 CTR을 비교하여 어떤 요소가 클릭을 유도하는 데 효과적인지 확인합니다.

만약 A 광고의 CTR이 더 높다면 이후 광고에서도 명확한 행동 유도 버튼(CTA)을 포함하는 것이 효과적일 수 있습니다. A/B 테스트로 광고 요소를 지속적으로 최적화하여 CTR을 향상시키고 마케팅 성과를 극대화합니다.

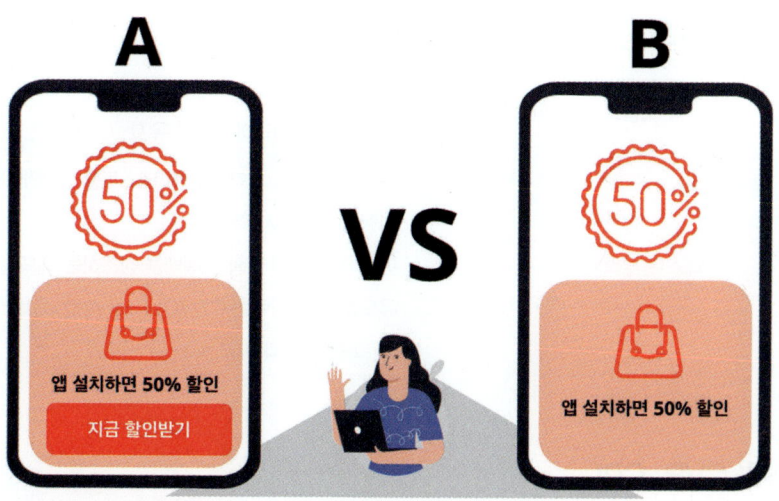

그림 3.8 광고 문구 A/B 테스트 예시

지금까지 CTR 개선을 위한 다양한 방법을 살펴보았습니다. CTR은 광고의 첫 번째 관문인 '서비스 인지' 단계에서 사용자 관심도를 측정하는 중요한 지표입니다. CTR을 지속적으로 모니터링하고 최적화하면 클릭률 향상은 물론, 전반적인 마케팅 성과 개선에도 큰 영향을 미칩니다. 위에서 소개한 전략들을 실제 캠페인에 적용하면 성과 향상에 도움이 됩니다. 작은 변화가 큰 결과로 이어질 수 있으므로, 데이터를 지속적으로 분석하고 최적화하는 노력이 중요합니다.

표 3.2 CTR 개선 전략 정리

유형	CTR이 낮은 이유	액션 아이템
광고 크리에이티브	광고 문구의 매력 부족 비주얼 요소의 부족	시각적으로 매력적이고 관련성 높은 이미지나 영상을 사용
타겟팅	잘못된 타깃 설정 사용자의 관심사와 무관한 광고	정확한 오디언스 설정 및 맞춤형 메시지를 전달 이전에 광고를 보았으나 클릭하지 않은 사용자들에게 다시 광고를 노출
광고 포맷	광고 배치의 비효율성 포맷 적합성 부족	플랫폼에 맞는 광고 포맷 선택 광고가 가장 효과적으로 클릭될 수 있는 위치와 포맷을 실험

유형	CTR이 낮은 이유	액션 아이템
광고 빈도	반복 노출로 인한 피로감	적절한 빈도로 광고 노출 신선한 광고 크리에이티브 유지
A/B 테스트 실행	테스트 부족	여러 광고 요소에 대한 A/B 테스트를 실행해 어떤 요소가 가장 효과적인지 확인 예: 사용자에게 명확한 혜택을 강조하는 헤드라인과 행동 유도를 위한 강력한 CTA(Call-to-Action) 버튼을 삽입 후 그 전 광고와 비교

전환 단계: CVR, CPI

사용자가 광고를 클릭해 앱스토어의 설치 페이지로 이동한 시점부터는 단순한 관심을 넘어서 실질적인 성과로 이어질 가능성이 생깁니다. 이때부터는 단순히 클릭 수가 아니라, 얼마나 많은 사용자가 설치 또는 구매의 결과로 이어졌는지를 분석해야 합니다. 이 전환 단계에서 성과를 측정하기 위해 가장 기본적이면서도 중요한 지표가 클릭 대비 설치 전환율(CVR, Conversion Rate)과 설치당 비용(CPI, Cost Per Install)입니다.

앱 설치 전환 단계에서 CVR은 광고 클릭 이후 설치까지 이어진 비율을 나타내며, 이 지표를 통해 앱스토어 경험의 완성도나 사용자 기대치 충족 여부 등을 가늠할 수 있습니다. CPI는 설치 1건당 광고비를 의미하며, 동일한 광고비로 더 많은 설치가 발생할수록 낮아집니다. 초기 단계에서 많은 기업이 낮은 CPI를 핵심 과제로 설정하는 이유도 여기에 있습니다. 같은 광고비로 CVR을 높이고 CPI를 낮추려면, 다시 말해 더 많은 사용자의 설치를 유도하려면 어떤 전략이 효과적일까요?

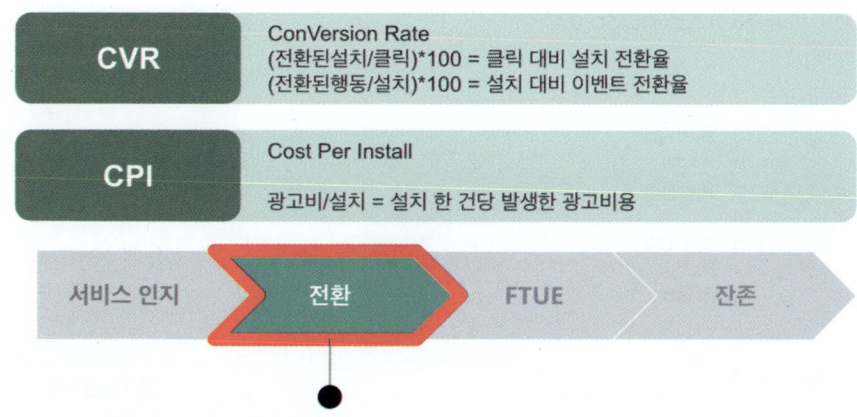

그림 3.9 전환 단계에 확인하는 CTR

01. ASO(App Store Optimization) 전략

광고를 통해 앱스토어에 유입된 사용자 중 세 명 중 두 명은 앱을 설치하지 않습니다(출처: AppTweak 통계 기준). 하지만 앱스토어 상세 페이지를 개선하면 전환율을 크게 높일 수 있습니다.

스토어에서 사용자가 마주하게 되는 앱 아이콘, 스크린샷, 소개 영상, 설명(Description) 등은 모두 전환율에 영향을 미칩니다. 이 요소를 개선해 설치율을 높이는 작업을 ASO(App Store Optimization), 즉 앱스토어 최적화라고 합니다. 어떤 아이콘이나 설명이 앱 설치 전환율에 긍정적인 영향을 주는지 실험을 통해 확인할 수 있으며, 이를 통해 자연스럽게 CPI 역시 낮아집니다.

그림 3.10 앱 최적화 요소(출처: TheTool)

애플 앱스토어의 맞춤형 제품 페이지(Custom Product Pages, CPP)와 구글 플레이스토어의 맞춤 스토어 등록 정보(Custom Store Listings, CSL) 기능을 활용하면 ASO 전략의 효과를 더욱 높일 수 있습니다. CPP와 CSL은 타깃 오디언스에 따라 설치 페이지의 콘텐츠를 개인화할 수 있는 기능입니다.

기존에는 모든 사용자에게 동일한 앱스토어 페이지를 보여주는 것이 일반적이었습니다. 하지만 CPP와 CSL을 활용하면 유입 경로에 따라 서로 다른 콘텐츠를 제공할 수 있게 되었습니다. 예를 들어, '음악수업'이라는 키워드로 유입된 사용자는 수업 관리 기능이나 학습 진도 추적 기능을 강조한 페이지를 보게 됩니다. '바이올린 튜토리얼'이라는 키워드로 유입된 사용자는 바이올린 중심의 이미지와 설명이 강조된 페이지를 보게 됩니다.

이처럼 CPP, CSL을 활용하면 유입된 사용자 그룹별로 관련성이 높은 콘텐츠를 제공할 수 있으며, 각 페이지에 서로 다른 메시지와 구성 요소를 적용해 전환율 성과를 실험하고 비교 분석할 수 있습니다.

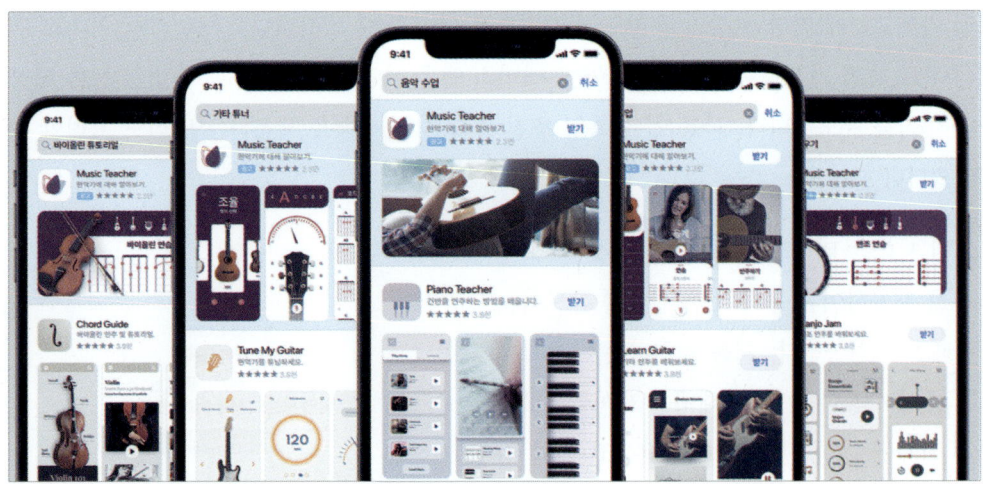

그림 3.11 다른 키워드를 검색했을 때 설치 화면이 달라지는 애플의 CPP 기능

02. 매력적인 보상 제안

앱 설치 후 제공되는 즉각적인 혜택은 사용자의 관심을 끌고, 망설임을 줄여 설치 행동으로 이어지게 만드는 강력한 유인 요소입니다. 디지털 환경에서는 사용자들이 짧은 시간 안에 설치 여부를 판단하기 때문에 보상이 주는 즉각적 만족감은 전환율을 높이는 데 매우 효과적입니다.

"지금 설치하면 첫 달 무료 이용!", "앱 설치 시 50% 할인 쿠폰 지급"과 같은 메시지는 사용자에게 명확한 이득을 전달하면서 행동을 유도합니다. 이러한 혜택은 사용자가 단순히 앱을 흥미롭게 여기는 수준에서 실제 설치로 이어지는 결정적인 역할을 합니다.

게임 앱의 경우에는 한정 아이템, 특별 캐릭터, 추가 보상 등 희소성과 보상의 결합이 전환율을 끌어올리는 핵심 전략이 됩니다. "지금 다운로드하면 한정판 아이템 지급"과 같이 시간 제한과 보상을 결합한 문구는 사용자가 기회를 놓치지 않기 위해 바로 행동에 나서도록 자극합니다.

보상 전략은 단순한 전환율 향상에 그치지 않고, 이후 사용자 유지율에도 긍정적인 영향을 줄 수 있습니다. 초기 설치 시 기대 이상의 혜택을 제공받은 사용자는 앱에 대한 첫인상이 좋아지고, 자연스럽게 이후 서비스 이용으로 이어질 가능성이 높아집니다.

앱 카테고리에 따라 보상의 유형도 전략적으로 달라질 수 있습니다. 구독 기반 서비스 앱은 무료 체험 기간을 강조할 수 있으며, 커머스 앱은 할인 쿠폰, 첫 구매 적립금 등을 제공해 설치를 유도합니다. 금융 앱은 특정 조건 충족 시 캐시백을 제공하는 방식도 고려할 수 있습니다.

그림 3.12는 커머스 앱 무신사가 '첫 구매 쿠폰'을 제공하여 사용자의 앱 설치를 유도하는 사례를 보여줍니다. 처음 설치하는 사용자에게 즉시 사용할 수 있는 혜택을 제시함으로써 앱 설치에 대한 진입 장벽을 낮추고 설치 전환율을 높이고자 하는 전략입니다.

그림 3.12 무신사의 '첫 구매 20% 쿠폰' 보상 광고

핵심은 사용자가 앱을 설치함으로써 얻을 수 있는 구체적이고 즉각적인 가치를 명확히 전달하는 것입니다. 단순히 '좋은 앱'이라는 인식을 주는 것보다 '지금 설치하면 이런 보상을 받을 수 있다'는 명확한 동기 부여가 전환율 향상에 훨씬 효과적입니다.

03. 기술적 이슈 확인

광고를 클릭한 사용자가 앱 설치 페이지까지 도달했음에도 설치로 이어지지 않는다면, 그 원인은 마케팅 콘텐츠 외부에 있을 수 있습니다. 설치 과정이 복잡하거나 불필요한 단계가 많을 경우, 사용자 이탈이 발생하기 쉽습니다.

앱의 초기 다운로드 용량이 지나치게 클 경우, 모바일 데이터를 사용하는 사용자나 저장 공간이 부족한 사용자에게는 심리적 부담이 작용하여 설치를 포기하게 만들 수 있습니다.

이외에도 설치 중 앱이 비정상적으로 종료되거나 특정 기기에서 오류가 발생하는 등 기술적인 문제가 전환을 방해하는 경우도 많습니다. 이러한 상황에서는 마케팅 성과를 높이기 위한 시도 이전에, 앱 설치 경험 전반에 대한 품질 점검이 선행되어야 합니다. 전환율이 비정상적으로 낮게 나타나는 구간이 발견되었다면 개발팀과 협력하여 다음과 같은 항목을 면밀히 확인할 필요가 있습니다.

- 앱 다운로드 속도 및 용량
- 설치 중 오류 발생 여부
- OS 및 기기별 설치 호환성
- 설치 후 초기 실행 속도 및 안정성

기술적인 마찰을 최소화하면 사용자 이탈을 방지할 수 있으며, 마케팅 전략의 효과도 더 정직하게 측정할 수 있습니다.

04. 사용자 데이터 분석 및 타겟팅 최적화

한정된 광고 예산을 가장 효과적으로 활용하려면 전환 가능성이 높은 사용자에게 광고를 집중적으로 노출하는 정교한 타겟팅 전략이 필수입니다. 이때 사용자 데이터를 분석해 광고 타겟팅을 최적화하는 것이 가장 기본이자 핵심적인 접근 방식입니다.

전환 가능성이 낮은 사용자에게 광고가 무분별하게 노출되면 불필요한 비용만 발생하고, CPI가 상승할 수밖에 없습니다. 반대로, 전환 가능성이 높은 사용자에게 광고를 집중적으로 노출하면 동일한 예산으로 더 많은 설치를 유도할 수 있으며, 결과적으로 CPI를 효과적으로 낮출 수 있습니다.

정교한 타겟팅을 위해서는 단순한 인구통계적 정보(나이, 성별, 지역) 외에도 다음과 같은 다양한 데이터를 활용할 수 있습니다.

- 관심사 및 검색 이력
- 과거의 앱 설치 또는 구매 이력
- 사용자의 행동 패턴(예: 장바구니에 담은 제품 개수 등)

이 데이터를 바탕으로 다양한 세그먼트를 구성한 뒤, 전환율이 높은 그룹과 그렇지 않은 그룹을 구분해 타겟팅 전략을 재조정합니다. 2030대 여성의 '쇼핑' 키워드 사용자에서 전환율이 유의미하게 높게 나타났다면, 이 그룹을 중심으로 광고 예산을 집중하는 방식입니다.

이 방식은 단순한 비용 절감뿐만 아니라, 성과 기반의 캠페인 운영이라는 측면에서 매우 중요한 전략입니다. 앱의 특성과 잘 맞는 사용자군을 명확히 정의하고 타겟팅 범위를 정제해 나간다면, 설치 전환율은 물론 이후 리텐션까지 긍정적인 영향을 줄 수 있습니다.

앱 설치 전환율을 높이기 위해서는 광고 콘텐츠 자체의 매력뿐 아니라, 광고를 통해 기대하게 된 경험을 앱스토어에서도 동일하게 느낄 수 있도록 일관성을 유지하는 것이 중요합니다. 광고와 실제 앱 경험 사이의 메시지 일치, 직관적인 앱스토어 페이지, 매력적인 보상 제공, 간편한 설치 과정이 유기적으로 작동해야 사용자가 앱 설치를 망설이지 않게 됩니다.

위에서 소개한 ASO, 매력적인 보상 제안, 기술적 이슈 점검, 타겟팅 최적화와 같은 전략의 효과는 클릭 대비 설치율을 나타내는 CVR과 설치 1건당 소요된 광고비인 CPI를 통해 평가합니다. CVR이 높아질수록 동일한 예산으로 더 많은 설치가 발생하게 되므로 CPI는 자연스럽게 낮아집니다.

표 3.3 CVR을 높이고 CPI를 낮추는 전략 정리

유형	액션 아이템
앱스토어 최적화(ASO)	스토어 페이지 최적화로 설치 전환율이 증가하고 광고 효과가 극대화됨 • 앱 설명 및 주요 기능 명확히 표시 • 긍정적인 리뷰와 높은 평점 관리
혜택 제공	설치 시 한정된 혜택이나 첫 설치 보상 등으로 인해 설치 동기가 강화됨 • 설치 후 사용할 수 있는 혜택 제공 • 특정 기간 내 설치 시 보너스 혜택 강조
다운로드 프로세스 최적화	광고 클릭에서 설치 이탈을 최소화할 필요가 있음 • 앱 설치 과정 간소화 • 다운로드 속도 최적화 • 용량 최적화

유형	액션 아이템
사용자 데이터 분석	데이터 분석을 통해 효율이 높은 타깃층이나 광고 소재에 집중, 불필요한 광고 비용 절감 가능 • 설치 전환율이 높은 타깃층에 광고 예산 집중 • 비효율적인 소재나 채널은 조정 및 개선

3.2.2 _ FTUE 단계: 초기 사용자 경험은 잘 설계되어 있는가?

수많은 앱 중에서 우리 서비스를 선택한 사용자가 앱을 계속 이용하게 하려면 초반에 충분히 매력적인 경험을 제공하여 이탈을 막는 것이 중요합니다. 초반 경험이 매끄럽지 못하거나 복잡하게 느껴질 경우, 사용자는 손쉽게 이탈을 선택할 수 있기 때문에 초기 단계에서 매력적이고 직관적인 경험을 제공하는 것이 중요합니다.

FTUE(First Time User Experience)는 사용자가 앱이나 웹사이트를 처음 접하는 시점부터 느끼는 전반적인 경험을 의미합니다. 앱을 처음 실행한 순간부터 시작해, 기본 기능을 이해하고 직접 활용할 수 있을 만큼 익숙해지는 전 과정을 포괄합니다. FTUE는 사용자의 첫 인상을 형성하고 이후 행동에 직접적인 영향을 미치므로, 사용자 여정의 핵심 전환 지점이라고 볼 수 있습니다.

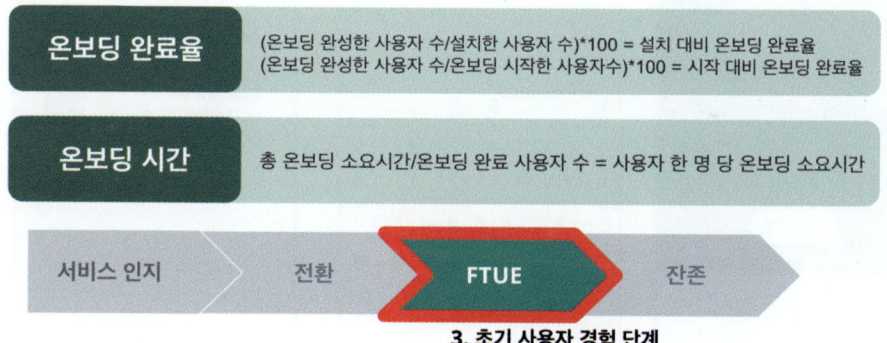

그림 3.13 초기 사용자 경험단계의 KPI

다음에 FTUE 단계에서 고려해야 할 주요 구성 요소를 정리했습니다.

01. 쉬운 내비게이션

신규 사용자가 앱을 처음 접했을 때 별도의 설명 없이도 자연스럽게 탐색하고 원하는 기능에 빠르게 접근할 수 있도록 메뉴 구조와 사용자 인터페이스(UI)를 설계하는 것이 매우 중요합니다. UI가 직관적으로 구성되어 있지 않거나 메뉴가 지나치게 복잡할 경우, 사용자는 원하는 기능을 찾지 못하고 쉽게 혼란을 느끼게 됩니다.

초기 혼란은 사용자의 피로감을 높이고, 결국 서비스 이탈로 이어질 수 있습니다. 반대로, 깔끔하고 직관적인 인터페이스는 사용자가 앱의 흐름을 이해하고 주도적으로 탐색할 수 있도록 도와주며, 긍정적인 첫인상을 형성하는 데 기여합니다. 에어비엔비(Airbnb)는 사용자 친화적인 UI 설계의 사례로 꼽힙니다.

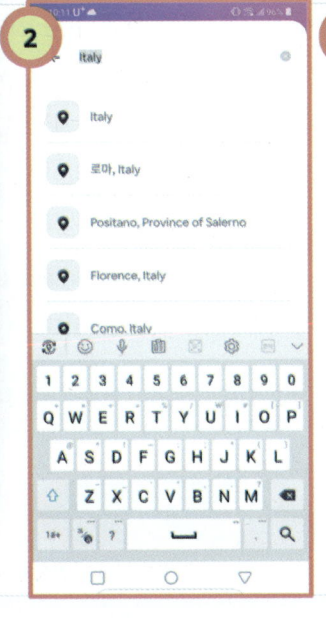

그림 3.14 에어비엔비의 가이드 예시

에어비앤비의 예시를 보면 1) 메인 화면 중앙에 '여행지 검색' 기능이 눈에 띄게 배치되어 있어, 사용자가 가장 먼저 수행해야 할 핵심 행동을 직관적으로 인식합니다. 2)~6)에서 여행지, 날짜, 인원 수 입력은 한꺼번에 보이지 않고 단계적으로 나타나도록 설계되었습니다. 이는 정보 입력에 대한 부담을 줄이고 사용자 흐름을 자연스럽게 유도합니다. 이러한 구조 덕분에 처음 이용하는 사용자도 복잡함 없이 예약 과정을 끝까지 완수합니다.

02. 사용자 온보딩

온보딩은 앱의 핵심 기능과 사용법을 안내하는 프로세스로, 주로 간결한 소개 화면, 튜토리얼, 툴팁 등을 포함하여 사용자가 앱의 기능을 빠르게 이해하고 효율적으로 활용할 수 있도록 돕습니다. 외국어 학습 앱 듀오링고(Duolingo)는 사용자가 처음 앱을 실행할 때 학습 언어, 목표, 숙련도 등을 설정할 수 있는 간단한 튜토리얼을 제공합니다. 듀오링고는 1) 학습자의 영어 숙련도를 파악한 후 2) 학습 목적을 확인하며, 3) 이를 바탕으로 맞춤형 학습 경로를 제시합니다. 사용자는 이 과정을 통해 자신에게 최적화된 난이도를 선택하고 앱 사용에 대한 이점을 명확히 확인합니다.

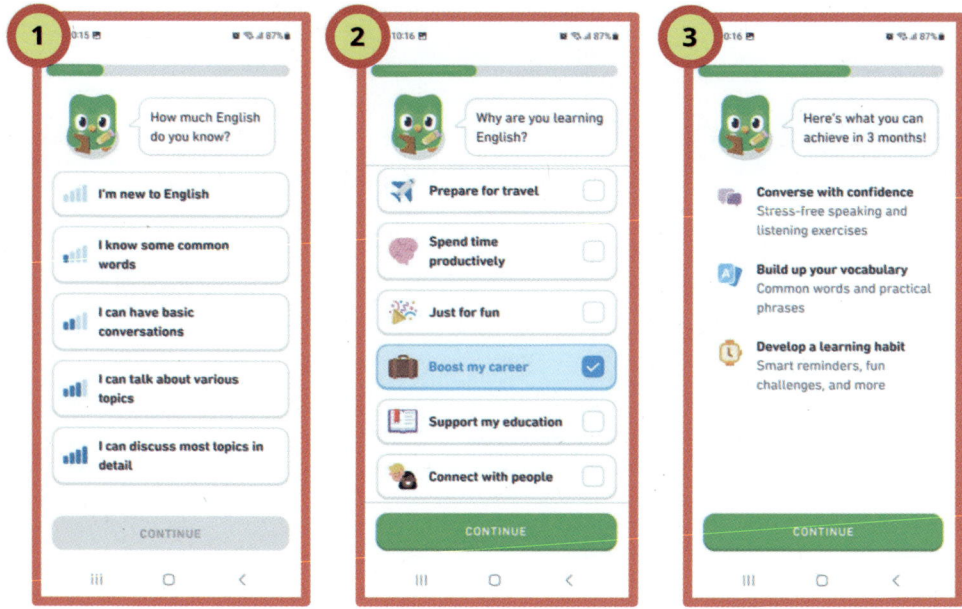

그림 3.15 듀오링고의 튜토리얼 예시

03. 빠른 성과와 피드백

사용자가 앱을 처음 사용할 때 빠르게 성취감을 얻을 수 있도록 설계된 과정은 초기 경험의 만족도를 높이는 핵심 요소입니다. 첫 사용 경험에서 즉각적인 성취를 느끼면 사용자는 긍정적인 인상을 받으며, 지속적으로 앱을 이용할 동기를 부여받습니다. 반대로, 초기 과정이 복잡하거나 의미 있는 보상이 부족할 경우 사용자 이탈 가능성이 높아집니다.

듀오링고는 사용자에게 빠른 성취감을 제공하는 대표적인 사례입니다. 간단한 학습 단위, 즉각적인 피드백, 게임화된 요소를 통해 사용자가 짧은 시간 안에 진전을 느끼고 학습에 지속적으로 몰입할 수 있도록 설계되어 있습니다.

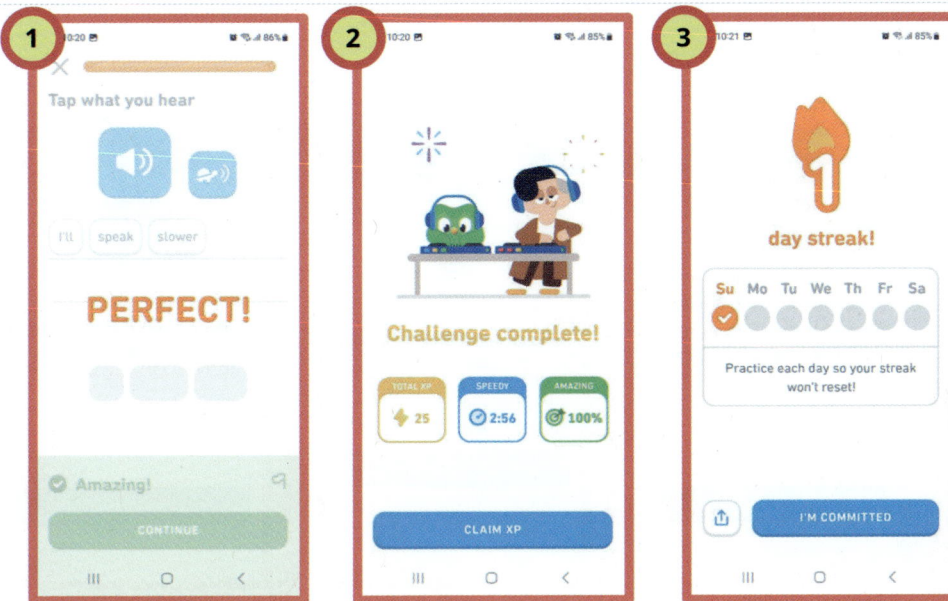

그림 3.16 듀오링고의 초기 온보딩 과정

그림 3.16~17을 보면, 듀오링고가 사용자의 초기 온보딩 경험을 향상시키기 위해 어떤 노력을 했는지 각 장면에서 확인할 수 있습니다. 각 장면에 대한 자세한 내용은 다음과 같습니다.

1. "PERFECT!", "Amazing!"과 같은 즉각적이고 긍정적인 피드백을 제공합니다.
2. 사용자가 문제를 다 맞히고 나면 경험치를 제공하고, 문제를 푸는데 걸린 시간과 점수를 곧바로 제공해줍니다. 사용자는 영어학습을 하고 있지만 경험치를 받으면서 마치 게임을 하는 듯한 즐거운 기분을 느낄 수 있습니다.
3. 사용자의 연속 학습 일자를 기록하는 스트릭(Streak) 기능을 통해 매일 학습을 지속하도록 독려합니다. 스트릭이 증가할수록 사용자는 학습에 대한 책임감을 느끼고, 앱을 매일 실행하는 습관을 형성하게 됩니다.

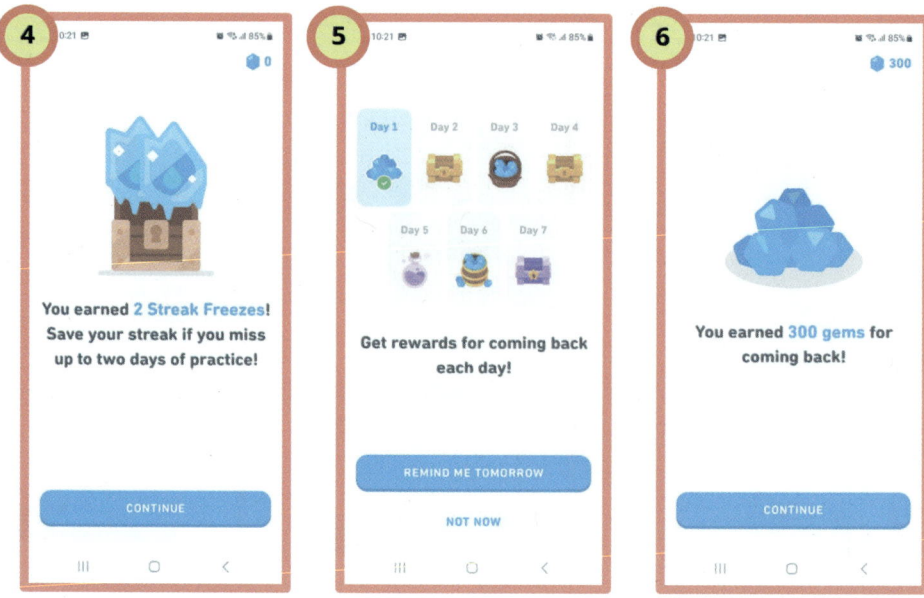

그림 3.17 듀오링고의 초기 온보딩 과정

4. 스트릭을 일시 정지할 수 있는 '스트릭 프리즈(Streak Freeze)' 기능을 통해 학습자가 휴식이 필요한 날에도 유연하게 학습을 이어갈 수 있도록 지원합니다. 이는 목표를 향해 나아가는 과정에서 일정 수준의 '여유'를 허용하는 것이 오히려 더 높은 동기부여로 이어진다는 연구 결과를 반영한 기능입니다. 학습자는 학습 완료 시 '스트릭 프리즈'를 보상으로 획득합니다.

5. 오늘 접속한 사용자에게는 즉시 보상을 제공하며, 앞으로 7일 동안 연속으로 접속할 경우 받게 될 보상들도 미리 안내합니다. 이를 통해 사용자에게 기대감을 심어주고, 지속적인 이용을 유도합니다.

6. 사용자가 매일 앱에 접속할 수 있도록 즉각적인 보상을 제공합니다. 짧은 피드백 루프를 통해 사용자에게 반복적인 동기부여를 제공하며, 일상적인 앱 사용을 습관으로 만들 수 있도록 설계되어 있습니다.

듀오링고의 즉각적인 보상과 칭찬은 사용자의 초기 경험을 긍정적으로 만들고, 사용자가 꾸준히 앱에 접속하도록 유도합니다.

04. 핵심 가치 제안 전달

앱의 주요 가치를 사용자에게 처음부터 명확하게 전달하는 것은 초기 이탈률을 낮추는 데 중요한 역할을 합니다. 사용자가 앱을 사용하는 목적과 혜택을 즉시 이해하고 체감할 수 있어야 서비스에 대한 신뢰와 기대를 갖고 다음 단계로 자연스럽게 진입하게 됩니다. 초기 단계에서 '왜 이 앱을 써야 하는가'에 대한 명확한 답을 제시하지 못하면, 사용자는 빠르게 이탈할 가능성이 높습니다.

영어 학습 앱 '말해보카'는 핵심 가치 전달을 효과적으로 설계한 사례입니다. 사용자가 학습을 시작하면, 우선 학습 목표 설정을 유도하며 필요한 영어 단어 수를 제시합니다. 이후 곧바로 레벨 테스트를 진행하여 사용자의 현재 수준을 진단하고, 그 결과에 기반해 인공지능(AI)이 개인화된 학습 콘텐츠를 제공합니다. 이 과정을 통해 사용자는 '내 수준에 맞춰 효율적으로 학습할 수 있다'는 확신을 얻게 되며, 이는 곧 '개인화된 영어 학습 경험'이라는 말해보카의 핵심 가치를 직관적으로 인식하게 만듭니다.

그림 3.18 말해보카의 온보딩 예시

이처럼 초기 경험에서 앱이 제공하는 고유한 가치를 구체적이고 체감 가능한 방식으로 전달하면 사용자는 단순한 체험을 넘어 앱이 자신에게 '필요한 서비스'라는 인식을 갖게 되고, 이는 이후의 지속적인 이용으로 자연스럽게 이어지게 됩니다.

05. 문제 해결 지원

사용자가 초기 단계에서 겪을 수 있는 혼란이나 문제를 해결할 수 있도록 지원 기능을 제공하는 것은 원활한 적응을 돕고 이탈을 방지하는 데 중요한 역할을 합니다. 앱 사용법이 직관적이지 않거나 오류가 발생했을 때 적절한 도움을 받지 못하면 사용자는 좌절감을 느끼고 서비스를 중단할 가능성이 높습니다. 이를 방지하기 위해 FAQ, 도움말 센터, 채팅봇, 1:1 상담 등 적절한 채널을 통해 해결 경로를 제공하는 것이 필요합니다.

말해보카는 초기 사용자 지원을 강화하기 위해 앱 사용법 안내 외에도 상시 접근 가능한 '도움말' 기능을 제공하고 있습니다. 사용자가 자주 묻는 질문을 정리해두어 간단한 문제는 스스로 해결할 수 있도록 돕고, 보다 복잡한 문의에 대해서는 '채널톡'을 통해 실시간 상담을 받을 수 있도록 지원합니다.

 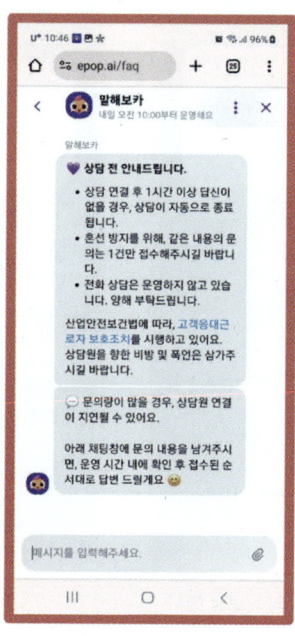

그림 3.19 말해보카의 사용자 지원 예시

문제 해결까지의 진입 장벽을 낮추고 반응 속도를 높이면 사용자는 앱을 신뢰하게 되고 서비스에 대한 만족도가 자연스럽게 향상됩니다. 사전 대응형 지원 설계는 단순히 문제를 해결하는 차원을 넘어, 사용자에게 '언제든 도움을 받을 수 있다'는 심리적 안정감을 제공하며 긍정적인 초기 경험을 구축하는 데 기여합니다.

FTUE(First Time User Experience)는 사용자가 앱의 가치를 빠르게 이해하고, 초반부터 불편함 없이 서비스를 사용할 수 있도록 유도하는 핵심적인 사용자 경험 설계 과정입니다. 초기 경험이 긍정적일수록 사용자는 서비스에 대한 신뢰와 기대를 형성하게 되며, 이후 행동에도 긍정적인 영향을 미칩니다.

이를 위해서는 직관적인 내비게이션 구조, 사용자 온보딩, 빠른 성과와 피드백 제공, 명확한 핵심 가치 제안, 문제 해결 지원 기능 등 여러 요소가 유기적으로 연결되어야 합니다. 각 요소는 단독으로도 의미 있지만, 전체 사용자 여정 안에서 일관성 있게 설계될 때 더욱 강력한 효과를 발휘합니다. 초기에 높은 만족도를 경험한 사용자는 앱에 대한 몰입도가 높아지고, 자연스럽게 장기적인 사용으로 이어질 가능성이 높아집니다.

FTUE 단계의 성과를 정량적으로 측정하고 개선 방향을 도출하기 위해 활용할 수 있는 주요 KPI를 살펴보겠습니다.

1. 온보딩 완료율

온보딩 완료율은 온보딩을 시작한 사용자 중 끝까지 완료한 사용자의 비율입니다. 이 수치가 높다면 사용자가 앱의 초반 사용 경험을 긍정적으로 받아들였다는 의미이며, 반대로 낮다면 특정 단계가 복잡하거나 불편하다는 신호로 해석할 수 있습니다.

- 계산식

$$온보딩\ 완료율(\%) = \left(\frac{온보딩\ 완료\ 사용자\ 수}{온보딩\ 시작\ 사용자\ 수} \right) \times 100$$

- 예시: 에어비엔비 앱에서 1,000명의 사용자가 온보딩을 시작했고, 그중 700명이 회원가입까지 완료했다면, 회원가입 온보딩 완료율은 70%입니다.

이와 같은 데이터를 표(예: 표 3.4)나 그래프(예: 그림 3.20)로 시각화하면 사용자 반응의 변화 추이를 직관적으로 파악할 수 있습니다. 높은 회원가입 완료율은 온보딩 경험이 명확하고 사용하기 편하다는 점을 보여주는 지표일 뿐 아니라, 사용자가 실제 서비스를 이용해 보고자 하는 강한 의지를 갖고 있다는 점에서도 의미가 있습니다.

표 3.4 날짜별 회원가입 온보딩 완료율

날짜	11/10	11/11	11/12	11/13	11/14	11/15	11/16	11/17
앱 설치 사용자	1,000	900	940	1,040	1,140	1,240	1,340	1,440
회원가입 사용자	120	90	103	135	137	136	188	230
회원가입 온보딩 완료율	12%	10%	11%	13%	12%	11%	14%	16%

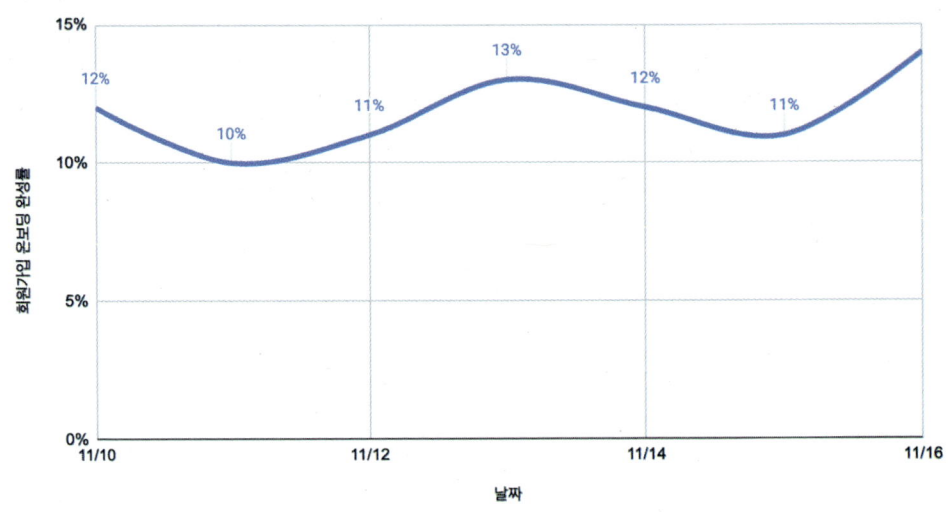

그림 3.20 날짜 별 회원가입 온보딩 완료율 그래프

날짜별 또는 주차별로 이 데이터를 살펴보면, 특정 시점에서 사용자 경험이 개선되었는지 여부도 분석할 수 있습니다. 온보딩 흐름에 신규 기능이나 문구 개선이 적용된 이후 완료율이 상승했다면 해당 변경이 긍정적인 영향을 미친 것으로 판단합니다.

반대로, 특정 구간에서 완료율이 낮아지는 경우에는 사용자 경험을 저해하는 요소가 있는지 점검이 필요합니다. 에어비엔비의 온보딩 단계 중 '여행 스타일 선택' 화면에서 급격히 이탈률이 증가했다면 선택 항목이 과도하게 많거나 정보가 지나치게 제공되고 있는 것이 원인일 수 있습니다. 이럴 경우 '추천 여행 스타일' 기능을 추가하거나 기본 옵션을 미리 제시하는 등 사용자의 선택 부담을 줄이는 방식으로 개선합니다.

온보딩 완료율은 단순한 수치 이상의 의미를 가지며, 사용자 초기 경험을 지속적으로 최적화하기 위한 중요한 진단 지표로 활용될 수 있습니다.

2. 평균 온보딩 소요시간

평균 온보딩 소요시간은 사용자가 온보딩을 완료하는 데 걸리는 평균적인 시간을 의미하며, 얼마나 빠르고 편리하게 온보딩을 마칠 수 있는지를 평가하는 핵심 지표입니다. 온보딩 시간이 길어질수록 사용자가 피로감을 느껴 이탈할 가능성이 커질 수 있기 때문에 앱의 복잡도와 경쟁 앱과의 비교를 통해 적정 시간을 설정하는 것이 중요합니다.

- 계산식

$$\text{온보딩 시간(초 또는 분)} = \frac{\text{총 온보딩 소요 시간}}{\text{온보딩 완료 사용자 수}}$$

- **예시**: 만약 에어비엔비에서 회원가입을 완료한 사용자 500명의 설치부터 회원가입까지 소요 시간이 5,000분이라면, 평균 온보딩 시간은 10분입니다.

온보딩 시간이 길거나 짧은지를 판단하는 기준은 앱의 복잡도, 사용자 기대 수준, 그리고 사용 목적에 따라 달라질 수 있습니다. 적절한 온보딩 시간을 설정하려면 경쟁 앱이나 자사의 기존 온보딩 프로세스와 비교하는 것뿐만 아니라, 단계별 전환율을 분석하여 개선해야 할 지점을 파악하는 것이 중요합니다. 다음은 온보딩 시간을 분석할 때 고려할 몇 가지 전략입니다.

- **내부 기대수준 측정**

앱을 기획한 기획팀, 개발팀, 마케팅팀, 그리고 앱을 전혀 경험해보지 못한 다른 팀의 테스트 결괏값을 측정해봅니다. 온보딩 시간의 기대 수준을 설정할 때 주의할 점은 기획팀과 앱을 처음 접하는 팀 사이에 체감 시간이 다를 수 있다는 점입니다.

기획팀과 개발팀은 온보딩 과정을 직접 설계하고 여러 차례 테스트했기 때문에 이미 온보딩 과정에 익숙해져 있어 온보딩 시간이 짧을 가능성이 큽니다. 반면, 앱을 처음 경험하는 내부 직원은 온보딩 과정에 익숙하지 않기 때문에 동일한 단계에서도 시간이 더 오래 걸릴 수 있습니다. 따라서 온보딩 시간의 기대 수준을 설정할 때는 기획팀이 아닌 앱을 처음 접하는 직원의 경험을 기준으로 삼는 것이 더 현실적입니다.

- **비슷한 앱과의 비교**

온보딩 프로세스가 유사한 다른 앱의 평균 소요 시간과 비교하는 것도 좋은 방법입니다. 동일한 사용자가 테스트했을 때 경쟁사 앱에서는 온보딩 시간이 3분이 걸리는 반면, 자사 앱에서는 8분이 걸린다면, 온보딩 과정이 상대적으로 길고 복잡할 가능성이 높습니다. 이 데이터를 기반으로 불필요한 단계를 줄이고, 보다 직관적인 사용자 경험을 제공하도록 개선합니다.

- **사용자 유형별 온보딩 시간 차이**

사용자의 유형에 따라 온보딩 소요 시간이 다를 수 있으므로, 다음과 같이 그룹을 나눠 분석하는 것이 효과적입니다. 신규 사용자는 앱을 처음 접하기 때문에 더 많은 안내가 필요하며, 온보딩 완료까지 시간이 길어질 가능성이 높습니다. 반면, 앱을 재 설치한 사용자는 앱에 대한 이해도가 높아 상대적으로 빠르게 온보딩을 마칠 수 있습니다.

유입된 채널에 따라서도 차이가 발생합니다. 10대와 20대가 주로 이용하는 플랫폼을 통해 유입된 사용자들은 새로운 기능을 빠르게 익히는 경향이 있으므로 해당 사용자들의 온보딩 시간은 평균적으로 짧을 가능성이 큽니다. 위 예시와 같이 사용자별 차이를 고려하여 온보딩 프로세스를 최적화하면 효과적인 사용자 경험을 제공할 수 있습니다.

- **지역별 네트워크 속도 차이**

온보딩 데이터를 지역별로 분류하여 속도가 느린 지역과 빠른 지역의 평균 소요 시간을 비교하면, 특정 지역에서 추가적인 최적화가 필요한지 판단하는 데 도움이 됩니다. 이를 통해, 네트워크 속도가 느린 지역에서는 로딩을 최소화하거나 데이터 경량화를 적용하는 등 맞춤형 최적화 전략을 수립할 수 있습니다.

현재 다양한 기관과 웹사이트에서 국가별 모바일 다운로드 속도 및 네트워크 환경 데이터를 제공하고 있습니다. 네트워크 속도 측정 참고 사이트는 다음과 같습니다.

- Statista (www.statista.com)
- World Population Review (www.worldpopulationreview.com)

- Speedtest(www.speedtest.net)

World Population Review에서 공개한 2024년 국가별 모바일 다운로드 속도에 따르면, 한국은 세계에서 4번째로 빠른 속도를 기록했습니다. 이 데이터를 활용하면, 네트워크 속도가 상대적으로 낮은 지역에 진출할 때는 온보딩 과정을 더욱 짧게 최적화하여 사용자 경험을 개선할 수 있습니다.

COUNTRY	MEDIAN MOBILE DL SPEED 2024
United Arab Emirates	398.51
Qatar	344.34
Kuwait	239.83
South Korea	141.23
Netherlands	133.44
Denmark	130.05
Norway	128.77
Saudi Arabia	122.28
Bulgaria	117.64
Luxembourg	114.42

그림 3.21 2024년 국가별 모바일 다운로드 속도

● 단계별 속도 분석

온보딩 과정의 각 단계별 평균 소요 시간을 분석하여 특정 구간에서 사용자의 진행 속도가 저하되는 원인을 파악합니다. 가령 프로필 사진 업로드 단계에서 평균 소요 시간이 증가했습니다. 우선 인터넷 속도가 느린 사용자에게 사진 업로드 과정이 지연될 가능성이 높으며, 로딩 시간이 길어질수록 사용자의 불편과 이탈 가능성도 증가합니다. 사용자가 적절한 프로필 사진을 선택하는 데 어려움을 겪거나, 제공되는 사진 편집 기능이 복잡해 시간이 지연될 수도 있습니다.

위 문제를 개선하기 위해 다음과 같은 전략을 적용합니다.

- 프로필 사진 업로드를 필수가 아닌 선택 사항으로 변경합니다.
- '나중에 업로드하기' 옵션을 제공하여 사용자가 사진을 업로드하지 않고도 온보딩을 완료할 수 있도록 합니다.
- 사진 업로드 과정에서 이미지 압축 기술을 활용해 로딩 시간을 단축하거나, 네트워크가 불안정할 경우 기본 아바타를 제공하여 사용자가 빠르고 쉽게 선택할 수 있도록 지원합니다.

온보딩 프로세스를 단계별로 세분화하여 소요 시간을 분석하면 사용자 경험을 저해하는 요소를 구체적으로 식별할 수 있습니다. 특정 단계에서의 병목 현상을 찾아내어 최적화하면 사용자가 온보딩을 보다 매끄럽게 진행할 수 있도록 돕고, 궁극적으로 서비스의 초기 정착률과 장기적인 사용자 유지율을 향상시킬 수 있습니다.

3. 온보딩 이탈률

온보딩 완료율과 온보딩 시간이 특정 행동을 완료한 사용자에 초점을 맞춘다면, 온보딩 이탈률은 온보딩 과정 중 앱을 이탈한 사용자에 중점을 둔 측정 방식입니다. 온보딩 중단율이라고도 하며, 특정 단계에서 사용자가 이탈하는 비율을 분석하여 온보딩 과정의 문제점을 파악하는 데 활용됩니다. 온보딩 과정이 복잡하거나 사용자가 불편함을 느낄 경우 이탈률이 높아질 수 있습니다.

- 계산식

$$온보딩\ 이탈률(\%) = \left(1 - \frac{온보딩\ 완료한\ 사용자\ 수}{온보딩\ 시작한\ 사용자\ 수}\right) \times 100$$

- 예시: 앱을 다운로드한 1,000명 중 700명이 온보딩을 완료했다면, 온보딩 이탈률은 30%입니다.

표 3.5와 같이 단계별 이탈률을 분석하면 온보딩 과정에서 사용자가 가장 많이 이탈하는 지점을 파악할 수 있습니다. 여행 앱은 여행지 검색, 활동 선택, 날짜 선택과 같이 여러 단계를 포함하고 있어 특정 단계의 이탈률이 증가하는 원인을 분석하고 개선하는 것이 중요합니다.

표 3.5 온보딩 이탈률 분석을 위한 단계별 데이터

행동	사용자 수	온보딩 완성률	온보딩 이탈률
앱 설치완료	10,000	100%	0%
여행지 검색	8,000	80%	20%
여행지 활동 선택	6,000	75%	25%
여행 날짜 선택	5,500	92%	8%
여행 일행 선택	3,400	62%	38%
로그인 및 회원가입	500	15%	85%

'여행 날짜 선택'까지 완료한 사용자들의 '여행 일행 선택' 단계 이탈률이 38%로 높다면, 이 과정이 복잡하거나 사용자의 의사 결정을 어렵게 만드는 요소가 포함되어 있을 가능성이 있습니다. 사용자가 쉽게 선택할 수 있도록 추천 옵션을 제공하거나 선택을 나중으로 미루는 기능을 추가하면 이탈률을 낮출 수 있습니다.

'로그인 및 회원가입' 단계에서 이탈률이 85%로 매우 높다면 회원가입 과정이 번거롭거나 불필요한 입력 항목이 많을 가능성이 큽니다. 이럴 경우, 소셜 로그인 기능을 도입하거나 인증을 최소화하는 방식으로 사용자 경험을 개선합니다.

온보딩 이탈률을 개선하기 위해 특정 단계를 최적화한 후, 변경 전후의 데이터를 비교하면 개선 효과를 객관적으로 평가할 수 있습니다. 다음은 온보딩 프로세스를 최적화하기 전후의 단계별 이탈률을 정리한 표입니다.

표 3.6 온보딩 최적화 전후 이탈률 비교표

행동	이탈률 개선 작업 전	이탈률 개선 작업 후
앱 설치완료	0%	0%
여행지 검색	20%	17%
여행지 활동 선택	25%	22%
여행 날짜 선택	8%	5%
여행 일행 선택	38%	35%
로그인 및 회원가입	85%	82%

위 데이터를 기반으로 그림 3.22와 같이 그래프를 생성하면 개선 작업 후 온보딩 이탈률이 점진적으로 감소했음을 확인할 수 있습니다.

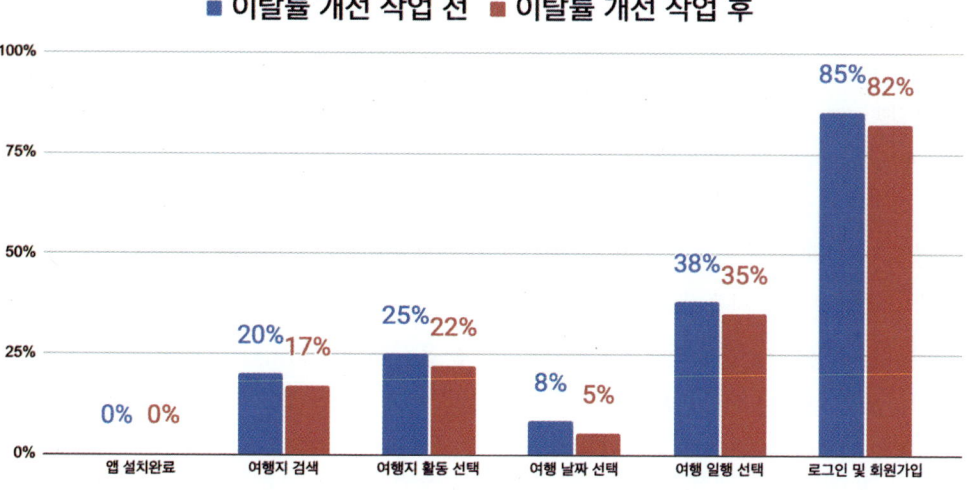

그림 3.22 온보딩 최적화 전후 이탈률 비교 그래프

온보딩 이탈률 분석은 사용자 경험을 개선하는 데 필수적인 과정입니다. 단계별 데이터를 기반으로 문제점을 파악하고, 선택 부담을 줄이거나 프로세스를 간소화하는 방식으로 최적화하면 온보딩 완료율을 효과적으로 높일 수 있습니다. 이탈률이 높은 단계는 UI/UX 개선, 기능 추가, 단계 축소 등의 전략을 적용하여 지속적으로 개선하는 것이 중요합니다.

3.2.3 _ 잔존 단계: 서비스의 매력도는 어떻게 측정할 것인가?

지금까지 사용자의 초기 경험을 평가하는 주요 KPI를 살펴보았습니다. 이제는 사용자가 서비스에 지속적으로 매력을 느끼는지 측정할 단계입니다. 온보딩을 완료한 사용자가 서비스에 흥미를 느끼고 가치가 있다고 판단해야 지속적으로 이용할 가능성이 높아지며, 궁극적으로 매출 증가로 이어질 확률도 높아집니다. 서비스의 매력이나 재미는 본질적으로 주관적인 개념처럼 보일 수 있지만, 이를 객관적으로 측정할 수 있는 명확한 지표가 존재합니다. 바로 리텐션(Retention)입니다.

리텐션은 사용자가 일정 기간 후에도 서비스를 다시 방문하는 비율을 의미합니다. 오프라인 매장을 예로 들면, 처음 방문한 고객이 매장의 분위기, 상품 품질, 가격 경쟁력, 직원의 친절한 응대 등 다양한 요소를 경험한 후 다시 방문하는 경우가 있습니다.

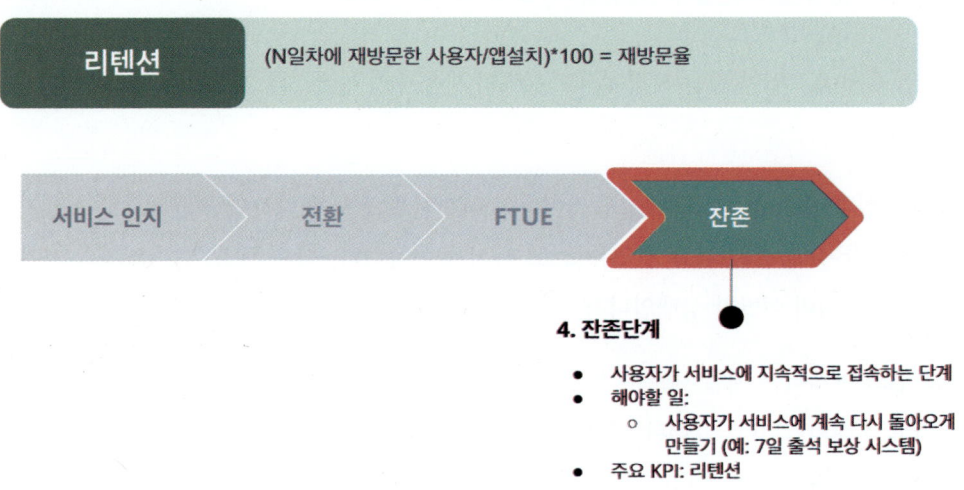

그림 3.23 잔존 단계의 KPI

디지털 서비스도 마찬가지입니다. 사용자가 앱을 한 번 이용한 후 '이 서비스를 계속 이용해야겠다'라고 느낀다면 리텐션율이 높아지며, 이는 자연스럽게 매출 증가로 이어질 가능성이 커집니다. 리텐션이 중요한 이유는 단순한 사용자 유지뿐만 아니라 **서비스의 가치가 사용자에게 충분히 전달되었는지를 확인하는 핵심 지표**이기 때문입니다.

리텐션을 측정하는 가장 일반적인 방법은 그림 3.24와 같이 첫 사용일로부터 특정 N일 후에 서비스를 다시 방문한 사용자 비율을 계산하는 것입니다.

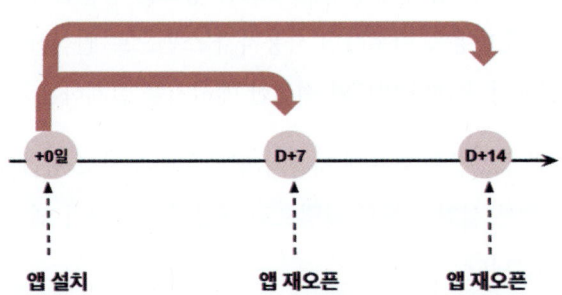

그림 3.24 리텐션 계산: 앱 설치일을 0일로 두고 그 후 N일 후 재방문한 사용자의 비율을 계산

- **리텐션 계산식**

$$\frac{\text{N일차에 재방문한 사용자 수}}{\text{0일차에 유입된 사용자 수}} \times 100$$

- **예시**: 앱을 설치한 사용자가 1,000명일 때, 7일 후에 다시 앱을 실행한 사용자가 300명이라면 D+7 리텐션은 다음과 같이 계산됩니다. (300명 / 1,000명) × 100 = 30%

즉, 앱 설치 후 7일이 지난 시점에서도 30%의 사용자가 서비스를 계속 이용하고 있다는 의미입니다.

마케팅 성과 측정 전문기업 앱스플라이어의 리텐션 보고서에 따르면 평균적으로 사용자의 20~30%만이 앱 설치 다음 날 서비스로 다시 돌아옵니다. 다시 말해, 70~80%의 사용자는 다음 날 이미 이탈한 상태입니다.

퍼포먼스 마케터는 매일 새로운 사용자를 유입시키기 위해 광고 소재와 타겟팅 전략을 분석하고 최적화합니다. 그러나 아무리 많은 사용자를 유입시켜도 다수가 이탈한다면 서비스의 지속적인 성공을 기대하기 어렵습니다. 신규 사용자 확보보다 기존 사용자 유지가 비용 효율적이라는 점을 고려할 때 리텐션을 높이는 전략은 곧 마케팅 비용을 절감하고 서비스 성공률을 높이는 핵심이 됩니다.

다음으로 리텐션을 높이는 대표적인 전략을 살펴보겠습니다.

01. 푸시 알림 활용

이미 앱을 설치한 사용자가 푸시 알림 수신에 동의했다면, 이는 효과적인 리텐션 마케팅 채널이 될 수 있습니다. 푸시 알림, SMS, 이메일, 앱 내 알림 등을 활용해 사용자에게 새로운 기능을 알리고, 앱 사용을 상기시키며, 프로모션 정보를 전달합니다. 그러나 알림을 너무 자주 보내거나 중복된 내용을 반복하면 사용자가 스팸으로 인식하고 앱을 삭제할 수 있으므로 사용자의 관점에서 절제된 빈도와 적절한 메시지를 설계하는 것이 중요합니다.

다양한 앱 서비스가 푸시 알림을 활용해 사용자 행동을 유도하고 있습니다. 피트니스 앱은 하루 걸음 수 목표나 수분 섭취 목표를 알림으로 제공해 사용자가 앱을 다시 열고 진행 상황을 기록하도록 유도합니다.

언어 학습 앱인 듀오링고(Duolingo)는 푸시 알림을 잘 활용하는 대표적인 사례입니다. 듀오링고는 사용자에게 언어 연습을 상기시키는 알림뿐만 아니라, 연속 학습을 지속하도록 유도하는 메시지, 일정 기간 앱을 사용하지 않은 사용자에게 다시 관심을 유도하는 맞춤형 알림을 다양하게 제공합니다. 사용자가 여전히 앱을 열지 않는 경우, 더 많은 트리거를 보내는 대신 잠시 동안 알림을 일시 중단할 것임을 사용자에게 알립니다.

그림 3.25 듀오링고의 푸시 알림 메시지 예시

듀오링고는 적극적이고 유머러스한 메시지로 학습을 독려하며 사용자들에게 재촉의 느낌을 주었고, 이는 큰 화제가 되었습니다. 많은 사용자가 듀오링고의 푸시 알림을 스크린샷으로 공유하며 하나의 밈(meme)으로 확산되었고, 다양한 온라인 커뮤니티에서도 관련 콘텐츠가 생성되었습니다. 해외 사이트에서 'Duolingo push meme'을 검색하면 이 현상을 반영한 다양한 밈을 확인할 수 있습니다.

02. 게이미피케이션(Gamification)을 통한 사용자 경험 개선

게이미피케이션(Gamification)은 게임이 아닌 서비스나 제품에 게임의 요소(규칙, 도전 과제, 보상, 경쟁 등)를 적용하여 사용자 참여와 몰입도를 높이는 전략을 의미합니다. 단순히 게임을 만드는 것이 아니라, 게임에서 사용하는 보상 체계, 동기 부여 요소, 재미 요소 등을 다양한 분야에 적용하는 방식입니다.

금융 앱 토스는 사용자 중심의 혁신적인 금융 서비스를 제공하며 빠르게 성장한 핀테크 기업으로, 사용자 경험을 최우선으로 고려한 다양한 기능을 도입해 왔습니다. 그중 '지금 이자 받기' 기능은 게이미피케이션 요소를 활용하여 사용자 리텐션을 효과적으로 증가시킨 대표적인 사례로 평가됩니다.

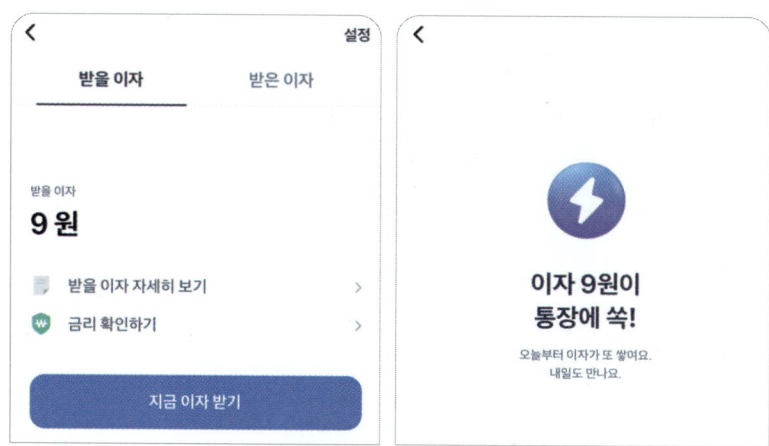

그림 3.26 토스의 '지금 이자 받기' 기능(2022년 출시)(출처: 토스뱅크 공식 블로그)

이 기능은 기존의 월 단위 이자 지급 방식을 기다릴 필요 없이, 사용자가 매일 원하는 시간에 이자를 즉시 받을 수 있도록 설계되었습니다. 남은 잔액을 기준으로 매일 이자가 쌓이는 '일 복리' 구조가 적용되기 때문에 이자를 매일 받을수록 유리합니다.

사용자는 매일 이자를 받으며 자산이 점진적으로 증가하는 경험을 하게 되며, 이는 게임에서 레벨업하는 것처럼 심리적 성취감을 유발하고 서비스 재방문을 자연스럽게 유도합니다. 이자를 받기 위해 매일 앱에 접속하게 되는 행동은 리텐션 향상으로도 이어집니다.

토스의 '지금 이자 받기'는 단순한 금융 서비스 제공을 넘어, 사용자 경험 중심의 금융 혁신을 실현한 사례입니다. 사용자의 일상 속 앱 접속을 자연스럽게 이끌며, '하루라도 은행에 돈을 맡기면 그 대가를 고객이 누려야 한다'는 토스뱅크의 가치와도 맞닿아 있습니다.

그림 3.27 2024년, 토스뱅크의 '지금 이자 받기' 이용 고객은 500만 명을 돌파했다.(출처: 토스뱅크 공식 블로그)

03. 꾸준한 테스트와 모니터링

리텐션이 실제로 개선되었는지를 확인하려면 단순히 기능을 출시하는 데 그치지 않고 사용자 반응을 지속적으로 관찰하고 분석하는 과정이 필요합니다.

앱 개발 과정에서는 다양한 변경이 수반됩니다. 로딩 속도 개선, 온보딩 프로세스 단축, UI 개편, 버그 수정 등 사용자 경험에 직간접적으로 영향을 미치는 요소들이 지속적으로 업데이트되며, 이러한 변화가 실제 리텐션에 어떤 영향을 미쳤는지는 데이터를 기반으로 판단해야 합니다. 특히 리텐션은 단기적인 반응뿐 아니라, 장기적인 사용 습관 형성 여부를 보여주는 지표이기 때문에 더욱 정교한 분석이 요구됩니다.

이때 앱 버전별로 리텐션 지표를 비교 분석하는 방법은 변화의 효과를 측정하는 데 매우 효과적입니다. 다음은 각 버전에서 적용된 주요 업데이트와 리텐션 수치를 정리한 예시입니다.

- 버전 1: 로딩 타임 개선
- 버전 2: 튜토리얼 건너뛰기 버튼 추가로 초기 온보딩 시간 단축
- 버전 3: 전반적인 UI(User Interface) 개편을 통해 전반적인 사용성 개선

표 3.7 앱 버전별 주요 업데이트

주요 업데이트	앱 버전	D1 리텐션	D3 리텐션	D7 리텐션	D14 리텐션
로딩 타임 개선	버전 1	24%	13%	6%	3%
튜토리얼 건너뛰기 버튼 추가	버전 2	37%	18%	10%	5%
UI 개편	버전 3	43%	23%	13%	8%

표 3.7을 그림 3.28과 같이 시각적으로 나타내면, 버전 1에서 버전 3으로 갈수록 모든 시점의 리텐션 지표가 점진적으로 상승하는 양상을 확인할 수 있습니다.

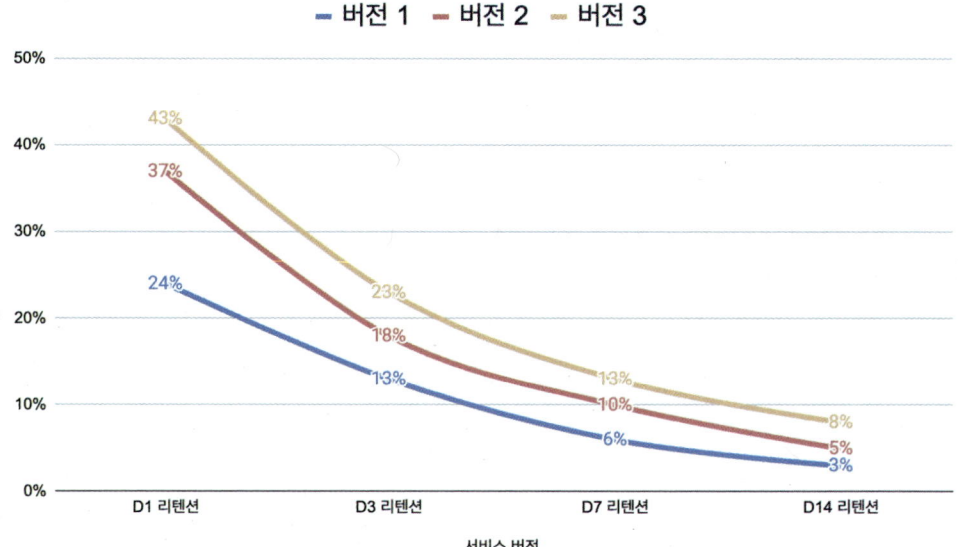

그림 3.28 버전별 리텐션 변화 그래프

버전 업데이트 이후 리텐션이 D1, D3, D7, D14에 걸쳐 전반적으로 개선되고 있다는 것은 단순한 수치 이상의 의미를 가집니다. 사용자가 앱에 더 오래 머물며 반복적으로 사용하는 경향이 높아졌다는 점에서 서비스의 전반적인 경험이 사용자에게 긍정적으로 인식되고 있음을 나타냅니다. D7, D14와 같은 장기 지표의 상승은 일회성 사용을 넘어 지속적인 이용 습관이 형성되고 있다는 점에서 주목할 만합니다.

실제 서비스 운영에서는 모든 업데이트가 항상 긍정적인 결과를 만들어내지는 않습니다. 특정 기능이 예상치 못한 방식으로 사용자 경험을 방해하거나, 오히려 이탈을 유발하는 경우도 존재합니다. 따라서 리텐션 변화가 나타나는 원인을 정확히 파악하고, 기능별 영향도를 분석하며, 데이터 기반의 개선 작업을 지속하는 것이 중요합니다. 지속적인 모니터링과 테스트를 통해 사용자 행동에 대한 인사이트를 확보하고, 이를 기반으로 한 제품 개선이 이루어질 때 비로소 리텐션 향상을 안정적으로 달성할 수 있습니다.

연습문제

1. ROAS(Return on Ad Spend)의 계산 방식으로 옳은 것은 무엇인가요?

   A. (전환 수 / 노출 수) × 100
   B. (광고비 / 총매출) × 100
   C. (총매출 / 광고비) × 100
   D. (광고 클릭 수 / 광고비) × 100

2. CTR(Click Through Rate)의 정의는 무엇인가요?

   A. 전환 수 / 광고 노출 수
   B. (클릭 수 / 광고 노출 수) × 100
   C. 클릭 수 / 설치 수
   D. 광고비 / 클릭 수

3. CPM(Cost Per Mille)의 의미는 무엇인가요?

   A. 광고 클릭 1,000건당 비용
   B. 광고 노출 1,000건당 비용
   C. 설치당 비용
   D. 노출 대비 구매 수

4. CTR(Click Through Rate)이 낮다면 가장 먼저 고려해야 할 개선 방향은 무엇인가요?

   A. 광고 크리에이티브의 매력도를 높이거나 타겟팅을 조정한다.
   B. 앱 내 UI를 개선한다.
   C. 포스트백 전송 옵션을 변경한다.
   D. 전환 페이지의 로딩 속도를 개선한다.

5. FTUE(First Time User Experience)의 핵심 목표는 무엇인가요?

   A. 장기 리텐션 분석
   B. 첫 방문 사용자의 앱 삭제 유도
   C. 첫 방문 시 사용자에게 긍정적인 경험을 제공하는 것
   D. 리타겟팅 사용자 분석

6. 온보딩 완성률을 높이기 위한 대표적인 방법은 무엇인가요?

   A. 모든 기능을 한 번에 노출
   B. 복잡한 설명 중심 튜토리얼
   C. 짧고 직관적인 단계 구성
   D. 기능 안내 없이 홈으로 바로 이동

7. FTUE(First Time User Experience)와 가장 밀접한 리텐션 지표는 무엇인가요?

   A. D120 등 장기 리텐션　　　B. D1~D7 등 단기 리텐션
   C. CTR　　　　　　　　　　D. ROAS

8. 다음 중 리텐션을 높이는 전략이 아닌 것은 무엇인가요?

   A. 푸시 알림을 통해 사용자에게 적절한 시점에 리마인드 제공
   B. 개인화된 콘텐츠나 혜택 제공
   C. 앱에 다시 접속할 수 있는 명확한 동기 부여
   D. 광고를 자주 노출하여 브랜드 인지도를 높임

정답

1.
　정답: C
　해설: ROAS는 광고 비용 대비 수익률을 나타내는 지표로, 총매출을 광고비로 나눈 값입니다.

2.
　정답: B
　해설: CTR은 광고가 노출된 수 대비 클릭된 비율을 의미하며, 광고 매력도를 판단하는 핵심 지표입니다.

3.
　정답: B
　해설: CPM은 광고 노출 1,000건당 집행된 비용이며, 노출 중심 캠페인의 비용 효율성을 평가할 때 사용됩니다.

4.
　정답: A
　해설: CTR이 낮다는 것은 광고가 노출은 되었지만 클릭으로 이어지지 않았다는 의미입니다. 이 경우 광고 이미지, 문구, 타깃 오디언스 등을 개선해 클릭 유도를 강화해야 합니다.

5.
　정답: C
　해설: FTUE는 첫 사용자 경험으로, 이탈 방지와 초기 정착에 매우 중요한 지점입니다.

6.

> 정답: C
>
> 해설: 온보딩 단계에서는 사용자가 빠르게 핵심 기능을 이해하고 앱에 적응할 수 있도록 돕는 것이 중요합니다. 짧고 직관적인 단계로 구성된 온보딩은 사용자의 피로도를 줄이고, 자연스럽게 다음 단계로 유도하여 완성률을 높이는 데 효과적입니다.

7.

> 정답: B
>
> 해설: FTUE는 사용자가 앱을 처음 접했을 때의 경험을 의미하며, 이 초기 경험이 좋을수록 사용자들이 다음 날(D1)에 다시 방문할 가능성이 높습니다. 따라서 단기간 리텐션은 FTUE의 품질을 판단하는 데 유용한 지표입니다.

8.

> 정답: D
>
> 해설: 브랜드 인지도를 높이는 광고는 리텐션(재방문 및 재사용)을 직접적으로 높이는 전략은 아닙니다. 반면, 사용자 맞춤형 콘텐츠 제공이나 적절한 시점에 전달되는 푸시 알림 등은 사용자가 앱에 머물고 돌아오게 만드는 대표적인 리텐션 전략입니다.

3.3 리텐션 분석 방법 이해하기

이제 리텐션이 어떤 방식으로 분석되는지, 그리고 분석 결과를 어떻게 해석하고 활용할 수 있는지를 살펴볼 차례입니다. 단순히 수치를 확인하는 것만으로는 충분하지 않습니다. 어떤 지표를 어떤 기준으로 바라볼지, 사용자 행동을 어떻게 분해하고 해석할지에 따라 도출되는 인사이트의 깊이가 달라지기 때문입니다.

이 절에서는 대표적인 리텐션 분석 방식 세 가지를 살펴보고, 각 방식의 특징과 적합한 활용 사례를 비교합니다. 더불어, 서비스 성과를 객관적으로 판단할 수 있도록 업계 벤치마크 데이터를 확인하고 해석하는 방법도 함께 다룹니다.

3.3.1 _ 리텐션 분석 방법 3가지

회사 대표가 마케터에게 경쟁 앱의 리텐션이 자사 앱보다 높다고 개선방안을 요구하면 어떻게 접근할 수 있을까요?

그림 3.29 경쟁사 앱의 높은 리텐션을 근거로 개선을 제안하는 대표

가장 먼저 명확하게 해야 할 사항은 리텐션의 정의입니다. 앞서 리텐션 계산 공식에 대해 알아보았지만, 사실 리텐션을 측정하는 기준 자체가 다양하기 때문입니다. 대표적으로 클래식 리텐션(Classic Retention), 브래킷 리텐션(Bracket Retention), 롤링 리텐션(Rolling Retention)이라는 세 가지 방식이 있으며, 동일한 데이터를 각 방식으로 분석할 경우 서로 다른 값이 산출될 수 있습니다.

클래식 리텐션	특정일에 접속한 사용자 비율
브래킷 리텐션	특정기간내에 1번이라도 접속한 사용자 비율
롤링 리텐션	이탈하지 않은 사용자 비율

그림 3.30 리텐션 분석 방법 3가지

지금까지 이 책에서 살펴본 리텐션은 클래식 리텐션 기준으로, 가장 기본적이고 널리 사용되는 방식입니다. 단순하고 표준화된 접근 덕분에 초보 분석가도 쉽게 활용할 수 있다는 장점이 있습니다.

데이팅 앱을 예시로 들어 각 방식의 계산법과 특징을 구체적으로 알아보겠습니다. 한 데이팅 앱 회사는 사용자들이 앱을 지속적으로 자주 이용하도록 유도하고 싶습니다. 그러나 대부분 사용자가 앱을 다운로드한 후 며칠간만 집중적으로 사용하다가 이내 사용 빈도가 떨어졌습니다. 회사는 사용자들의 리텐션을 측정하여 다시 앱으로 돌아오는 비율을 파악합니다.

그림 3.31은 앱 설치 후 10명의 사용자가 각각 언제 재접속했는지 나타냅니다. 사용자 1은 앱 설치 후 1일째, 2일째, 4일째, 9일째, 12일째에 다시 돌아왔고, 사용자 2는 설치 후 3일째, 4일째 두 번만 재접속했습니다. 이 그림을 바탕으로 각각의 리텐션 방식을 살펴보겠습니다.

설치 시점으로부터 N 일

	1	2	3	4	5	6	7	8	9	10	11	12	13	14
사용자 1	■	■		■					■			■		
사용자 2			■	■										
사용자 3														
사용자 4		■	■			■								
사용자 5									■	■			■	■
사용자 6						■	■	■						
사용자 7														
사용자 8	■		■	■										
사용자 9	■		■		■		■					■	■	
사용자 10														

그림 3.31 설치 시점으로부터 N일째 사용자의 재접속 일자

클래식 리텐션

클래식 리텐션(Classic Retention)은 사용자가 특정 날짜 이후 정확히 특정 일자에 돌아왔는지 측정하는 방식입니다. D7 리텐션이라면 처음 사용한 날로부터 정확히 7일 후에 돌아온 사용자 비율을 뜻합니다.

- 예시
  - 10월 31일에 10명이 데이팅 앱을 다운로드했습니다.
  - 7일째 되는 날에 사용자 6번과 9번, 총 2명이 다시 앱에 돌아와서 활동했습니다.

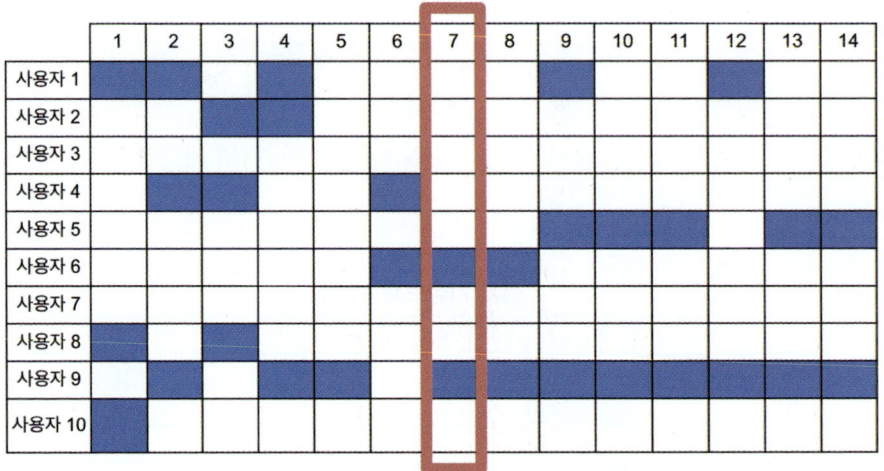

그림 3.32 D7 클래식 리텐션 예시

- 계산식

$$\text{클래식 리텐션}(Day\ N) = \left(\frac{\text{정확히 } N\text{일차에 재방문한 사용자 수}}{0\text{일차에 유입된 사용자 수}} \right) \times 100$$

이 경우 D7 리텐션은 20%로, 사용자의 20%가 정확히 7일째에 앱을 다시 열었다는 뜻입니다.

이 방식은 출시 직후 사용자 유지가 중요한 게임이나 모바일 앱에서 널리 활용되며, 구조가 단순해 다양한 제품에 적용하기 적합한 분석 방식입니다. 초기 리텐션이 높을수록 장기적인 성공 가능성도 높아지기 때문에 클래식 리텐션은 제품 초기 성과를 판단하는 주요 지표로 활용됩니다.

브래킷 리텐션

브래킷 리텐션(Bracket Retention)은 특정 기간 내(예: 7일 이내)에 사용자들이 앱에 돌아왔는지를 측정합니다. 특정 하루만을 보는 클래식 리텐션과 달리 기간을 기준으로 합니다.

- 예시
  - 10월 31일에 10명이 앱을 처음 설치했습니다.
  - 11월 1일부터 11월 7일까지의 기간에 총 7명이 앱에 다시 돌아와 활동했습니다.

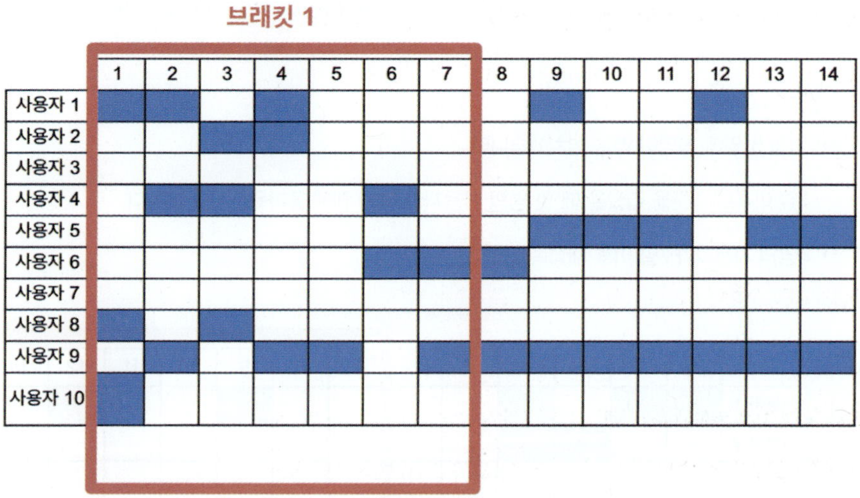

그림 3.33 브래킷 리텐션 예시

첫 7일 동안 사용자의 10명 중 70%가 앱에 다시 접속했음을 알 수 있습니다.

- 계산식

$$\text{브래킷 리텐션}(Day\ X-Y) = \left(\frac{X\text{일차에서 } Y\text{일차 사이에 재방문한 사용자 수}}{0\text{일차에 유입된 사용자 수}} \right) \times 100$$

브래킷 리텐션은 특정 일자에 국한되지 않고 기간 내 유지율을 기준으로 분석하기 때문에 며칠간 앱을 사용하지 않아도 리텐션에 영향을 주지 않습니다. 정기적인 갱신이나 장기적인 이용이 중요한 **구독형 서비스**나 **SaaS(Software as a Service)** 비즈니스에 적합한 방식입니다.

생필품 정기배송 앱의 사용자는 매일 앱에 접속할 필요가 없습니다. 대부분 4주와 같은 일정 주기에 한 번씩 접속해 구독을 갱신하거나 상품 및 결제 정보를 변경하는 방식으로 서비스를 이용합니다. 이처럼 일정한 주기로 사용하는 구독형 서비스에는 브래킷 리텐션을 활용한 평가 방식이 보다 적합합니다.

롤링 리텐션 또는 언바운드 리텐션

롤링 리텐션(Rolling Retention)은 특정 날짜 이후 사용자가 돌아왔는지를 측정합니다. 사용자가 첫 이용 후 특정 시점 이후 한 번이라도 재방문했다면 리텐션으로 측정합니다.

- 예시
  - 10월 31일에 10명이 앱을 설치했습니다.
  - 7일 이후로 기준을 잡았을 때 몇 명의 사용자가 다시 앱에 돌아왔는지를 봅니다.
  - 4명의 사용자가 7일 이후 재접속했습니다.

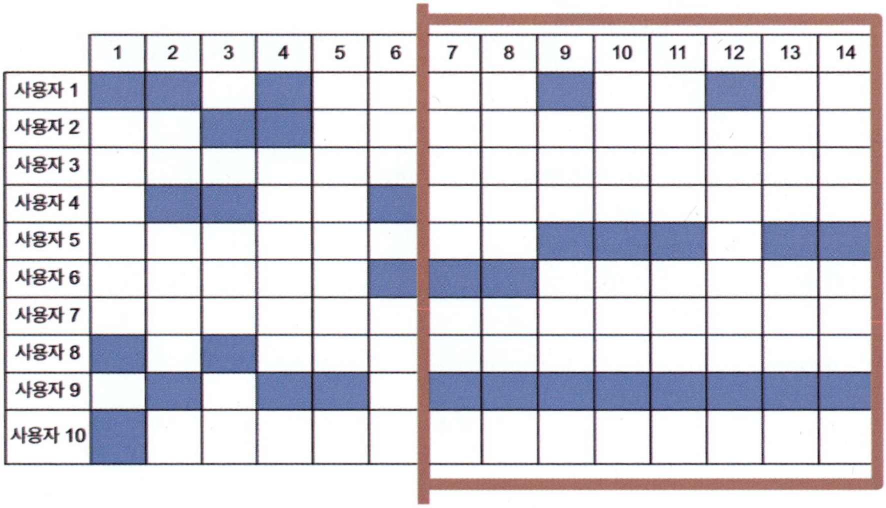

그림 3.34 롤링 리텐션 예시

이 경우 D7 이후 롤링 리텐션은 40%입니다.

• 계산식

$$\text{롤링 리텐션}(Day\ N) = \left(\frac{N\text{일차 이후에 한 번이라도 재방문한 사용자 수}}{0\text{일차에 유입된 사용자 수}} \right) \times 100$$

롤링 리텐션은 장기적인 고객 유지를 목표로 할 때 사용자가 어느 시점에서 이탈하는지를 파악하는 데 유용한 방식입니다. 첫 사용 이후 일정 기간 동안 사용자가 얼마나 자주 앱을 사용하는지를 추적함으로써 자연스럽게 이탈 지점을 확인합니다.

이 방식은 여행 앱처럼 사용 빈도가 높지 않은 서비스에 적합합니다. 매일 접속하거나 특정 주기로 이용하는 서비스가 아니라, 사용자의 필요가 발생했을 때만 앱을 사용하는 구조이기 때문입니다. 이 경우 특정 시점의 재방문 여부보다 장기적으로 앱을 계속 사용하는 사용자가 얼마나 되는지를 확인하는 것이 더 중요합니다. 즉, 장기적이고 간헐적으로 사용하는 앱에서는 롤링 리텐션 방식이 보다 적절한 기준이 됩니다.

지금까지 살펴본 클래식, 브래킷, 롤링 리텐션 방식은 분석 목적과 산업군의 특성에 따라 선택적으로 활용 가능합니다. 일반적으로 클래식 리텐션이 가장 보편적이나, 제품 특성에 맞춰 브래킷과 롤링 리텐션을 병행하여 분석하는 것도 좋은 전략입니다.

표 3.8 각 리텐션의 특징과 예시

리텐션 방식	주요 특징	주요 사용 사례
클래식 리텐션 (Classic Retention)	특정 날짜 기준으로 재방문 여부 측정	• 초기 사용자 분석 • 단기 마케팅 캠페인 효과 측정 • 게임/모바일 앱 분석
브래킷 리텐션 (Bracket Retention)	특정 기간(예: 7일 이내, 30일 이내)을 기준으로 리텐션 분석	• 중장기 사용자 행동 분석 • 서비스 개선 효과 측정 • 구독형 서비스 분석(예: 4주마다 구매)
롤링 리텐션 (Rolling Retention)	특정 날짜 이후에 지속적으로 앱을 사용하는지 측정 (예: 7일 이후, 30일 이후 등으로 계속 추적)	• 장기적인 제품 성과 분석 • 라이프스타일 앱 분석(예: 여행 앱)

3.3.2 _ 특정 행동 기준 리텐션 분석 방법

앞서 리텐션은 '재방문(예: 앱 재오픈)'을 기준으로 측정하는 지표이며, 가장 널리 활용되는 클래식 리텐션 방식은 유입된 사용자 대비 N일차에 재방문한 사용자의 비율로 계산된다고 설명했습니다. 이제 한 단계 더 나아가, 실제 서비스 개선 효과를 보다 정밀하게 측정할 수 있는 리텐션 분석 방법을 살펴보려고 합니다.

재방문 기준 리텐션은 구조가 단순하고 직관적이지만, 사용자가 단순히 앱을 다시 실행했다고 해서 그 서비스를 '잘 활용하고 있다'고 보기는 어렵습니다. 앱을 열고 바로 종료했을 수도 있고, 핵심 기능을 전혀 사용하지 않았을 수도 있기 때문입니다.

리텐션을 더 효과적으로 활용하려면, '재방문' 자체가 아닌 **서비스의 핵심 가치를 반영하는 특정 행동**을 기준으로 삼는 것이 바람직합니다. 다시 말해, 리텐션 계산식에서 재방문을 단순 기준으로 두는 대신, 특정 핵심 행동을 완료한 비율로 전환하는 것입니다.

- 일반적인 리텐션 계산식

$$\frac{N\text{일차에 재방문한 사용자}}{\text{총 사용자 수}} \times 100$$

- 특정 행동 기준 리텐션 계산식

$$\frac{N\text{일차에 특정 행동을 완료한 사용자}}{\text{총 사용자 수}} \times 100$$

에어비앤비는 리텐션을 단순히 앱 재실행 여부로 판단하지 않고, '예약 완료'라는 핵심 행동을 기준으로 정의합니다. 수익이 사용자 예약에 기반한 구조이기 때문에 예약한 사용자가 일정 기간 내 다시 예약하는지를 측정하는 방식이 더 유의미한 분석을 가능하게 합니다.

이 방식으로 분석하면, 사용자가 얼마나 자주, 그리고 얼마나 오래 서비스를 적극적으로 이용하고 있는지를 정확히 파악할 수 있습니다. 실제로 에어비앤비는 '예약 완료' 기준 리텐션이 매년 상승세를 보이며, 전통 호텔 브랜드 대비 높은 유지율을 기록하고 있다는 분석도 있습니다.

서비스의 핵심 가치를 반영한 행동 기준 리텐션은 다양한 앱과 서비스에 맞춰 정의할 수 있으며, 예시는 다음과 같습니다

- **우버(차량 공유)**: 사용자가 차량을 호출하는 행동.
- **슬랙(메신저)**: 사용자가 팀 채널에서 메시지를 보내거나 파일을 공유하는 행동.
- **캔디 크러시 사가(캐주얼 게임)**: 사용자가 게임플레이 버튼을 누름. 특정 레벨을 완료함.
- **테드(강의 영상)**: 사용자가 특정 강의를 시청하는 행동.
- **Calm(명상 앱)**: 사용자가 명상 세션을 완료하는 행동.

서비스 명	제공하는 서비스	리텐션 근거 사용자 행동
Uber	차량 공유	차량 호출
(슬랙)	메신저	메시지 보내기
(캔디크러시)	캐쥬얼 게임	게임 플레이하기 버튼을 누름
TED	강의 영상	영상 시청하기
(Spotify)	음악 스트리밍	곡 재생
Calm	명상 앱	명상 완료

그림 3.35 서비스의 핵심 가치를 반영한 행동 기준 리텐션 예시

핵심 행동을 기준으로 리텐션을 정의하면 단순한 접속 빈도를 넘어 실제 서비스 가치 전달 여부를 확인할 수 있게 됩니다. 또한 사용자 행동 패턴을 보다 정밀하게 이해하고 제품 개선과 마케팅 전략 수립에 실질적인 인사이트를 제공받을 수 있습니다.

3.3.3 _ 리텐션 벤치마크

글로벌 MMP 회사인 앱스플라이어의 리텐션 벤치마크 데이터는 다양한 앱 카테고리, 플랫폼, 지역별 사용자 리텐션을 비교할 수 있는 유용한 자료입니다. 익명화된 집계 데이터를 기반으로 제공되기 때문에 자사 앱의 리텐션이 업계 평균 대비 어느 수준에 있는지 객관적으로 파악하는 데 도움이 됩니다.

앱스플라이어는 매년 리텐션 벤치마크 리포트를 발행하고 있으며, 공식 웹사이트에서도 카테고리별 리텐션 데이터를 공개하고 있습니다(https://www.appsflyer.com/benchmarks). 이 리포트를 효과적으로 활용하기 위해서는 다음과 같은 단계별 접근을 활용합니다.

먼저, 자사 앱의 카테고리, 플랫폼(iOS/Android), 주요 타깃 지역과 일치하는 조건의 벤치마크 데이터를 확인합니다. 자사가 게임 앱을 운영하고 있고 주요 사용자가 동남아 Android 기반이라면, 해당 조건에 맞는 Day 1, Day 7, Day 30 리텐션 평균 수치를 기준으로 자사 데이터를 비교해야 정확한 진단이 가능합니다.

다음으로는 자사 앱의 리텐션 데이터를 동일한 지표 단위로 정리해 비교 분석합니다.

- 업계 평균 대비 리텐션이 낮은 경우, 초기 온보딩, 알림 전략, 핵심 기능 노출 방식 등에서 개선이 필요한 지점을 탐색합니다.
- 반대로 업계 평균보다 리텐션이 높다면 자사만의 강점을 파악하고 이를 더 강화하거나, 마케팅 메시지에 활용할 수 있는 포인트로 삼을 수 있습니다.

이 벤치마크는 제품팀, 마케팅팀, 경영진 등 다양한 부서 간 공통 언어로 활용될 수 있습니다. "우리 앱의 D7 리텐션이 14%인데, 업계 평균은 21%입니다"라는 식의 비교는 누구에게나 직관적으로 이해되며, 설득력 있는 전략 논의를 가능하게 합니다.

마지막으로, 리텐션 수치가 단기적으로 낮다고 해서 반드시 실패라고 판단할 필요는 없습니다. 벤치마크 데이터는 절대적인 기준이 아니라, 참고할 수 있는 방향성입니다. 중요한 것은 수치 차이를 통해 원인을 분석하고, A/B 테스트나 기능 개선을 통해 지속적으로 리텐션을 끌어올리기 위한 실행으로 연결하는 것입니다.

이처럼 리텐션 벤치마크는 단순한 데이터 비교를 넘어, 전략 수립, 성과 진단, 개선 실행까지 이어지는 실질적인 분석 도구로 활용될 수 있습니다.

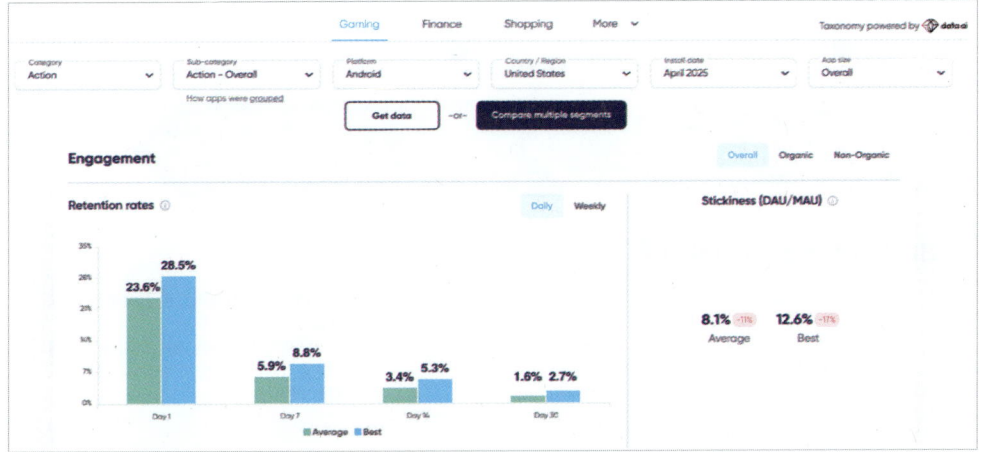

그림 3.36 리텐션 벤치마크 예시. 2025년 4월, 미국 안드로이드 액션 게임의 평균 리텐션은 Day 1 기준 23.6%, Day 30 기준 1.6%로 나타났다.

지금까지 3.1~3.3절에 걸쳐 사용자 여정 단계별로 확인해야 하는 KPI와 이를 통해 앱을 개선하는 방법을 살펴보았습니다. 사용자는 앱을 사용하는 과정에서 광고를 인지하는 단계(CTR 확인) → 클릭 후 앱 설치로 전환하는 단계(CVR, CPI 확인) → 첫 사용자 경험을 제공하는 온보딩 단계(완성률, 소요시간, 이탈률 확인) → 마지막으로 서비스를 지속적으로 이용하는 단계(리텐션 확인)를 거칩니다.

각 단계에서 확인한 KPI는 구체적인 전략 수립의 토대가 됩니다. 광고 인지 단계에서는 CTR 분석을 통해 광고 소재와 타겟팅 전략을 최적화하고, 앱 설치 전환 단계에서는 CVR과 CPI를 기준으로 캠페인의 성과와 비용 효율성을 평가합니다. 온보딩 단계에서는 사용자 경험 데이터를 활용하여 프로세스를 간소화하고, 완성률을 높이면서 이탈률을 낮추도록 개선 전략을 실행합니다. 서비스 잔존 단계에서는 리텐션 지표를 기반으로 사용자 참여를 지속시키는 리워드 프로그램이나 개인화된 콘텐츠를 제공하여 장기적으로 사용자 경험을 향상시킬 수 있습니다.

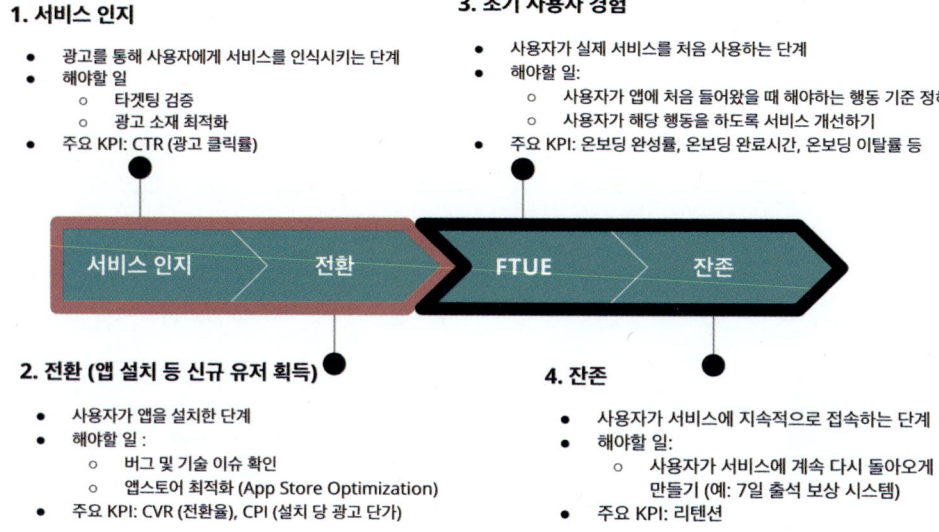

그림 3.37 사용자의 여정 단계별 KPI 정리

다음 절에서는 KPI 분석 시 유의해야 할 사항과 KPI 측정을 위한 이벤트 파라미터 설정법을 소개하겠습니다.

3.4 KPI의 함정

KPI는 조직 전체가 이해하고 공유하는 지표로, 사용자의 경험을 최적화하고 서비스 개선을 통해 사업 목표를 효과적으로 달성할 수 있도록 합니다. 그러나 KPI를 잘못 설정하거나 특정 지표에 과도하게 집착하면 서비스뿐 아니라 회사 전체를 위태롭게 만들 수 있습니다.

2016년, 미국의 한 대형 은행 사례는 잘못된 KPI 설정이 얼마나 치명적일 수 있는지를 보여줍니다. 당시 이 은행은 KPI를 신규 상품 판매 수로 정하고, 하루 8개 이상의 상품을 판매하라는 목표를 설정했습니다.

하지만 이미 시장 점유율과 판매율이 업계 1위였던 상황에서 매일 신규 고객을 확보하는 것은 현실적으로 불가능에 가까웠습니다. 영업 직원들은 실적 압박에 시달리며 고객의 신분을 도용해 허위 계좌를 개설하는 불법 행위를 저질렀고, 6년에 걸쳐 약 200만 개의 계좌가 고객 몰래 개설된 사실이 드러났습니다.

이로 인해 은행은 한화로 총 4조 원이 넘는 과태료를 지불했으며, 금전적 손실을 넘어 고객의 신뢰라는 핵심 가치를 잃게 되었습니다. 이 사건은 KPI가 조직의 방향성과 문화를 어떻게 오도할 수 있는지를 단적으로 보여줍니다. KPI는 단순히 숫자 달성을 위한 수단이 아니라, 조직의 건강하고 지속 가능한 성장을 이끄는 지표가 되어야 합니다. 따라서 KPI가 진정으로 중요한 지표인지 지속적으로 검토하고, 필요에 따라 유연하게 조정하는 태도가 필요합니다.

다음 절에서는 조직 전체를 위험에 빠뜨릴 수 있는 잘못된 KPI의 위험을 어떻게 피할 수 있을지, 그 방법들을 소개하겠습니다.

3.4.1 _ 누적 KPI의 함정

미국 드라마 '실리콘 밸리'는 소심한 프로그래머 리처드 헨드릭스가 탁월한 알고리즘을 개발하면서 하루아침에 스타트업 CEO가 되어 겪는 시행착오를 유쾌하게 그려냅니다. 극 중 리처드는 우여곡절 끝에 '피리 부는 사나이'라는 앱을 출시하고, 누적 50만 다운로드를 달성합니다. 투자자들은 이를 기념해 성대한 파티를 열지만, 리처드는 어딘가 불안한 표정으로 투자사 직원 모니카에게 속내를 털어놓습니다.

- **리처드**: 모니카, 사실 우리한테 누적 다운로드는 중요한 지표가 아니에요. 실제로 계정을 만들고 앱을 쓰는 사용자가 더 필요하다구요.
- **모니카**: 실제 사용자는 몇 명인데요?
- **리처드**: 1만9000명이요…

많은 사용자가 앱을 다운로드했지만, 복잡한 사용자 인터페이스 탓인지 실제 사용자는 전체 다운로드 수 대비 5%도 안 되었던 겁니다. 이 장면은 누적 다운로드 수가 얼마나 쉽게 오해될 수 있는지를 잘 보여줍니다.

누적 다운로드는 시간에 따라 자연스럽게 증가하는 수치이며, 실제 사용자 활동 여부나 서비스 품질 개선 여부를 반영하지는 않습니다. 말 그대로 숫자가 계속 더해지는 구조이기 때문에 줄어들 일이 없고, 사용자 이탈이나 비활성도 가려져 보이지 않습니다.

이처럼 겉보기에는 성과처럼 보이지만 비즈니스에 의미 있는 인사이트를 제공하지 못하는 지표를 '허무 지표(Vanity Metrics)'라고 부릅니다. 허무 지표는 대체로 누적 데이터를 기반으로 하며 누적 페이지뷰, 누적 앱 다운로드, 누적 가입자 수, 누적 좋아요 수 등이 대표적인 예입니다.

그림 3.38에서는 마케터 A와 B의 대화를 통해 동일한 KPI도 관점에 따라 얼마나 다르게 해석될 수 있는지를 보여줍니다.

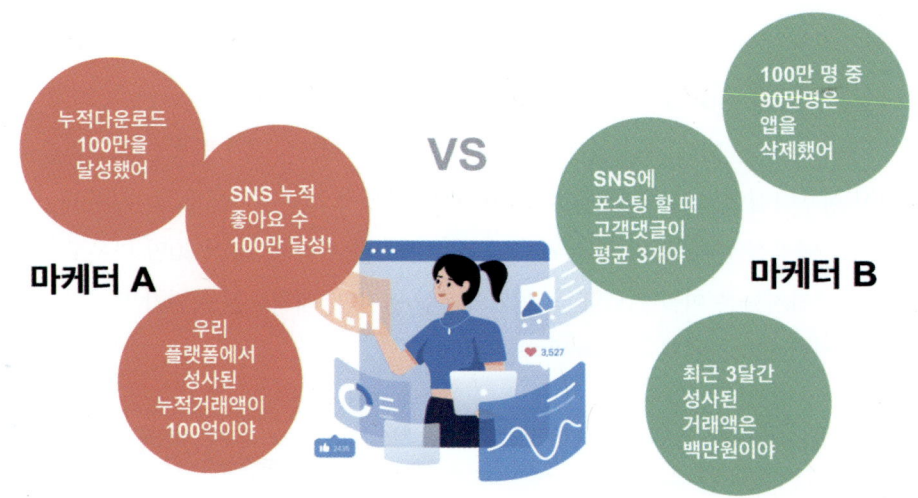

그림 3.38 마케터 A와 B의 대화를 통해 본 KPI 해석의 차이

마케터 B는 현재 서비스 상태를 정확히 파악할 수 있는 지표에 주목하는 반면, 마케터 A는 다음과 같은 수치를 강조합니다.

- "누적 다운로드 100만을 달성했어."
- "SNS 누적 좋아요 수 100만 달성!"
- "우리 플랫폼에서 성사된 누적 거래액이 100억이야."

이 수치들은 모두 누적 수치로 시간이 흐르면 자연스럽게 증가할 뿐만 아니라 일시적인 광고 집행을 통해 단기간에 급격히 끌어올릴 수도 있는 수치입니다. 다음의 체크리스트를 통해 현재 우리 서비스에서 활용 중인 KPI가 함정 지표는 아닌지 점검해보기 바랍니다. 건강한 KPI는 인위적으로 수치를 끌어올리기 어렵고, 해당 지표가 개선되었을 때 실제로 서비스 품질이 향상되어 사용자의 지속적인 이용으로 이어져야 합니다.

허무 지표 체크리스트

- 광고비 투입, 보상 지급 등으로 인위적으로 증가시킬 수 있는 수치인가?
- 시간이 흐르면 자연스럽게 증가하는가?
- 이 지표가 개선되면 실제로 서비스가 개선되는가?
- 이 지표를 개선하기 위해 각 구성원이 취해야 할 행동이 명확한가?
- 코호트 분석을 통해 해석의 깊이를 더할 수 있는가?
- KPI를 변경할 수 없다면 최소한 그에 맞는 실행 방안을 수정할 수 있는가?

물론 현실적으로 누적 지표는 사업 전략상 꼭 필요한 KPI일 수 있습니다. 주로 언론 보도나 투자자 대상의 PR 자료 등 외부 커뮤니케이션을 위해 효과적으로 활용되기 때문입니다. 그러나 내부적으로 이 지표만 바라보면 실제 서비스 품질이나 사용자 현황을 오판할 위험이 있습니다. 따라서 누적 지표를 KPI로 설정했다면 숫자 달성에만 매몰되지 말고 다양한 각도에서 데이터의 의미를 살펴볼 필요가 있습니다.

누적 지표가 가진 함정을 어떻게 극복할 수 있을까요? 여기에서 유용한 분석 방법이 바로 **코호트 분석(Cohort Analysis)**입니다. 코호트 분석은 특정 공통점이나 경험을 가진 사용자 그룹을 나누고 일정 기간 이들의 행동을 관찰하는 방법입니다. 페이스북에서 유입된 사용자 그룹, 40대 남성 사용자 그룹, 특정 상품을 구매한 사용자 그룹 등으로 데이터를 나누어 살펴보는 것입니다. 코호트 분석에 앞서 살펴본 리텐션 개념을 더하면, 단순한 누적 지표가 아니라 실질적으로 비즈니스 인사이트를 제공하는 지표로 탈바꿈시킬 수 있습니다.

한 데이팅 앱의 데이터를 코호트 분석으로 살펴보겠습니다. 이 앱에서는 신규 사용자 데이터를 광고 매체별로 나누고, 다운로드 후 재방문한 사용자 리텐션을 시간 흐름에 따라 측정했습니다. 두 매체에 투입한 광고비는 동일하며, 이제 마케터는 하나의 매체에만 예산을 집중 투자해야 합니다. 그렇다면 어느 매체를 선택하는 것이 더 효과적일까요?

표 3.9 매체별 코호트 분석을 통한 누적 다운로드 수와 리텐션 비교

구분	구분	30일간 누적 다운로드 수	DAY 1	DAY 2	DAY 3	DAY 4	...	DAY 10
매체 1	리텐션	100%	17.6%	11.8%	10.3%	6.8%	...	4.4%
	재방문자	34,000	6,000	4,000	3,500	2,300	...	1,500
매체 2	리텐션	100%	28.6%	21.4%	17.9%	15.7%	...	11.1%
	재방문자	28,000	8,000	6,000	5,000	4,400	...	3,100

단순히 30일간의 누적 다운로드 수만 본다면 매체 1이 가장 우수해 보입니다. 하지만 설치 후 10일간 데이터를 분석했을 때는 매체 2의 리텐션(11.1%)이 매체 1(4.4%)보다 훨씬 높았습니다.

즉, 코호트 분석 결과, 매체 2가 비록 전체 다운로드 수는 적었지만 충성도 높은 사용자를 더 많이 확보했다는 인사이트를 얻을 수 있습니다. 단순히 누적 다운로드 수만 가지고 판단했다면 매체 2의 캠페인을 중단하고 매체 1에만 예산을 집중 투자하는 잘못된 의사결정을 했을 것입니다.

이와 같이 코호트 분석은 누적 지표의 한계를 보완하고, 서비스 개선과 비즈니스 성장에 실질적인 도움을 주는 강력한 분석 방법입니다.

3.4.2 _ KPI가 너무 많을 때: 북극성 지표

앞서 마케팅 KPI와 여러 가지 분석 기법을 소개했지만, 현실의 기업 환경에서는 더욱 다양한 KPI를 관리하게 됩니다. 서비스가 성장하고 조직이 확장됨에 따라 각 팀은 각자의 목표와 필요에 따라 서로 다른 KPI를 만들고 관리하기도 합니다. 그러다 보면 어느 순간에는 눈덩이처럼 불어난 수많은 KPI에 압도되는 상황이 벌어지기도 합니다.

그림 3.39 KPI가 너무 많을 때 생기는 혼란

이처럼 KPI가 과도하게 많아지면 모든 지표를 같은 우선순위로 관리하기 어려워지고, 어떤 지표를 먼저 개선해야 할지 방향성을 잃게 될 수 있습니다.

SNS 앱의 사용자 활동을 측정하는 KPI를 예시로 살펴봅시다. 이 앱은 다음과 같은 KPI를 설정합니다.

- **회원가입 수**: 신규 사용자가 앱에 가입한 숫자. 서비스의 초기 성장과 유입량을 평가할 때 유용합니다.
- **페이지 뷰**: 사용자가 앱에서 조회한 페이지 수. 서비스 탐색 활동을 보여줍니다.
- **좋아요 숫자**: 게시물에 대한 사용자 반응을 나타내며 콘텐츠와의 상호작용 정도를 측정합니다.
- **댓글 수**: 사용자 간의 상호작용과 커뮤니티 활성화를 나타내는 지표입니다.
- **사용자 한 명당 평균 친구 숫자**: 소셜 앱의 네트워크 확장성과 사용자 참여도를 보여주는 핵심 지표입니다.

현실적으로 모든 KPI를 동시에 최적화하는 것은 어렵습니다. **회원가입 수**를 늘리기 위해 적극적인 프로모션을 실시하면 일시적으로 신규 사용자는 증가할 수 있지만, 만약 이들이 앱을 활발히 사용하지 않고 이탈한다면 **평균 친구 숫자**와 같은 장기적으로 더 중요한 지표는 하락할 가능성이 있습니다. 이 상황에서는 'OMTM(One Metric That Matters)', '아하 모먼트(Aha Moment)', '북극성 지표(North Star Metric)' 개념을 활용하면 효과적입니다. OMTM은 팀이 짧은 기간 동안 가장 중요하게 집중해야 할 목표를 의미하고, 북극성 지표는 회사 전체가 함께 추구하는 장기적인 핵심 목표를 뜻합니다. 아하 모먼트는 사용자가 '이 앱 정말 좋다!'라고 느끼는 첫 순간으로, 팀은 이 순간을 만들기 위해 OMTM을 설정하고, 그 모든 노력은 결국 북극성 지표를 달성하기 위한 방향으로 이어집니다.

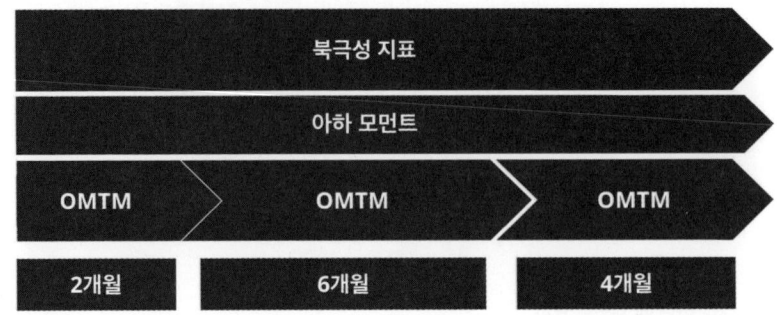

그림 3.40 북극성 지표는 회사 전체가 장기적으로 집중할 핵심 지표이다.

위의 SNS 앱 사례를 다시 들어 북극성 지표와 OMTM이 각 팀에서 어떻게 활용될 수 있는지 더 구체적으로 살펴보겠습니다. 회사는 '가입 후 10일 이내 친구 7명 만들기'를 아하 모먼트로 정의하고, 사용자가 이 지점에 도달하도록 각 팀은 일정 기간마다 OMTM을 설정해 전략을 실행합니다. 모든 팀은 초기 2개월 동안 '회원가입 수'를 OMTM으로 삼아 더 많은 사용자가 유입되도록 집중하고, 이후 6개월은 '사용자 한 명당 평균 친구 수'를 주요 지표로 정해, 실제 아하 모먼트 달성률을 높이기 위한 개선 작업에 들어갑니다.

먼저 제품팀은 초기 2개월 동안 가입 절차 간소화, 가입 직후 빠르게 친구 추가를 유도하는 기능 등을 개발하여 신규 유입을 극대화합니다. 회원가입 후 첫 화면에서 사용자가 즉시 친구를 초대하고 연결할 수 있는 기능을 제공해 사용자 참여를 촉진합니다.

마케팅팀 역시 이 기간 동안 회원가입을 늘리기 위한 프로모션 캠페인, 광고 매체 최적화 등으로 지원합니다. 캠페인 성과를 분석하여 '회원가입 수'를 가장 많이 달성한 채널을 파악하고, 필요한 자원을 효율적으로 배분합니다.

이후 6개월간은 OMTM을 '사용자 한 명당 평균 친구 숫자'로 변경하여 제품팀은 친구 추천 알고리즘 개선, 더 쉽고 직관적인 친구 추가 기능 제공 등을 추진합니다. 마케팅팀은 '사용자 한 명당 평균 친구 숫자'를 늘리기 위해 친구 초대 캠페인을 진행합니다. 친구를 초대하면 두 사람 모두에게 혜택이 제공되는 추천 시스템을 도입하여 사용자가 친구를 초대하도록 유도합니다.

이러한 모든 활동은 궁극적으로 MAU(Monthly Active Users)라는 북극성 지표를 끌어올리는 데 기여합니다. MAU는 플랫폼의 장기적인 사용자 참여도와 성장을 나타내는 핵심 지표로, 회사 전체가 공유하는 장기 목표로 설정되어 있습니다. 팀들은 단기 OMTM에 집중하면서도 사용자들이 아하 모먼트에 도달하도록 유도하고, 이를 통해 MAU라는 북극성 지표가 자연스럽게 개선되도록 전략을 조율합니다.

많은 성공적인 테크 기업들은 명확한 아하 모먼트와 북극성 지표를 정의하여 조직을 운영해 왔습니다. 눈치챘을 수도 있지만, '가입 후 10일 이내에 친구 7명 만들기'는 페이스북 초기 성장기의 핵심 아하 모먼트였습니다. 이 행동을 중심으로 제품팀, 마케팅팀, 데이터 분석팀 등 모든 부서가 하나의 목표 아래 협력하며 제품을 개선해 나갔다는 일화는 지금도 널리 회자되고 있습니다.

서비스 명	서비스 종류	아하 모먼트
페이스북	소셜 네트워킹	가입 후 10일 이내에 친구 7명 만들기
슬랙	팀 커뮤니케이션	팀 내에서 주고 받은 메시지 개수 2000개
드롭박스	클라우드 스토리지	파일 한 개 저장하기
x(트위터)	소셜 네트워킹	N명의 사용자를 팔로우하고 이중 Y%는 맞팔로우해야 함

그림 3.41 유명한 테크 회사들의 아하 모먼트(Aha moment). 사용자가 서비스의 가치를 직관적으로 깨닫고, 그 서비스가 자신에게 유용하다는 것을 실감하는 순간을 뜻한다.

페이스북의 내부 데이터 분석에 따르면, 가입 초기에 7명 이상의 친구를 추가한 사용자는 장기적으로 플랫폼에 잔존할 가능성이 현저히 높았습니다. 이 인사이트를 바탕으로 페이스북은 제품 구조와 사용자 경험을 전면적으로 설계했습니다.

예를 들어 다음과 같은 전략이 실행되었을 가능성이 있습니다.

- 가입 직후 '친구 추천' 기능을 전면에 배치해 사용자가 자연스럽게 친구를 추가하도록 유도
- 지인 초대 이메일 기능을 통해 사용자 스스로 지인을 초대할 수 있도록 지원
- '친구 추가를 완료해야 다음 단계로 이동 가능'한 흐름 일부 적용
- 친구 수가 7명 미만인 경우 리마인드 알림

이 접근은 단순히 수치를 달성하기 위한 시도가 아니라, 플랫폼의 본질적인 가치인 소셜 연결성을 조기에 체감하게 하려는 전략이었습니다. 이 지표를 중심으로 한 제품 개선은 사용자 리텐션을 획기적으로 향상시켰으며, 초기 사용자층이 강력한 네트워크 효과를 만들어내는 데 핵심적인 역할을 했습니다.

지금까지 서비스 단계별로 설정해야 할 KPI와 이를 효과적으로 관리하는 방법, 그리고 자주 빠지기 쉬운 두 가지 데이터 함정에 대해 살펴보았습니다. 지표를 측정하고 관리하는 역할은 주로 마케터나 PM이 담당하지만, KPI의 중요성은 특정 부서에만 국한돼서는 안 됩니다.

기획자, 개발자, 디자이너 등 모든 팀원이 핵심 지표를 정확히 이해하고, 자신이 어떤 방식으로 해당 지표 개선에 기여할 수 있을지 고민해야 합니다. 서비스 초반에는 그 차이를 체감하기 어려울 수 있지만, 시간이 지날수록 이러한 인식의 차이가 서비스의 성공 여부를 결정짓는 핵심 요소가 됩니다.

만약 여러분 회사의 모든 구성원이 단 하나의 핵심 지표에 집중한다면 무엇을 설정해야 할까요? 앞으로 이 질문을 항상 염두에 두고 어떤 데이터를 우선적으로 살펴야 할지 명확한 기준을 세워보기 바랍니다. 전체 팀이 하나의 목표 아래 움직일 때 비로소 더 큰 성과와 지속 가능한 성장으로 나아갈 수 있습니다. 여기서 설명한 내용을 활용해 여러분이 복잡한 디지털 마케팅 세계에서 더욱 명확하고 확실한 전략을 수립할 수 있기를 바랍니다.

3.5 이벤트 파라미터 기획하기

KPI는 서비스나 제품이 달성하고자 하는 핵심 목표를 수치로 정의한 것입니다. 이 수치를 정확하게 측정하고 분석하기 위해서는 사용자 행동을 구체적으로 기록할 수 있는 이벤트와 파라미터 설계가 반드시 뒷받침되어야 합니다.

'사용자의 구매 건수'를 KPI로 설정했다고 가정해봅시다. 단순히 구매가 발생할 때마다 '구매 건수'만 기록하는 방식은 구현이 간단하고 빠르게 결과를 확인할 수 있다는 장점이 있습니다. 그러나 이 방식은 단지 '몇 건의 구매가 있었는가'만 보여줄 뿐, 구매가 이뤄진 맥락이나 사용자 행동의 배경을 파악할 수 없습니다.

KPI를 보다 정확하게 측정하려면 구매 이벤트가 발생할 때 **구매 금액, 구매한 상품, 할인 코드 사용 여부, 결제 수단** 등과 같은 세부 정보가 함께 파라미터로 기록되어야 합니다. 그래야 실제로 어떤 요인이 구매에 영향을 주었는지, 어느 사용자 그룹이 어떤 방식으로 구매했는지 등의 분석이 가능해집니다.

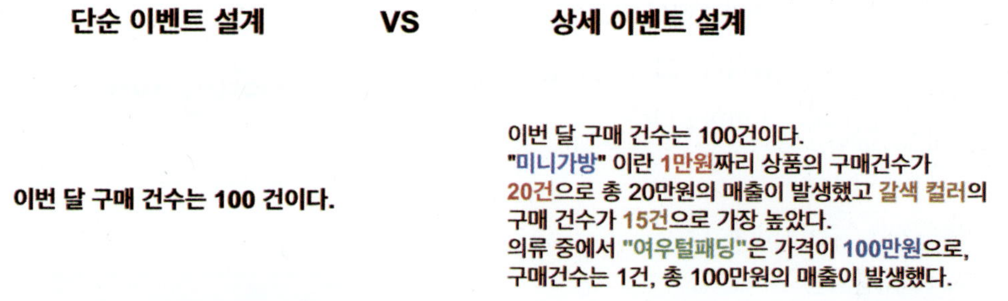

단순 이벤트 설계   **VS**   **상세 이벤트 설계**

이번 달 구매 건수는 100 건이다.

이번 달 구매 건수는 100건이다.
"미니가방" 이란 1만원짜리 상품의 구매건수가 20건으로 총 20만원의 매출이 발생했고 갈색 컬러의 구매 건수가 15건으로 가장 높았다.
의류 중에서 "여우털패딩"은 가격이 100만원으로, 구매건수는 1건, 총 100만원의 매출이 발생했다.

그림 3.42 단순 이벤트를 설계했을 때와 상세한 이벤트에 파라미터를 함께 설정했을 때 측정 가능한 데이터의 폭과 깊이에는 큰 차이가 발생한다.

글로벌 MMP 기업인 앱스플라이어에서도 '구매' 이벤트를 측정할 때 '통화코드', '아이템 수량', '상품 아이디'와 같은 상세한 파라미터를 설정하여 분석할 것을 권장하고 있습니다.

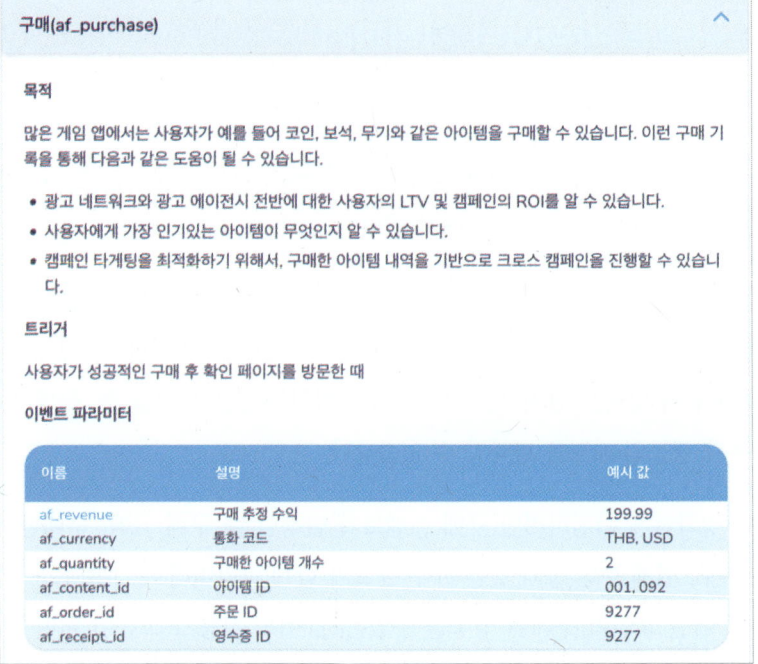

그림 3.43 앱스플라이어의 구매 이벤트 파라미터 가이드

이해를 돕기 위해 인스타그램의 로그인 이벤트를 예로 들어 설명하겠습니다. 그림 3.44는 인스타그램의 로그인 페이지 화면입니다.

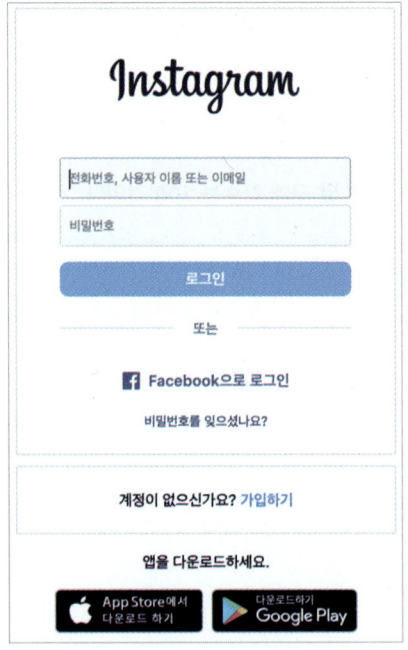

그림 3.44 인스타그램 로그인 페이지

인스타그램의 로그인 페이지에서는 사용자가 페이스북, 전화번호, 이메일을 이용해 로그인하거나 새 계정을 만들 수 있는 다양한 선택지를 제공합니다. 이때 사용자가 '로그인' 버튼을 클릭하면, 어떤 로그인 방법(페이스북, 전화번호, 이메일)을 사용했는지를 파악할 수 있습니다. 이 과정에서 'complete_login'이라는 이벤트가 발생하며, 사용자가 선택한 로그인 방법을 'login_type'이라는 파라미터로 기록합니다.

이와 같이 이벤트 파라미터를 설정하면 사용자의 로그인 방식에 대한 선호도를 파악할 수 있습니다. 로그인 방법을 선택하는 행동은 사용자 경험에서 중요한 요소로 작용하며, 이 데이터를 분석함으로써 더 나은 사용자 경험을 제공할 수 있는 기반을 마련할 수 있습니다.

이제 이벤트 파라미터를 어떻게 기획할지, 그 과정을 단계별로 더 구체적으로 살펴보겠습니다.

01. 주요 이벤트와 파라미터 설정 목표

서비스에서 측정할 이벤트와 이 이벤트를 설정하는 목표를 명확히 정합니다. 인스타그램에서 주로 측정하는 이벤트는 게시물 조회, 좋아요 클릭, 댓글 작성, 스토리 시청, 팔로우/언팔로우 등이 그 예시입니다. 각 이벤트는 사용자의 인스타그램 활동성을 측정하는 데 유용하게 활용할 수 있으며 다음과 같은 파라미터를 설정할 수 있습니다.

02. 주요 이벤트별 파라미터 기획 예시

1) 게시물 조회 이벤트

- 목적: 사용자가 어떤 유형의 게시물에 관심이 많은지 파악하여 개인화 추천을 강화
- 이벤트 이름: post_view
- 파라미터 예시
  - post_id: 게시물 고유 ID
  - user_id: 사용자 ID
  - post_type: 게시물 종류(이미지, 비디오 등)
  - category: 게시물 카테고리(예: 여행, 음식, 패션)
  - view_duration: 조회 시간(동영상인 경우)

2) 좋아요 클릭 이벤트

- 목적: 인기 있는 콘텐츠와 사용자의 선호도를 파악하여 콘텐츠 피드를 최적화
- 이벤트 이름: `like_post`
- 파라미터 예시
  - `post_id`: 좋아요를 누른 게시물 ID
  - `user_id`: 좋아요를 누른 사용자 ID
  - `time_of_day`: 좋아요 클릭 시간(사용자 이용 시간 패턴 분석에 유용)
  - `post_author_id`: 게시물 작성자 ID(관계성 분석에 활용)

3) 댓글 작성 이벤트

- 목적: 사용자들이 어떤 게시물에 반응하는지, 어떤 주제에 댓글을 많이 다는지 파악하여 커뮤니티 참여도를 향상
- 이벤트 이름: `comment_post`
- 파라미터 예시
  - `post_id`: 댓글을 단 게시물 ID
  - `user_id`: 댓글 작성자 ID
  - `comment_length`: 댓글 글자 수(사용자의 반응 강도 분석)

4) 스토리 시청 이벤트

- 목적: 사용자가 스토리에 얼마나 관심을 가지는지 파악하여 콘텐츠 전략을 강화
- 이벤트 이름: `story_view`
- 파라미터 예시
  - `story_id`: 스토리 ID
  - `user_id`: 시청자 ID
  - `view_duration`: 스토리 시청 시간
  - `story_type`: 스토리 종류(이미지, 비디오 등)

5) 팔로우/언팔로우 이벤트

- **목적**: 사용자 네트워크와 관계성, 팔로우 증가/감소 요인 분석을 통한 사용자 경험 최적화
- **이벤트 이름**: follow_action
- **파라미터 예시**
  - user_id: 팔로우/언팔로우한 사용자 ID
  - target_user_id: 대상 사용자 ID
  - action_type: 팔로우 또는 언팔로우

03. 주의사항

- **개인정보 보호**: 사용자 ID나 감정 분석과 같은 민감한 데이터는 반드시 암호화하는 등 철저한 보안 대책을 마련해야 합니다. 데이터의 안전성을 보장하기 위한 기술적, 법적 절차를 준수하는 것이 중요합니다.

- **필요 최소한의 파라미터 설정**: 수집하는 파라미터는 핵심적인 데이터에 집중하여 최소화해야 합니다. 불필요한 데이터를 수집하면 분석 비용이 증가하고 효율성이 낮아질 수 있습니다. 이를 위해 앞서 설명한 OMTM(One Metric That Matters)과 북극성 지표(North Star Metric) 개념을 활용하여 필수적인 파라미터만 설정하는 것이 바람직합니다.

- **영어 설정**: 영어는 글로벌 표준 언어로, 다양한 국가에서 서비스를 제공하는 데 중요한 역할을 합니다. 글로벌 매체 중 일부는 포스트백을 영어로만 받을 수 있으며, 기본 템플릿과 문서도 대부분 영어로 제공됩니다. 따라서 파라미터 이름을 영어로 통일하면 설정과 관리가 훨씬 용이합니다.

마지막으로 인앱 이벤트를 기획하고 측정하는 방법을 실습을 통해 학습해 보겠습니다. 이번 실습은 새로운 앱 출시를 앞두고 있거나 기존 인앱 이벤트를 재정리하여 다시 구현하려는 마케터들에게 유용합니다.

그림 3.45는 앱스플라이어에서 제시한 예시로, 단순한 행동 측정을 넘어 더 세부적인 정보를 측정할 것을 권장합니다. 예를 들어, 비행기 티켓 예약 앱에서는 '예약' 이벤트만 측정하는 것이 아니라, 사용자가 예약 시 회원번호, 좌석 유형, 목적지 등의 세부 정보를 함께 기록하여 더 정확한 데이터를 수집하도록 안내하고 있습니다.

그림 3.45 이벤트 파라미터 예시

정교하게 기획된 파라미터는 단순 수치 이상의 맥락을 제공하며, 이를 통해 인과 관계를 검증하고 의미 있는 인사이트를 도출하는 데 중요한 역할을 합니다.

이벤트 파라미터 기획 실습을 위해 표 3.10의 '이벤트 파라미터 기획하기' 표를 만들었습니다. 예시 외의 칸은 공란으로 두었으므로 그림 3.45를 참고하여 아이디어를 얻고 우리 서비스에서 측정할 인앱 이벤트나 자주 사용하는 앱에서 측정할 이벤트 파라미터를 직접 기획하여 채워 넣어봅시다.

표 3.10 이벤트 파라미터 기획하기 (직접 채워 넣어보세요!)

이벤트 종류	목적	이벤트 이름	파라미터 예시
예) 게시물 조회 이벤트	예) 사용자가 어떤 유형의 게시물에 관심이 많은지 파악하여 개인화 추천을 강화	예) post_view	예) • post_id: 게시물 고유 ID • post_type: 게시물 종류(이미지, 비디오 등) • category: 게시물 카테고리(여행, 음식 등)

이벤트 종류	목적	이벤트 이름	파라미터 예시

3장에서는 기본 광고 KPI, 사용자 여정 단계별 KPI 수립, 데이터 함정을 피하는 전략, 이벤트 파라미터 기획 방법을 다뤘습니다.

사용자 여정 단계에 맞춘 KPI 설정과 정확한 데이터 수집 및 분석은 마케팅 효율성을 높이는 데 필수적입니다. KPI가 명확하면 각 단계의 성과 평가가 쉬워지고, 개선 방안도 명확하게 도출할 수 있습니다. 데이터 함정을 피하기 위해서는 수집된 데이터를 올바르게 해석하고 활용하는 계획이 요구됩니다.

더불어 이벤트 파라미터를 체계적으로 설계하면 데이터 수집 수준을 넘어 사용자 행동을 세밀히 이해할 수 있습니다. 이는 마케팅 전략을 정교하게 조정하고 실질적인 성과를 이끌어내는 데 중요한 역할을 합니다.

마케팅은 단기적 목표 달성뿐만 아니라 지속적인 데이터 분석과 전략 개선을 통해 장기적이고 지속 가능한 성장을 지향해야 합니다. 3장에서 다룬 내용이 마케팅 활동의 효율성과 체계성을 높이는 데 도움이 되기를 바랍니다.

연습문제

1. 클래식 리텐션은 어떤 방식으로 계산되나요?

    A. 매일 앱에 접속한 사용자를 누적 계산

    B. 기준일(D0)에 앱을 설치하거나 접속한 사용자 중 특정 날짜에 다시 돌아온 비율

    C. 전체 사용자 중 특정 행동을 수행한 비율

    D. 기준일 이후 한 번이라도 돌아온 비율

2. 브래킷 리텐션은 어떤 상황에서 유용하게 사용될 수 있나요?

    A. 매일 유입되는 사용자 수가 일정할 때

    B. 특정 주기(예: 주간, 월간)로 리텐션을 묶어 분석하고 싶을 때

    C. 실시간 분석이 필요한 경우

    D. 사용자 그룹 기반 분석이 필요한 경우

3. 롤링 리텐션의 계산 방식은 다음 중 무엇인가요?

    A. 기준일 이후 특정 날짜까지 한 번이라도 돌아온 사용자의 비율

    B. 기준일에 접속한 사용자 중 매일 접속한 사용자 비율

    C. 기준일 다음 날부터 평균 접속 횟수

    D. 기준일 이후 클릭 이벤트 발생 수

4. D0 = 1월 1일일 때, 클래식 리텐션 D3은 어떤 사용자 집합을 의미하나요?

    A. 1월 1일부터 3일까지 접속한 모든 사용자

    B. 1월 4일에 다시 접속한 사용자

    C. 1월 3일에 처음 접속한 사용자

    D. 1월 4일까지 매일 접속한 사용자

5. 일반적으로 클래식 리텐션보다 롤링 리텐션이 높게 나오는 이유는 무엇인가요?

    A. 계산 방식에 오류가 있기 때문

    B. 롤링 리텐션은 기준일 이후 한 번이라도 돌아오면 리텐션으로 보기 때문

    C. 클래식 리텐션은 활성 사용자 수 기준으로 보기 때문

    D. 브래킷 리텐션의 범위를 포함하기 때문

6. 누적 가입자 수만으로 마케팅 성과를 판단하는 것이 위험한 이유는 무엇인가요?

    A. 가입자 수는 실시간으로 측정할 수 없기 때문이다.

    B. 누적 지표는 현재 사용자의 활성도나 이탈 여부를 반영하지 않기 때문이다.

    C. 가입자는 대부분 유료 사용자이기 때문이다.

    D. 가입자 수는 이벤트 파라미터로 구현이 불가능하기 때문이다.

7. CTR이 높다고 해서 광고 성과가 좋다고 단정지을 수 없는 이유는 무엇인가요?

    A. 클릭 수는 자동으로 조작되기 때문이다.

    B. CTR은 단기 지표이기 때문에 장기 예측이 불가능하다.

    C. 클릭 이후 유의미한 전환이나 수익이 발생하지 않을 수 있기 때문이다.

    D. CTR은 대부분 오가닉 유입에서 발생하기 때문이다.

8. 누적 지표만으로 성과를 평가할 때의 한계를 보완하기 위해 코호트 분석을 사용하는 주요 이유는 무엇인가요?

    A. 전체 사용자 평균을 기준으로 하여 데이터 해석이 간단해지기 때문이다.

    B. 시간에 따라 사용자군을 나눠 분석함으로써 특정 시점에 유입된 사용자의 행동 패턴을 명확히 파악할 수 있기 때문이다.

    C. 누적 지표보다 시각적으로 더 보기 좋기 때문이다.

    D. 실시간으로 모든 사용자의 데이터를 동시에 확인할 수 있기 때문이다.

9. 다음 중 북극성 지표(North Star Metric)의 가장 핵심적인 역할은 무엇인가요?

    A. 전체 비즈니스의 성장을 나타내는 단일 핵심 지표로서 팀의 방향성을 제공한다.

    B. 사용자의 클릭 수나 페이지뷰를 세부적으로 추적하는 지표이다.

    C. 단기 수익을 극대화하기 위한 KPI이다.

    D. 고객 불만 건수를 집계하는 품질 관리 지표이다.

10. 이벤트 파라미터의 주요 목적은 무엇인가요?

    A. 이벤트 발생 시간을 측정하기 위해

    B. 앱 설치가 발생한 시간을 측정하기 위해

    C. 이벤트에 대한 상세한 맥락(Context) 정보를 전달하기 위해

    D. 사용자 정보를 저장하기 위해

11. 다음 중 앱 소유주의 이벤트 파라미터에 해당하지 않는 것은 무엇인가요?

    A. 버튼 클릭 이벤트 발생 시 클릭한 버튼의 이름

    B. CTR

    C. 결제 이벤트 시 결제 금액

    D. 장바구니 담기 이벤트 시 상품 개수

정답

1.
    정답: B

    해설: 클래식 리텐션은 D0 기준으로 D1, D2, D3... 특정 날짜에 다시 방문한 사용자의 비율을 일자별로 분리해 계산합니다.

2.
    정답: B

    해설: 브래킷 리텐션은 여러 날짜를 구간으로 묶어 분석할 수 있어, 장기적인 사용자 행동 추이를 보기 좋습니다.

3.
    정답: A

    해설: 롤링 리텐션은 기준일 이후 특정 시점까지 한 번이라도 돌아왔으면 리텐션으로 간주합니다.

4.
    정답: B

    해설: 클래식 리텐션은 D0(1월 1일)에 앱을 사용한 사용자 중, D3(1월 4일)에 다시 앱에 접속한 사용자를 의미합니다.

5.
    정답: B

    해설: 클래식 리텐션은 특정 날짜(D1, D2 등)별로 따로 보기 때문에 롤링 리텐션에 비해 기준이 엄격합니다. 반면, 롤링 리텐션은 그 기간 내 한 번이라도 접속하면 리텐션으로 보기 때문에 수치가 높게 나올 수 있습니다.

6.

　정답: B

　해설: 누적 가입자 수는 계속 증가하는 지표이기 때문에, 이탈한 사용자나 비활성 사용자를 구분하지 않으면 실제 성과를 과대평가할 수 있습니다.

7.

　정답: C

　해설: CTR이 높아도, 클릭 이후 전환(CVR)이나 ROAS가 낮다면 광고 전체 성과는 좋지 않을 수 있습니다. 따라서 퍼널 전체 흐름을 함께 봐야 합니다.

8.

　정답: B

　해설: 누적 지표는 전체 사용자 기준의 평균값으로 인해 성과 변화를 왜곡할 수 있습니다. 반면, 코호트 분석은 유입 시점이 같은 사용자 그룹을 기준으로 행동을 추적해, 시기별 성과나 개선 효과를 정확히 파악할 수 있는 장점이 있습니다.

9.

　정답: A

　해설: 북극성 지표는 제품 또는 서비스가 사용자에게 전달하는 핵심 가치를 가장 잘 나타내는 지표입니다. 이를 기준으로 팀 전체가 한 방향으로 움직일 수 있도록 돕습니다.

10.

　정답: C

　해설: 이벤트 파라미터는 이벤트 자체만으로는 알 수 없는 상세한 상황 정보를 함께 전달하는 역할을 합니다. 예를 들어 "상품 조회" 이벤트에 '상품 ID', '카테고리' 등의 파라미터를 함께 전송해 맥락을 분석합니다.

11.

　정답: B

　해설: CTR은 광고 노출 대비 클릭률로 광고매체에서 측정하는 메트릭입니다. 나머지는 특정 이벤트와 연결된 파라미터입니다.

디지털 마케팅,
AI로 날개를
달다

04장

데이터 이슈 해결하기

4.1 데이터 차이 분석하기

4.2 데이터 급증감 분석하기

4.3 프로드(Fraud), 가짜 데이터 가려내기

4.4 데이터 이슈를 대하는 자세

지금까지 디지털 마케팅에서 활용하는 KPI와 분석 방법을 소개했습니다. 오늘날 디지털 마케팅 환경에서 기업들은 점점 더 많은 데이터를 다루고 있으며, 이러한 데이터를 효과적으로 활용하는 것이 성공적인 마케팅의 핵심이 되고 있습니다.

하지만 실제 데이터를 분석하고 캠페인을 최적화하는 과정에서 마케터들은 여러 가지 도전 과제에 직면하게 됩니다. 특히 데이터의 급증, 급감, 또는 여러 출처에 분산된 데이터를 관리하는 것은 쉽지 않은 일입니다. 또한 데이터가 여러 곳에 분산되어 각 대시보드마다 수치가 다를 때 이를 어떻게 활용할지 고민되는 경우도 많습니다. 데이터 이슈들을 제대로 관리하지 못하면 잘못된 의사결정으로 이어져 비즈니스 성과가 악화될 수 있습니다.

이번 장에서는 마케터라면 누구나 한 번쯤 마주하게 되는 데이터 관련 문제 상황들을 살펴보고, 이에 대한 효과적인 해결 방법을 소개하겠습니다.

구체적으로, 자주 발생하는 데이터 차이의 원인을 깊이 이해하고 이를 최소화하는 방안을 살펴보겠습니다. 그 후에는 데이터가 갑자기 변화할 때 효과적으로 대응하는 분석 방법을 소개하고, 마지막으로 데이터 이슈를 현명하게 다룰 수 있는 마케터의 마음가짐에 대해서도 함께 고민해 보겠습니다.

4.1 데이터 차이 분석하기

디지털 마케팅에서 데이터 차이는 피할 수 없는 주제입니다. 같은 지표라도 분석 도구마다 서로 다른 값을 보여주는 경우가 흔하기 때문입니다. 메타 광고 대시보드에서는 앱 설치 수가 100건으로 기록된 반면, MMP(Mobile Measurement Platform, 마케팅 성과 측정 파트너) 대시보드에서는 같은 지표가 80건으로 나타날 수 있습니다. 구글 광고 대시보드에서는 광고를 통한 매출이 100만 원으로 표시되지만, 내부 대시보드에는 90만 원으로 기록되는 경우도 있습니다.

구분	설치	구분	설치
메타 대시보드	100	MMP 대시보드 내 메타 성과	80

그림 4.1 동일한 지표(메타의 앱 설치 수)라도 메타 광고 대시보드와 MMP 대시보드에서 다르게 표시될 수 있다.

이러한 데이터 차이는 광고 플랫폼, 내부 대시보드, 그리고 MMP와 같은 제삼자 툴 간에서도 자주 발생합니다. 이는 마케터에게 혼란을 주고, 데이터 기반의 의사결정을 더욱 복잡하게 만듭니다. 그뿐만 아니라, 데이터 분석에 소요되는 시간과 비용까지 증가하게 됩니다. 그렇다면 데이터 차이는 왜 발생할까요? 이를 최소화할 수 있는 방법은 무엇일까요?

데이터 차이의 원인을 명확히 이해하고 분석하는 일은 정확하고 효율적인 의사결정의 필수 조건입니다. 다음 절에서는 데이터 차이가 나타나는 주요 원인과 이를 해결할 수 있는 구체적인 방법을 살펴보겠습니다.

4.1.1 _ 어트리뷰션 모델

모바일 마케팅 환경에서 단 하나의 광고 매체만 있다면 어트리뷰션에 대한 고민이 필요하지 않을 것입니다. 하지만 현실은 그렇게 단순하지 않습니다.

기업의 마케터는 평균적으로 5개 이상의 광고 매체를 운영합니다. 또한 우리 제품을 구매할 가능성이 높은 사용자를 찾기 위해 지속적으로 새로운 광고 매체를 추가합니다.[1] 그 결과 사용자는 앱을 설치하거나 제품을 구매하기 전에 굉장히 많은 광고 매체를 클릭하거나 보게 됩니다.

그림 4.2 광고 매체, 광고 플랫폼, 분석 툴 등 다양한 광고 파트너사(출처: 앱스플라이어)

다음 그림은 사용자가 매체 A, B, C의 광고를 차례로 클릭한 뒤 앱을 설치하기까지의 여정을 보여줍니다.

---

1 앱스플라이어는 사용자가 설치나 구매를 하기 전까지 평균적으로 5개~20개의 매체를 거친다고 분석했습니다.

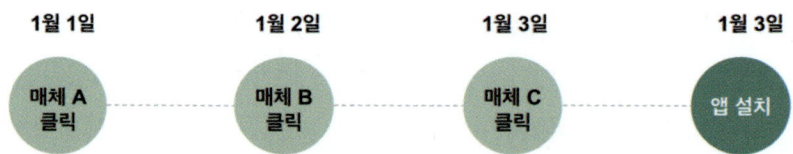

그림 4.3 3개의 광고를 클릭하고 앱을 설치한 사용자의 여정

이 경우, 앱 설치 성과는 매체 A의 것일까요, 매체 B의 것일까요, 아니면 가장 마지막에 클릭한 매체 C의 것일까요? 이렇게 여러 광고 매체를 클릭한 경우, 마케터는 어떤 매체에 성과를 줄지 기준을 정해야 합니다. 이때 사용하는 기준이 바로 어트리뷰션 모델(Attribution Model)입니다.

어트리뷰션 모델은 크게 **단일 터치 어트리뷰션**(Single Touch Attribution, SAT)과 **멀티 터치 어트리뷰션**(Multi-Touch Attribution, MTA) 두 가지로 나눌 수 있습니다. 이름에서 알 수 있듯이, 단일 터치 어트리뷰션 모델은 특정 매체 하나에 성과를 100% 부여하는 방식이며, 멀티 터치 어트리뷰션 모델은 여러 매체에 성과를 나누어 부여하는 방식입니다.

사용자가 최초로 반응한 광고 매체(A)에 성과를 전부 부여할 경우 **첫 번째 클릭 어트리뷰션 모델**이라 하고, 최종적으로 반응한 광고 매체(C)에 성과를 전부 부여하면 **마지막 클릭 어트리뷰션 모델**이라 합니다. 어떤 어트리뷰션 모델을 선택하느냐에 따라 동일한 캠페인의 성과도 전혀 다른 결과로 나타날 수 있습니다. 따라서 어트리뷰션 모델을 정확히 이해하지 못하면 데이터 분석 과정에서 잘못된 결론을 내릴 위험이 커집니다.

다음 절에서는 각 어트리뷰션 모델의 특징과 예시를 살펴보고, 데이터 해석의 정확성을 높이기 위한 기준 설정 방법도 알아보겠습니다.

첫 번째 클릭 모델

첫 번째 클릭 모델은 사용자가 가장 처음 관여한 매체(광고를 클릭하거나 본 매체)에 성과를 100% 부여하는 방식입니다. 이를 통해 마케터는 사용자가 우리 브랜드를 처음 알게 된 채널을 명확하게 파악합니다. 성과를 하나의 매체에만 부여하기 때문에 추가적인 사용자 여정 분석이 필요하지 않아 쉽게 도입할 수 있습니다.

라이프스타일 앱 '오늘의집'은 매체별 일간 유입 기여를 이 첫 번째 클릭 모델로 분석하고 있습니다. 오늘의집이 이 모델을 사용하는 이유는 사용자가 그날 가장 먼저 접한 매체가 이후의 행동에 큰 영향을 준다고 판단했기 때문입니다. 카카오 1boon에서 인테리어 노하우 콘텐츠를 보고 앱을 설치한 사용자는 콘텐츠 소비 성향이 강할 가능성이 높습니다. 반면 페이스북에서 특정 상품을 보고 설치한 사용자는 상품 구매 성향이 더 강할 것으로 예상합니다(출처: 오늘의집 공식 블로그).

마지막 클릭 모델

마지막 클릭 모델은 사용자가 가장 마지막으로 관여한 매체에 성과를 100% 부여하는 방식입니다. 이 모델은 광고 성과나 광고비 정산 기준을 정할 때 가장 흔히 사용되며, 하나의 매체에만 성과를 할당하기 때문에 성과 측정 과정이 단순하고 명확하다는 장점이 있습니다.

대부분의 MMP는 기본적으로 마지막 클릭(Last Click) 모델을 활용하지만, 각 MMP는 연동된 매체 데이터를 활용해 '마지막 클릭' 이외에도 다양한 어트리뷰션 분석 방법을 추가적으로 제공합니다.

선형 모델

선형 모델은 사용자가 앱을 설치하기 전 클릭하거나 본 모든 매체에 동일한 기여도를 부여하는 방식입니다. 이 모델은 계산이 단순하고 명확하여 멀티 터치 어트리뷰션(MTA) 모델 중 가장 쉽게 도입할 수 있습니다. 하지만 모든 매체에 똑같은 성과를 배분하기 때문에 현실적이지 않다는 비판도 있습니다. 선형 모델을 그대로 따른다면 마케팅 예산을 모든 매체에 동일하게 배분하는 것이 가장 효과적이라는 결론을 내릴 수 있기 때문입니다.

시간 가치 모델

시간 가치 모델은 전환(구매 또는 설치) 시점에 가까운 매체일수록 더 높은 기여도를 부여하는 방식입니다. 즉, 사용자가 가장 최근에 본 광고에 가장 큰 비중을 주고, 처음 본 광고로 갈수록 비중을 점차 낮게 배정하는 방식입니다. 이 모델은 고관여 제품의 성과 측정에 적합합니다.

- **고관여 제품**: 보험, 자동차, 고급 시계, 보석 등 가격이 높고 구매 빈도가 낮아 구매 전 깊게 고민하는 제품
- **저관여 제품**: 식품, 세제 등 일상에서 쉽게 소비하며 구매 빈도가 높아 구매 전 깊게 고민하지 않는 제품

고관여 제품은 사용자가 여러 매체를 거쳐 충분한 정보를 얻고 오랜 기간 고민한 뒤 구매를 결정합니다. 기업에서도 제품이 주는 가치와 차별점을 강조하는 광고를 지속적으로 진행하게 됩니다. 즉, 사용자가 여러 가지 마케팅 경로를 지나오면서 구매욕구가 점점 강해진 후에 구매 전환이 일어났다고 판단하는 것입니다.

데이터 분석학 업계의 선도자인 아비나쉬 카우쉭(Avinash Kaushik)은 시간 가치 모델을 높이 평가했습니다. 그는 경로별 기여도 비중에 대한 논쟁이 있을 수는 있어도, 이 모델이 다른 모델보다 상식적이라고 말하며, 실제로 여러 프로젝트에서 이 모델을 약간씩 변형해 사용했다고 밝혔습니다(출처: 아비나쉬 카우쉭, 《웹 데이터 분석학》(에이콘출판, 2013)).

시점 또는 U-shape 모델

시점 기반 모델은 브랜드를 처음 알린 매체와 전환을 유도한 마지막 매체에 각각 40%씩의 높은 기여도를 부여하고, 나머지 20%를 중간 매체에 균등하게 나누는 방식입니다. 이 모델은 브랜드를 처음 인지하게 한 매체와 전환에 직접적인 영향을 준 마지막 매체의 중요성을 강조하면서도, 중간 단계에서 사용자의 행동에 영향을 준 매체의 역할까지 놓치지 않고 반영한다는 장점이 있습니다. 매체별 성과를 그래프로 표현하면 U자 형태가 되기 때문에 **U-Shape 모델**이라고도 부릅니다.

다음 그림은 각 어트리뷰션 모델이 성과를 매체별로 어떻게 분배하는지 시각적으로 나타낸 것입니다.

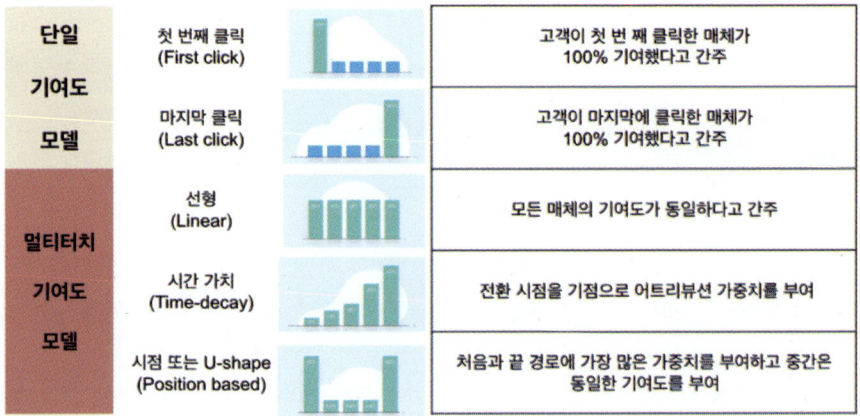

그림 4.4 어트리뷰션 모델의 종류 정리

어트리뷰션 모델 시나리오

지금까지 살펴본 5가지 어트리뷰션 모델을 바탕으로 각 모델이 실제 성과를 어떻게 평가하는지 알아보겠습니다. 이해를 돕기 위해 한 명의 사용자가 총 4개의 광고(매체 A, B, C, D)를 순차적으로 클릭한 뒤 앱을 설치한 상황을 가정해 보겠습니다.

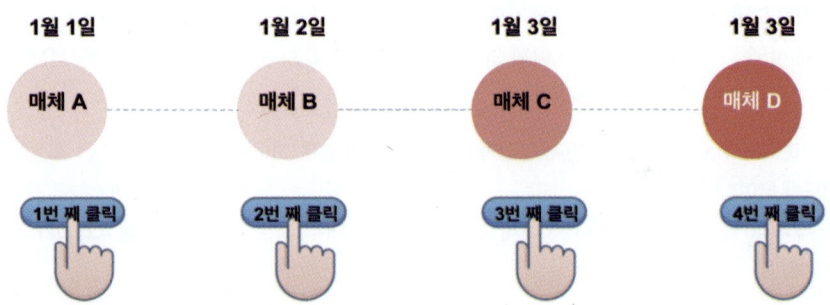

그림 4.5 한 명의 사용자가 4개의 광고를 클릭한 예시

이 경우, 앱 설치 100건의 성과가 어트리뷰션 모델에 따라 어떻게 배분되는지 다음 표에 정리했습니다.

표 4.1 각 어트리뷰션 모델에 따라 다르게 기록되는 성과

모델 구분	매체 A	매체 B	매체 C	매체 D	성과 우수 매체
첫 번째 클릭	100	0	0	0	매체 A
마지막 클릭	0	0	0	100	매체 D
선형	25	25	25	25	매체 A, B, C, D
시간가치	5	15	30	50	매체 D
시점 또는 U-shape	40	10	10	40	매체 A, D

- **첫 번째 클릭 모델**: 사용자가 처음으로 관여한 매체 A에 100% 기여도를 부여하며, 이후의 접점(매체 B, C, D)은 고려되지 않습니다.
  → **매체 A**가 가장 우수한 매체로 평가됩니다.

- **마지막 클릭 모델**: 사용자가 최종적으로 액션을 취한 매체 D에 100% 기여도를 부여하며, 이전의 접점(매체 A, B, C)은 무시됩니다.
  → **매체 D**가 가장 우수한 매체로 평가됩니다.

- **선형 모델**: 모든 매체에 동일한 기여도를 배분하여 매체 A, B, C, D가 각각 25%씩 기여하는 것으로 평가됩니다.
  → 모든 매체가 성과에 균등하게 기여한 것으로 분석됩니다.

- **시간 가치 모델**: 사용자가 최종 전환에 가까워질수록 더 높은 기여도를 부여하는 방식입니다.
  → 매체 A(5%) → 매체 B(15%) → 매체 C(30%) → 매체 D(50%) 순으로 증가하며, 최종 접점인 **매체 D**가 가장 우수한 매체로 평가됩니다.

- **시점 기반(U-shape) 모델**: 첫 번째 접점과 마지막 접점에 높은 기여도를 부여하고, 중간 접점에는 낮은 기여도를 부여합니다.
  → 매체 A(40%) → 매체 B(10%) → 매체 C(10%) → 매체 D(40%)로 분배되며, **매체 A와 D**가 가장 우수한 매체로 평가됩니다.

이처럼 어떤 어트리뷰션 모델을 선택하느냐에 따라 매체에 대한 성과 평가가 크게 달라질 수 있습니다. 각 모델의 기본 개념을 이해했으니, 구체적인 사례를 통해 어트리뷰션 모델에 따른 데이터의 차이를 살펴보겠습니다.

여행회사 H는 **광고 매체 A, B, C를 통해 앱 설치 광고를 집행**했으며, 각 매체의 대시보드에는 다음과 같은 설치 수가 기록되었습니다.

표 4.2 여행회사 H의 광고 매체별 앱 설치 개수 예시

구분	설치
광고 매체 A	300
광고 매체 B	400
광고 매체 C	300

이 데이터를 보면 앱 설치 총합이 1,000건(300 + 400 + 300)처럼 보입니다. 그러나 각 매체의 설치 수를 단순히 합산하면 중복 계산이 발생할 수 있어, 실제 앱 설치 수와는 차이가 날 가능성이 큽니다.

한 명의 사용자가 다음과 같은 과정으로 앱을 설치했다고 가정해 보겠습니다.

- 1월 1일: 매체 A 광고를 클릭
- 1월 2일: 매체 B 광고를 클릭
- 1월 3일: 매체 C 광고를 클릭한 후 같은 날 앱을 설치

그림 4.6 세 개의 광고를 클릭하고 앱을 설치한 사용자의 여정

이 경우, 각 매체의 대시보드에는 모두 앱 설치 1건씩 기록됩니다. 즉, 매체 A, B, C 모두가 자신의 광고 덕분에 앱 설치가 발생했다고 보고하는 것입니다. 따라서 단순 합산 시 설치 수는 3건이 됩니다. 그러나 실제 사용자는 단 한 명이며, 실제 앱 설치 수는 1건입니다.

사용자가 매체 A → B → C 순서로 광고를 클릭하고 앱을 설치한 배경은 이렇습니다.

- **첫 번째 클릭(매체 A)**: 실수로 잘못 클릭
- **두 번째 클릭(매체 B)**: 배너 광고를 보고 흥미가 생겼지만, 급한 일이 있어 설치하지 않음
- **세 번째 클릭(매체 C)**: 다시 광고를 보고 최종적으로 앱 설치

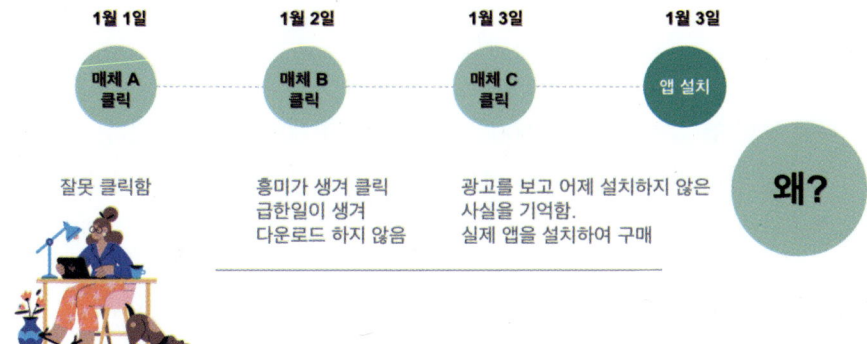

그림 4.7 세 개의 클릭 데이터는 사용자가 왜 그러한 행동을 했는지에 대한 이유를 설명하지는 못한다.

그러나 '기록된 데이터'는 사용자의 의도와 행동의 맥락을 알지 못합니다. 데이터는 언제, 어떤 매체에서, 어떤 아이디 값으로 클릭과 설치가 발생했는지만 알 수 있습니다. 사용자가 왜 세 번이나 광고를 클릭하고 앱을 설치했는지는 추론할 수 있을 뿐, 데이터로 기록할 수 없는 영역입니다.

이러한 이유로, 앱 설치 기여도를 평가하기 위한 다양한 어트리뷰션 모델(attribution model)이 존재합니다. 서로 다른 어트리뷰션 모델을 적용할 경우 동일한 데이터를 분석하더라도 결과가 다르게 나타날 수 있습니다.

위 시나리오에서 **첫 번째 클릭 모델**을 선택했다면 매체 A의 앱 설치 1건이 기록되고, **마지막 클릭 모델**을 선택했다면 매체 C의 앱 설치 1건이 기록됩니다. 이 데이터 차이를 최소화하고 일관된 분석을 하려면 모든 대시보드에서 사용하는 어트리뷰션 모델 기준을 통일하는 것이 중요합니다.

이를 위해 주로 다음 두 가지 방법을 활용합니다.

1. 자체 내부 시스템 구축
2. MMP 활용

이 두 가지 방법을 자세히 살펴보겠습니다.

첫 번째 방법은 회사가 직접 각 광고 매체로부터 클릭 데이터를 수집하고 분석하는 내부 시스템을 구축하는 것입니다. 하지만 이 방식에는 다음과 같은 문제가 존재합니다.

- **복잡한 구현과 높은 유지 보수 비용**: 내부 시스템을 구축하면 데이터의 수집·저장·분석 과정에서 상당한 기술적 노력이 필요하며, 관련 문제가 발생할 때마다 지속적으로 유지 보수가 요구됩니다.
- **확장성 부족**: 회사가 성장할수록 광고 매체와 캠페인의 수가 증가하고 데이터 양도 늘어납니다. 시스템이 확대된 데이터를 처리하기 위해서는 추가적인 인프라와 전문 인력이 필요해지며, 이는 시간과 비용 측면에서 큰 부담이 됩니다. 특히 매체가 확장될수록 각 매체와 별도의 연동이나 계약이 필요해지는 점도 큰 어려움이며, 일부 광고 회사는 데이터 제공을 거부할 수도 있어 실무에 제약이 발생할 수 있습니다.
- **보안 및 개인정보 문제 발생**: 광고 클릭 데이터에는 개인 정보가 포함될 수 있습니다. 따라서 각 매체가 데이터를 제공할 때 개인정보 보호 및 보안 위험이 발생합니다. 회사가 데이터를 내부적으로 처리할 경우 추가적인 보안 관리가 필수적이며, 데이터 수집 과정에서도 많은 주의가 필요합니다.

이러한 문제점으로 인해 첫 번째 방법보다는 지금부터 설명하는 두 번째 방법을 추천합니다. 즉, MMP를 활용하는 방법입니다. 실제로 많은 기업이 이 방법을 채택하고 있습니다.

광고 매체는 자사의 광고를 클릭한 사용자 데이터만 보유하고 있으므로, 광고주가 여러 매체에서 발생한 클릭 데이터를 통합하고 중복을 제거한 정확한 성과를 분석하기 어렵습니다. 이 문제를 효과적으로 해결해 주는 것이 바로 MMP의 역할입니다.

MMP는 수천 개의 광고 매체로부터 발생한 클릭 데이터를 수집하고 광고주의 데이터와 결합하여 동일한 기준으로 제공합니다. 이를 통해 다음과 같은 분석이 가능합니다.

- 어떤 광고 매체에서 클릭이 발생했는지
- 클릭이 실제 앱 설치로 언제 이어졌는지
- 사용자가 어떤 경로를 거쳐 앱을 설치했는지

결론적으로 MMP를 활용하면 하나의 어트리뷰션 모델을 기반으로 모든 광고 매체의 데이터를 통합 관리할 수 있어 중복을 제거하고 데이터 차이를 최소화할 수 있습니다. 이를 통해 기업은 더욱 정교하고 최적화된 마케팅 전략을 수립합니다.

4.1.2 _ 룩백 윈도우

룩백 윈도우는 광고의 기여도를 평가할 때 사용하는 시간 범위를 의미합니다. 사용자가 광고를 클릭하거나 본 후 일정 기간 이내에 원하는 행동(예: 앱 설치, 구매, 회원가입 등)을 수행한 경우에만 해당 광고가 기여한 것으로 인정됩니다. 사용자의 행동이 설정된 룩백 윈도우 기간을 벗어나게 되면, 해당 유입은 오가닉 트래픽(광고 등 유료 마케팅 없이 자연스럽게 유입된 트래픽)으로 간주되며 광고의 성과로 기록되지 않습니다.

한 패션 플랫폼 회사가 7일의 클릭-스루 룩백 윈도우를 설정하고 앱 설치 광고 캠페인을 진행한다고 가정해보겠습니다. 사용자가 광고를 클릭한 후 7일 이내에 앱을 설치하면 해당 광고는 설치에 기여한 것으로 인정됩니다. 하지만 사용자가 광고를 클릭한 지 7일이 지난 후 앱을 설치했다면 해당 광고는 기여도가 없는 것으로 판단됩니다.

광고 유입과 앱 설치를 측정하는 기준이 되는 룩백 윈도우는 크게 두 가지로 나눌 수 있습니다.

1. **클릭-스루 룩백 윈도우(Click-through lookback window):**
   - 사용자가 광고를 **클릭한 후** 일정 기간 내에 앱을 설치하면 광고의 기여로 인정됩니다.
   - 클릭-스루 룩백 윈도우가 **7일**로 설정된 경우:
     - 사용자가 광고를 클릭한 후 6일 뒤에 앱을 설치 → 광고 성과로 인정합니다.
     - 사용자가 광고를 클릭한 후 8일 뒤에 앱을 설치 → 오가닉으로 인정합니다.
2. **뷰-스루 룩백 윈도우(View-through lookback window):** 사용자가 광고를 본 후 일정 기간 내에 앱을 설치하면 광고의 기여로 인정됩니다.
   - 뷰-스루 룩백 윈도우가 24시간으로 설정된 경우:
     - 사용자가 광고를 본 후 12시간 뒤에 앱을 설치 → 광고 성과로 인정합니다.
     - 사용자가 광고를 본 후 30시간 뒤에 앱을 설치 → 오가닉으로 인정합니다.

글로벌 시장 점유율 1위인 앱스플라이어의 경우, 클릭-스루 룩백 윈도우는 7일에서 30일 사이로 설정하고, 뷰-스루 룩백 윈도우는 더 짧은 24시간에서 7일 사이로 설정됩니다.

룩백 윈도우 설정은 데이터 차이에 어떤 영향을 미칠까요? 광고 매체마다 클릭-스루 룩백 윈도우 설정이 다르면, 같은 사용자 행동이라도 기여도를 인정받는 매체가 달라질 수 있습니다. 이를 시나리오로 살펴보겠습니다.

시나리오 1: 광고 매체별 클릭-스루 룩백 윈도우 차이

- 구글의 클릭-스루 룩백 윈도우: 30일
- 메타의 클릭-스루 룩백 윈도우: 7일

사용자 A가 먼저 구글 광고를 클릭한 뒤 몇 시간 후 메타 광고를 클릭했고, 그로부터 14일 후 앱을 설치했다고 가정해 보겠습니다. 이 경우 메타의 클릭-스루 룩백 윈도우(7일)를 초과하여 설치했기 때문에 메타는 이를 자사 성과로 기록하지 않습니다. 반면, 구글은 자사의 클릭-스루 룩백 윈도우(30일) 이내이므로 해당 설치를 구글 광고 성과로 기록합니다.

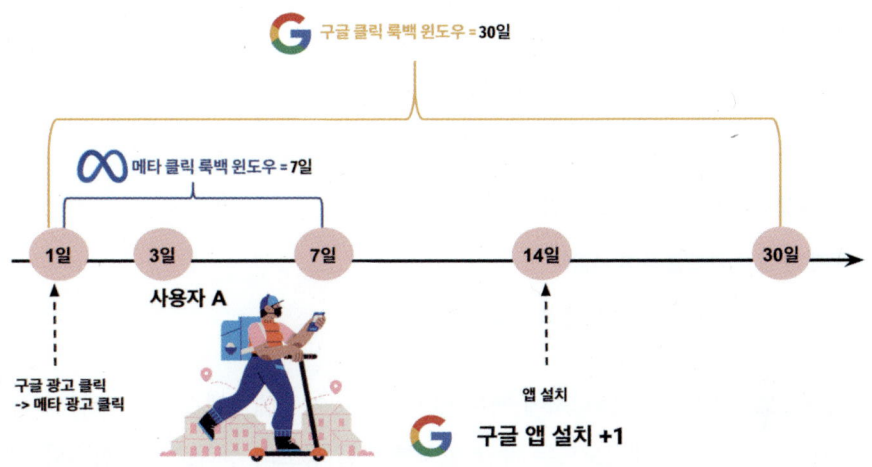

그림 4.8 광고 클릭 후 14일째 앱을 설치한 사용자

같은 조건에서 사용자가 광고 클릭 후 3일째에 앱을 설치했다면 어떨까요? 이 경우 앱 설치 시점이 메타(7일)와 구글(30일)의 클릭-스루 룩백 윈도우에 모두 포함되므로, 양쪽 매체 모두 설치 성과를 기록하게 됩니다. 이처럼 여러 매체가 동일한 사용자 행동을 각자 성과로 인정하기 때문에 중복 기록이 발생합니다.

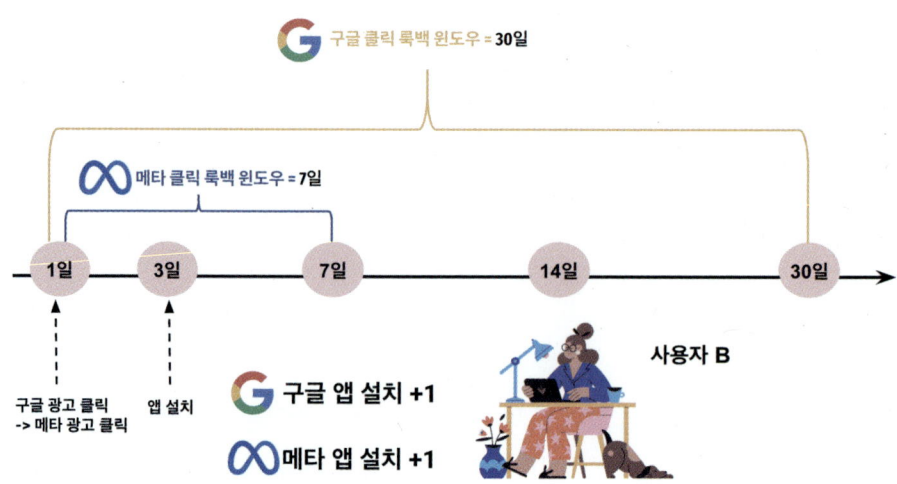

그림 4.9 광고 클릭 후 3일째 앱을 설치한 사용자

룩백 윈도우의 차이로 인해 발생하는 데이터 차이를 더 잘 이해하고 이를 해결할 방법을 알아보기 위해 또 다른 시나리오를 살펴보겠습니다.

시나리오 2: MMP와 광고 매체의 다른 클릭-스루 룩백 윈도우

- 구글의 클릭-스루 룩백 윈도우: 30일
- MMP의 클릭-스루 룩백 윈도우: 10일
- 사용자 앱 설치: 광고 클릭 후 14일째
- MMP의 어트리뷰션 모델: 마지막 클릭 모델

사용자가 광고를 클릭한 후 14일째에 앱을 설치했다고 가정해보겠습니다. 구글의 룩백 윈도우는 30일이므로 구글 대시보드는 해당 설치를 구글 광고의 성과로 기록합니다. 하지만 MMP는 10일의 룩백 윈도우를 적용하므로 사용자의 앱 설치를 광고와 연관되지 않은 오가닉 설치로 기록합니다. 이처럼 동일한 사용자 행동이라도 룩백 윈도우 설정이 다르면 각 대시보드에서 다르게 기록됩니다.

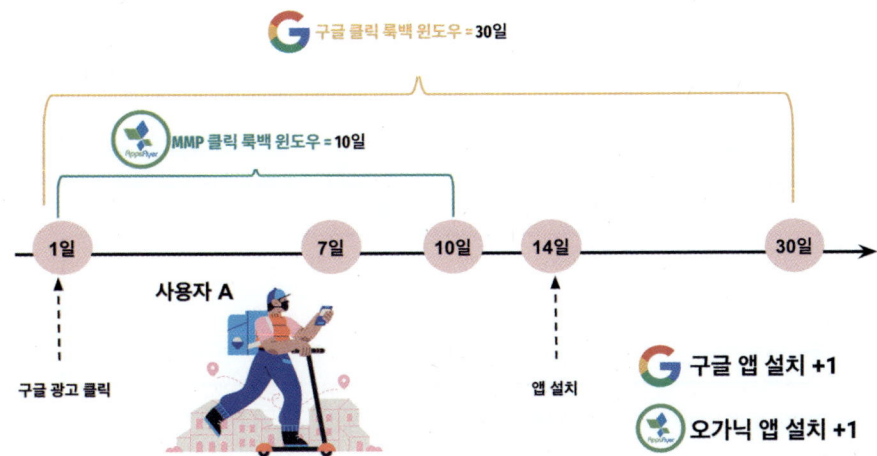

그림 4.10 MMP와 구글의 클릭-스루 룩백 윈도우 차이에 따른 성과 기록 사례

앞서 살펴본 시나리오 1의 앱 설치 중복 사례와 시나리오 2의 데이터 차이를 해결하는 방법은 간단합니다. MMP가 제공하는 매체별 룩백 윈도우 설정 기능을 활용해 기준을 통일한 뒤, MMP 대시보드에서 데이터를 확인하면 됩니다.

다음은 MMP에서 룩백 윈도우를 설정하는 두 가지 방법입니다. 광고를 집행하기 전에 아래 설정을 적용해야 합니다.

1. MMP와 S2S(Server-to-Server) 방식으로 통신하는 SRN(Self Reporting Network)의 설정 변경
2. 어트리뷰션 링크를 사용하는 광고 매체의 설정 변경

먼저, SRN의 룩백 윈도우 설정 변경 방법을 살펴보겠습니다.

1. MMP 메뉴에서 설정을 변경할 SRN을 검색하고 선택합니다.
2. 연동 탭에서 클릭-스루 어트리뷰션과 뷰-스루 어트리뷰션 설정까지 스크롤을 내립니다.
3. 슬라이더(Slider)를 사용하여 어트리뷰션 윈도우를 원하는 기간으로 설정합니다.

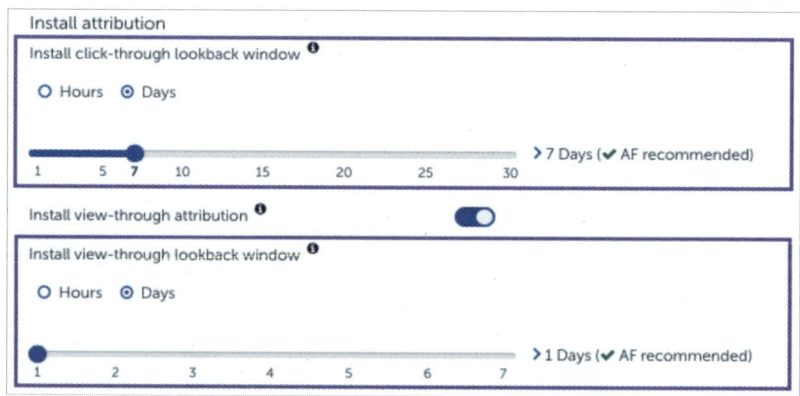

그림 4.11 MMP 앱스플라이어에서 SRN의 룩백 윈도우 설정을 변경하는 방법

다음 표는 가장 많이 사용하는 글로벌 SRN의 기본 뷰-스루 및 클릭-스루 룩백 윈도우 설정을 나타냅니다. 이 설정을 참고하여 각 매체의 룩백 윈도우를 변경하면 데이터 차이를 최소화할 수 있습니다. 다만, 각 광고 매체의 기본 룩백 윈도우는 변경될 수 있으므로 매체의 공식 사이트에서 최신 정보를 확인하는 것이 좋습니다.

표 4.3 각 광고 매체의 기본 룩백 윈도우

광고 매체	클릭-스루 룩백 윈도우	뷰-스루 룩백 윈도우
구글	30일	7일
페이스북	7일	1일
틱톡	7일	1일
X(트위터)	14일	1일
스냅챗	28일	1일

다음으로, 어트리뷰션 링크를 사용하는 광고 매체의 룩백 윈도우 설정 변경 방법에 대해 알아보겠습니다. 어트리뷰션 링크 내 파라미터를 변경하여 설정할 수 있으며, 앱스플라이어에서는 어트리뷰션 링크 내 클릭-스루 룩백 윈도우(af_click_lookback) 및 뷰-스루 어트리뷰션(af_viewthrough_lookback)을 다음과 같이 변경할 수 있습니다.

- 클릭-스루 룩백 윈도우를 7일로 설정

    https://subdomain.onelink.me/aAB1?=email&c=Spring&af_click_lookback=7d

- 클릭-스루 룩백 윈도우를 30일로 설정

  https://subdomain.onelink.me/aAB1?=email&c=Spring&af_click_lookback=30d

- 뷰-스루 룩백 윈도우 1일로 설정

  https://subdomain.onelink.me/aAB1?=email&c=Spring&af_viewthrough_lookback=1d

- 뷰-스루 룩백 윈도우를 2일로 설정

  https://subdomain.onelink.me/aAB1?=email&c=Spring&af_viewthrough_lookback=2d

어트리뷰션 링크 구성 요소가 익숙하지 않다면, 파트너 연동 탭에서도 룩백 윈도우를 변경할 수 있습니다. 방법은 다음과 같습니다.

1. MMP 메뉴에서 설정을 변경할 광고 매체를 검색하고 선택합니다.
2. 연동 탭에서 클릭-스루 어트리뷰션과 뷰-스루 어트리뷰션 설정까지 스크롤을 내립니다.
3. 슬라이더(Slider)를 사용하여 어트리뷰션 윈도우를 원하는 기간으로 설정합니다.
4. 링크는 설정한 값에 따라 자동으로 변경됩니다. 어트리뷰션 링크 내에 클릭 및 뷰-스루 룩백 윈도우가 원하는 값으로 변경되었는지 확인합니다.

그림 4.12 MMP 앱스플라이어에서 광고 매체의 룩백 윈도우 설정을 변경하는 방법

그림 4.13은 룩백 윈도우 설정을 동일하게 했을 때 광고 매체와 MMP 간 데이터 차이가 최소화되는 것을 보여줍니다.

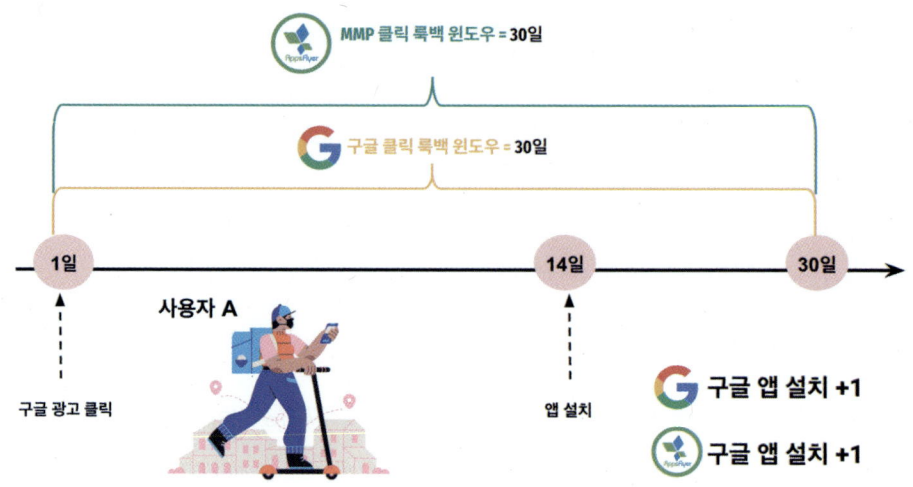

그림 4.13 MMP와 구글 클릭-스루 룩백 윈도우를 일치시켰을 때

룩백 윈도우 설정은 광고 성과 평가에 큰 영향을 미칩니다. 따라서 각 광고 매체의 룩백 윈도우 차이를 이해하고, 이를 통일한 데이터 분석 전략을 수립하는 것이 중요합니다.

4.1.3 _ 데이터 측정 시점과 기록 시간대

데이터 측정 기준과 시간대에 따른 차이는 여러 요인에 의해 발생합니다. 이번에는 앱 설치 시점과 시간대 기준으로 데이터 차이가 발생하는 구체적인 예시를 살펴보겠습니다.

데이터 측정 시점

앱 설치 시점을 어떤 기준으로 기록하느냐에 따라 광고 성과와 사용자 행동 분석 결과가 크게 달라질 수 있습니다. 광고 성과를 정확히 파악하려면 앱이 설치된 시점(다운로드 시점)과 사용자가 앱을 처음 실행한 시점 간의 차이를 명확히 이해해야 합니다. 다음의 간단한 시나리오를 통해 그 차이를 살펴보겠습니다.

시나리오 1:

1. 사용자 A는 1월 2일에 앱을 다운로드하고 설치합니다. 그러나 바쁜 일정 때문에 앱을 실행하지 않습니다.
2. 사용자 A는 1월 3일에 앱을 처음으로 엽니다.

앱 설치 시점 기준:

- 앱스플라이어는 앱 설치 시점을 사용자가 앱을 다운로드한 때가 아니라, 앱을 처음 실행한 때로 기록합니다. 앱이 처음 실행될 때 앱스플라이어의 SDK가 활성화되면서 설치 이벤트를 기록하기 때문입니다. 따라서 위 시나리오에서 앱스플라이어는 설치 시점을 1월 3일로 기록합니다.
- 애플은 사용자가 앱을 다운로드한 시점을 설치 시점으로 기록합니다. 같은 시나리오에서 애플은 설치 시점을 1월 2일로 기록합니다.

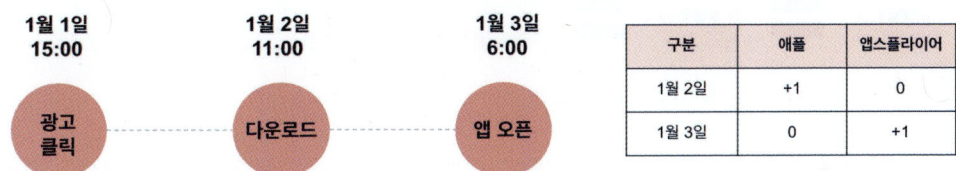

그림 4.14 앱 설치 시점 기준의 차이에 따른 측정 예시

이처럼 플랫폼별로 설치 시점 기준이 다르기 때문에 분석 과정에서 데이터 차이가 발생합니다. 이를 해소하려면 앱스플라이어와 같은 MMP를 중심으로 데이터를 통합 수집한 후, MMP에서 제공하는 설치 시점 기준을 모든 데이터에 일관되게 적용하는 것이 좋습니다. 즉, 앱스플라이어가 '앱 최초 실행 시점'을 설치 시점으로 기록하므로, 애플, 메타, 구글의 데이터를 앱스플라이어에 연동한 뒤 설치 시점을 앱스플라이어의 기준으로 변환하여 분석합니다.

시간대에 따른 데이터 차이

글로벌 광고 업계에서는 UTC(협정 세계시)나 PST(태평양 표준시)를 기본 시간대로 사용하는 경우가 많습니다. 반면, 한국의 광고 회사들은 KST(한국 표준시)를 기준으로 데이터를 관리하기 때문에 시간대 차이로 인해 데이터 분석과 운영에서 혼선이 발생합니다. 여기서 KST, PST, UTC 시간대에서 발생하는 데이터 차이를 설명하고, 한국의 광고 회사들이 글로벌 시간대 체계에 효과적으로 대응하는 방법을 살펴보겠습니다.

UTC/PST와 KST의 시간대 차이 이해

- UTC와 KST의 차이
  - KST는 UTC보다 9시간 빠릅니다. KST로 오후 3시인 경우 UTC로는 오전 6시입니다.
- PST와 KST의 차이
  - KST는 PST보다 17시간 빠릅니다. KST로 오후 3시인 경우 PST로는 전날 밤 10시입니다.

그림 4.15 KST 기준의 15:00시를 UTC, PST로 변환한 사례

KST 기준으로 월요일 오후 3시에 발생한 이벤트는 PST 기준으로 일요일 밤 10시에 기록됩니다. 따라서 광고 매체 대시보드가 PST 기준으로 데이터를 저장하고, 내부 대시보드가 KST 기준으로 운영되는 경우, 내부 대시보드에서 월요일 데이터를 조회하면 해당 시점의 광고 매체 데이터는 0으로 표시될 수 있습니다. 이러한 혼란을 방지하기 위해 시간대 변환이 필요한 세 가지 시나리오와 해결책을 살펴보겠습니다.

시나리오 1:

IT여행 플랫폼 회사 A는 PST 기준의 광고 매체를 운영하지만, 영국 대행사와 논의하기 위한 UTC 기준의 데이터가 필요합니다.

해결책:

각 광고 매체에서 시간대 변경이 가능한지 확인하는 것이 중요합니다. 하지만 일부 광고 매체는 시간대 변경이 쉽지 않고 일부 플랫폼에서는 시간대를 변경하려면 새로운 광고 계정을 생성하고 승인받아야 할 수도 있습니다. 번거로움을 피하려면 광고 운영 초기에 내부 팀과 협의하여 일관된 데이터 시간대를 설정하는 것이 좋습니다.

MMP를 활용하면 시간대 통일이 수월합니다. 앱스플라이어는 초기 대시보드 설정 시 원하는 시간대를 선택할 수 있으며, 이후에도 앱 설정에서 시간대를 변경할 수 있습니다.

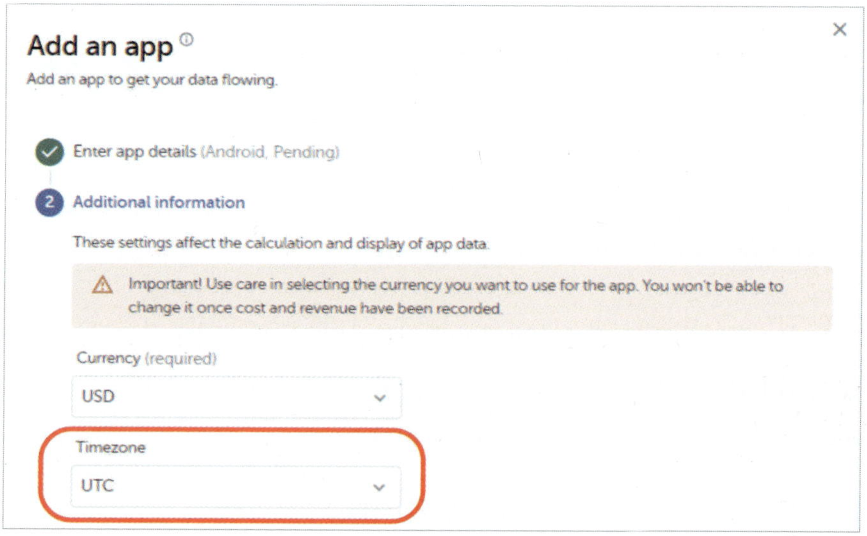

그림 4.16 MMP에서 시간대를 변경하는 방법

시나리오 2:

한국 게임회사 B는 미국 지사와 함께 광고 캠페인을 집행합니다. 본사 마케팅팀은 KST 기준으로 데이터를 분석하는 반면, 미국 지사는 PST 기준으로 데이터를 확인하기 때문에 협업 시 데이터 불일치가 발생합니다.

해결책:

디지털 마케팅 업계의 대부분의 광고 툴과 매체는 해외에 기반을 두고 있어, UTC 또는 PST를 기준으로 운영하는 경우가 많습니다. 따라서 우리 회사가 글로벌 진출을 고려하고 있다면, 업계에서 널리 사용되는 UTC 또는 PST를 표준 시간대로 설정하여 데이터를 관리하는 것이 효과적입니다.

글로벌 지사와 광고 성과 데이터를 공유할 때는 보고서나 대시보드에 KST, UTC, PST 등 명확한 시간대 정보를 포함해 혼란을 방지합니다.

시나리오 3:

IT 여행 회사 C는 UTC를 기준으로 운영되는 글로벌 광고 플랫폼을 사용하지만, 내부 분석과 보고서는 KST 기준으로 작성해야 합니다.

해결책:

광고 플랫폼에서 제공하는 데이터를 수집할 때, UTC → KST 변환을 자동화하는 스크립트나 소프트웨어를 활용하는 것이 효과적입니다.

대부분의 MMP와 분석 도구는 시간대 변환 기능을 제공하므로 간단한 설정만으로 변환이 가능합니다. 앱스플라이어에서는 API 요청 시 아래와 같이 timezone 파라미터를 추가하면 KST 기준 데이터를 받을 수 있습니다

- https://hq1.appsflyer.com/api/agg-data/export/app/app-id/partners_by_date_report/v5?timezone=Asia%2FSeoul

시간대 차이는 글로벌 광고 캠페인의 데이터 일관성 및 성과 분석에 중요한 요소입니다. 특히, UTC와 PST를 기본으로 사용하는 글로벌 환경에서 KST를 적용하는 한국 기업들은 시간대 불일치를 최소화할 방안을 마련해야 합니다.

정리하면 다음과 같은 전략을 활용하면 효과적입니다.

1. **MMP 활용**: UTC, PST, KST 등 표준 시간대를 설정하고 유지합니다.
2. **시간대별 데이터 분석**: 내부 분석 기준을 명확히 표시하고, 모든 팀이 동일한 기준으로 데이터를 확인할 수 있도록 조정합니다.
3. **자동 변환 시스템 도입**: API 및 스크립트를 활용해 필요한 시간대 변환을 자동화합니다.

4.1.4 _ 데이터 기준 통일하기

데이터 분석에서 가장 중요한 요소 중 하나는 바로 기준의 정의입니다. 흔히 문과와 이과가 같은 단어를 보고도 다르게 해석한다는 농담이 있습니다. 예를 들어, 문과에서는 '정의'를 Justice로, 이과에서는 Definition으로 이해한다고 합니다.

디지털 마케팅 업계에서도 동일한 용어를 다르게 해석해서 데이터 차이가 발생합니다. MMP 툴은 '앱 설치'를 '앱 오픈' 시점으로 정의하는 반면, 광고 매체는 '앱 다운로드' 시점을 기준으로 삼습니다. '리텐션'은 사용자의 재방문율을 의미하지만, 서비스마다 '재방문'의 기준과 계산 방식이 다를 수 있습니다. 따라서 각 데이터의 계산식과 기준을 명확하게 정의하고 공유하는 것이 필수적입니다.

이번 절에서는 디지털 마케팅에서 자주 활용되지만 측정 방식에 따라 달라질 수 있는 주요 지표들을 선정했습니다. 성과 평가에 필수적인 광고 수익률(ROAS), 사용자 관심도를 반영하는 클릭(Click), 그리고 광고 노출을 판단하는 뷰(View)를 중심으로, 동일한 단어라도 데이터 기준에 따라 어떻게 다르게 해석될 수 있는지 살펴보겠습니다.

ROAS 기준 정의

ROAS는 광고비 대비 발생한 매출 비율을 의미합니다. 캠페인을 최적화하기 위해 마케터들은 1D ROAS, 7D ROAS 등 기간별 ROAS를 설정하여 성과를 분석합니다. 하지만 기간별 ROAS를 캠페인의 목표로 삼으려면 해당 기간의 정의를 명확히 설정하는 것이 무엇보다 중요합니다.

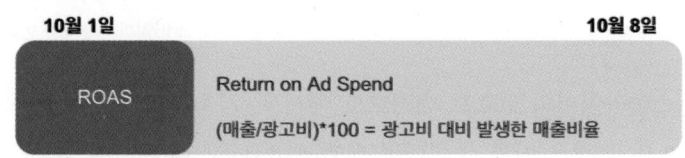

그림 4.17 ROAS 계산식. 매출을 광고비로 나눠서 백분율로 표시한다.

10월 1일부터 10월 8일까지 앱을 설치한 사용자의 7D ROAS를 계산한다고 가정해 보겠습니다. 만약 10월 1일부터 8일까지 발생한 매출만 기준으로 삼는다면, 10월 8일에 앱을 설치한 사용자는 설치 당일의 매출만 포함됩니다. 반면, 해당 사용자의 7일간 매출을 온전히 반영하려면 10월 15일까지 데이터를 수집해야 합니다. 즉, 동일한 7D ROAS라도 계산 방식에 따라 성과가 다르게 나타날 수 있습니다.

그림 4.18은 Half 방식의 매출 계산 방법을 보여줍니다. 이 방식에서는 10월 1일부터 8일까지 앱을 설치한 사용자의 매출을 동일한 기간(10월 1일부터 8일까지) 내에서만 반영합니다. 반면, 그림 4.19의 Full 방식은 같은 기간에 설치된 사용자의 10월 1일부터 15일까지의 매출을 포함하여 사용자의 7일 매출 데이터를 완전히 반영합니다.

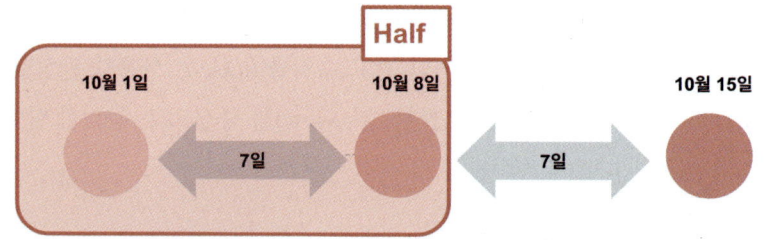

그림 4.18 Half 방식 – 10월 1일부터 8일까지 신규 설치한 사용자들의 10월 1일부터 8일까지의 매출 반영

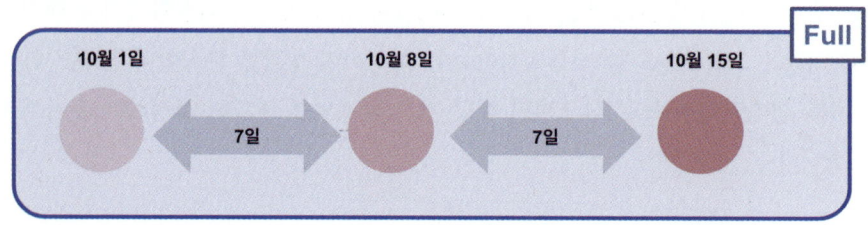

그림 4.19 Full 방식 – 10월 1일부터 8일까지 신규 설치한 사용자들의 10월 1일부터 15일까지의 매출 반영

그림 4.20은 앱스플라이어의 코호트 대시보드 예시로, 사용자의 7일 매출 데이터가 아직 완전히 수집되지 않은 경우 이를 ◐ 아이콘과 'Partial data'로 표시해, 분석 시 주의를 기울일 수 있도록 돕습니다(예:D8, D9).[2]

Media Source	D0	D1	D2	D3	D4	D5	D6	D7	D8	D9
Organic	4.00%	4.00%	4.00%	4.00%	4.00%	4.00%	4.00%	4.00%	4.00%	5.00%
Facebook Ads	2.00%	2.00%	2.00%	2.00%	2.00%	2.00%	2.00%	2.00%	2.00%	2.00%
googleadwords_int	1.00%	1.00%	1.00%	1.00%	1.00%	1.00%	1.00%	1.00%	1.00%	1.00%
Twitter	1.00%	1.00%	1.00%	1.00%	1.00%	1.00%	1.00%	1.00%	1.00%	1.00%

그림 4.20 앱스플라이어의 코호트 대시보드

ROAS 성과를 정확히 측정하려면 매출 집계 기간뿐만 아니라 광고 비용의 기준도 명확히 정의해야 합니다. 매체 대시보드에 표시된 광고비만 포함할지, 아니면 대행사 수수료나 광

---

2 그림의 데이터는 실제 데이터가 아니라서 모든 D ROAS 값이 모두 동일하다.

고 데이터 측정 툴 비용과 같은 추가 비용까지 반영할지 사전에 논의해야 합니다. 기준이 불명확하면 캠페인 성과 해석에 혼란이 생길 수 있으므로 사전에 합의된 기준에 따라 데이터를 분석하는 것이 필수적입니다.

클릭과 뷰

대부분의 광고 매체는 사용자 참여 활동을 '클릭(Click)'과 '뷰(View)'로 기록하지만, 각 매체마다 이들의 정의가 다릅니다. 여기서는 대표적인 글로벌 광고 매체인 구글과 틱톡을 예시로 들어 각 매체가 클릭과 뷰를 어떻게 정의하는지 살펴보겠습니다.

표 4.4 구글의 광고 유형별 뷰와 클릭 정의

광고 유형	뷰	클릭
인터스티셜 및 배너(비디오 포함 가능)	광고 유닛의 50%가 최소 1초 동안 보임	사용자를 직접 앱 스토어로 이동시키는 클릭 또는 10초 이상 비디오 시청
플레이어블 광고		
인스트림 비디오	광고 유닛의 50%가 최소 2초 동안 보임	
리워드 비디오	비디오가 2초 동안 재생되거나 50% 완료됨	사용자를 직접 앱 스토어로 이동시키는 클릭

표 4.5 틱톡의 광고 유형별 뷰와 클릭 정의

광고 유형	뷰	클릭
짧은 비디오	광고의 최소 1픽셀이 화면에 나타날 때	**스토어 클릭**: 사용자를 직접 앱 스토어로 이동시키거나 앱을 여는 클릭 **참여 클릭**: 광고 유닛과의 클릭 상호작용(예: 좋아요, 댓글, 공유) **참여 뷰**: 비디오를 최소 6초 동안 시청

구글과 틱톡의 클릭과 뷰 정의를 살펴보면, 틱톡은 비디오를 최소 6초 동안 시청한 것을 '클릭'으로 정의하고, 구글은 10초 이상 시청한 것을 '클릭'으로 정의하는 등 서로 다른 방식으로 클릭을 측정합니다. 이처럼 서로 다른 정의가 모두 '클릭' 또는 '뷰'라는 동일한 이름으로 MMP에 전달되기 때문에 매체별 데이터는 실제보다 많거나 적게 보일 수 있습니다.

최근 몇 년간 플레이어블 광고, 건너뛸 수 있는 광고, 숏폼 동영상 광고 등 혁신적인 광고 형식이 등장하면서 광고주가 사용자와 소통할 수 있는 새로운 방법이 많아졌고, 이로 인해 클릭과 뷰의 정의가 더욱 중요해졌습니다.

- **플레이어블 광고**: 사용자가 직접 체험하는 광고. 짧은 시간 동안 실제 게임을 플레이해보는 방식으로 구성
- **건너뛸 수 있는 광고**: 사용자가 일정 시간후에 광고를 건너뛸 수 있는 옵션이 제공되는 비디오 광고
- **숏폼 동영상 광고**: 15초 이하의 짧고 강렬한 비디오 형식의 광고

각 광고 매체는 자사의 플랫폼 특성과 사용자 특성을 반영하여 '클릭'과 '뷰'를 정의하기 때문에 광고주가 이 기준을 변경하기는 어렵습니다. 이에 MMP는 주요 광고 매체와 협업하여 생태계 전반에 신뢰와 투명성을 제공하고, 클릭과 뷰에 대한 일관된 기준을 적용할 수 있도록 새로운 표준을 도입하기도 했습니다. 이런 광고 시장의 변화에 발맞춰 업계 기준을 실험하고 도입하는 태도가 매체들이 다르게 정의하는 클릭과 뷰의 성과 데이터 차이를 줄이는 방법 중 하나가 될 것입니다.

위의 사례들처럼, 처음에는 문제가 없어 보이는 KPI도 실제 현업에서 유관 부서와 논의하다 보면 기준 정의의 중요성을 실감하게 됩니다. KPI의 세부 기준이 일치하지 않으면 동일한 KPI를 확인할 때 데이터 차이가 발생하고, 이는 데이터 해석과 활용 과정에서 혼란을 초래합니다. 따라서 캠페인 목표와 데이터 분석 방향에 맞춰 기준을 명확히 설정하는 것은 성공적인 광고 운영의 필수 요소입니다.

연습문제

1. 다음 중 '첫 번째 클릭(First Click)' 어트리뷰션 모델의 특징으로 가장 적절한 것은 무엇인가요?

    A. 전환 직전의 광고에만 가치를 부여한다.
    B. 사용자 여정의 마지막 광고에 높은 점수를 준다.
    C. 최초 유입 채널에 전환의 100% 가치를 부여한다.
    D. 모든 채널에 동일한 점수를 나눠준다.

2. U-shape 어트리뷰션 모델의 주요 특징은 무엇인가요?

   A. 모든 접점에 균등한 기여를 부여한다.

   B. 중간 단계에 가장 높은 점수를 준다.

   C. 첫 번째와 마지막 접점에 높은 가중치를 부여한다.

   D. 전환 이후의 행동을 분석한다.

3. 뷰-스루 룩백 윈도우의 정의로 올바른 것은 무엇인가요?

   A. 전환 이후 데이터를 분석하는 기간

   B. 광고를 본 이후 일정 시간 동안만 앱 설치 전환을 인정하는 기준

   C. 세션 단위로 측정하는 시간 범위

   D. API 호출을 보류하는 대기 시간

4. 클릭-스루 룩백 윈도우가 너무 짧게 설정되어 있을 때 발생할 수 있는 문제는 무엇인가요?

   A. 리포트 생성 속도가 느려진다.

   B. 불필요한 전환이 과도하게 포함된다.

   C. 실제로 광고 영향을 받은 전환이 누락될 수 있다.

   D. 중복 데이터가 발생한다.

5. 데이터 분석에서 '시간대(Timezone)'를 통일하지 않았을 때 발생할 수 있는 문제는 무엇인가요?

   A. 사용자 수가 증가하는 착시

   B. 광고비와 전환 수 간의 불일치

   C. API 오류

   D. 이벤트 순서가 고정되지 않음

6. 동일한 데이터를 비교할 때, 통일해야 하는 항목이 아닌 것은 무엇인가요?

   A. 데이터 수집 시점

   B. 분석 도구의 UI 테마

   C. 시간대

   D. 이벤트 정의

7. 데이터 기준 통일이 필요한 이유로 가장 적절한 설명은 무엇인가요?

   A. 데이터를 시각적으로 보기 좋게 만들기 위해

   B. 여러 데이터 소스 간 비교 시 일관된 분석을 위해

   C. 리포트 제출 양식을 줄이기 위해

   D. 광고 예산을 줄이기 위해

8. 테스트 데이터는 어떤 이유로 사전에 필터링해야 하나요?

   A. 서버 비용을 줄이기 위해

   B. 시각화 과정을 자동으로 하기 위해

   C. 실제 사용자의 행동 패턴을 왜곡할 수 있기 때문

   D. 지표가 자동으로 업데이트되지 않기 때문

9. 데이터 차이를 발견했을 때 가장 먼저 확인해야 할 항목은 무엇인가요?

   A. 전체 앱 설치 수

   B. 데이터의 시각적 요소

   C. 집계 방식, 시간대, 이벤트 정의 등의 설정

   D. 경쟁사의 리포트

10. 다음 중 클릭-스루 룩백 윈도우를 7일로 설정한 어트리뷰션 링크로 올바른 것은 무엇인가요?

    A. https://subdomain.onelink.me/aAB1?=email&c=Spring&af_click_lookback=7d

    B. https://subdomain.onelink.me/aAB1?=email&c=Spring&af_click_lookback=30d

    C. https://subdomain.onelink.me/aAB1?=email&c=Spring&af_viewthrough_lookback=1d

    D. https://subdomain.onelink.me/aAB1?=email&c=Spring&af_viewthrough_lookback=2d

정답

1.
   정답: C
   해설: 첫 번째 클릭 모델은 사용자가 처음 클릭한 광고에 전환의 모든 기여를 부여합니다.

2.
   정답: C
   해설: U-shape 모델은 첫 클릭과 마지막 클릭에 각각 높은 기여도를 부여합니다.

3.
   정답: B
   해설: 뷰-스루 룩백 윈도우는 전환이 발생했을 때, 그 전 어느 시점의 노출을 기여로 인정할지 결정하는 기준입니다.

4.

정답: C

해설: 룩백 윈도우가 짧으면 전환에 영향을 준 광고 클릭이 인정되지 않아 기여도 측정이 누락될 수 있습니다.

5.

정답: B

해설: 서로 다른 시간대 기준으로 수집된 데이터는 같은 날의 값처럼 보여도 실제로는 다른 시점을 의미할 수 있어 광고비와 전환 수의 시차가 생깁니다.

6.

정답: B

해설: UI 테마는 데이터 해석에 영향을 미치지 않습니다. 시간대, 수집 시점, 이벤트 정의는 비교를 위한 핵심 기준입니다.

7.

정답: B

해설: 데이터 기준이 달라지면 분석 결과가 일관되지 않게 되어, 정확한 비교 및 인사이트 도출이 어려워집니다.

8.

정답: C

해설: 테스트 데이터는 일반 사용자와 다른 방식으로 앱을 사용하는 경우가 많아, 리텐션이나 전환율을 왜곡시킬 수 있습니다.

9.

정답: C

해설: 데이터 차이는 기준의 불일치에서 발생할 수 있으므로, 먼저 수집/집계 방식, 시간대, 이벤트 정의를 점검해야 합니다.

10.

정답: A

해설: af_click_lookback은 클릭 룩백 윈도우를 설정하는 파라미터로, af_click_lookback=7d는 클릭 후 7일 이내의 설치를 어트리뷰션 대상으로 지정합니다.

4.2 데이터 급증감 분석하기

매일 광고 분석 데이터를 확인하는 마케터라면, 대시보드에서 CTR(광고 클릭률)이나 ROAS(광고 수익률)의 급격한 변화를 마주합니다. CTR이나 ROAS 지표가 상승하면 성과가 좋아졌다고 쉽게 판단할 수 있지만, 이 변화가 실제 성과 향상을 의미하는지 아니면 데이터 오류나 특수한 상황의 영향을 받았는지 신중히 분석해야 합니다.

데이터의 급격한 변동은 측정 환경에 문제가 있을 수 있다는 신호일 수 있습니다. 따라서 이런 상황에서는 데이터를 면밀히 검토하고 변동 원인을 분석한 후, 신속히 대응 전략을 세우는 것이 중요합니다.

이번 글에서는 CTR이나 ROAS와 같은 주요 지표의 급증이나 감소를 분석하고, 의미 있는 인사이트를 도출하는 다양한 방법을 소개하겠습니다.

4.2.1 _ 세분화 분석

CTR이나 ROAS와 같은 주요 성과 지표가 급격히 변할 때 그 원인을 정확히 파악하는 것이 중요합니다. 변화를 단순히 전체 데이터를 기준으로 분석하기보다는 데이터를 세분화하여 분석하는 접근이 필요합니다. 세분화 분석을 통해 각 캠페인, 매체, 시간대, 타깃층 등 다양한 변수를 고려할 수 있으며, 이를 통해 변화의 정확한 원인을 파악하고 더 나은 대응 전략을 세울 수 있습니다.

CTR이 급증한 사례를 통해 세분화 분석의 중요성과 그 활용 방법을 살펴보겠습니다. 다음 예시 그래프를 보면 CTR이 10월 2일에 갑자기 높아졌습니다.

그림 4.21 일자별 CTR 그래프 예시. X축은 날짜, Y축은 CTR이다. 10월 2일에 CTR이 갑자기 증가했다.

CTR은 광고 클릭률을 의미하므로 일반적으로 이 수치가 높아지면 광고 성과가 개선된 것으로 판단합니다. 하지만 경험이 풍부한 마케터라면 CTR이 급증할 경우, 오히려 성과에 이상이 생긴 것은 아닌지 의문을 가질 수 있습니다. "광고 예산이나 타깃 설정, 최적화 전략에 변화를 준 적이 없는데, 왜 갑자기 CTR이 상승했을까?"라는 질문이 떠오르기 때문입니다.

CTR이 급격히 상승했다면 어디서부터 분석을 시작해야 할까요? 가장 기본적인 접근은 CTR의 계산식을 바탕으로 데이터를 세분화하여 이상 징후의 원인을 추적하는 것입니다.

- CTR(%)=(클릭 수 / 임프레션 수)×100

CTR은 클릭 수를 임프레션 수로 나눈 뒤 100을 곱해 계산합니다. 따라서 클릭 수가 증가하거나 임프레션 수가 감소하면 CTR은 상승합니다. 이를 바탕으로 다음 두 가지 질문을 염두에 두고 데이터를 분석합니다.

1. 클릭 수가 증가한 걸까?
2. 임프레션 수가 감소한 것은 아닌가?

그림 4.22에서는 CTR이 급증한 시점에 임프레션이 급격히 감소한 것을 확인할 수 있습니다. 이 경우 매체별로 데이터를 세분화해 분석하면 원인 파악에 도움이 됩니다. 5개의 매체에서 광고를 집행하고 있는 상황이라면 특정 매체의 임프레션 데이터가 누락되었을 가능성을 고려해 각 매체의 데이터를 면밀히 살펴봐야 합니다.

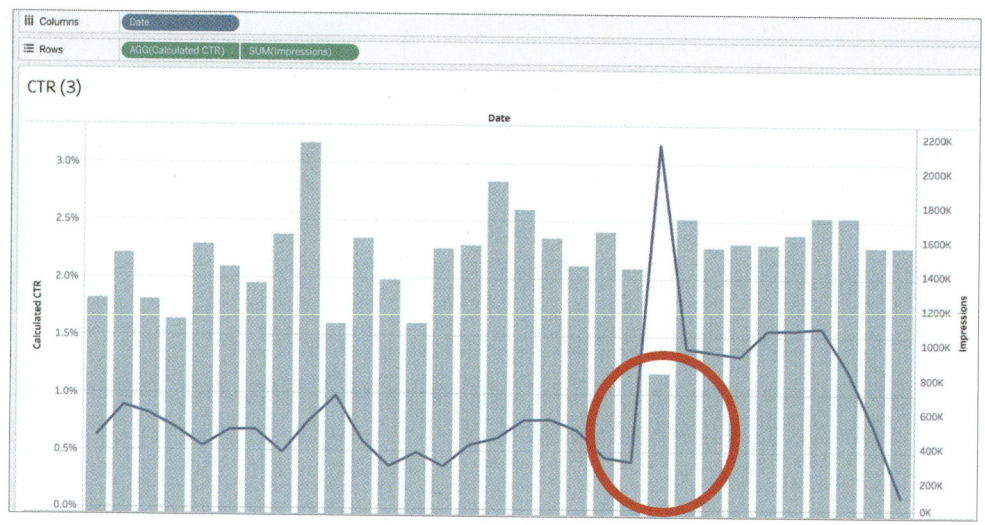

그림 4.22 일자별 CTR과 임프레션 데이터. 막대그래프는 임프레션을 나타내며 꺾은선 그래프는 CTR을 나타낸다.

각 매체에 색상을 다르게 지정하면(예: 매체 A는 파란색, 매체 B는 회색 등) 특정 날짜에 어떤 매체의 임프레션이 변동했는지 시각적으로 쉽게 확인이 가능합니다. 색상으로 매체를 구분한 그래프(그림 4.23)에서는 특정 매체의 급락은 보이지 않았고, 모든 매체에서 임프레션이 고르게 줄어든 것으로 나타납니다.

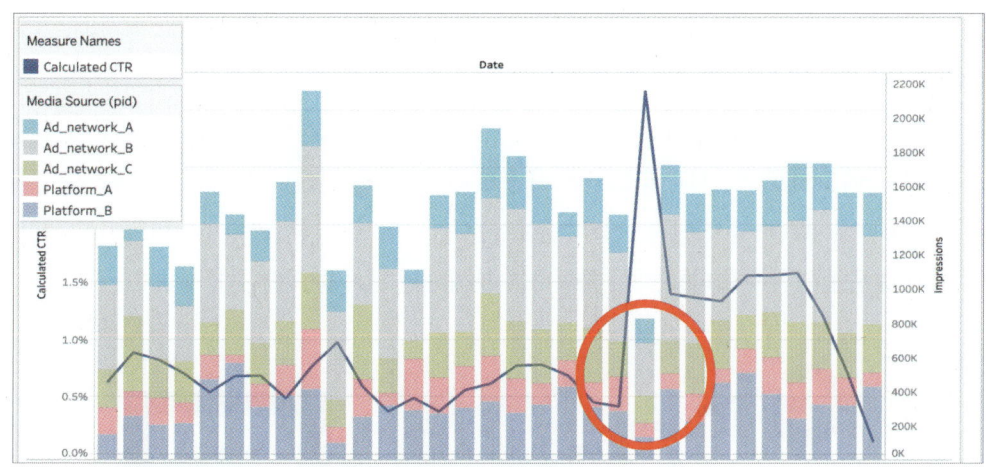

그림 4.23 임프레션 막대그래프에 매체별 색상을 적용한 데이터(X축은 날짜)

이 데이터는 회사 내부에서 가공된 데이터로, 직접적인 원인 분석이 어려운 상황입니다. 따라서 원천 데이터를 확인하기 위해 각 매체의 대시보드에 접속해 10월 2일 임프레션 데이터를 확인하고, 이를 내부 데이터와 비교 분석하는 과정이 필요합니다.

동일한 일자의 임프레션을 비교한 결과, 내부 대시보드의 값이 매체 대시보드보다 적게 기록되어 있었습니다(표 4.6). 이는 데이터 처리 과정에서 일부 문제가 발생했을 가능성을 시사합니다.

표 4.6 매체 대시보드와 내부 대시보드의 매체별 임프레션 데이터 비교(시간대 동일)

구분	임프레션 데이터	
	매체 대시보드(10월 2일)	내부 대시보드(10월 2일)
광고 매체 A	35만	17.5만
광고 매체 B	50만	25만
광고 매체 C	40만	20만
플랫폼 A	20만	10만
플랫폼 B	34만	17만

그림 4.24의 데이터 흐름도를 보면, 마케터가 사용하는 내부 대시보드는 광고 매체 데이터(예: 페이스북, 구글), CRM 데이터(예: 이메일, 푸시), MMP 데이터(예: 앱스플라이어) 등을 기반으로 구축됩니다. 데이터팀은 여러 원천 데이터를 추출하여 변환하고, 이를 데이터 웨어하우스에 적재한 후, 시각화 도구를 사용해 대시보드를 만듭니다. 마케터는 완성된 대시보드를 통해 데이터를 직관적으로 확인하지만, 데이터 흐름 중 누락이나 변형이 발생할 수 있기 때문에 원천 데이터를 다시 확인하고 분석하는 것이 중요합니다.

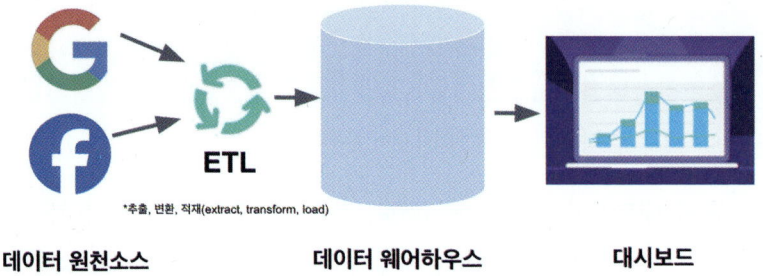

그림 4.24 데이터팀이 마케팅 데이터를 처리하여 내부 대시보드에 제공하는 데이터 흐름도

그림 4.25에서는 마케터가 확인할 수 있는 영역(초록색 테두리)과 데이터팀이 확인할 수 있는 영역(빨간색 테두리)을 구분해 놓았습니다. 앞서 설명한 예시에서 마케터는 내부 대시보드에서 CTR 상승을 확인하고, 일자별 임프레션 데이터를 분석한 후 매체 세분화 분석을 통해 매체 대시보드에서 임프레션 수치가 더 많이 기록된 것을 발견했습니다. 이를 바탕으로 데이터팀에게 데이터를 추출하고 가공하는 과정에서 유실이 있었던 것인지 확인을 요청합니다.

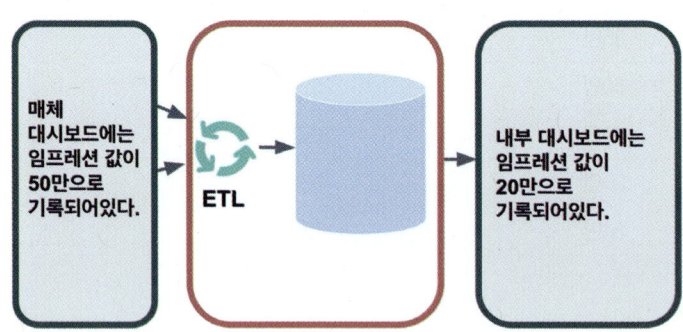

그림 4.25 데이터 흐름 중 초록색 테두리 영역이 마케터가 확인할 수 있는 부분. 빨간색 테두리 영역이 데이터팀에서 확인할 수 있는 부분이다.

다음은 데이터팀에 보낼 협업 요청 메일 예시입니다.

To	@데이터팀 실무 담당자
Cc	@마케팅팀 @데이터팀
Bcc	
Subject	[마케팅팀] {서비스 명} 10월 2일 CTR 급증의 건 분석 요청

안녕하세요. {소속부서} 마케팅팀 {이름}입니다.
10월 2일 {서비스명} iOS 앱의 CTR이 비정상적으로 상승하여 원인 분석을 요청드립니다.

관찰 내용
동일한 일자에 임프레션이 전 매체에서 고르게 감소했습니다. 관련 수치를 첨부합니다.

교차 검증 결과
매체 대시보드와 내부 대시보드의 임프레션을 동일 시간대로 비교한 결과, 내부 값이 더 적게 집계되었습니다. 매체별 상세 비교표를 첨부합니다.

요청 사항
10월 2일 구간의 추출·변환·적재 과정에서 유실이나 지연이 있었는지 확인 부탁드립니다. 재처리 가능 여부와 예상 소요 시간을 알려주시면, 그동안 분석에는 매체 대시보드 값을 임시 적용하겠습니다.

위 내용으로 확인 부탁드립니다.

감사합니다.
{이름} 드림

위 예시처럼 데이터팀에 조사를 요청하면 데이터팀은 내부 데이터 처리 과정에서 문제가 발생했는지 확인하고, 데이터 재처리에 소요되는 시간을 파악합니다. 데이터 재처리가 오래 걸린다면 마케팅팀은 해당 기간의 데이터를 매체 대시보드를 기준으로 수동으로 보완하는 등의 대비책을 마련하여 광고 성과 분석에 차질이 없도록 합니다.

4.2.2 _ 외부 요인 분석

데이터의 급격한 변화를 분석할 때 외부 요인도 중요한 단서를 제공합니다. 앞서 다룬 사례는 내부 데이터 처리 과정에서 발생한 기술적 문제로 인해 CTR이 급증한 경우였지만,

CTR 상승의 원인이 외부 환경에 있을 가능성도 배제할 수 없습니다. 광고 배너가 과도하게 노출되거나 배치 방식이 사용자로 하여금 의도치 않은 클릭을 유도했을 수 있습니다.

다음은 기사를 읽으려고 들어갔을 때 흔히 접하게 되는 광고 배너들의 예시입니다.

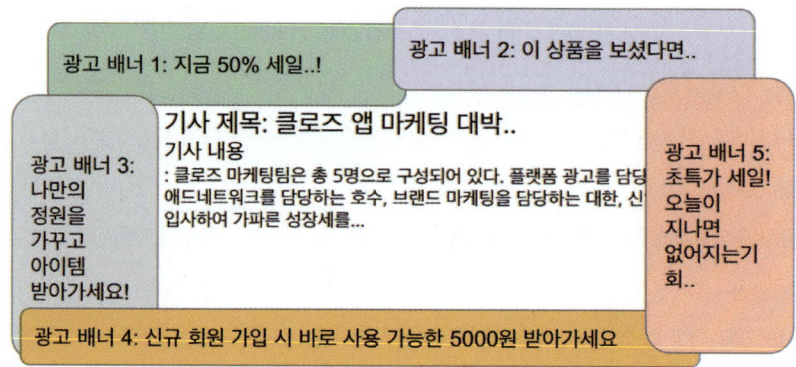

그림 4.26 한 지면에 5개의 광고 배너가 겹쳐서 노출되어 있는 예시

하나의 화면에 5개의 배너 광고가 겹쳐서 배치되어 있습니다. 광고가 주요 콘텐츠를 가리거나 닫기 버튼이 잘 보이지 않아 사용자가 불편함을 겪기도 합니다. 이런 환경에서는 사용자가 기사를 읽기 위해 닫기 버튼을 클릭하려다 실수로 광고를 눌러 프로모션 페이지로 이동하는 일이 자주 발생합니다. 과도하게 노출된 광고는 CTR 증가를 초래할 수 있지만, 이는 광고 성과를 긍정적으로 평가할 근거가 되지 않습니다.

계절적 변화나 시즌, 기념일의 영향을 고려하는 것도 중요합니다. 쇼핑 앱은 블랙프라이데이나 크리스마스와 같은 특정 쇼핑 시즌이나 휴일 동안 자연스럽게 클릭률이 상승할 가능성이 높습니다. 이 시기에는 사용자의 관심이 특정 제품이나 서비스에 집중되기 때문에 광고 성과에 긍정적인 영향을 미칠 수 있습니다. 제품의 특성에 따라 날씨 같은 외부 환경 요인도 CTR에 직접적인 영향을 줄 수 있습니다. 예를 들어, 폭염이 지속되는 시기에는 에어컨 광고의 클릭률이 급증할 가능성이 큽니다.

결론적으로, 데이터 급증이나 급감의 원인을 정확히 분석하기 위해서는 내부 요인과 외부 요인을 균형 있게 검토하는 것이 필수적입니다. 단순한 데이터 변동에서 그 이면의 근본적인 원인을 파악하면 더 효과적이고 성공적인 광고 캠페인을 운영할 수 있습니다.

4.2.3 _ 아웃라이어 분석

아웃라이어는 대부분의 데이터와 동떨어진 값으로, 평균이나 중앙값과 비교했을 때 눈에 띄게 크거나 작은 데이터를 의미합니다. 아웃라이어는 통계적 분석이나 데이터 시각화에서 중요한 역할을 하며, 에러나 노이즈 등의 요인으로 발생하거나 특별한 상황을 반영합니다.

나이 데이터에서 '200세'와 같은 비현실적인 값이나 연평균 기온이 10~20℃인 지역에서 특정 날 기온이 70℃로 기록되는 경우는 에러 가능성을 시사합니다. 반면, 광고 캠페인 성과 분석에서 특정 사용자가 매출의 80% 이상을 차지하는 경우는 단순한 오류가 아니라 특별한 상황을 반영하는 사례일 수 있습니다.

아웃라이어가 잘못 처리되면 평균값 왜곡, 광고 최적화 모델 정확도 저하 등 분석에 부정적인 영향을 미칠 수 있습니다. 따라서 발생 원인을 면밀히 분석하고 의미를 파악해 의사결정에 반영하는 것이 중요합니다. 단순한 측정 오류가 아닌 실제 데이터에서 아웃라이어가 발생했을 때 어떻게 접근해야 할지 살펴보겠습니다.

그림 4.27은 캠페인 성과를 분석하기 위해, 모든 계산 기준(시간대, 기간, 비용 등)을 동일하게 설정한 상태에서 캠페인 A와 캠페인 B의 D7 ROAS를 비교한 것입니다. 마케터는 이 데이터를 바탕으로 어느 캠페인에 예산을 더 투입해야 할지 고민하게 될 것입니다.

그림 4.27 두 캠페인의 D7 ROAS 비교

단순히 ROAS 수치만 보면 캠페인 A가 더 높은 성과를 기록한 것으로 보입니다. 동일한 비용과 기준에서 ROAS가 높다는 것은 일반적으로 더 나은 결과를 의미하지만, ROAS만으로 결론을 내리는 것은 섣부를 수 있습니다. 성과를 정확하게 평가하려면 아웃라이어 데이터를 포함한 추가 지표 분석이 필요합니다.

표 4.7처럼 캠페인 A와 B의 결제자 정보 데이터를 추가하여 성과를 비교한 결과, 결제자 수가 동일해서 여전히 캠페인 A의 성과가 더 좋아 보입니다.

표 4.7 캠페인의 매출 성과를 결제자 정보와 함께 정리한 표[3]

구분	비용	D7 매출	D7 ROAS	결제자	ARPPU
캠페인 A	₩2,000,000	₩1,000,000	50%	5	₩200,000
캠페인 B	₩2,000,000	₩400,000	20%	5	₩80,000

캠페인 A의 결제 데이터를 기반으로 사용자별 결제 금액을 더욱 세부적으로 분석한 결과, 특정 사용자가 총 구매액의 80% 이상을 차지하며 매출을 주도하고 있었습니다. 이처럼 한 명의 고액 결제자가 캠페인 성과에 중요한 영향을 미치는 경우가 종종 있습니다. 업계에서는 이 아웃라이어를 고래 사용자(Whale User)[4]라고 부르며, 이들의 구매 패턴은 캠페인 성과에 큰 영향을 미칩니다.

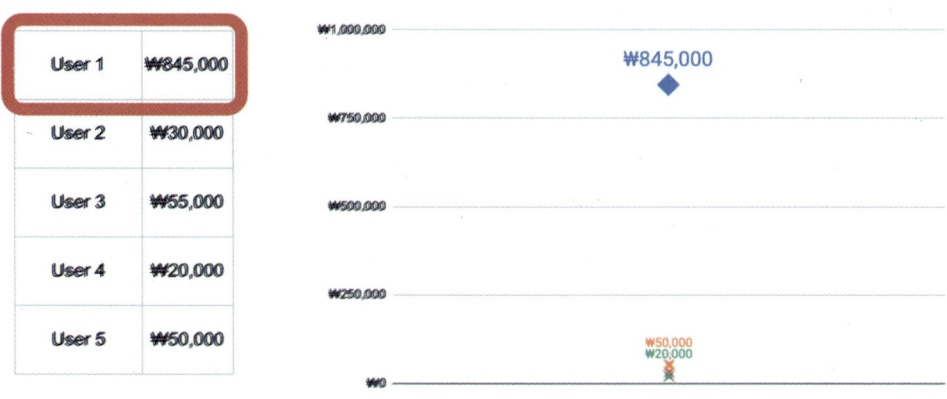

그림 4.28 캠페인 A의 사용자별 결제액

---

[3] ARPPU(**A**verage **R**evenue **P**er **P**aying **U**ser) 계산식은 (매출 / 결제자)이다. 즉, 예시에서 캠페인 A의 ARRPU는 매출 1백만 원을 결제자 5명으로 나눠서 20만 원으로 기록한다. 이 과정을 통해 캠페인 성과를 보다 종합적으로 평가하고, 숨겨진 성과 요인을 파악할 수 있다.

[4] '고래'라는 표현은 카지노 업계에서 유래했다. 카지노에서는 막대한 돈을 쓰는 VIP 고객을 '고래'라 부른다.

고래 사용자는 다른 사용자들의 결제 금액이 낮더라도 캠페인 전체 성과를 견인하며 매우 높은 성과를 기록합니다. 하지만 캠페인 A와 B의 결제자에 대해 세분화 비교를 해보면 고액 결제자를 제외한 나머지 사용자들의 구매액은 캠페인 B가 오히려 더 높습니다.

구분	캠페인 A	캠페인 B
User 1	₩845,000	₩90,000
User 2	₩30,000	₩80,000
User 3	₩55,000	₩100,000
User 4	₩20,000	₩69,000
User 5	₩50,000	₩61,000
총 매출	₩1,000,000	₩400,000

그림 4.29 캠페인 A와 B의 사용자별 구매액을 비교한 표

위 상황에서 고액 결제자가 포함된 캠페인 A에 예산을 추가 투입하는 것이 매력적으로 보일 수 있지만, 실제로 고액 결제자가 지속적으로 유입될 가능성은 낮습니다. 경험상, 특정 캠페인에서 고액 결제자가 발생하더라도 그와 유사한 성향을 가진 사용자가 반복적으로 유입되는 경우는 드물고, 고액 결제자가 유입되더라도 그 상황이 몇 달 동안 지속되지는 않았습니다. 따라서 캠페인 성과를 정확하게 평가하기 위해서는 고액 결제자가 포함된 캠페인에 예산을 무조건 늘리기보다는 결제자 수, 고액 결제자를 제외한 성과 등의 데이터를 함께 고려해야 하며, 고래 사용자 기준도 각 서비스 특성에 맞게 정의하는 것이 필요합니다.

표 4.8 고래 사용자를 제외하고 계산한 ARPPU[5]

구분	캠페인 A	캠페인 B
User 1	고래사용자	₩90,000
User 2	₩30,000	₩80,000
User 3	₩55,000	₩100,000
User 4	₩20,000	₩69,000

---

[5] 고래 사용자를 포함했을 때 캠페인 A의 ARPPU는 20만 원이었으나 고래 사용자를 제외하면 38,750원으로, 캠페인 B의 ARPPU가 더 높은 것을 알 수 있다.

구분	캠페인 A	캠페인 B
User 5	₩50,000	₩61,000
총 매출	₩155,000	₩400,000
ARPPU	₩38,750	₩80,000

고래는 서비스 내에서 평균적인 사용자에 비해 훨씬 더 많은 돈을 쓰거나, 특정 아이템이나 기능을 대량으로 구매하며 서비스의 수익에 크게 기여하는 사용자입니다. 이를 바탕으로 고래 사용자의 기준을 구체적으로 설정해 보겠습니다.

표 4.9 사용자 10명의 구매 금액과 각 사용자가 전체 매출에서 차지하는 비중[6] (정렬 기준: 구매금액 높은 순, 누적 비중: 위에서부터 더해지는 방식, 수치: 소수점 반올림 기준 통일)

유저	구매금액	전체 매출 대비 비중	누적 비중
User 10	₩500,000	42%	42%
User 9	₩250,000	21%	63%
User 8	₩150,000	13%	75%
User 7	₩70,000	6%	81%
User 6	₩65,000	5%	86%
User 5	₩60,000	5%	91%
User 4	₩50,000	4%	95%
User 3	₩20,000	2%	97%
User 2	₩20,000	2%	99%
User 1	₩15,000	1%	100%
총 합	₩1,200,000	100%	

일반적으로 파레토의 법칙에 따라 상위 1~20%의 결제 금액을 차지하는 사용자를 고래 사용자로 분류합니다. 파레토 법칙은 전체 결과의 80%가 소수의 20% 원인에서 비롯된다는 원리입니다. 고래 사용자는 매출의 대부분을 책임지는 상위 소수의 고객으로, 한 모바일 게임에서 20%의 사용자가 전체 매출의 80%를 차지한다면 이들을 고래로 간주합니다. 사

---

[6] 구매 금액이 큰 순으로 순서대로 나열하면 전체 매출 대비 누적 구매 비중이 몇 퍼센트인지 쉽게 구할 수 있다.

용자들을 구매 금액 순서로 나열한 표 4.9를 활용하여 여러 가지 방법으로 고래 사용자를 정의해봅시다.

1. **구매 비중 기준 상위 N% 사용자를 고래 사용자로 정의**: 표 4.9에서 사용자 7까지의 구매금액이 전체 매출 중 81%를 차지합니다. 고래 사용자의 기준을 사용자 7의 7만 원으로 정합니다. N%는 60%, 90% 등 서비스에 맞게 조정합니다. 60%를 기준으로 삼으면 고래 사용자의 기준은 25만 원입니다.

2. **구매 금액 기준 상위 N번째 사용자를 고래 사용자로 정의**: 표 4.9에서 구매 금액을 높은 기준으로 나열했을 때 사용자 8의 구매 금액인 15만 원이 3위입니다. 상위 3번째인 사용자 8을 고래 사용자로 정의하고 금액기준은 15만 원으로 정합니다. 상위 N번째의 기준은 각자의 서비스 따라 바꿀 수 있습니다.

3. **구매 금액 절댓값을 기준으로 고래 사용자를 정의**: 표 4.9에서 눈에 띄게 구매금액이 높은 사용자의 결제 금액을 기준으로 고래 사용자를 정의합니다. 사용자 10의 구매 금액인 50만 원을 고래 사용자의 기준으로 사용합니다.

4. **평균 구매 금액보다 높은 사용자를 고래 사용자로 정의**: 표 4.9에서 평균 구매 금액인 ARPPU는 12만 원이므로, 12만 원을 고래 사용자로 정합니다.

고래 사용자의 기준은 서비스의 성장 단계나 시장 상황에 따라 유동적으로 변할 수 있으며, 다양한 방식으로 데이터를 분석해 적합한 기준을 정하고 논의하는 과정이 필요합니다. 지금까지 설명한 내용을 다음 표에 정리해 두었으니 이 내용을 참고하여 각자 회사의 데이터에 맞게 수정하고 팀원들과 논의해 적합한 기준을 설정해 봅시다.

표 4.10 고래 사용자 기준 정하기

고래 사용자 정의 기준	정의	예시	우리 서비스의 고래 사용자는?
구매 비중 기준	전체 매출에서 상위 N% 비중을 차지하는 사용자를 고래 사용자로 설정	사용자 7까지의 구매 금액이 전체 매출의 81%를 차지하면, 고래 사용자 기준을 사용자 7의 구매 금액(7만 원)으로 설정	
구매 금액 기준 상위 N번째 사용자	구매 금액 순위에서 상위 N명을 고래 사용자로 설정	구매 금액 상위 3번째 사용자(사용자 8)의 구매 금액이 15만 원이라면, 고래 사용자 기준을 15만 원으로 설정	

고래 사용자 정의 기준	정의	예시	우리 서비스의 고래 사용자는?
구매 금액 절댓값 기준	특정 절대 금액 이상의 결제를 한 사용자를 고래 사용자로 분류	사용자 10의 구매 금액이 50만 원으로 다른 사용자보다 월등히 높은 경우, 이를 기준으로 고래 사용자로 정의 가능.	
평균 구매 금액 (ARPPU) 기준	평균 구매 금액보다 높은 사용자를 고래 사용자로 설정	평균 구매 금액 12만 원 이상의 구매 금액을 기준으로 고래 사용자를 정의	

4.3 프로드(Fraud), 가짜 데이터 가려내기

디지털 마케팅에서 데이터는 모든 의사결정의 기반이 됩니다. 하지만 이 데이터가 신뢰할 수 없는 정보로 채워진다면 어떻게 될까요?

프로드는 광고 매체와 퍼블리셔가 의도적으로 데이터를 조작하거나 부정확한 활동을 통해 광고주를 속이고 부당한 이익을 취하는 행위를 의미합니다. 디지털 광고 산업은 빠르게 성장하고 있으며, 매년 수십억 달러가 다양한 광고 매체에 투자되고 있습니다. 그러나 동시에 프로드 트래픽도 증가하고 있어 매년 약 65억 달러에서 190억 달러가 손실되고 있다는 보고가 있습니다(출처: eMarketer).

디지털 광고 생태계는 광고주, 광고 매체, 퍼블리셔, 최종 사용자까지 복잡하게 얽혀 있습니다. 이 과정에서 광고 트래픽의 출처와 진위를 파악하기 어려운 투명성 부족 문제가 발생하며, 이는 프로드가 발생하기 좋은 환경을 제공합니다.

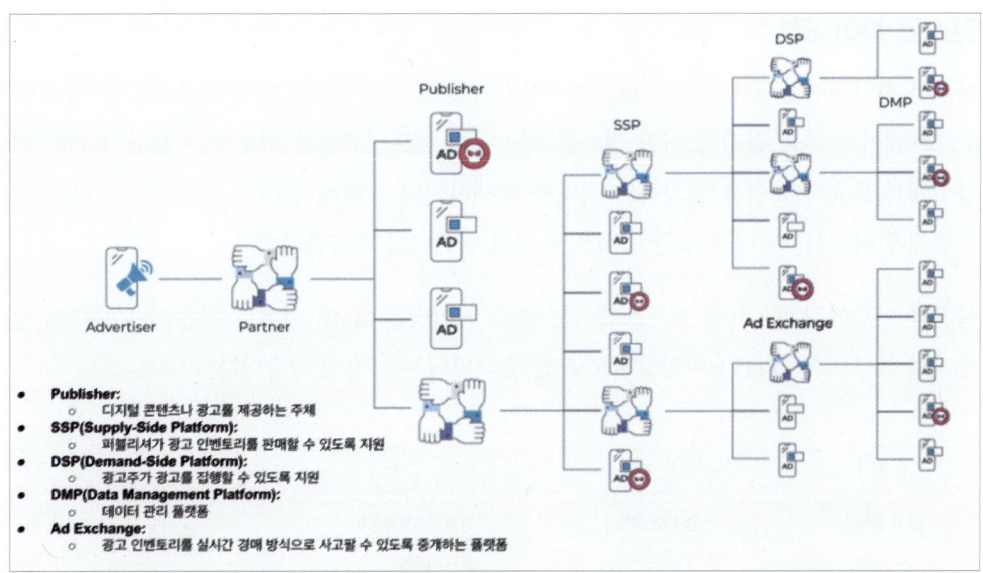

그림 4.30 디지털 광고 생태계는 다양한 이해관계자들이 얽혀 있어 광고 트래픽의 출처와 진위를 명확히 파악하기 어려운 경우가 자주 발생한다. (출처: 앱스플라이어)

성과 기반 과금 모델(CPC, CPI, CPA)이 일반적인 디지털 광고에서는 일부 악의적인 퍼블리셔들이 클릭, 설치, 구매 등의 데이터를 조작해 광고주의 예산을 가로채기도 합니다. 광고 매체들은 어떤 면에서는 피해자일 수 있습니다. 프로드를 발생시키는 이들은 복잡한 생태계와 다수의 중개 퍼블리셔들 뒤에 숨어 있기 때문에 많은 광고 매체는 자신들의 트래픽에 프로드가 포함되어 있다는 사실조차 인지하지 못하는 것입니다.

여기서는 프로드가 디지털 마케팅 환경에 미치는 영향을 분석하고, 사례를 통해 프로드 문제를 식별하며 이를 예방하는 방법을 살펴보겠습니다. 신뢰할 수 있는 데이터를 바탕으로 한 의사결정을 내리기 위해 효과적인 데이터 분석 방법도 함께 모색해 보겠습니다.

4.3.1 _ CTIT 분석

CTIT 분석(Click To Install Time Analysis)은 광고 클릭 후 앱 설치까지 소요되는 시간을 분석하여 프로드 트래픽을 탐지하는 방법입니다. 비정상적인 패턴을 찾아내어 광고 효율성을 높이고 프로드를 방지하는 데 사용됩니다. CTIT 분석을 통해 주로 탐지할 수 있는 프로드 유형은 다음과 같습니다.

인스톨 하이재킹

인스톨 하이재킹(Install Hijacking)은 사용자가 광고를 클릭하고 앱을 다운로드할 때 악성 소프트웨어가 이를 감지해 허위 정보를 제공하여 어트리뷰션을 가로채는 행위입니다. 이 과정에서 사용자가 앱을 설치하는 절차를 방해하거나 조작해 원래의 광고주와는 다른 광고주에게 이동시키거나 부정한 방식으로 설치 데이터를 왜곡합니다.

설치가 이루어진 후, 악성 소프트웨어는 클릭 데이터를 MMP 서버로 전송하기 때문에 정상적인 설치보다 CTIT가 비정상적으로 짧게 나타나는 특징이 있습니다.

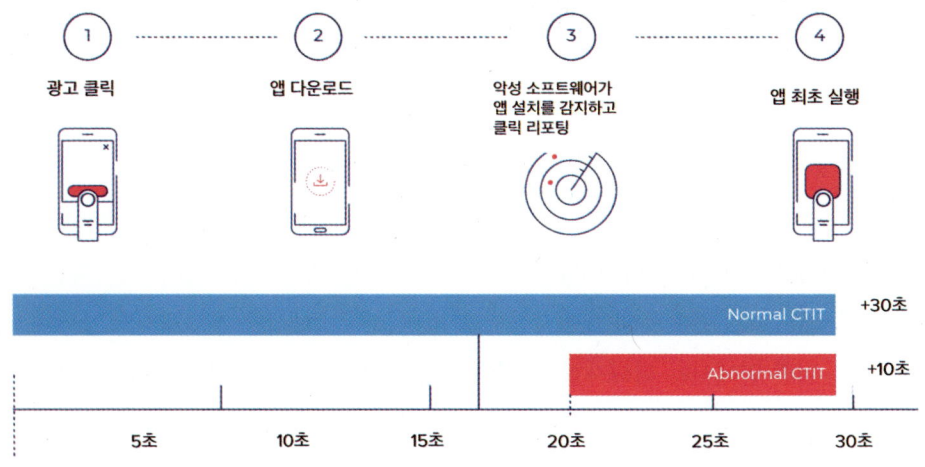

그림 4.31 비이상적인 CTIT 예시(출처: 앱스플라이어)

클릭 플러딩

클릭 플러딩(Click Flooding)은 실제 기기나 기기를 모방한 장치를 활용해 허위 클릭을 대량으로 생성하는 프로드 방식입니다. 진짜 사용자가 앱을 다운로드할 때 클릭 플러딩을 실행한 퍼블리셔가 해당 설치에 기여한 것처럼 잘못 기록되어 성과 데이터가 왜곡됩니다.

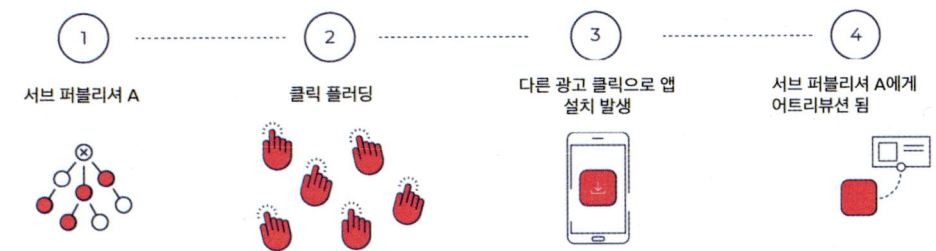

그림 4.32 클릭 플러딩 흐름도(출처: 앱스플라이어)

허위 클릭은 무작위로 생성되기 때문에 실제 설치와의 연관성이 매우 낮습니다. 클릭 후 몇 시간 또는 며칠이 지난 뒤 설치가 이루어지는 경우가 많아, CTIT 분석으로 탐지할 수 있는 대표적인 프로드 유형 중 하나입니다.

CTIT를 활용해 프로드 트래픽을 어떻게 분석할 수 있을까요? CTIT는 앱 설치 시간에서 광고 클릭 시간을 빼는 방식으로 계산됩니다. 사용자가 오전 10시 10분에 광고를 클릭하고 10시 12분에 앱을 설치했다면 CTIT는 2분이 됩니다.

다음 표 4.11은 CTIT를 계산한 사용자별 데이터 예시입니다.

표 4.11 광고 클릭 시간과 앱 설치 시간을 이용하여 사용자 10명의 CTIT를 계산하여 정리한 표

사용자	광고 클릭 시간	앱 설치 시간	CTIT
User 1	10:00	10:01	0:01:00
User 2	10:01	10:02	0:01:00
User 3	9:55	9:56	0:01:00
User 4	3:11	3:12	0:01:00
User 5	9:33	9:34	0:01:00
User 6	10:01	10:03	0:02:00
User 7	10:55	10:57	0:02:00
User 8	4:11	4:14	0:03:00
User 9	9:33	9:36	0:03:00
User 10	9:55	10:14	0:19:00

실제 분석 상황에서는 수십만에서 수백만 명에 이르는 사용자 데이터가 존재하므로 위와 같은 표 형식으로는 이상 현상을 감지하기 어렵습니다. 대신, 데이터를 시각화하면 효과적으로 분석할 수 있습니다.

위 표의 데이터를 활용하여 X축에 CTIT를, Y축에 해당 CTIT를 기록한 사용자 수를 표시한 그래프를 만들 수 있습니다. 이를 CTIT 분포 그래프(CTIT distribution)라고 하며, 정상적인 CTIT 분포와 프로드 트래픽을 시사할 수 있는 비정상적인 CTIT 분포 예시를 함께 살펴보겠습니다

그림 4.33은 정상적인 트래픽의 CTIT 분포를 나타낸 예시입니다. 이 그래프에서는 대부분의 사용자가 5초에서 25초 사이에 분포하고 있으며, CTIT가 지나치게 짧거나 긴 사용자는 상대적으로 적습니다.

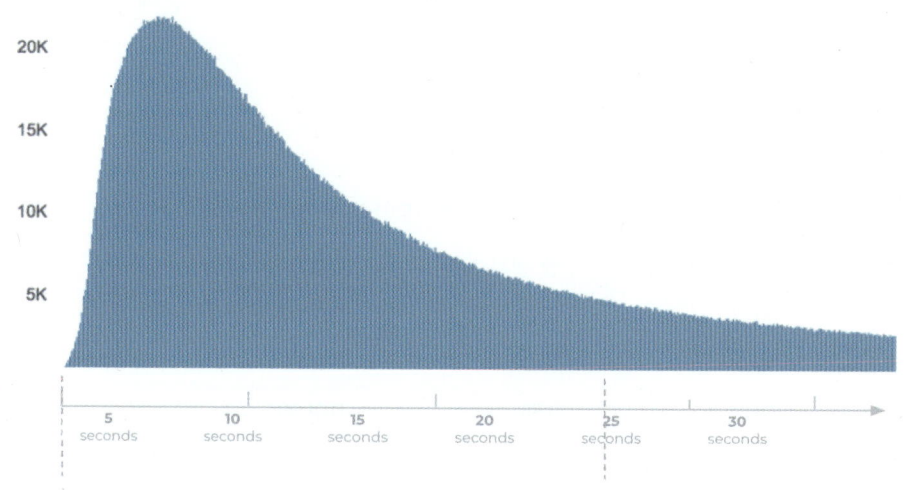

그림 4.33 정상적인 트래픽을 기록하는 매체의 CTIT 분포 그래프(출처: 앱스플라이어)

그림 4.34는 비정상적인 CTIT 분포그래프를 나타내며, 이전의 정상적인 분포와는 확연히 다른 형태를 보입니다. 그래프에서 빨간색 상자로 표시된 편차는 다양한 유형의 광고 프로드가 발생했을 가능성을 시사합니다.

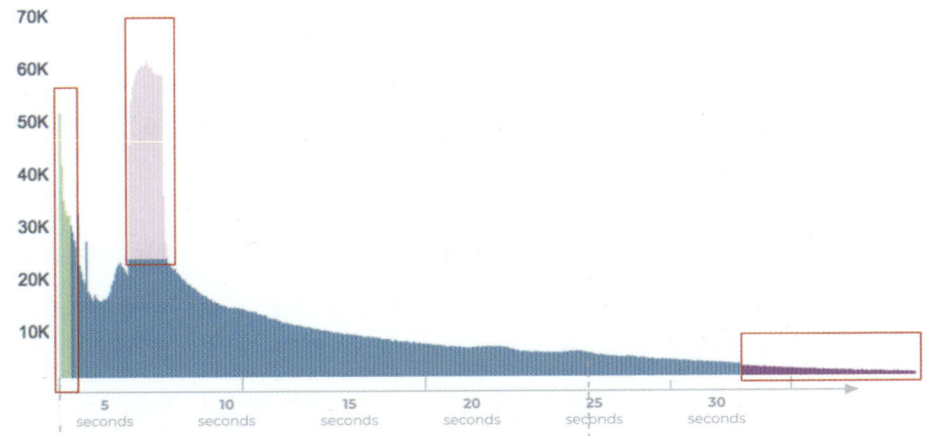

그림 4.34 비정상적인 트래픽을 기록하는 매체의 CTIT 분포 그래프(출처: 앱스플라이어)

비정상적인 CTIT 편차를 보여주는 그래프에서는 특정 CTIT 구간이 과도하게 집중되거나 다른 구간과 현저히 다른 패턴을 나타냅니다. 그림 4.34의 그래프에서 초록색으로 표시된 매우 짧은 CTIT 구간은 정상적인 설치 어트리뷰션을 가로채기 위한 인스톨 하이재킹 시도로 판단합니다. 마지막 보라색 구간은 실제 사용자 행동과 무관하게 랜덤으로 발생한 클릭 플러딩을 암시합니다.

가운데 분홍색 구간은 겉보기에는 정상적인 CTIT처럼 보이지만, 실제로는 봇을 이용해 사용자 행동을 모방한 활동이 포함될 수 있습니다. 이 경우, 실제로 발생하지 않은 클릭, 앱 설치, 인앱 이벤트가 마치 발생한 것처럼 보고됩니다.

특정 CTIT 구간의 데이터는 프로드 분석에 중요한 단서를 제공하지만, 프로드 수법은 갈수록 정교해지고 있습니다. 따라서 단순히 '몇 초 이하의 CTIT는 모두 프로드다' 또는 '몇 시간 이상의 CTIT는 모두 프로드다'와 같은 기준만으로 프로드를 단정할 수는 없습니다.

프로드 여부를 정확히 판별하기 위해서는 CTIT뿐만 아니라 다양한 요인과 대규모 데이터를 종합적으로 분석하는 것이 필요합니다. 다음 글에서는 CTIT 외의 다른 기준을 활용한 프로드 식별 방법에 대해 다루겠습니다.

4.3.2 _ 버전 분석

버전 분석(Version Analysis)은 프로드를 식별하는 데 중요한 역할을 합니다. 이 기법은 오래된 앱 버전에서 발생한 트래픽을 측정하고, 해당 버전에서 나타나는 의심스러운 활동을 감지하는 데 사용됩니다.

일반적으로 오래된 버전은 업데이트나 패치가 이루어지지 않기 때문에 최신 버전과 비교했을 때 사용자 행동이나 트래픽 패턴에서 차이를 보일 수 있습니다. 이러한 차이를 분석함으로써 비정상적인 클릭, 설치 활동, 그리고 프로드 트래픽을 보다 정확하게 파악할 수 있습니다. 여기서는 버전 분석을 활용하여 프로드를 판별하는 방법을 구체적으로 살펴보겠습니다.

앱 버전

앱 버전(App version)은 앱의 특정 상태나 업데이트를 나타내는 숫자나 코드로 구성되며, 일반적으로 '주 버전.부 버전.수정 버전'(예: 2.3.1) 형태로 표시됩니다. 이는 사용자와 개발자에게 앱의 변화와 업데이트 내용을 명확히 전달하며, 새로운 기능 추가나 버그 수정 등을 나타냅니다.

앱 버전의 구성 요소는 다음과 같습니다.

- **주 버전(Major)**: 주요 기능 추가나 근본적인 변경 사항이 있을 때 변경(예: 1.x → 2.x)
- **부 버전(Minor)**: 작은 기능 추가나 변경 사항이 있을 때 변경(예: 2.0 → 2.1)
- **수정 버전(Patch)**: 버그 수정이나 성능 개선과 같은 사소한 업데이트(예: 2.1.0 → 2.1.1)

앱 버전별 설치 데이터를 분석하면 비정상적인 활동을 탐지할 수 있습니다. 최신 버전이 아닌 오래된 버전에서 설치가 집중적으로 발생한다면, 이는 프로드 트래픽의 가능성을 시사합니다. 현재 앱 스토어에 등록된 최신 버전이 아닌 수년 전의 구버전에서 설치가 급증하는 경우, 악의적인 행위자가 해당 버전을 활용해 비정상적인 활동을 시도하고 있을 가능성이 높습니다.

따라서 앱 버전별 설치율 데이터를 모니터링하고 관리하면서 오래된 특정 버전에서 비정상적으로 많은 설치가 발생한다면 해당 트래픽의 출처를 분석하고 문제가 되는 광고를 중단하는 등의 대응이 필요합니다.

OS 버전

OS 버전(Operating System Version)은 기기의 운영체제 상태를 나타내는 숫자나 코드로, 보통 주 버전.부 버전.수정 버전(예: iOS 16.1.2) 형식으로 표시됩니다. 이 정보는 운영체제의 변화와 업데이트 내용을 포함하며, 새로운 기능 추가, 보안 패치, 성능 개선 등을 나타냅니다.

최신 OS 버전은 보안 체계가 강화되어 프로드 트래픽을 방지하는 데 효과적입니다. 그러나 프로드 행위자들은 보안이 상대적으로 취약한 구버전 OS를 주로 선택하여 악성코드 실행 등 불법 활동을 수행합니다.

2022년 8월 기준 구글의 데이터에 따르면 Android 8.0 이상 버전을 사용하는 기기는 전체 기기의 88%에 달하며, Android 4.1 이하를 사용하는 기기는 0.1%에 불과합니다[7]. 이 상황에서 Android 2.3과 같은 구버전 OS에서 앱 설치가 급증하는 현상이 발견된다면, 이는 프로드 트래픽의 신호일 수 있습니다.

표 4.12는 모바일 운영체제(OS)의 대표적인 플랫폼인 안드로이드와 애플의 OS 버전을 정리한 것입니다. 이를 참고하여 OS 버전별 설치율 데이터를 모니터링하면 구버전 OS에서 발생하는 비정상적인 설치 증가를 빠르게 감지하고 프로드 방지 전략을 강화할 수 있습니다.

표 4.12 출시일 기준, 안드로이드와 iOS의 연도별 OS 버전(출처: 안드로이드 및 iOS 개발자 노트)

연도	Android 버전	iOS 버전
2010	Android 2.2, Android 2.3	iOS 4.0
2011	Android 3.0, Android 4.0	iOS 5.0
2012	Android 4.1	iOS 6.0

---

[7] https://developer.android.com/

연도	Android 버전	iOS 버전
2013	Android 4.3~4.4	iOS 7.0
2014	Android 5.0	iOS 8.0
2015	Android 6.0	iOS 9.0
2016	Android 7.0~7.1	iOS 10.0
2017	Android 8.0~8.1	iOS 11.0
2018	Android 9.0	iOS 12.0
2019	Android 10	iOS 13.0
2020	Android 11	iOS 14.0
2021	Android 12	iOS 15.0
2022	Android 13	iOS 16.0
2023	Android 14	iOS 17.0
2024	Android 15	iOS 18.0

4.3.3 _ 행동분석(Behavior Analysis)

앞서 미국 드라마 '실리콘 밸리'의 한 에피소드를 통해 누적 지표의 함정을 설명한 것을 기억하시나요? 해당 에피소드에서는 스타트업 앱의 누적 다운로드 수가 빠르게 증가해 50만을 돌파했지만, 실제 일일 사용자 수는 1만 9천 명에 불과했습니다. 이 장면은 누적 지표만으로는 서비스의 실질적인 성과를 판단할 수 없다는 점을 분명하게 보여줍니다. 그러나 그 뒤에는 더 중요한 이야기가 숨어 있습니다.

드라마의 주인공 리처드는 자신이 운영하는 앱의 일일 사용자 수가 1만 9천 명에 불과하다는 사실을 알게 된 후, 회사 운영을 중단할지 심각하게 고민합니다. 하지만 곧 예상치 못한 변화가 일어납니다. 일일 사용자 수가 서서히 증가하기 시작한 것입니다. 서비스가 성장 궤도에 오른 듯 보였고, 리처드는 기쁨을 감추지 못했습니다.

하지만 기쁨도 잠시, 리처드는 곧 데이터의 신뢰성 문제에 직면하게 됩니다. 그는 이 문제를 회사의 COO(Chief Operating Officer)인 재러드에게 언급하며 갑자기 증가한 일일 사용자를 '가짜 사용자'라고 지적합니다.

사실, 이 사용자들은 리처드가 회사를 중단할지 고민하던 상황에서 COO인 재러드가 몰래 돈을 주고 가짜 트래픽을 구매한 결과였습니다. 급증한 데이터가 의심을 일으킬 것이라 예상한 재러드는 트래픽 증가 속도를 세심하게 조절하며 사용자 수가 매일 조금씩 증가하도록 지시하기도 했습니다.

그렇다면 리처드는 어떻게 이 데이터의 이상함을 눈치챘을까요? 핵심은 바로 사용자 행동 분석에 있었습니다. 리처드의 회사가 제공하는 앱의 주요 성과 지표(KPI)는 '사진 업로드'였고, 일일 활성 사용자(DAU)는 사진을 1장이라도 업로드한 사용자로 정의되었습니다. 리처드는 데이터를 분석하는 중 사진을 한 장만 업로드하고 바로 앱을 이탈하는 사용자들이 수천 명에 달한다는 사실을 발견하게 되었습니다. 이들은 KPI를 충족시키기 위해 사진을 업로드한 후, 실제로는 앱을 지속적으로 사용하거나 활동에 참여하지 않았던 것입니다. 이를 깨달은 리처드는 자신의 실수를 인정하고, 결국 회사를 매각하기로 결심합니다.

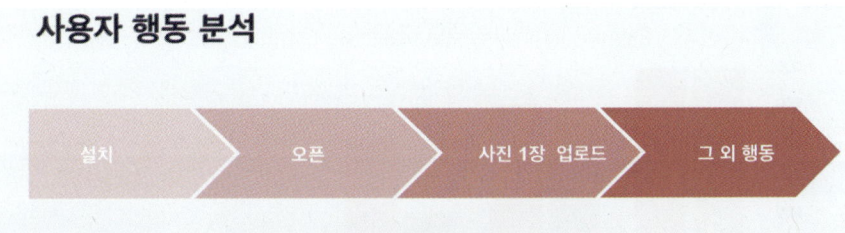

그림 4.35 앱을 사용하는 사용자의 여정. 정상적인 사용자라면 앱을 오픈하고 사진을 업로드한 후에 그 외 행동을 해야 하지만, 가짜 사용자들은 KPI를 충족하는 행동만 하고 이탈했다.

이 에피소드는 데이터를 분석할 때 KPI의 숫자만 확인하는 것에 그치지 않고 실제 사용자 행동 데이터를 살펴봐야 한다는 교훈을 줍니다. 사용자 행동 데이터는 정상적인 사용자 패턴과 프로드 트래픽의 비정상적인 패턴을 비교함으로써 프로드 트래픽을 탐지하는 데 매우 효과적입니다.

비정상적인 사용자 행동은 정상적인 흐름에서 벗어난 패턴으로 나타납니다. 앱을 설치한 후 실행은 했지만 회원가입이나 구매와 같은 추가 활동이 전혀 이루어지지 않는 사용자가 너무 많다면, 이는 비정상적인 패턴의 한 예가 될 수 있습니다. 앱 설치 후 짧은 시간 내에 앱을 삭제하거나 사용을 중단하는 빠른 이탈 행동, 또는 특정 기기에서 매우 짧은 시간 내 반복적인 구매가 발생(예: 1분 내 10번 구매 등)하는 경우도 비정상적인 행동으로 간주될 수 있습니다.

이때, 전환 퍼널(conversion funnel)은 매우 유용한 분석 도구로 활용될 수 있습니다. 정상적인 사용자는 광고를 클릭한 후 앱 설치, 실행, 구매 또는 다른 활동을 완료하지만, 프로드 트래픽은 이와 같은 과정에서 이탈하거나 비정상적인 행동을 보이는 경우가 많기 때문입니다. 그림 4.36의 전환 퍼널 그래프에서 정상적인 패턴과 비정상적인 패턴을 확인할 수 있는데, 자세한 내용은 다음과 같습니다.

- **정상적인 패턴(노란색)**: 사용자는 앱 설치 후 단계별로 행동을 완료하며, 퍼널의 자연스러운 감소를 보입니다.
- **비정상적인 패턴(빨간색)**: 사용자가 사진 업로드 단계에만 몰려 있으며, 이후 단계에서는 대거 이탈하는 비정상적인 트래픽 패턴을 보여줍니다.

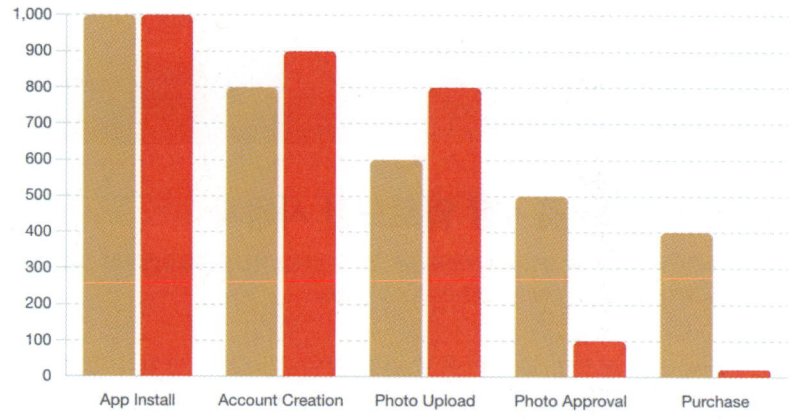

그림 4.36 정상적인 사용자와 비정상적인 사용자의 행동 분석을 비교한 그래프. X 축은 각 퍼널별 행동이며 Y 축은 사용자 숫자를 나타낸다.

비정상적인 행동을 식별하려면 행동 데이터 외에 다양한 데이터를 분석하는 것이 중요합니다. 리텐션(retention)은 프로드 트래픽을 판별하는 중요한 지표로, 정상적인 경우 일정 비율의 사용자가 앱 설치 후 1일, 7일, 14일 동안 지속적으로 앱을 사용합니다. 리텐션 그래프는 서비스나 앱의 특성에 따라 다르지만, 다음의 세 가지 주요 형태로 나타납니다.

01. 감소하는 곡선(Declining curves)

사용자가 점차 이탈하며 지속적으로 재방문하지 않는 경우입니다. 제품이 제품-시장 적합성(Product-Market Fit)을 달성하지 못하면, 유지율 곡선은 계속 감소하고 결국 소수의 사용자만 남거나 거의 모든 사용자가 이탈하게 됩니다. 이런 경우, 핵심 사용자 집단에 집중하고 이들에게 명확한 가치 제안을 제공하여 제품을 개선한 후 사용자층을 확장하는 것이 중요합니다.

그림 4.37과 4.38은 앱스플라이어에서 조사한 안드로이드와 iOS의 분기별 평균 리텐션 데이터를 보여줍니다. Y축은 리텐션율, X축은 시간을 나타내며, 시간 경과에 따라 리텐션이 점차 감소하는 경향을 보입니다.

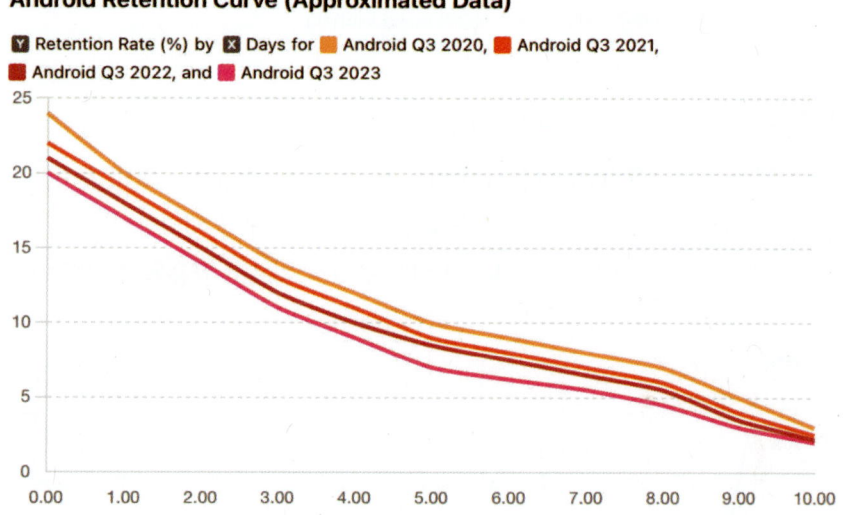

그림 4.37 안드로이드의 평균 리텐션 그래프. Y축은 리텐션, X축은 시간의 흐름을 나타낸다.

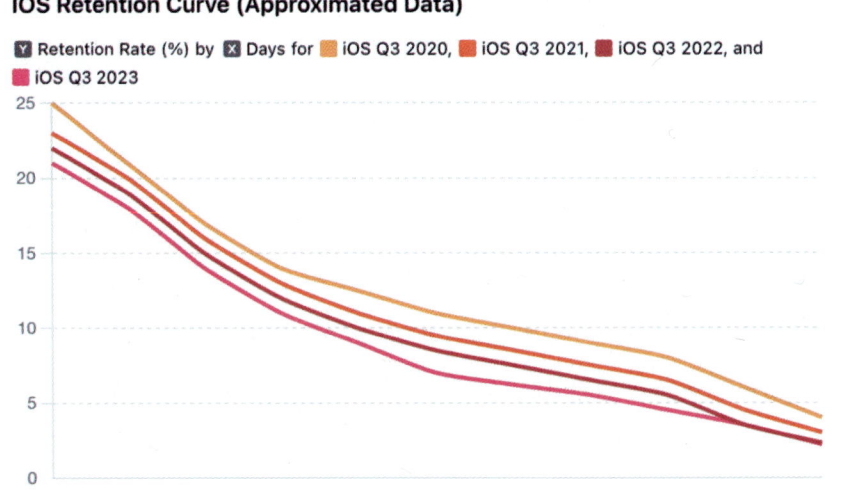

그림 4.38 iOS의 평균 그래프. Y축은 리텐션, X축은 시간의 흐름을 나타낸다.

02. 평탄화 그래프(Flattening Curve)

초기에는 리텐션이 하락하지만, 일정 수준에서 안정적으로 유지되는 형태입니다. 이는 일부 사용자가 제품의 가치를 인식하고 계속해서 돌아오는 경우를 의미합니다. 평탄화된 곡선의 높이는 제품의 장기적인 건강성을 측정하는 중요한 지표로 활용될 수 있습니다.

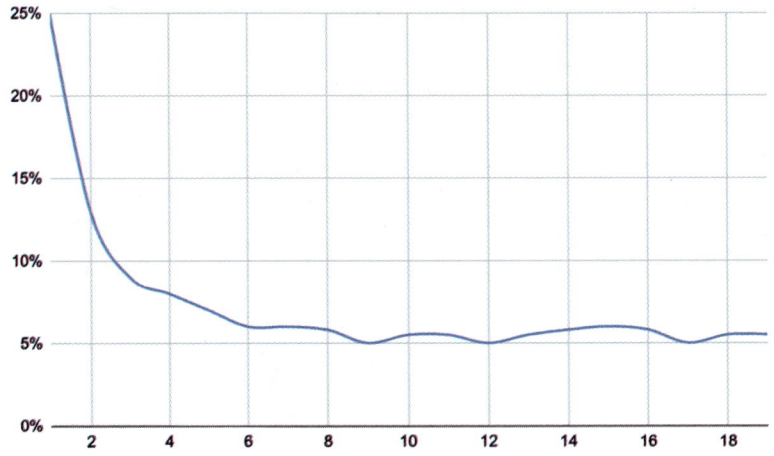

그림 4.39 평탄화 그래프 예시. Y 축은 리텐션, X 축은 시간을 나타내며 시간이 지날수록 사용자들이 안정적으로 제품으로 돌아오고 있다.

03. 스마일 그래프(Smiling Curve)

초기에는 리텐션이 감소하다가 시간이 지나면서 다시 상승하는 형태입니다. 제품이 매우 뛰어난 경우 리텐션 곡선은 상승할 수 있으며, 바이럴 마케팅이나 제품 기능 개발이 사용자들을 다시 끌어들이는 경우입니다. 일정 시간이 지난 후 사용자가 서비스의 가치를 재발견하거나 친구나 동료의 권유로 다시 서비스로 돌아오는 경우가 이에 해당합니다.

그림 4.40은 3년이 지난 후 사용자들이 다시 앱으로 돌아오는 에버노트(유틸리티 앱)의 스마일 리텐션 그래프를 나타냅니다.

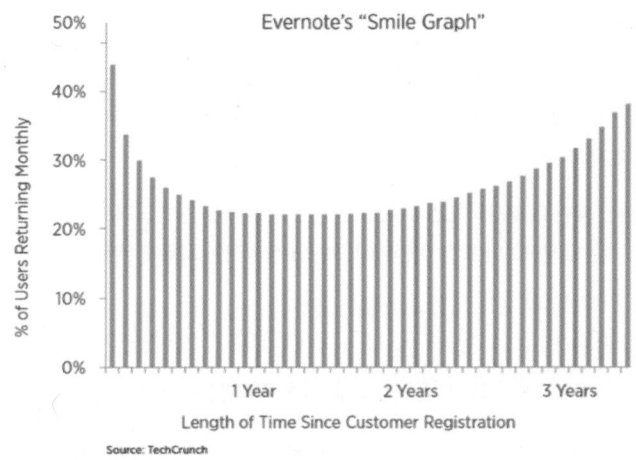

그림 4.40 에버노트의 스마일 리텐션 그래프[8]

리텐션 그래프는 평균적으로 위 3가지의 일정한 패턴을 보입니다. 그러나 프로드 트래픽은 설치 후 사용률이 급격히 감소하거나 비정상적으로 높은 값을 보입니다. 매체별, 지역별, 캠페인별로 리텐션 그래프를 분석하면 특정 기준에서 벗어난 비정상적인 패턴을 찾아낼 수 있습니다. 몇 가지 비정상적인 리텐션 패턴을 예시로 살펴보겠습니다.

---

8 출처: https://articles.sequoiacap.com/retention

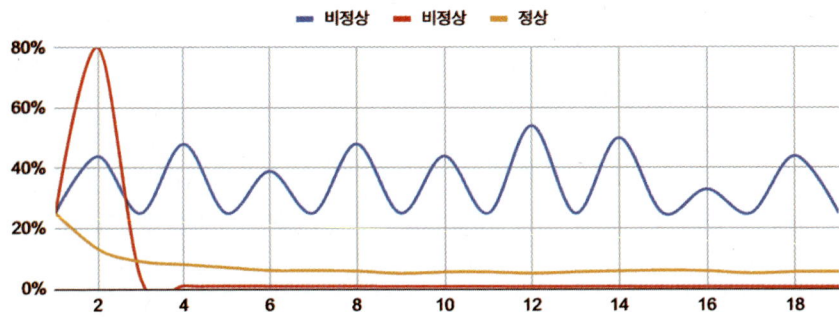

그림 4.41 비정상적인 리텐션 패턴 예시. X축은 시간의 흐름, Y축은 리텐션을 나타낸다.

- **정상적인 리텐션 패턴(노란색)**: 시간이 지날수록 사용자의 리텐션이 점진적으로 감소합니다. 이는 일반적인 사용자 행동 패턴입니다.

- **비정상적인 리텐션 패턴 1(파란색, Fluctuating)**: 리텐션이 균일하게 증가하고 감소하는 반복된 패턴을 보여줍니다. 이는 조작된 사용자 유입의 신호일 수 있습니다.

- **비정상적인 리텐션 패턴 2(빨간색, Spike & Drop)**: 초기에 리텐션이 급격히 상승한 뒤, 이후 급격히 감소합니다. 이는 조작된 트래픽이나 특정 이벤트에 의한 비정상적인 사용자 행동을 나타낼 수 있습니다.

다음 표는 정상 행동과 비정상 행동(프로드 트래픽)의 차이점을 비교한 것입니다. 각 항목을 통해 정상적인 사용자 행동과 비정상적인 사용자 행동을 구분하고 효과적인 프로드 방지 전략을 수립할 수 있습니다.

표 4.13 정상적인 트래픽과 프로드 트래픽의 패턴 분석 비교

항목	정상 행동	비정상 행동(프로드 트래픽)
앱 실행 후 활동	설치 후 실행 → 회원가입, 구매 등 추가 활동 발생	설치 후 실행만 하고 추가 활동 없음
리텐션	설치 후 1일, 7일, 30일 후에도 일정 비율의 사용자가 앱을 지속적으로 사용	설치 후 사용률이 급격히 감소하거나 유지되지 않음
IP 분석	다양한 IP에서 트래픽 발생	동일 IP에서 과도한 활동
지역 분석	다양한 지역에 걸쳐서 설치 발생	특정 지역에서 비정상적으로 높은 설치 발생
특정 기기 활동	기기별로 적정한 활동량	특정 기기에서 과도한 설치나 반복적인 행동 발생

4.3.4 _ 기기 분석(Device Analysis)

디지털 광고 환경에서 프로드와의 싸움은 끊임없이 이어지고 있습니다. 마케터들이 열심히 광고를 집행하고 앱을 운영하는 동안 불법적인 활동을 하는 이들은 점점 더 정교한 방법으로 프로드 감시 시스템을 피해가고 있습니다. 이런 상황에서 기기 정보를 활용하는 것은 가짜 트래픽을 신속하게 감지할 수 있는 강력한 도구가 될 수 있습니다.

브랜드와 모델명 매칭 분석

스마트폰과 태블릿 같은 기기의 브랜드, 모델명, 제조 시점 등의 정보를 면밀히 분석하면 기기와 관련된 비정상적인 패턴을 발견할 수 있습니다. 설치 데이터의 기기 브랜드와 모델명이 일치하지 않는다면 이는 프로드 트래픽을 탐지하는 중요한 단서가 됩니다. 정상적인 트래픽에서는 다음과 같이 브랜드와 모델명이 일치합니다.

- 브랜드: Samsung, 모델명: Galaxy S24
- 브랜드: Apple, 모델명: iPhone 16

하지만 프로드 트래픽에서는 다음과 같은 불일치가 발생합니다.

- 브랜드: Apple, 모델명: Galaxy S21(존재하지 않는 조합)
- 브랜드: Unknown, 모델명: iPhone 14 Pro(의도적 정보 왜곡)
- 브랜드: Xiaomi, 모델명: LG G6(잘못된 매핑)

브랜드와 모델명의 불일치는 기기 정보가 조작되었거나 트래픽이 봇 또는 시뮬레이션된 (fake) 환경에서 생성되었을 가능성을 나타냅니다. 봇은 기기 정보를 무작위로 생성하거나 왜곡할 수 있으며, 일부 네트워크에서는 중간에서 데이터를 조작해 잘못된 정보를 전달하기도 합니다.

Brand/Model normal			Brand/Model abnormal	
brand	model		brand	model
xiaomi	Redmi Note 4		mobiistar	doldhubkd
samsung	SM-G550T		Aura	bpmcgdaxq
samsung	SM-T585		htc	zmaepiyiz
motorola	Moto G (4)		samsung	btmnjgjcv
HUAWEI	WAS-LX1A		Masscom	irtlcit.tb
samsung	SM-J111M		xaiomi	fcpjgjyly
htc	HTC Desire 530		Micromax	dnniruguf
motorola	Moto G (5)		MASSCOM	rtyhdyuhg
samsung	SM-G531H		motorola	hxnbvowst

그림 4.42 브랜드와 기기 정보가 일치하지 않는 사례(출처: 앱스플라이어)

기기 브랜드와 모델명 조합은 국제 표준 데이터베이스(예: GSMA Device Database)에 등록되어 있으며, 각 운영체제는 기기 정보를 읽을 수 있는 코드를 제공하기 때문에 이를 활용하면 앱에서 수집한 트래픽 데이터를 표준 데이터베이스와 비교하여 비정상적인 데이터를 판별할 수 있습니다.

먼저, 해당 데이터를 활용한 수동 분석 방식을 살펴보겠습니다. 앱 내에 기기 정보 수집 코드를 삽입하여 데이터를 수집한 후, 이를 표준 데이터베이스와 비교하는 방식입니다. 이 과정은 수동으로 이루어지므로 시간이 많이 소모되고, 광고 프로드 수법의 진화에 대응하기 위해 지속적인 데이터베이스 업데이트와 알고리즘 개선이 필요합니다.

반면, 자동화 도구를 활용하면 이 과정을 훨씬 효율적으로 수행합니다. MMP에서 제공하는 프로드 방지 도구를 사용하면 대규모 기기 데이터를 표준 데이터베이스와 비교하여 비정상적인 브랜드와 모델명 조합을 자동으로 탐지합니다. 앱스플라이어의 Protect360 같은 도구는 이와 같은 분석 기능을 제공하며, 비정상적인 매핑을 자동으로 확인하고 이상 패턴을 빠르게 식별하는 데 도움이 됩니다.

새로운 기기 빈도율 분석

기기와 제조사 매칭 방식 외에, 새로운 기기 빈도(New Device Rate, NDR) 분석도 기기 정보를 활용한 매우 효과적인 프로드 방지 전략 중 하나입니다. NDR은 말 그대로 앱을 다운로드한 트래픽 중 새로운 기기의 비율을 의미합니다.

트래픽에서 새로운 기기가 발견되는 것은 자연스러운 현상입니다. 스마트폰 제조사들은 끊임없이 더 혁신적인 기기를 선보이며, 사용자가 기기를 교체하는 현상은 자연스러운 일이지만, 이 비율을 면밀히 관찰하는 것이 중요합니다. 비정상적으로 높은 NDR은 기기 ID 재설정 프로드(Device ID Reset Fraud)와 같은 수법을 의심할 수 있는 신호가 됩니다.

특정 지역이나 캠페인에서 새로운 기기 비율이 급증하는 경우, 이는 대규모 기기 ID 재설정 활동이나 프로드 트래픽의 가능성을 시사합니다. 앱스플라이어의 데이터에 따르면 일반적으로 NDR은 캠페인 활동의 10%~20%를 넘지 않는 것이 이상적이며, 이 범위를 벗어나면 추가 검토가 필요합니다.

단, 사전에 설치된 앱 캠페인에서는 새로운 기기 비율이 높은 경우가 많지만, 이는 프로드일 가능성이 적습니다. 새로 활성화된 기기에서 처음 실행되는 앱 중 하나일 가능성이 높기 때문입니다.

그림 4.43은 NDR 그래프입니다. 이 그래프는 한 매체의 트래픽 중 새로운 기기의 비율을 사이트 ID별로 구분하여 나타내며, NDR이 높을수록 색상이 진하게 표시됩니다. Site_a2로 유입된 888건의 앱 설치 중 97% 이상이 신규 기기로, 이는 프로드성 트래픽일 가능성을 시사합니다.

그림 4.43 앱스플라이어의 New Device Rate 그래프(출처: 앱스플라이어)

기기 브랜드와 모델명 불일치, 새로운 기기의 과도한 비율 등은 프로드 트래픽을 탐지하는 중요한 단서가 됩니다. 기기 데이터를 지속적으로 관리하고 의심스러운 트래픽을 분석함으로써 광고 캠페인의 효율성을 높이는 데 중요한 역할을 할 수 있습니다. 이러한 데이터를 기반으로 한 정밀한 분석은 가짜 트래픽을 차단하는 것뿐만 아니라, 캠페인의 전반적인 성과 향상에 기여합니다.

4.3.5 _ 내가 만든 가짜 사용자

저자가 SNS 마케팅을 담당하던 시절, SNS 마케팅의 성공을 판단하는 KPI 기준은 '누적 좋아요'와 '누적 댓글 수'였습니다. 대중적으로 누구나 사용할 수 있는 상품을 선정하면 참여도가 높을 것이라고 생각하여, "좋아요를 누르고 댓글을 달면 스타벅스 쿠폰을 드립니다!"라는 형태의 이벤트를 기획하게 되었습니다.

게시물에는 순식간에 수많은 '좋아요'와 댓글이 달려, 숫자만 보면 매우 성공적인 캠페인처럼 보였습니다. 대부분의 댓글이 "좋아요! 게임 재밌겠네요!" 같은 형식적인 문구들이었으나, 그중 몇몇 참여자는 유독 긴 문장을 정성스레 작성하여 이들을 당첨자로 선정했습니다.

그림 4.44 SNS 이벤트의 댓글 예시

그러나 이벤트를 반복할수록 동일한 이름의 사용자가 계속 눈에 띄어 계정을 조사한 결과, 해당 사용자는 뉴스피드가 기업 이벤트 글로만 가득한 체리피커[9]였음을 알게 되었습니다.

---

9 체리피커는 프로모션이나 보상만을 목적으로 서비스를 이용하고, 서비스의 본질적인 가치는 활용하지 않고 금방 이탈하는 사용자를 의미한다.

커피 쿠폰을 보상으로 하는 이벤트 방식은 게임과는 무관한 참여자들을 끌어들이고 있었습니다. 스타벅스 쿠폰 같은 대중적인 보상은 '좋아요' 숫자를 늘리는 데는 도움이 되지만, 게임 사용자들과의 진정한 연결을 만드는 데는 효과가 없었습니다. 기존 방식이 진성 사용자를 확보하지 못한다는 판단 하에 접근 방식을 변경하기로 했고, 게임 개발팀에 요청해 게임 내에서 사용할 수 있는 아이템이나 재화를 보상으로 제공하는 이벤트를 기획했습니다.

이벤트 방식은 여전히 댓글을 달고 좋아요를 누르면 보상을 지급하는 간단한 형태였지만, 보상을 커피 쿠폰에서 게임 관련 아이템으로 변경하자, 참여자들의 댓글 내용은 "좋아요!"와 같은 형식적인 반응에서 벗어나 게임에 대한 기대와 재미, 보상 아이템에 관한 구체적인 이야기로 변화했습니다. 이로써 숫자 뒤에 숨겨진 진성 게임 사용자들과의 연결을 실감할 수 있었습니다.

이 경험을 통해 KPI는 그대로 유지하면서도, 보상의 변화를 통해 진성 사용자와의 연결을 강화할 수 있고, 장기적인 성공을 위해서는 숫자만을 추구하는 것이 아닌 실제로 게임과 연결된 사용자를 확보하는 것이 중요하다는 것을 깨달았습니다. 이후 숫자 자체를 목표로 삼기보다는 그 뒤에 숨겨진 사용자와의 진정성 있는 연결을 만드는 것이 마케팅의 본질임을 배웠습니다. 이를 위해 캠페인 전략을 세울 때는 단순히 KPI를 충족시키는 표면적인 방식에 그치지 않고, 진성 사용자와 소통하며 그들의 니즈를 충족시키는 방향으로 나아가야 한다는 확신을 가지게 되었습니다.

마케팅에서 가장 중요한 것은 단기적인 성과를 위한 표면적인 결과에만 집중하지 않고, 사용자에게 의미 있는 가치를 제공하며 그들과 감정적으로 연결될 수 있는 방식을 고민하는 것입니다. 진정한 사용자는 단순히 충성도 높은 고객을 넘어 브랜드의 지지자로 성장하여 장기적인 성공을 이끌어 줍니다. 이들과의 연결은 단순한 마케팅 결과를 넘어 비즈니스의 근본적인 가치를 창출하는 핵심 요소임을 잊지 말아야 합니다.

지금까지 가짜 데이터, 프로드를 판별하고 그에 대응하는 방식을 알아봤습니다. 프로드는 단순히 데이터 오염을 넘어서 기업의 마케팅 효율성과 예산을 심각하게 침해할 수 있는 문제입니다. 이를 해결하기 위해서는 행동 분석, CTIT 분석, 기기 정보 활용 등의 다양한 전략을 결합해 체계적이고 정교하게 대응해야 합니다.

마케팅 캠페인 설계 시 단기적인 목표에만 집중하는 것이 아니라, 실제 가치를 창출하는 사용자를 유치할 수 있는 전략을 세우는 것도 중요합니다. 프로드가 아니더라도 보상만을 노리는 체리피커를 끌어들이는 마케팅 방식은 장기적으로 브랜드 이미지와 ROAS에 악영향을 미칠 수 있습니다. 따라서 KPI의 진정성을 재점검하며, 의미 있는 전환과 충성도 높은 사용자를 우선시하는 캠페인을 설계해야 합니다.

결국, 마케팅의 목표는 프로드를 방어하는 데 그치지 않고, 데이터의 신뢰성과 사용자 경험을 중심으로 마케팅 전략을 최적화하여 지속 가능하고 효과적인 성과를 만들어가는 것입니다.

4.4 데이터 이슈를 대하는 자세

지금까지 데이터 분석에서 흔히 발생하는 이슈들을 살펴보고, 이를 해결할 수 있는 실질적인 방안을 논의했습니다. 이번 절에서는 데이터 이슈에 대처하는 자세와 올바른 접근법을 정리하며 글을 마무리하겠습니다.

한때 새로운 툴을 팀에 도입하면서 광고 플랫폼, 데이터 툴, 내부 BI 툴 간의 데이터 차이를 좁히는 데 지나치게 몰두한 적이 있습니다. 각 플랫폼에서 제공하는 KPI 데이터를 일자별로 수동으로 비교하며 차이가 큰 구간을 분석하고, 이를 완벽하게 일치시키는 데 모든 에너지를 쏟았습니다. 이 과정에서 협력업체와 데이터 엔지니어들에게 과도한 부담을 주었고, 시간이 지나면서 이 노력이 실질적인 비즈니스 성과와 연결되지 않는다는 사실을 깨달았습니다. 그때 한 데이터 담당자는 이렇게 말했습니다.

> "데이터 차이는 IT 환경에서 발생할 수밖에 없는 현상이에요.
> 데이터를 완벽히 일치시키려는 노력은 비현실적입니다."

이 말은 큰 깨달음을 주었고, 그동안 데이터 분석에서 가장 중요한 본질을 간과하고 있었음을 깨닫게 했습니다. 데이터 분석에서 중요한 것은 차이를 좁히는 것이 아니라, 그 데이터를 통해 진정한 인사이트를 도출하고 실행하는 것입니다. 데이터 차이에 대한 지나친 집착은 중요한 분석을 놓치게 하고, 팀의 에너지를 잘못된 방향으로 이끕니다.

물론 데이터의 정합성은 중요합니다. 그러나 그보다 더 중요한 것은 "이 데이터를 활용해 무엇을 할 것인가"입니다. 데이터 분석의 목표는 인사이트를 얻고 실행하고 궁극적으로는 성과를 이루는 것입니다. 위 사례를 바탕으로 데이터 이슈에 접근하는 방식을 정리했습니다.

01. 데이터 차이를 인정하고 받아들이기

데이터 차이를 처음 발견하면 당황하기 마련입니다. 아무리 경험이 많은 마케터라도 중요한 캠페인 중에 데이터 차이를 발견하면 좌절하기 쉽습니다. 그러나 중요한 것은 데이터가 불완전할 수 있다는 현실을 인정하고, 문제의 핵심을 명확히 이해한 후 이를 해결하거나 우회할 방법을 찾는 것입니다. 데이터를 완벽하게 일치시키려는 노력이 오히려 비효율적일 수 있음을 인지하고, 그 속에서 의미 있는 인사이트를 도출하는 데 집중하는 것이 진정한 분석의 시작입니다.

02. 내가 할 수 있는 분석 진행하기

데이터 분석을 의뢰하기 전에, 먼저 내가 할 수 있는 분석을 통해 문제를 해결하는 방법을 모색해야 합니다. 디지털 마케팅 업계에서 10년 넘게 근무하며 데이터 차이를 다뤄본 결과, 의외로 내부 분석만으로도 문제를 해소하는 경우가 많았습니다.

예를 들어, CTR 급증을 분석할 때 매체별, 일자별로 데이터를 세분화하여 원인을 파악하고, 그에 대한 분석을 먼저 진행한 후 다른 부서에 데이터 요청을 하는 것입니다. 이 과정에서 데이터 차이를 납득하게 되기도 하며, 시간과 리소스를 절약할 수 있습니다. 중요한 것은 데이터를 요청하기 전에 가설을 세우고, 그에 맞는 데이터를 먼저 분석하는 효율적인 접근법입니다.

03. 실질적인 대안 모색하기

데이터 정합성에 의문이 생길 경우, 문제를 단순히 파고드는 것보다 이를 보완할 실질적인 방법을 찾아야 합니다. 데이터 차이에 대한 원인을 발견했으나, 이를 해결하는 데 시간이 오래 걸린다면 어떻게 해야 할까요? 여러 광고 매체와 다양한 툴을 사용하여 데이터를 수집하다 보면 마케터 혼자만의 힘으로 당장 문제를 해결하기 어려운 경우가 많습니다. 이릴 때는 내가 해결할 수 없는 것에 시간을 투자하기보다는 내가 지금 할 수 있는 일에 집중하는 것이 중요합니다. 신뢰할 수 없는 구간은 제외하고 트렌드 분석을 진행하거나 원천 데이터를 기반으로 수동 계산을 통해 의미 있는 결론을 도출하는 방식이 유효할 수 있습니다. 이렇게 얻은 인사이트는 광고 캠페인 전략에 실질적으로 적용될 수 있어야 합니다. 중요한 것은 숫자나 정합성에 집착하기보다는 그 데이터가 가진 이야기와 그로부터 도출할 수 있는 실질적인 전략에 집중하는 것입니다.

04. 인사이트로 이어지는 분석 집중하기

마지막으로 중요한 것은 데이터를 통해 얻은 인사이트를 실제 실행 가능한 전략으로 바꾸는 것입니다. 데이터 차이를 다룰 때 중요한 것은 '완벽하게 일치하는 데이터'가 아니라 '실행 가능한 인사이트'입니다. 데이터는 수단에 불과합니다. 비즈니스 성과를 최적화할 수 있는 전략을 수립하고 실질적인 광고 캠페인의 성과를 끌어올리는 것이 데이터 분석의 진정한 목적입니다.

결국, 데이터의 일치보다 중요한 것은 '그 데이터로 무엇을 할 것인가'라는 원칙을 명심하는 것입니다. 데이터를 통해 얻은 인사이트를 활용해 실행 가능한 전략을 수립하고 캠페인의 성과를 끌어올린다면 데이터 분석은 훨씬 더 의미 있는 결과를 가져다줄 것입니다.

연습문제

1. 인스톨 하이재킹(install hijacking)은 어떤 시점에 발생하나요?

   A. 사용자가 앱을 삭제할 때
   B. 앱이 완전히 설치되기 직전
   C. 앱 내에서 첫 결제가 이루어질 때
   D. 앱 리뷰를 작성할 때

2. 스마일 리텐션 그래프는 어떤 사용자 패턴을 의미하나요?

   A. 첫날 이후 빠르게 이탈하는 사용자
   B. 초반에 빠졌다가 특정 시점에 다시 돌아오는 사용자
   C. 리텐션이 일정하게 유지되는 사용자
   D. 점진적으로 사용 시간이 증가하는 사용자

3. 다음 중 프로드 트래픽을 가장 잘 탐지할 수 있는 조합은 무엇인가요?

   A. 클릭 수 + 사용자 평가 점수
   B. 신규 기기 비율 + 클릭 후 설치 시간 + 리텐션
   C. CTR + 사용자 나이
   D. 광고 캠페인 예산 + 크리에이티브 수

4. 설치 수는 적지만 구매 전환율이 매우 높은 사용자 그룹을 어떻게 활용해야 할까요?

   A. 예산 축소 대상
   B. 타겟팅 제외 대상
   C. 고가치 사용자로 분류 후 유사 타겟팅
   D. 삭제 대상 트래픽으로 간주

5. 고래 사용자(Whale User)로 분류되는 기준으로 가장 적절한 것은 무엇인가요?

   A. 하루에 3분 이상 앱을 사용하는 사용자
   B. 앱 리뷰를 자주 남기는 사용자
   C. 구매 금액이 전체의 상위 5%에 해당하는 사용자
   D. 앱을 설치하고 곧바로 삭제하는 사용자

6. 아웃라이어 제거는 어떤 상황에서 유용하게 활용되나요?

   A. 전체 평균을 높이기 위해
   B. 분석 결과의 신뢰도를 높이기 위해
   C. 광고 예산을 줄이기 위해
   D. 사용자의 리뷰를 자동 분석하기 위해

7. 행동 분석을 통해 사용자의 '의도(intent)'를 파악하는 데 가장 유용한 지표는 무엇인가요?

   A. 사용자의 이메일 주소
   B. 클릭 수
   C. 행동 순서 및 특정 행동 전환율
   D. 디바이스 종류

8. 새로운 기기 비율이 지나치게 높은 캠페인의 경우 의심해볼 수 있는 현상은 무엇인가요?

   A. 캠페인 도달률이 높음
   B. 리마케팅 성과가 우수함
   C. 기기 리셋 또는 에뮬레이터 사용
   D. 기존 고객의 이탈 증가

9. 사용자 리텐션이 100%로 고정되어 있는 그래프는 무엇을 의심하게 하나요?

   A. 매우 충성도 높은 사용자
   B. 봇 또는 자동화된 실행
   C. 고래 사용자 다수
   D. 크리에이티브 성과

10. 스마일 리텐션 곡선을 타겟팅한 전략으로 가장 적절한 것은 무엇인가요?

    A. 설치 후 즉시 리마케팅
    B. 장기 미사용자 대상 리인게이지먼트 캠페인
    C. 최초 실행을 유도하는 팝업
    D. 리뷰 유도 팝업

정답

1.
　정답: B
　해설: 인스톨 하이재킹은 앱 설치 마지막 단계에서 발생하며, 실제 설치 직전의 클릭을 가로채는 기법입니다.

2.
　정답: B
　해설: 일시적으로 떠났다가 다시 돌아오는 사용자 패턴은 스마일 형태의 그래프입니다.

3.
　정답: B
　해설: 신규 기기 비율과 CTIT, 리텐션을 통해 트래픽의 질과 진정한 사용자 행동을 종합적으로 판단합니다.

4.
　정답: C
　해설: 구매 전환율이 높은 소규모 그룹은 '고가치 사용자'로 분류되며, 이들의 특성을 기반으로 유사 타겟팅(lookalike targeting)캠페인 등을 진행하는 캠페인 전략을 수립합니다.

5.
　정답: C
　해설: 고래 사용자는 매출에 큰 영향을 미치는 상위 구매자 집단입니다.

6.
　정답: B
　해설: 분석 시 소수의 극단적인 수치가 평균값이나 분포를 왜곡합니다. 이상값을 제거함으로써 전체 데이터를 더 정확하게 해석하고, 보다 실질적인 인사이트를 도출합니다.

7.
　정답: C
　해설: 단순 클릭 수보다 사용자가 어떤 순서로 앱을 사용하고, 특정 행동(예: 회원가입, 결제)까지 도달했는지가 훨씬 유의미합니다.

8.
   정답: C

   해설: 비정상적으로 높은 신규 기기 비율은 디바이스 리셋, 에뮬레이터, 봇 등을 통한 인위적인 설치 생성 가능성을 암시합니다. 일반적인 사용자 환경에서는 동일 기기의 반복 사용이 더 많습니다.

9.
   정답: B

   해설: 전 기간 동안 리텐션이 100%로 유지되는 것은 현실적인 사용자 행동 패턴과 맞지 않습니다. 이는 봇이 정해진 간격으로 앱을 자동 실행하고 있는 것으로 의심할 수 있습니다.

10.
   정답: B

   해설: 스마일 리텐션 곡선은 초기에 이탈했던 사용자가 나중에 다시 돌아오는 경우를 의미합니다. 이런 사용자에게 리인게이지먼트(재참여) 마케팅을 통해 적절한 타이밍에 다시 앱을 사용하게 유도하는 전략이 효과적입니다.

**디지털 마케팅,
AI로 날개를
달다**

05장

디지털 마케터가 알아야 할 기술 용어

5.1 딥링킹과 디퍼드 딥링킹

5.2 애플의 프라이버시 정책

5.3 구글의 프라이버시 정책

5.4 시나리오로 배우는 기술 용어

5.5 미래의 디지털 마케터

디지털 마케팅에서 데이터 분석 및 사용자 측정과 관련된 기술의 중요성이 커지고 있습니다. 마케터들은 정교한 전략을 수립하고 마케팅 성과를 극대화하기 위해 최신 기술을 이해하고 이를 효과적으로 활용할 수 있어야 합니다. 이번 장에서는 디지털 마케팅에서 핵심적으로 사용하는 기술을 알아보고, 실제 마케팅 활동에 어떻게 적용할 수 있는지 구체적인 사례를 통해 살펴보겠습니다. 이를 통해 마케터들은 변화하는 디지털 환경에서 경쟁력을 유지하며 보다 효율적인 마케팅 캠페인을 운영하는 방법을 익힐 수 있을 것입니다.

5.1 딥링킹과 디퍼드 딥링킹

2장에서 다뤘던 리타겟팅 광고를 기억하시나요? 리타겟팅은 한 번 사이트나 앱을 방문했던 사용자에게 맞춤형 광고를 다시 노출하여 전환을 유도하는 전략입니다.

사용자가 온라인 쇼핑몰에서 특정 상품을 장바구니에 담았지만 결제하지 않은 경우, 해당 상품의 광고를 다시 보여주어 구매를 유도합니다. 이때 광고를 클릭하면 쇼핑몰 홈페이지가 아닌, 사용자가 담아둔 장바구니 페이지로 바로 이동시켜야 구매 가능성을 크게 높일 수 있습니다. 이러한 정교한 사용자 경험을 가능하게 하는 기술이 바로 딥링킹(Deep Linking)입니다.

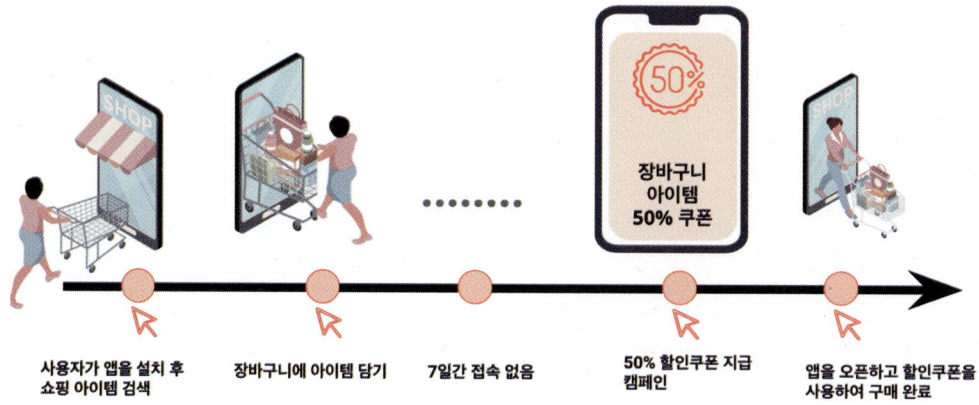

그림 5.1 장바구니에 아이템을 담고 구매하지 않은 사용자에게 리타겟팅 광고 캠페인을 진행할 수 있다.

딥링킹이 없다면 사용자는 광고 클릭 후 앱의 홈 화면에서 원하는 페이지를 직접 찾아야 합니다. 하지만 딥링킹을 사용하면 할인 행사 페이지나 장바구니와 같은 원하는 페이지로 즉시 이동합니다. 사용자의 앱 설치 여부에 따라 딥링킹은 두 가지 방식으로 나뉩니다.

- **딥링킹(Deep Linking)**: 이미 앱이 설치된 사용자를 앱 내 특정 페이지로 직접 이동시키는 방식입니다.
- **디퍼드 딥링킹(Deferred Deep Linking)**: 앱이 설치되지 않은 사용자의 경우, 먼저 앱스토어나 구글 플레이스토어로 유도하여 앱을 설치하도록 한 뒤, 설치가 완료되면 원하는 특정 페이지로 연결하는 방식입니다.

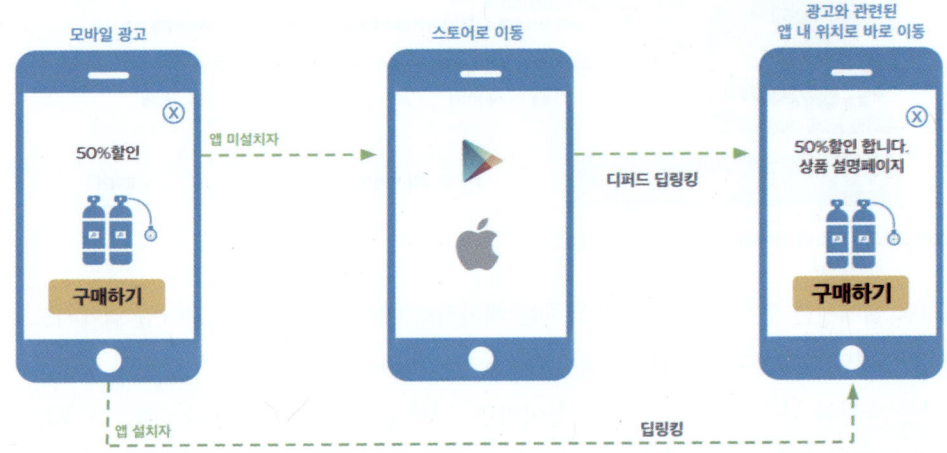

그림 5.2 딥링킹과 디퍼드 딥링킹의 사용자 여정

결과적으로 딥링킹은 맞춤형 사용자 경험을 제공하여 재방문과 구매를 유도하고, ROAS(광고비 대비 수익률)를 극대화하는 데 기여합니다. 딥링킹이 실제로 어떻게 작동하는지, 그리고 이를 어떻게 구현하는지 좀 더 자세히 살펴보겠습니다.

5.1.1 _ 딥링킹의 3가지 구현 방식

웹에서 특정 주소를 입력하면 해당 사이트로 이동하는 원리는 익숙할 것입니다. https://comic.naver.com/webtoon/list?titleId=833361을 입력하면 네이버 웹툰 '호붕빵 아저씨' 목록 페이지가 바로 열립니다.

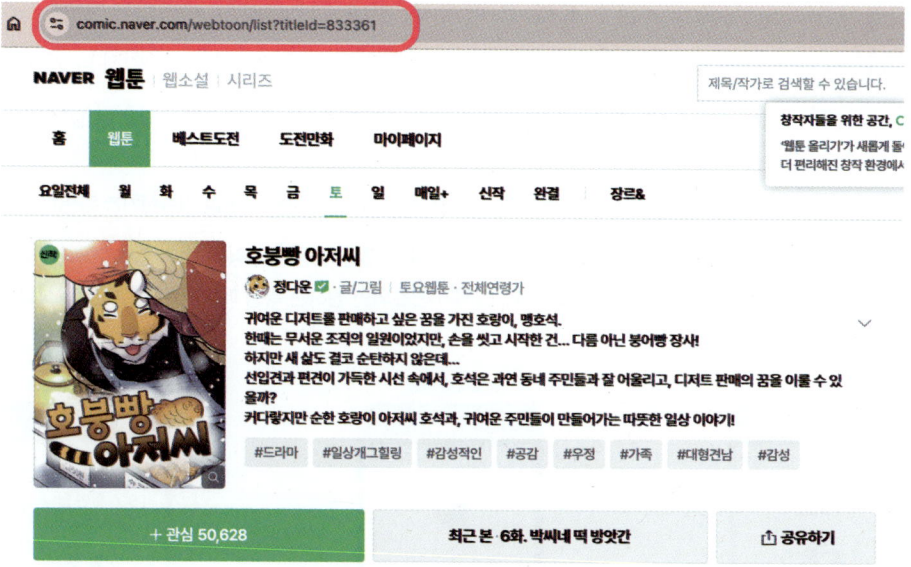

그림 5.3 특정 URL을 클릭하면 네이버 내 특정 웹툰 페이지로 이동한다.

이처럼 웹에서는 특정 URL을 통해 원하는 페이지로 바로 이동합니다. 모바일 앱에서도 이와 같은 개념이 활용되며, 이를 딥링킹(Deep Linking)이라고 합니다. 일반적인 링크가 사용자를 쇼핑몰 입구까지 안내하는 역할이라면, 딥링킹은 사용자가 원하는 제품이 있는 매장 내 특정 코너까지 직접 안내하는 역할을 합니다. 즉, 사용자가 원하는 화면으로 바로 이동하게 하여 앱 내 전환율을 높이고 광고 성과를 극대화합니다.

딥링킹에는 크게 세 가지 구현 방식이 있습니다.

- URI 스킴(URI Scheme): 앱이 자체적으로 정의한 URI 스킴을 통해 특정 화면을 호출하는 방식
- 유니버설 링크(Universal Link): iOS에서 제공하는 도메인 기반 딥링킹 방식
- 앱 링크(App Link): 안드로이드에서 제공하는 도메인 기반 딥링킹 방식

이 세 가지 방식은 모두 사용자를 앱 내 특정 페이지로 이동시키는 기능을 하지만, 플랫폼별 지원 방식과 구현 방법에 차이가 있습니다. 다음 글에서는 각 방식의 세부적인 차이점과 실제 적용 사례를 살펴보겠습니다.

URI 스킴 방식

딥링킹 방식 중 가장 오래되고 널리 쓰이는 것은 URI 스킴(URI Scheme) 방식입니다. 이는 앱 개발자가 특정 앱을 구분하기 위한 고유한 스킴을 설정하여, 이를 호출하면 앱이 실행되고 특정 페이지로 이동할 수 있는 구조입니다.

유튜브 앱을 실행하려면 youtube://라는 스킴 값을 호출하며, 추가로 경로(Path)를 붙여 앱 내 특정 화면으로 이동합니다. 유튜브의 회원가입 화면으로 이동하려면 youtube://signup과 같은 형태를 사용합니다. 즉, URI 스킴 방식은 'Scheme://Path' 구조로 구성되며, Scheme은 앱을 구분하는 값(youtube://), Path는 앱 내 특정 페이지를 나타내는 값(signup)입니다.

Scheme://Path

- **Scheme**: 특정 앱을 구분하는 값(예: youtube://)
- **Path**: 앱 내 특정 페이지를 구분하는 값(예: signup)

초기에는 설정이 간단하다는 장점 덕분에 URI 스킴 방식이 효과적인 딥링킹 솔루션으로 활용되었습니다. 그러나 앱의 수가 증가하면서 스킴 값의 중복 문제가 발생했습니다. youtube://라는 스킴 값은 유튜브만 사용할 수 있는 것이 아닙니다. 다른 개발자도 동일한 값을 사용할 수 있기 때문에 앱 수가 많아질수록 스킴 값의 중복 문제는 점점 더 심화되었습니다. 두 개 이상의 앱이 동일한 스킴 값을 사용한다면 원하는 앱이 실행되지 않고 전혀 다른 앱이 실행될 수 있습니다.

이런 문제점을 극복하기 위해 플랫폼 회사들은 더 보안이 강화된 새로운 딥링킹 방식을 개발했습니다. 애플은 유니버설 링크(Universal Link)를, 구글은 앱 링크(App Link)를 도입하여 보다 안정적이고 신뢰할 수 있는 딥링킹 환경을 제공하고 있습니다.

유니버설 링크(Universal Link)와 앱 링크(App Link)

유니버설 링크(iOS)와 앱 링크(안드로이드)는 웹 URL을 기반으로 동작하는 딥링킹 방식입니다. 두 플랫폼 모두, 앱과 웹 도메인 간의 신뢰 관계를 설정하기 위해 해당 도메인에 설정 파일을 배포해야 하며, 이를 통해 안전한 연결 여부를 검증합니다.

1. **유니버설 링크(Universal Links)**
   - Apple이 도입한 방식으로, 사용자가 특정 링크를 클릭하면 앱이 설치되어 있는 경우 앱으로 이동하고, 설치되지 않은 경우 웹 페이지로 이동합니다.
   - iOS에서 앱과 도메인을 연결하기 위해 apple-app-site-association(AASA) 파일을 웹 서버에 업로드해야 합니다.

2. **앱 링크(App Links)**
   - Google이 도입한 방식으로, 유니버설 링크와 유사한 기능을 제공하며 안드로이드 환경에 최적화되어 있습니다.
   - Digital Asset Links(DAL) 파일을 웹 서버에 배포해 앱과 도메인 간의 신뢰 관계를 Android 시스템에 등록해야 합니다.

이 두 가지 방식은 보안성과 안정성을 확보하면서도 URI 스킴이 가졌던 단점을 해결하는 방향으로 설계되었습니다. 하지만 여전히 일부 환경에서는 딥링크가 예상대로 작동하지 않을 수 있으며, 이를 보완하기 위한 추가적인 설정이 필요합니다. 다음 절에서 각 딥링크의 제약 사항과 해결 방법을 알아보겠습니다.

URI 스킴	유니버설 링크	앱 링크
→ 유니버설/앱 링크를 지원하지 않는 앱/브라우저를 사용할 경우	→ iOS 제공	→ 안드로이드 제공

그림 5.4 기본 딥링킹 3가지

5.1.2 딥링킹 활용하기

딥링킹을 효과적으로 활용하기 위해서는 각 방식의 특징과 제약 사항을 이해하는 것이 중요합니다. 딥링킹에는 여러 가지 구현 방식이 있으며, 각 방식은 앱의 특성과 운영 환경에 따라 다르게 적용됩니다. 또한, MMP(Mobile Measurement Partner) 링크 솔루션을 활용하면 더욱 효율적으로 딥링킹을 관리하고, 마케팅 성과를 극대화할 수 있습니다.

이 절에서는 각 딥링킹 방식의 특징과 제약 사항을 살펴보고, MMP 링크 솔루션을 통해 딥링킹을 어떻게 활용할 수 있는지 구체적인 방법을 알아보겠습니다.

각 딥링킹 방식의 특징과 제약 사항

URI 스킴, 유니버설 링크, 앱 링크는 사용자가 링크를 클릭한 후 최적의 사용자 경험을 제공하고 연결성을 강화하는 핵심 기술입니다. 그러나 유니버설 링크와 앱 링크가 URI 스킴의 한계를 보완한다고 해서, 단 하나의 방식만으로 모든 환경에서 일관된 사용자 경험을 보장할 수 있는 것은 아닙니다.

앱 링크는 구글 앱에서 원활하게 작동하지만, 일부 타사 앱에서는 정상적으로 작동하지 않을 수 있습니다. 마찬가지로, 유니버설 링크는 iOS에서 안정적으로 동작하지만, 특정 앱 환경에서는 예기치 않은 문제가 발생할 가능성이 있습니다.

표 5.1의 딥링킹 테스트 결과를 보면, 브라우저나 앱 환경에 따라 딥링킹 방식의 동작이 다르게 나타납니다. 이는 단일 딥링킹 방식만으로는 모든 사용 환경에서 최적의 경험을 제공하기 어렵다는 점을 시사합니다.

표 5.1 브라우저 및 앱 환경에 따라 다르게 동작하는 안드로이드 딥링킹 테스트 결과 예시

테스트 환경	안드로이드 테스트 결과
Gmail 앱에서 링크를 클릭하여 앱 실행	앱 링크 작동
카카오톡에서 링크를 클릭하여 앱 실행	URI스킴 방식 작동
네이버 앱에서 링크를 클릭하여 앱 실행	URI스킴 방식 작동
크롬에서 링크를 클릭하여 앱 실행	앱 링크 작동

URI 스킴은 구현이 간단하고 유연하며 iOS와 안드로이드에서 모두 사용할 수 있는 장점이 있지만 보안 이슈와 앱 간 충돌 가능성이 있습니다. 반면, 유니버설 링크와 앱 링크 방식은 보안성이 높으나, 특정 브라우저나 앱 환경에서는 정상적으로 작동하지 않을 수 있습니다.

표 5.2 각 딥링킹 방식의 지원 플랫폼/버전과 주요 사용 사례

딥링킹 방식	지원 플랫폼/버전	주요 사용 사례
URI 스킴	모든 플랫폼 (iOS, 안드로이드, 웹)	• Universal Link와 App Link 실패 시 백업용
유니버설 링크	iOS 9.0 이상	• iOS 사용자 대상 • 앱 설치 여부에 따라 앱 또는 웹으로 연결
앱 링크	안드로이드 6.0 이상	• 안드로이드에서 표준 딥링킹 방식 • 앱 설치 여부에 따라 앱 또는 웹으로 연결

그럼 딥링킹을 효과적으로 활용하려면 어떻게 해야 할까요? 우선, 딥링크를 올바르게 설정하는 것이 가장 중요합니다. 딥링크는 사용자를 특정 앱 내 페이지로 정확하게 유도하는 역할을 하지만, 원활하게 작동하려면 앱 자체에서 먼저 설정이 제대로 이루어져야 합니다.

앱 설정에서 해야 할 주요 작업은 다음과 같습니다.

1. **URI 스킴 등록**: 앱에서 사용할 고유한 URI 스킴을 설정해야 합니다. yourapp://와 같은 스킴을 등록하여, 특정 링크가 앱 내에서 올바르게 처리되도록 합니다.

2. **앱 내 라우팅 설정**: 딥링크를 클릭했을 때 사용자를 정확한 페이지로 유도할 수 있도록 앱 내에서 라우팅 기능을 설정합니다. 딥링크 URL에 맞는 페이지나 기능으로 이동하도록 설정해야 합니다.

3. **딥링크 처리 코드 구현**: 앱 코드 내에서 딥링크를 처리할 수 있는 로직을 구현하여 딥링크 클릭 시 사용자가 지정된 페이지로 제대로 이동하도록 해야 합니다. 딥링크에서 전달된 상품 ID를 받아 해당 상품의 상세 정보를 로드하고 화면에 표시하는 작업이 포함됩니다.

4. **안드로이드와 iOS 설정**: 각 플랫폼에서 딥링킹을 활성화하는 방식이 다르므로 AndroidManifest.xml(안드로이드)과 Info.plist(iOS) 파일을 수정하여 딥링크를 처리하도록 설정합니다.

앱 설정 이후에는 MMP의 링크 솔루션을 활용해 다양한 환경에서도 안정적으로 작동하는 딥링킹 시스템을 구축합니다. 다음 절에서는 MMP 링크 솔루션을 활용하여 어떤 상황에 대응할 수 있는지 살펴보겠습니다.

MMP 링크 솔루션 활용하기

지금까지 딥링킹의 다양한 방식과 활용법을 살펴보았습니다. 그러나 여전히 중요한 문제가 남아 있습니다. 바로, 사용자가 링크를 클릭하는 환경이 다양해 하나의 링크로 모든 상황을 처리하기 어렵다는 점입니다.

네이버가 앱 설치 광고를 집행할 때 안드로이드 사용자는 구글 플레이스토어로, iOS 사용자는 애플 앱스토어로 연결해야 합니다.

- 안드로이드 디바이스 사용자에게는 구글 플레이스토어의 네이버 앱 설치 페이지로 연결되는 링크가 필요합니다: https://play.google.com/store/apps/details?id=com.nhn.android.search.
- iOS 디바이스를 사용자에게는 애플 앱스토어의 네이버 앱 설치 페이지로 연결되는 링크를 제공해야 합니다: https://apps.apple.com/kr/app/id393499958.

사용자의 디바이스 종류, 앱 설치 여부, 클릭 위치(모바일 웹 또는 특정 앱 내) 등을 사전에 정확히 알기 어려워 링크를 미리 최적화하는 것은 사실상 불가능합니다. 또한, 블로그나 웹페이지에서는 여러 개의 링크를 제공할 수 있으나, 광고에서는 일반적으로 하나의 링크만 사용하는 경우가 많습니다. 일부 브라우저나 앱 환경에서는 특정 딥링킹 방식이 정상적으로 작동하지 않는 경우가 있으며, 이때 폴백 URL(Fallback URL)을 활용해야 합니다. 이러한 복잡한 상황을 해결하는 데 유용한 도구가 바로 **MMP의 링크 솔루션**입니다.

앱스플라이어의 원링크(Onelink)는 다양한 링크를 하나로 통합해주는 다목적 딥링킹 솔루션입니다. 이 기능은 사용자의 디바이스, 운영 체제, 앱 설치 여부를 감지하고, 가장 적절한 경로로 안내해줍니다.

그림 5.5 앱스플라이어 원링크의 기능

일부 환경에서 딥링킹이 실패할 경우, 사용자를 지정된 웹페이지로 리디렉션하는 폴백 URL 기능도 제공합니다. 앱스플라이어의 원링크 설정에서 af_ios_url과 af_android_url 파라미터를 사용하여 대체 경로를 지정합니다. 대체 경로를 지정하면, iOS 사용자는 af_ios_url에 지정된 페이지로, 안드로이드 사용자는 af_android_url에 지정된 페이지로 연결됩니다.

다음과 같은 URL을 고려해봅시다.

- https://go.onelink.ly/qwerty?pid=source&af_dp=greatapp%3A%2F%2F&af_ios_url=www.yoursite.com/ios-bonus&af_android_url=www.yoursite.com/android-bonus

이 링크를 클릭한 iOS와 안드로이드 사용자가 특정 환경에서 딥링킹이 실패하면 다음과 같이 리디렉션됩니다. 즉, 하나의 링크로 iOS와 안드로이드 사용자 모두에 대해 폴백 URL을 설정할 수 있게 됩니다.

- **iOS 사용자**: www.yoursite.com/ios-bonus
- **안드로이드 사용자**: www.yoursite.com/android-bonus

MMP의 링크 솔루션을 활용하면 다양한 환경에서 최적화된 설정을 지원할 수 있으며, 앱 설치 캠페인, 리타겟팅 등 다양한 마케팅 활동에서 효과적인 성과를 거둘 수 있습니다.

마지막으로, 딥링킹의 이점을 명확히 이해하기 위해서는 구현 전후 또는 딥링킹을 사용한 사용자와 사용하지 않은 사용자의 주요 KPI 지표를 비교하는 것이 중요합니다. MMP 대시보드 데이터를 활용하면 딥링크 구현 전후의 성과를 비교 분석하여 딥링킹이 마케팅 캠페인에 미친 영향을 명확하게 파악할 수 있습니다. 다음과 같이 자사의 서비스에 맞는 적절한 KPI를 설정하고 이를 측정해보기 바랍니다.

- **전환율(CVR)**: 광고클릭 또는 설치 후 원하는 행동을 완료한 사용자의 비율을 측정합니다. 원하는 행동은 앱의 주요 활동(예: 구매, 구독 신청 등)을 의미합니다.
- **리텐션(Retention rate)**: 앱에 다시 접속하는 사용자의 비율을 측정합니다.

연습문제

1. 딥링크(Deep Link)의 주요 목적은 무엇인가요?

    A. 사용자의 이메일 주소를 수집하기 위해

    B. 앱 내 특정 화면으로 유저를 직접 연결하기 위해

    C. 웹사이트로 이동시켜 구매를 유도하기 위해

    D. 앱 설치를 차단하기 위해

2. 안드로이드에서 유니버설 링크와 유사한 기능을 제공하는 기술은 무엇인가요?

    A. 앱 링크(App Links)

    B. Firebase SDK

    C. A/B 테스트

    D. 인텐트 필터(Intent Filter)

3. 유니버설 링크 또는 앱 링크 설정 시 반드시 필요한 절차는 무엇인가요?

    A. 앱 리뷰 요청

    B. 도메인과 앱의 연동 인증 설정

    C. MMP와의 계약

    D. Firebase SDK 설치

4. 다음 중 디퍼드 딥링크(deferred deep link)를 정확하게 설명한 것은 무엇인가요?

    A. 앱 설치 후 사용자에게 푸시 알림을 보내는 기능

    B. 설치 이후에도 사용자를 특정 화면으로 보내는 딥링크

    C. 앱 삭제 여부를 추적하는 링크

    D. 앱 내 구매 데이터를 서버로 전송하는 기능

5. 다음 중 MMP를 사용하지 않고 자체 분석 도구만으로 딥링크 성과를 측정할 경우 발생할 수 있는 문제는 무엇인가요?

    A. 앱의 실행 속도가 느려짐

    B. 어트리뷰션 로직이 표준화되지 않아 데이터 신뢰도가 낮아짐

    C. 유저의 로그인 빈도만 확인 가능해짐

    D. 이벤트 수가 줄어듦

정답

1.

정답: B

해설: 딥링크는 사용자를 앱 내 특정 콘텐츠나 화면으로 바로 연결해주는 기술입니다. 상품 상세 페이지나 이벤트 화면으로 바로 진입할 수 있도록 도와줍니다.

2.

정답: A

해설: 앱 링크는 안드로이드에서 유니버설 링크처럼 작동하는 공식적인 딥링크 방식입니다.

3.

정답: B

해설: 유니버설 링크(iOS)나 앱 링크(Android)를 설정하려면 애플 또는 구글에 도메인이 특정 앱과 연동되어 있음을 검증해야 합니다.

4.

정답: B

해설: 디퍼드 딥링크는 사용자가 앱을 설치하지 않은 상태에서 링크를 클릭했을 때, 설치 완료 후에도 사용자를 원래 목적지(예: 특정 화면)로 보낼 수 있도록 링크 정보를 유지하는 기능입니다.

5.

정답: B

해설: MMP는 다양한 광고 매체 및 OS 환경을 고려한 표준화된 어트리뷰션 로직을 제공합니다.

5.2 애플의 프라이버시 정책

지금까지 디지털 마케팅에서 활용되는 주요 기술 중 하나인 딥링킹에 대해 알아보았습니다. 이제는 기술 활용에서 중요한 이슈 중 하나인 '개인정보 보호'에 초점을 맞추어 애플의 프라이버시 정책이 디지털 마케팅에 어떤 영향을 미쳤는지 자세히 살펴보겠습니다.

애플은 오랫동안 강력한 데이터 보호 정책을 고수해 온 기업으로 잘 알려져 있습니다. 사용자 개인정보 보호를 핵심 가치로 삼아 이를 제품과 서비스 설계의 중심에 두는 전략을 펼쳐왔습니다. 이렇게 애플은 폐쇄적인 운영체제와 철저한 검증 과정을 통해 강력한 보안 환경을 제공한다는 평가를 받고 있습니다.

그러나 사용자 데이터 보호는 디지털 마케팅에서 양날의 검이 될 수 있습니다. 기업들은 사용자의 행동 데이터를 더 많이 확보할수록 타깃 마케팅을 정교하게 수행합니다. 사용자가 언제 어떤 행동을 했는지, 그 행동을 유도한 요소는 무엇이었는지, 사용자의 디바이스에 대한 정보가 많을수록 타깃 마케팅을 더 효과적으로 펼칠 수 있기 때문입니다.

반대로, 데이터 접근이 제한되면 마케팅 전략을 설계하는 데 어려움이 발생합니다. 예를 들어, 사용자가 어떤 디바이스를 사용하는지 모르면 애플 디바이스 사용자를 대상으로 삼성 갤럭시 액정 필름을 광고하는 상황이 발생할 수 있습니다.

다음 글에서는 애플의 프라이버시 정책이 어떤 변화를 거쳐 왔는지 살펴보고, 디지털 마케팅에서 어떤 논란을 불러일으켰는지 알아보겠습니다. 또한, 애플의 정책 변화에 대응하기 위한 기술적 접근법도 함께 살펴볼 예정입니다.

5.2.1 _ 정책 히스토리

애플의 프라이버시 정책은 초기에는 비교적 단순한 수준이었습니다. 2000년대 초반, 애플은 하드웨어 중심의 제품 전략을 펼치며, 개인정보 보호보다는 제품 성능과 사용자 경험을 우선시하는 경향이 있었습니다. 이 시기에는 데이터 저장 방식이나 앱 간 정보 공유에 대한 제한이 상대적으로 적었습니다.

그러나 2007년 아이폰이 출시되면서 개인정보 보호와 관련된 정책 변화가 시작되었습니다. 스마트폰 시장이 본격적으로 성장하면서 사용자 데이터 수집과 분석의 중요성이 높아졌기 때문입니다. 이에 따라 애플은 앱 개발자들이 사용자 동의 없이 민감한 데이터를 수집하지 못하도록 점진적인 규제를 도입했습니다.

2012년, 애플은 기존의 고유 디바이스 식별자(UDID)를 광고 식별자(IDFA)로 대체하면서 개인정보 보호 강화를 위한 첫 발을 내디뎠습니다. 이후 2016년에는 광고 추적 제한(Limited Ad Tracking, LAT) 기능을 추가해 사용자가 자신의 디바이스에서 광고 추적을 차단할 수 있도록 했습니다.

2018년, 애플이 직접 시행한 정책은 아니지만, 유럽연합의 일반 개인정보 보호법(GDPR)과 캘리포니아 소비자 개인정보 보호법(CCPA)이 도입되면서 데이터 보호에 대한 글로벌 규제가 강화되었습니다. GDPR은 글로벌 기업들이 데이터 관리 정책을 수정하도록 요구하며, 규정을 위반할 경우 막대한 벌금을 부과하는 강력한 법안이었습니다.

디지털 마케팅 업계가 가장 큰 변화를 체감한 순간은 2021년 애플이 앱 추적 투명성(App Tracking Transparency, ATT) 정책과 SKAdNetwork를 도입하면서였습니다. 이 변화는 사용자 개인정보 보호 강화와 함께 광고 측정 방식에 큰 영향을 미쳤고, 마케터들은 새로운 환경에 맞춰 데이터 수집 및 광고 성과 분석 방법을 재정비해야 했습니다.

다음 표 5.3에서 시기별 개인정보 보호와 관련된 주요 변화를 한눈에 확인할 수 있습니다.

표 5.3 시기별 개인정보 보호 관련 주요 변화

항목	도입 시기	적용 지역	영향
Limited Ad Tracking(LAT)	2016	글로벌	• 광고주는 개인화된 광고 제공 및 성과 측정 어려움 • 대부분의 사용자가 설정 인지 부족으로 LAT를 활성화하지 않음
GDPR(General Data Protection Regulation)	2018	유럽 연합	• 글로벌 기업의 데이터 관리 정책 수정 요구 • 규정 위반 시 막대한 벌금 부과
CCPA(California Consumer Privacy Act)	2020	캘리포니아 (미국)	• 데이터 수집 및 판매를 주요 수익원으로 삼는 기업에 큰 영향 • 캘리포니아 이외 지역에도 간접적 파급 효과 발생
ATT(App Tracking Transparency)	2021	글로벌 (iOS 디바이스)	• 타깃 광고 효율성 감소 • 광고 추적 데이터 의존 기업의 수익 모델 변화 • 사용자 권리 명확히 보호
SKAdNetwork	2021	글로벌 (iOS 디바이스)	• 정확한 사용자 기반 분석 어려움 • 광고 성과 측정이 제한적이라는 평가 • 개인정보를 보호하면서도 최소한의 측정 지원

5.2.2 _ 애플의 IDFA 정책(LAT vs ATT)

디지털 마케팅 업계에서 개인정보 보호 정책 변화는 항상 논란을 불러왔지만, 2021년의 IDFA 사용 동의 정책(ATT) 도입만큼 큰 충격을 준 사례는 없었습니다. 2장에서 설명했듯이, IDFA는 iOS 디바이스에서 제공하는 고유한 광고 식별자로, 사용자 행동 데이터를 수집하고 광고 효과를 측정하는 데 중요한 역할을 합니다. 따라서 IDFA 접근 제한은 디지털 마케팅에 다음과 같은 영향을 미쳤습니다.

- **광고 타겟팅 효율 저하**: IDFA는 사용자의 앱 사용 패턴과 구매 이력을 기반으로 맞춤형 광고를 제공하는 데 활용됩니다. 그러나 IDFA 접근이 차단되면서 타겟팅 정밀도가 낮아졌고, 광고 효율이 감소했습니다.

- **광고 성과 측정 어려움**: IDFA는 광고 클릭에서 구매까지의 전환 경로를 추적하는 데 사용되었습니다. 하지만 ATT 도입 이후, 전환 데이터를 정확히 연결하기 어려워졌습니다.

- **리타겟팅 제한**: IDFA는 이탈 사용자를 다시 앱이나 서비스로 유도하는 리타겟팅 광고에 핵심적으로 활용되었습니다. 그러나 IDFA의 차단으로 인해 특정 사용자 그룹을 대상으로 한 리타겟팅 캠페인이 어려워졌습니다.

그림 5.6 IDFA제한으로 인한 영향. 앱 사용자의 개인정보 보호가 강화되는 대신 마케팅 전략이 복잡해진다(출처: 앱스플라이어 리포트).

흥미롭게도 IDFA 제한은 이미 2016년 LAT 정책을 통해 도입된 바 있으나, 2021년 ATT 정책이 훨씬 큰 논란을 일으켰습니다. LAT와 ATT 모두 애플이 사용자 프라이버시 보호를 위해 제공한 기능이지만, 작동 방식과 적용 범위에서 근본적인 차이가 있습니다.

LAT는 사용자가 디바이스 설정에서 직접 활성화해야만 IDFA 접근이 차단되는 방식입니다. 사용자가 능동적으로 설정을 변경하지 않으면 광고주는 기본적으로 IDFA 데이터를 사용할 수 있었으며, 많은 사용자는 이 기능의 존재 자체를 인지하지 못했습니다. 반면 ATT는 IDFA 사용을 기본적으로 제한하는 강력한 방식으로, 모든 앱이 사용자의 명시적 동의를 받아야만 데이터를 측정할 수 있게 했습니다(그림 5.7). 사용자는 앱 실행 시 나타나는 팝업을 통해 데이터 추적 허용 여부를 명확히 선택합니다.

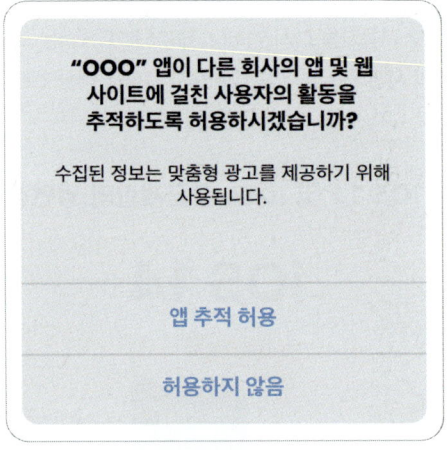

그림 5.7 애플의 ATT 기능 도입으로, 애플 앱스토어에 출시하는 모든 앱은 사용자에게 개인정보 추적 허용 여부를 묻는 창을 띄워야 한다.

애플은 ATT 도입과 함께 'Privacy on iPhone | Tracked'라는 유머러스한 광고 캠페인을 통해 개인정보 보호의 중요성을 강조했습니다. 이 광고는 한 개인이 일상생활을 보내는 과정을 따라가며 기업들이 사용자를 어떻게 추적하는지를 시각적으로 보여주고, ATT 기능을 강조합니다.

커피숍에서 택시를 타는 장면까지, 사용자의 활동에 따라 점점 더 많은 앱들이 추적을 시작하며 사용자는 '추적당하고 있다'고 깨닫고 당황합니다. 추적하는 앱들은 화면에 등장하는 것에 그치지 않고, 사용자의 뒤를 쫓아다니며 데이터를 모으려고 합니다. 결국 그는 데이터를 노리는 사람들로 가득 찬 군중에 둘러싸이게 됩니다. 사용자는 아이폰에서 ATT 팝업박스의 '동의하지 않음'을 클릭하며 앱이 자신을 추적하는 것을 거부하고, 더 이상 자신을 쫓아다니지 않도록 설정합니다. 그리하여 추적하는 앱들이 모두 사라지고, 사용자는 다시 편안하게 일상을 이어갈 수 있게 됩니다.

ATT 정책은 광고 업계의 큰 반발을 일으켰습니다. 특히 메타(페이스북)의 CEO 마크 저커버그는 ATT가 소규모 기업과 광고주들에게 피해를 준다며 강력히 비판했고, 이에 대해 애플의 CEO 팀 쿡은 사용자의 선택권과 데이터 보호 필요성을 강조하며 대응했습니다.

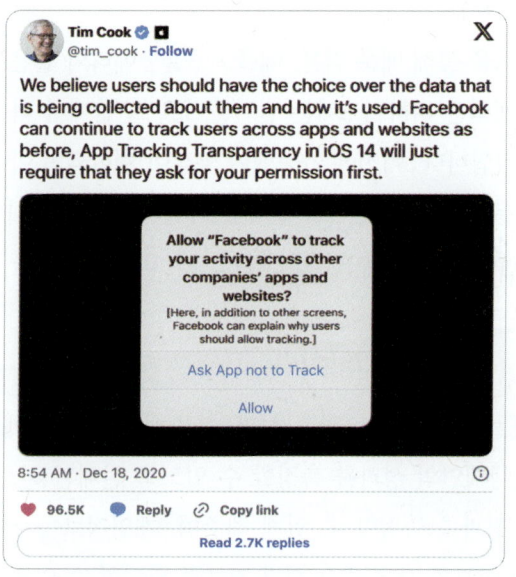

그림 5.8 팀 쿡은 "We believe users should have the choice..."라고 언급하며, 사용자 동의 기반의 데이터 수집 원칙을 강조했다(출처: @tim_cook, 2020.12.18).

마크 저커버그의 우려대로, 애플의 ATT 도입은 페이스북 광고 사업에 큰 타격을 입혔습니다. 2022년, 메타는 두 분기 연속 광고 수익 감소 후 11,000명의 직원을 해고한다고 발표했습니다. 많은 언론은 메타의 실적 감소 원인 중 하나로 애플을 지목하며, 애플이 주요 광고 판매 플랫폼에 계속해서 영향을 미칠 것이라고 언급했습니다.

두 기업 간의 프라이버시 전쟁은 여전히 진행 중이지만, 애플은 2025년 현재까지도 ATT 정책을 철회하지 않았습니다. 이에 따라 기업들은 여전히 사용자의 IDFA를 활용하려면 사용자 동의를 받아야 합니다.

IDFA 정책은 단기적으로 모바일 광고 생태계에 혼란을 일으켰지만, 장기적으로는 개인정보 보호와 투명성 강화를 위해 중요한 역할을 할 것입니다. 애플의 정책 변화는 다른 플랫폼에도 영향을 미쳐, 디지털 광고 산업 전반에 걸쳐 사용자 개인정보 보호에 대한 논의를 더욱 활발하게 만들었습니다. 광고 업계는 IDFA 사용이 제한된 환경에서도 효과적으로 캠페인을 운영할 방법을 찾아야 했으며 애플은 이러한 요구에 대응해 SKAdNetwork라는 새로운 솔루션을 출시했습니다.

10년 이상의 업계 경험을 통해 배운 점은, 애플·구글·메타와 같은 대형 플랫폼에서 도입하는 개인정보 보호 정책은 피하기보다는 받아들이고 그 안에서 적용할 방법을 찾는 것이 훨씬 더 중요하다는 점입니다. 이전에 가능했던 방식이 제한되면 아쉬움은 남지만, 핵심은 그 상황 속에서 새로운 대안을 마련하고 문제를 해결하는 태도입니다. 그런 의미에서, 다음 절에서는 SKAdNetwork의 작동 원리와 함께 제약요소와 장점을 살펴보겠습니다.

5.2.3 _ SKAdNetwork 이해하기

SKAdNetwork[1]는 애플이 제공하는 광고 성과 측정 시스템으로, 애플의 프라이버시 정책을 준수하면서 광고 캠페인의 성과를 측정할 수 있도록 설계된 시스템입니다. IDFA를 사용하지 않고도 광고 성과를 측정할 수 있게 해주며, 개인정보를 저장하지 않고 광고주가 광고 클릭 후 앱 설치 여부와 같은 주요 성과 지표를 확인할 수 있도록 돕습니다.

애플의 ATT(앱 추적 투명성) 정책이 시행되기 전, iOS 광고 성과 측정은 디바이스의 광고 식별자인 IDFA를 사용해 이루어졌습니다. 예를 들어, 앱스플라이어와 같은 MMP는 구글이나 메타 같은 광고 플랫폼에 "IDFA가 000인 사용자가 광고를 클릭했나요?"라는 질문을 보내고, 플랫폼들은 사용자의 IDFA를 키 값으로 활용해 해당 사용자가 광고를 클릭했는지 여부를 알려주는 방식이었습니다.

---

1 기존 어트리뷰션 설명에서 '애드 네트워크(Ad-network)'는 어트리뷰션 링크를 통해 MMP와 직접 통신하는 광고 매체를 의미했다. 반면 애플의 SKAdNetwork에서는 '애드 네트워크'가 광고를 집행하는 전체 플랫폼을 가리키는 보다 넓은 범위로 사용된다.

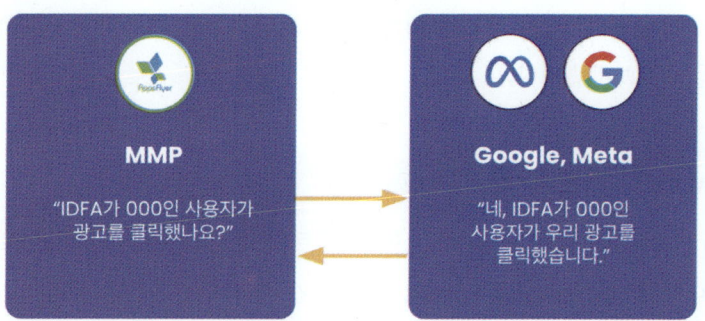

그림 5.9 구글, 메타와 같은 플랫폼과 MMP가 어트리뷰션을 측정하는 방식

하지만 2021년 애플이 도입한 ATT 정책에 따라 iOS 14.5부터는 사용자에게 개인정보 수집을 고지하고, 사용자 활동 추적에 대한 동의를 받아야만 IDFA를 수집할 수 있게 되었습니다. 사용자가 IDFA 수집에 동의하지 않으면 기존 방식의 어트리뷰션 모델에서는 사용자의 광고 성과를 특정 애드 네트워크에 정확하게 연결할 수 없습니다.

SKAdNetwork에서 어트리뷰션은 다음과 같은 흐름으로 이루어집니다.

1. 애플은 iOS 앱 설치 캠페인에서 발생한 설치 이벤트에 대한 기여 정보를 애드 네트워크에 제공합니다.
2. 애드 네트워크는 이 정보를 MMP에 전송합니다.
3. MMP는 기여 정보를 해석하여 광고주에게 성과 데이터를 제공합니다.

SKAdNetwork는 2016년 처음 도입된 이후, 여러 차례의 버전 업데이트를 거치며 점차 정교한 기능을 제공하고 있습니다. 초기에는 단순한 설치 이벤트 측정만 가능했으나, 이후에는 더 세분화된 성과 지표까지 지원하게 되었습니다.

이와 같은 발전은 SKAdNetwork가 디지털 광고 환경에서 점점 더 핵심적인 역할을 하게 된 배경 중 하나입니다. 광고주와 마케터는 SKAdNetwork를 통해 애플의 프라이버시 정책을 준수하면서도, 광고 성과를 효과적으로 측정하고 최적화할 수 있는 방안을 모색할 수 있습니다.

이어서 SKAdNetwork의 기본 개념과 함께, 이를 효과적으로 활용하기 위해 이해해야 할 주요 용어들을 살펴보겠습니다.

SKAdNetwork의 기본 주체

애플의 SKAdNetwork 공식 문서에는 애드 네트워크(Ad Network), 소스 앱(Source App), 광고 대상 앱(Advertised App)의 세 주체가 소개되며, 이 세 주체는 광고 성과 측정 과정에서 핵심적인 역할을 담당합니다.

다만 SKAdNetwork는 광고 노출, 클릭, 설치 이벤트를 정확히 측정하기 위해 높은 수준의 기술적 요건을 요구합니다. 광고주가 이를 자체적으로 구현하려면 상당한 시간과 인력 리소스를 투입해야 하며, 애드 네트워크별로 분산된 데이터를 관리하고 분석하는 데도 추가적인 부담이 발생합니다.

그림 5.10 광고주가 SKAdNetwork를 직접 구현할 경우 고려해야 할 요소들

이러한 이유로 많은 기업들은 MMP(Mobile Measurement Partner)를 SKAdNetwork 환경에서 제4의 주체로 간주합니다. MMP는 광고 성과를 효과적으로 측정하고, 다양한 애드 네트워크의 데이터를 통합하여 처리할 수 있도록 지원하는 역할을 합니다.

이를 반영한 SKAdNetwork의 주요 구성 주체는 MMP를 포함해 다음과 같습니다.

1. 애드 네트워크	**2. 소스 앱**	**3. 광고 대상 앱**	**4. MMP**
광고를 중개함	애드 네트워크가 제공한 광고를 표시하는 앱	광고된 앱	광고주 대신 전환값을 업데이트하고 해석함

그림 5.11 SKAdNetwork 환경의 주요 주체

1. **애드 네트워크(Ad Network)**

    a. 광고를 중개합니다.

    b. 광고가 전환을 일으킨 설치 검증 후 포스트백(postback)을 받습니다.

    c. TikTok Ads, Google Ads, Meta Ads와 같은 애드 네트워크는 SKAdNetwork에 등록되어야 성과 데이터를 받을 수 있습니다.

2. **소스 앱(Source Apps)**

    a. 소스 앱은 광고를 표시하는 앱으로, 사용자가 광고를 클릭하여 광고주 앱을 설치하게 만듭니다.

    b. 소스 앱은 애드 네트워크에서 제공한 광고를 표시하고, 그에 대한 사용자 행동을 측정합니다.

    c. 게임 A 앱에서 게임 B의 설치 광고가 노출되어 클릭되었다면, 게임 A가 소스 앱입니다.

3. **광고 대상 앱(Advertised Apps)**

    a. 광고주의 앱입니다. 사용자가 실제 설치하고 실행하게 되는 앱을 의미합니다.

    b. 사용자가 앱을 처음 실행할 때 전환값을 업데이트하여 애드 네트워크로 보내는 작업을 수행합니다. 앱 내에서 사용자의 활동을 기반으로 전환값을 업데이트합니다.

    c. 게임 A 앱에서 게임 B의 설치 광고가 노출되어 클릭되었다면, 게임 B가 광고된 앱입니다.

4. **MMP(예: 앱스플라이어)**

    a. 전환값 업데이트를 지원하고 해석해서 애드 네트워크로 보내는 작업을 수행합니다.

    b. 종합적인 SKAdNetwork 관리를 통해 광고주가 쉽게 광고 성과 데이터를 측정하고, 대시보드를 통해 시각화를 돕습니다.

이처럼 각 주체는 SKAdNetwork 기반 성과 측정 시스템에서 서로 다른 역할을 수행하며 유기적으로 연결되어 있습니다.

표 5.4 SKAdNetwork 주요 주체별 역할 요약

주체	설명	역할 요약
애드 네트워크	광고를 송출하고 애플로부터 포스트백을 수신할 수 있는 등록된 광고 네트워크	• 광고 송출 • 포스트백 수신
소스 앱	광고가 게재되는 앱으로, 사용자가 광고를 클릭하게 되는 출발 지점	• 광고 노출 위치 제공 • 클릭 이벤트 기록
광고 대상 앱	광고를 통해 설치를 유도하는 앱으로, 최종적으로 사용자가 설치하고 실행하는 앱	• 전환값 설정 • 앱 내부 이벤트 기록
MMP	다수의 광고 네트워크 데이터를 통합하여 광고 성과를 분석하는 서드파티 측정 파트너	• 전환값 로직 설계 지원 • 포스트백 수집 및 정제 • 데이터 시각화 및 성과 리포트 제공

SKAdNetwork 흐름도

SKAdNetwork의 각 주체는 독립적으로 기능하면서도 성과 측정을 위해 서로 긴밀하게 데이터를 주고받습니다. 광고가 노출되는 순간부터 전환 데이터가 애플을 거쳐 애드 네트워크로 전달되기까지의 전체 과정을 이해하면 이 시스템의 구조를 보다 명확하게 파악할 수 있습니다.

그림 5.12는 SKAdNetwork 환경에서 광고 노출이 광고 어트리뷰션에 성공하는 경로를 시각적으로 정리한 것입니다.

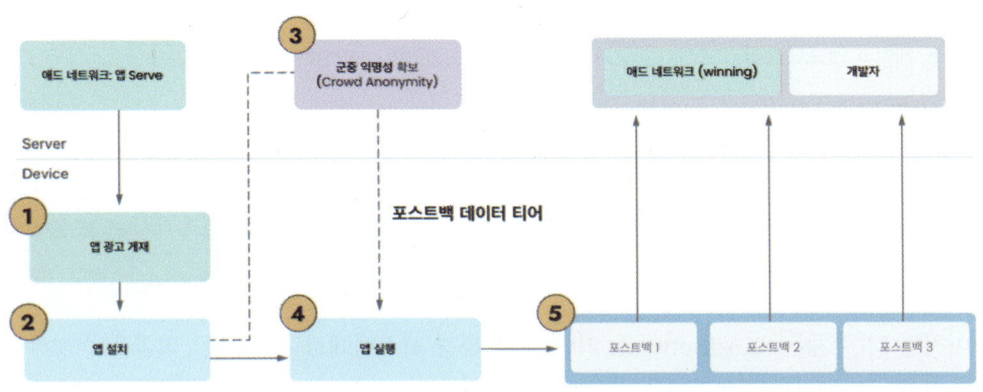

그림 5.12 SKAdNetwork 어트리뷰션 흐름도(4.0 기준, 출처: 애플 개발문서 – StoreKitSK/AdNetwork)

1. 광고가 소스 앱에 노출되면 애드 네트워크는 앱 또는 Safari 웹페이지에 광고를 제공합니다. 광고가 표시되는 즉시 소스 앱은 3초 타이머를 시작하고, SKAdNetwork에 광고가 시작되었음을 알립니다. 광고가 3초 이상 유지되면 소스 앱은 SKAdNetwork에 타이머 만료를 보고하며, 이 이벤트는 성공적인 광고 조회로 기록됩니다.

2. 사용자가 광고된 앱을 설치합니다.

3. 이때 애플은 앱 설치에 대해 군중 익명성을 확보하고 포스트백 데이터 티어를 결정합니다. (자세한 내용은 'SKAdNetwork 기본 개념'에서 설명하겠지만, 군중 익명성은 일정 수 이상의 설치가 발생했는지를 기준으로 적용되며, 설치 수가 많을수록 포스트백에 포함되는 데이터의 상세 수준이 높아집니다.)

4. 사용자가 앱을 설치하고 어트리뷰션 윈도우[2] 내에서 앱을 실행하면 설치가 애드 네트워크에 어트리뷰션 됩니다.

5. 디바이스는 설치 포스트백을 암호화된 형태로 애드 네트워크에 전송합니다. 애플이 암호화한 포스트백 데이터에는 사용자나 디바이스와 관련된 정보는 포함되지 않습니다. SKAdNetwork 4는 세 개의 전환 윈도우를 제공하며, 최대 세 개의 포스트백이 생성됩니다.

그림 5.12는 최종 어트리뷰션을 획득한 광고 노출 기준의 흐름도를 설명한 것입니다. 어트리뷰션 우선순위에서 제외된 최대 5개의 애드 네트워크는 그림 5.13과 같이 제한된 형태의 단일 포스트백만 수신하게 됩니다.

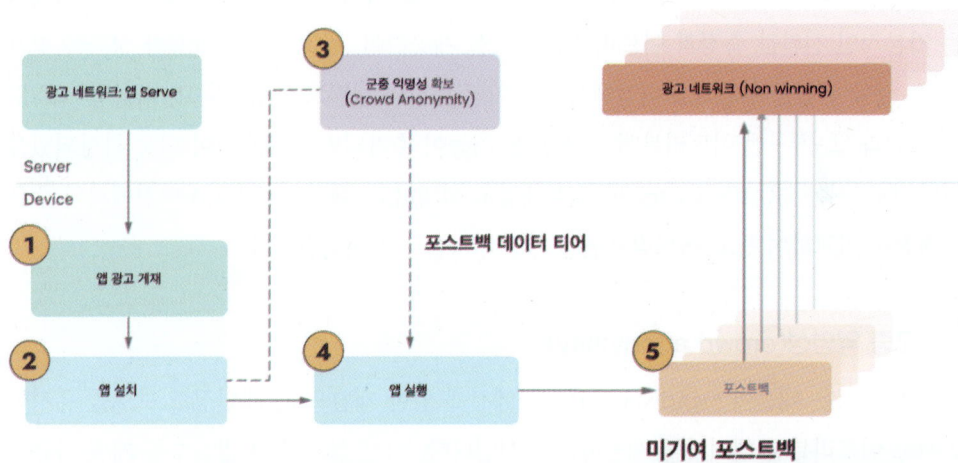

그림 5.13 어트리뷰션을 받지 못한 애드 네트워크의 SKAdNetwork 흐름도(4.0 기준, 출처: 애플 개발문서 – StoreKitSK/AdNetwork)

2 스토어킷 렌더 광고는 30일, 뷰-스루 광고는 24시간

SKAdNetwork의 어트리뷰션 윈도우는 광고 유형에 따라 상이하며, 클릭 이후 앱 설치까지 최대 30일, 설치 후 앱 실행을 어트리뷰션할 수 있는 기간은 최대 60일입니다.

표 5.5 SKAdNetwork의 어트리뷰션 윈도우(출처: 애플)

이벤트	어트리뷰션 윈도우
애드 네트워크가 StoreKit으로 렌더링된 광고를 제공	사용자가 앱을 설치할 수 있는 기간: 30일
애드 네트워크가 뷰-스루 광고를 제공	사용자가 앱을 설치할 수 있는 기간: 24시간
사용자가 어트리뷰션 가능한 웹 광고를 클릭	사용자가 앱을 설치할 수 있는 기간: 30일
사용자가 앱을 설치	사용자가 앱을 실행할 수 있는 기간: 60일

기존 어트리뷰션 시스템에서는 앱 설치 직후 포스트백이 실시간으로 전송되었지만, SKAdNetwork에서는 개인정보 보호를 위해 타이밍 메커니즘에 따라 지연 전송됩니다.

포스트백과 타이머 메커니즘의 구조에 대한 자세한 내용은 다음 절 'SKAdNetwork 기본 개념 - 4. 포스트백'에서 이어서 설명하겠습니다.

SKAdNetwork 기본 개념

SKAdNetwork는 출시 이후 여러 차례의 업데이트를 거쳐 발전해왔습니다. 3.0 버전에서는 기본적인 전환값 측정과 어트리뷰션 기능을 제공하여, 광고주와 개발자가 성과를 평가할 수 있도록 했습니다. 4.0 버전에서는 데이터 측정의 정밀도가 향상되고, 다양한 포스트백 지원과 웹-투-앱 어트리뷰션 등 새로운 기능이 추가되면서 활용성이 더욱 확장되었습니다. 여기서는 SKAdNetwork의 기본 개념을 설명하고, 특히 3.0과 4.0 버전에서의 주요 변경점을 비교하여 광고 어트리뷰션에 미친 영향을 분석하겠습니다.

01. 군중 익명성(crowd anonymity)

군중 익명성은 애플이 SKAdNetwork 4.0에서 도입한 개념으로, 개인정보 보호를 유지하면서도 어트리뷰션 데이터를 제공하는 방식입니다. 이는 설치 수가 많을수록 개별 사용자를 식별하기 어려워진다는 원리를 기반으로 합니다. 사용자가 많아질수록 익명성이 강화되어 개인정보 보호 수준이 높아지므로, 애플은 광고주에게 더 많은 어트리뷰션 정보를 제공합니다.

이 개념은 대형 콘서트에 비유할 수 있습니다. 수천 명이 모인 유명 콘서트에 참석했다고 가정해봅시다. 공연이 끝난 후 관객들이 박수를 치기 시작하면 "방금 박수를 친 사람이 누구인가요?"라는 질문에 특정 개인을 식별하는 것은 매우 어렵습니다. 반면, 관객이 단 5명 뿐이었다면 누가 박수를 쳤는지 쉽게 파악할 수 있을 것입니다. 즉, 사람이 많을수록 개별 행동의 식별이 어려워지고, 반대로 적을수록 특정 행동을 한 사람을 알아내기 쉬워집니다.

애플의 군중 익명성도 이와 같은 원리를 따릅니다. SKAdNetwork는 사용자의 특정 행동을 측정하지만, 개별 사용자가 식별되지 않도록 설계되어 있습니다. 데이터를 개인 단위로 기록하는 대신, 여러 사용자의 데이터를 익명화된 그룹 단위로 묶어 분석하는 방식입니다. 이로 인해 캠페인당 설치 수에 따라 성과 측정의 상세도가 달라지며, 의미 있는 분석을 위해서는 충분한 설치 수 확보가 중요합니다.

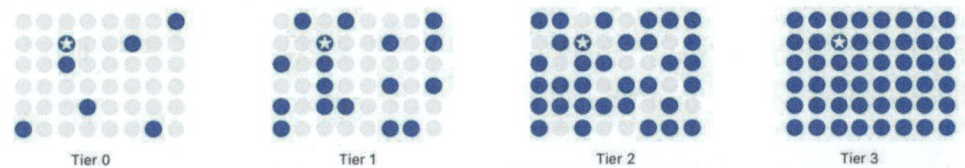

그림 5.14 군중 익명성을 포스트백 데이터 티어로 나눈 예시. 설치 수가 많을수록 더 높은 티어에 속하게 된다. (출처: 애플 공식가이드)

02. 전환값(Conversion Value)

SKAdNetwork 환경에서는 캠페인의 성과를 '전환값'이라는 숫자로 측정합니다. 전환값은 최대 6비트(0~63) 범위로 표현되며, 사용자의 행동(앱 설치 후 구매, 튜토리얼 완료 등)을 기록하는 데 사용됩니다.

기존 어트리뷰션 방식에서는 앱 개발자가 원하는 이벤트를 자유롭게 설정하고 직관적인 이름을 붙여 측정할 수 있었습니다. 가령 사용자의 로그인 이벤트를 기록하려면 로그인 시점에 'login' 이벤트가 기록되도록 구현하는 식입니다. 이 방식은 명확하고 편리했습니다. 하지만 SKAdNetwork에서는 모든 사용자 행동을 숫자로 표현된 전환값으로만 기록해야 합니다. 예를 들어 한 사용자가 앱 설치 후 로그인을 했다면, 이 행동은 '전환값 1'로 기록됩니다.

표 5.6 기존 이벤트와 전환값의 차이 예시

기존 이벤트 측정	전환값 측정
install	0
login	1
add_to_cart	2
view_item	3
purchase	4
click_banner	5
promotion	6
christmas_item	7

기존에는 측정 가능한 이벤트 수에 제한이 없었습니다. 게임 앱의 경우 레벨 1부터 100까지 모든 레벨업 이벤트를 구현하여 수백 개의 사용자 행동을 추적하는 것도 가능했습니다. 그러나 SKAdNetwork에서는 전환값이 0~63의 숫자로 제한되기 때문에 최대 64개 전환(앱 설치 포함)까지만 측정합니다.

숫자 기반 성과 측정 방식은 '상세 전환값(Fine Value)'으로, SKAdNetwork 4.0에서는 '단순 전환값(Coarse Value)'이라는 새로운 유형이 추가되었습니다. 단순 전환값은 상, 중, 하(low/medium/high)의 세 가지 수준으로 사용자 참여를 대략적으로 분류합니다. 단순 전환값을 활용하면 애플의 개인정보 보호 기준을 충족하지 못한 경우(군중 익명성이 낮거나 설치 수가 적은 경우)에도 최소한의 어트리뷰션 데이터를 확보합니다.

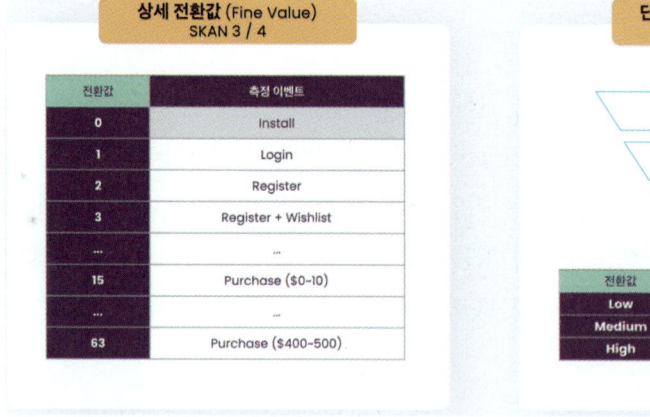

그림 5.15 상세 전환값과 단순 전환값의 예시(출처: 앱스플라이어 웨비나)

SKAdNetwork 4.0에서는 단순 전환값과 함께 군중 익명성 티어가 더욱 세분화되었습니다. SKAdNetwork 3.0에서는 Privacy Threshold라는 기준으로 티어가 2단계로 구분되었으며, 캠페인 규모가 일정 기준에 미치지 못하면 상세 전환값을 받을 수 없고, 값이 null로 처리되었습니다. 반면 SKAdNetwork 4.0에서는 군중 익명성 티어가 총 4단계로 세분화되었습니다. 가장 낮은 Tier 0을 초과하기만 하면 전환값을 받을 수 있으며, 설치 규모가 작은 Tier 1에서도 단순 전환값을 통해 최소한의 성과 확인이 가능합니다. 즉, 기존에는 광고주가 캠페인 규모가 특정 기준을 넘지 못하면 데이터를 아예 받을 수 없었지만, SKAdNetwork 4.0에서는 설치 수가 적어도 일부 성과 데이터를 확보할 수 있는 기회를 얻게 되었습니다.

군중 익명성 티어에 따른 전환값 차이

<SKAN 3>

	Window 1	Window 2-3
Privacy Threshold 미만	전환값 X (Null CV)	X
Privacy Threshold 초과	상세 전환값	X

<SKAN 4>

	Window 1	Window 2-3
Tier 0	전환값 X (Null CV)	X
Tier 1	단순 전환값	단순 전환값
Tier 2	상세 전환값	단순 전환값
Tier 3	상세 전환값	단순 전환값

그림 5.16 군중 익명성 티어에 따른 전환값 차이(출처: 앱스플라이어 웨비나)

03. 소스 ID(Source ID)

SKAdNetwork 4에서는 기존의 캠페인 ID를 '소스 ID'로 명칭을 변경하고, 값의 범위를 기존 2자리에서 최대 4자리로 확장했습니다. 이에 따라 애드 네트워크는 기존 0~99에서 0~9999까지, 최대 10,000개의 식별 값을 사용할 수 있게 되었습니다. 이로써 캠페인 정보를 보다 세분화할 수 있게 되었으며, 지역, 광고 소재, 게재 위치 등 다양한 데이터를 조합해 활용할 수 있는 가능성이 열렸습니다.

소스 ID 활용 가능 범위는 애플의 군중 익명성 정책에 따라 달라집니다. 임곗값을 충족한 경우에만 4자리 전체를 사용할 수 있으며, 기준을 충족하지 못하면 3자리 또는 최소 2자리까지만 제공됩니다. 즉, 캠페인 규모가 작거나 익명성 티어가 낮은 경우 소스 ID의 자릿수가 제한될 수 있으므로 이를 고려한 데이터 설계가 필요합니다.

첫 두 자리 값은 군중 익명성과 무관하게 항상 제공되므로 가장 중요한 식별 정보를 이 구간에 배치하는 것이 효과적입니다. 애드 네트워크는 일반적으로 이 첫 두 자리를 캠페인 ID로 활용하고, 나머지 두 자리를 추가적인 분석 기준으로 설정하여 보다 정밀한 데이터 분석이 가능하도록 구성합니다.

그림 5.17은 SKAdNetwork 4.0에서 소스 ID가 캠페인 규모 및 군중 익명성 티어에 따라 어떻게 달라지는지를 보여줍니다.

- Tier 0~1
  - 2자리 소스 ID: 캠페인 설치 수가 적거나 군중 익명성 기준을 충족하지 못한 경우, 최소한의 정보만 제공됩니다. 일반적으로 캠페인 ID 등 핵심적인 식별 정보만 배치합니다.
- Tier 2~3
  - 3자리 소스 ID: 일정 수준의 익명성이 확보된 경우 사용할 수 있으며, 타깃 지역 등 하나의 추가 분석 기준을 부여합니다.
  - 4자리 소스 ID: 충분한 설치 수로 군중 익명성 기준을 충족한 경우 전체 4자리 값을 사용합니다. 광고 소재, 게재 위치 등 다양한 변수를 조합하여 성과 분석 및 최적화를 정밀하게 수행합니다.

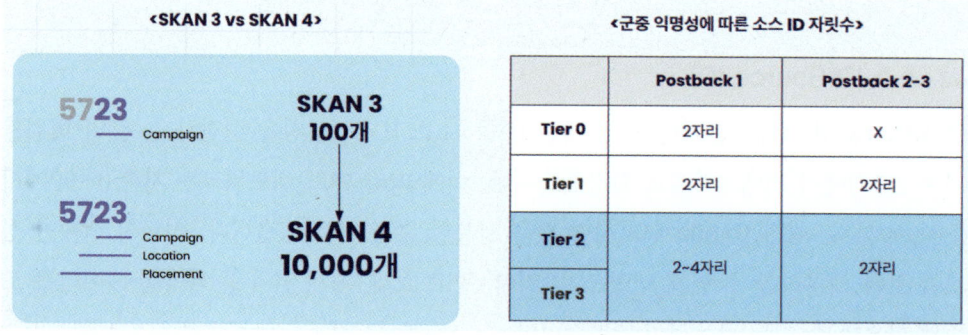

그림 5.17 군중 익명성에 따른 소스 ID 차이(출처: 앱스플라이어 웨비나)

04. 포스트백(Postback)

포스트백은 광고주가 캠페인 성과를 측정하고 최적화할 때 활용하는 핵심 데이터 전달 방식입니다. 기존 방식과 SKAdNetwork 방식은 포스트백 처리 방식에서 뚜렷한 차이를 보입니다. 기존 방식은 사용자 개인 정보를 기반으로 앱 설치나 특정 행동을 추적하여 데이터를 수집합니다. 사용자가 광고를 클릭한 후 앱을 설치하면 그림 5.18과 같이 해당 사용자의 고유 ID나 행동 정보가 포함된 포스트백이 애드 네트워크에 전달됩니다.

```
http://YourCompanyDomain.com?
clickid=8594845&
site_id=click123&
device_ip=38.166.144.142&
advertising_id=121sxxxx-xxxx-xxxx-xxxx-52454bd7500b&
android_id=9aaeecc4455xxxxx&
;install_time=1451923560&
event_name=af_purchase&
currency=USD&revenue=120.00&
json={"af_quantity":1,"/>af_revenue":"120.00","af_currency":"USD","af_content_id":"1107","af_content_type":"default_type"}
```

그림 5.18 기존 방식의 포스트백 URL의 예시(출처: 앱스플라이어)

기존 포스트백 URL에는 다음과 같은 정보가 포함됩니다.

- clickid=8594845: 클릭을 생성한 고유 식별자
- site_id=click123: 클릭이 발생한 사이트 또는 플랫폼을 식별하는 ID
- device_ip=38.166.144.142: 클릭을 생성한 디바이스의 IP 주소
- advertising_id=121sxxxx-xxxx-xxxx-xxxx-52454bd7500b: 디바이스 고유 광고 ID
- android_id=9aaeecc4455xxxxx: 안드로이드 디바이스의 고유 ID
- install_time=1451923560: 앱이 설치된 시간의 Unix 타임스탬프
- event_name=af_purchase: 특정 이벤트의 이름(구매 이벤트)
- currency=USD: 거래의 통화(미국 달러)
- revenue=120.00: 이벤트에서 발생한 수익
- json={...}: 이벤트에 대한 세부적인 데이터를 포함

- af_quantity=1: 구매한 항목의 수량

- af_revenue=120.00: 이벤트와 관련된 수익

- af_currency=USD: 거래의 통화(미국 달러)

- af_content_id="1107": 이벤트와 관련된 콘텐츠나 제품의 ID

- af_content_type="default_type": 이벤트와 관련된 콘텐츠 유형(예: 제품, 서비스 등).

이 URL에는 디바이스 및 광고 식별자(예: advertising_id, android_id)가 포함되어 있어 사용자 개인을 특정합니다.

반면, SKAdNetwork 방식은 사용자의 개인 정보를 수집하지 않도록 설계되어 있습니다. 포스트백에는 캠페인 성과만 포함되며, 개별 사용자 정보를 알 수 없습니다. 특정 시점에 몇 명이 앱을 설치했는지 등 '집합적 행동'에 대한 정보만 전달되고 사용자 ID나 디바이스 정보는 포함되지 않습니다.

이 구조에서는 '누구인지'는 알 수 없지만, '많은 사람들이 어떤 행동을 했는지'는 파악할 수 있습니다. 즉, 기존 포스트백이 '누가, 언제, 무엇을 했는가'를 구체적으로 보여주는 방식이라면, SKAdNetwork는 '누구인지는 알 수 없지만, 어떤 행동이 발생했다'는 형태의 익명화된 데이터를 제공합니다.

```
{
  "version": "3.0",
  "ad-network-id": "example123.skadnetwork",
  "campaign-id": 42,
  "transaction-id": "6aafb7a5-0170-41b5-bbe4-fe71dedf1e28",
  "app-id": 525463029,
  "attribution-signature": "MEYCIQD5eq3AUlamORiGovqFiHWI4RZT/PrM3VEiXUrsC+M51wIhAPMA
  "redownload": true,
  "source-app-id": 1234567891,
  "fidelity-type": 1,
  "conversion-value": 20,
```

그림 5.19 SKAdNetwork 환경의 포스트백. 캠페인 id 등 성과에 대한 것만 알 수 있으며 개인 식별이 불가하다. (출처: 앱스플라이어)

포스트백 횟수와 타이밍에도 차이가 있습니다. 기존 방식은 이벤트 발생 직후 실시간으로 포스트백을 전송하는 반면, SKAdNetwork는 다음과 같은 제한이 있습니다.

- 3.0 이하: 포스트백 1회
- 4.0 이상: 최대 3회까지 포스트백 전송 가능

이 구조는 개인정보 보호를 강화하면서도, 캠페인 성과를 집계하고 분석할 수 있는 기반을 제공합니다.

표 5.7 기존 방식과 SKAdNetwork 방식의 포스트백 비교

항목	기존 방식	SKAdNetwork 방식
개인 식별 가능 여부	가능(광고 ID, 장치 IP 등 사용)	불가능(개별 사용자 식별 불가)
포스트백 내용	사용자의 개인 정보 및 세부 행동 데이터 포함(예: 광고 ID, 클릭 정보)	익명화된 그룹 데이터, 개인 정보 제외
수집되는 데이터	광고 클릭, 설치, 구매 등 구체적인 사용자 행동 정보	앱 설치나 이벤트 발생에 대한 일반화된 데이터
정보의 상세도	매우 상세(개별 사용자의 행동 추적 가능)	제한적(익명화된 그룹으로만 성과 분석 가능)
개인정보 보호	개인정보 보호 취약(개인 식별 가능)	개인정보 보호 강화(개인 식별 불가)
포스트백 전송 횟수	여러 번 전송(클릭, 설치, 구매 등 각 단계마다 전송)	3.0 포함 이하 = 1회 전송 4.0 이상 = 3회 전송

05. 랜덤 포스트백 타이머(Random Postback Timer)

랜덤 포스트백 타이머는 SKAdNetwork에서 개인정보 보호 강화를 목적으로 도입되었습니다. 타이머는 포스트백 전송 시점을 무작위로 지연시켜 사용자 행동과 데이터의 직접적인 연관성을 어렵게 합니다.

기존 방식에서는 사용자의 특정 행동이 발생하면 즉시 포스트백이 전송되었지만, SKAdNetwork에서는 전송 시점을 고정하지 않고 무작위로 설정합니다. 예를 들어, 앱 설

치나 특정 전환 이벤트 이후, 포스트백은 일정 시간 범위(예: 24시간 이내)에서 임의의 시점에 전송됩니다.

이 시간 차는 포스트백 데이터와 실제 사용자 행동 간의 연결을 더욱 어렵게 만들어, 개인 식별 가능성을 낮춥니다.

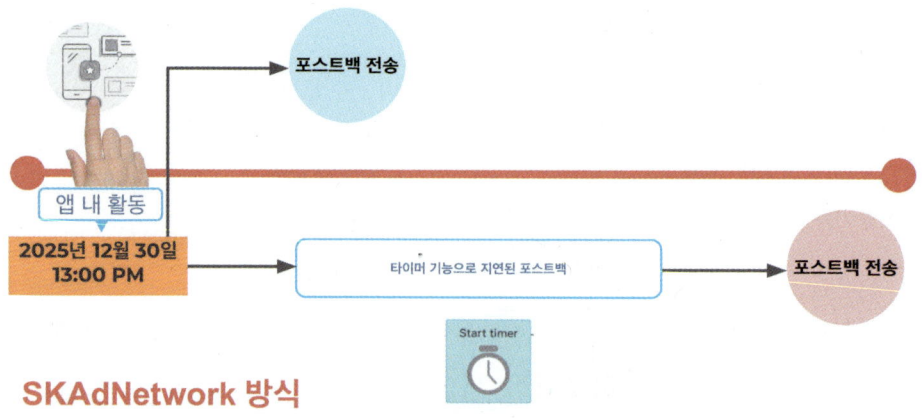

그림 5.20 랜덤 타이머가 적용된 포스트백 전송으로 SKAdNetwork는 기존보다 더 늦게 포스트백을 전송한다.

06. 전환 윈도우 또는 측정 윈도우

전환 윈도우(Conversion Window)는 사용자가 광고를 클릭하거나 노출된 이후 일정 기간 동안 발생한 행동(예: 앱 설치, 구매, 회원가입 등)을 광고 성과로 인정하는 시간 범위를 의미합니다.

SKAdNetwork 3.0에서는 전환 윈도우가 단일 기간으로 설정되어, 이론상 앱 실행 후 최대 **63일** 동안 사용자의 행동을 기록합니다. 다만, SKAdNetwork 3.0은 포스트백이 **단 1회만 전송**되기 때문에 행동 이벤트를 63일까지 측정하면 포스트백 수신 시점이 그만큼 지연된다는 점에 유의해야 합니다. 대부분의 마케터는 빠른 성과 측정과 캠페인 최적화를 원하므로 2개월 후에 도착하는 데이터는 실용성이 떨어질 수 있습니다.

SKAdNetwork 4.0부터는 단일 전환 윈도우 대신, 여러 개의 전환 윈도우(Multiple Conversion Windows)를 활용할 수 있게 되었습니다. 총 세 개의 윈도우가 제공되며, 각 윈도우마다 포스트백이 전송될 수 있어 최대 세 개의 포스트백을 받을 수 있습니다.

- 첫 번째 윈도우(0~2일): 앱 설치 직후의 초기 행동(예: 앱 실행, 회원가입 등)을 측정
- 두 번째 윈도우(3~7일): 중기 행동(예: 첫 결제, 주요 이벤트 완료 등)을 측정
- 세 번째 윈도우(8~35일): 장기 행동(예: 재방문, 고액 구매 등)을 측정

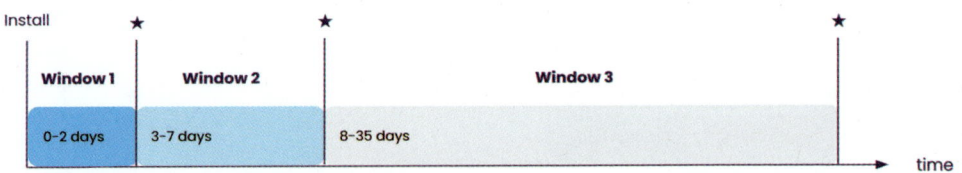

그림 5.21 SKAdNetwork 4.0에서 제공되는 세 가지 전환 윈도우

이 구조는 SKAdNetwork 4.0의 세 가지 전환 윈도우를 통해 사용자의 여정을 더욱 정밀하게 파악할 수 있도록 도와줍니다. 한 사용자가 앱 설치 후 첫날에는 튜토리얼만 완료하고 5일째에 첫 구매를 한 뒤 10일째에 재방문하여 고액 결제를 했다면 각 행동이 해당 전환 윈도우 내에서 기록될 수 있습니다. 이를 통해 단기 행동뿐만 아니라, 중·장기적인 사용자 가치를 더욱 정밀하게 측정합니다.

07. 락 윈도우(Lock Window)

앞서 살펴본 것처럼, SKAdNetwork는 포스트백 전송이 지연되기 때문에 성과 확인이 늦어지는 단점이 있습니다. 이를 보완하기 위해 SKAdNetwork 4.0에서는 **락 윈도우(Lock Window)** 기능이 도입되었습니다.

락 윈도우는 전환 윈도우 내 특정 시점에서 전환값 업데이트를 조기 종료하는 기능으로, 광고 성과를 더 빠르게 확인하고 최적화 작업을 앞당길 수 있도록 설계되었습니다. 예를 들어 3~7일차 전환 윈도우에서 5일째에 락 윈도우를 적용하면, 이후에는 전환값이 더 이상 업데이트되지 않습니다. 이때 랜덤 타이머가 작동하면서 포스트백 전송 대기 시간이 줄어들고, SKAdNetwork 캠페인의 성과를 보다 신속하게 파악합니다.

락 윈도우는 다음과 같은 방식으로 활용합니다.

- **시점 설정**: 주요 이벤트 발생 시점이 일정하게 예측되는 경우, 해당 시점에 락 윈도우를 적용하면 포스트백 수신 속도를 높일 수 있습니다. 많은 사용자가 설치 후 3일 이내에 핵심 이벤트를 발생시키는 패턴이 있다면 이 타이밍에 락 윈도우를 설정하여 보다 빠르게 데이터를 확보합니다.
- **이벤트 설정**: 특정 이벤트 발생 시 락 윈도우를 작동하는 방식입니다. 사용자가 특정 행동(예: 첫 결제, 레벨 달성 등)을 완료한 경우에만 락 윈도우를 작동시키면, 활발한 사용자에 대한 성과 데이터를 더 빠르게 측정합니다.

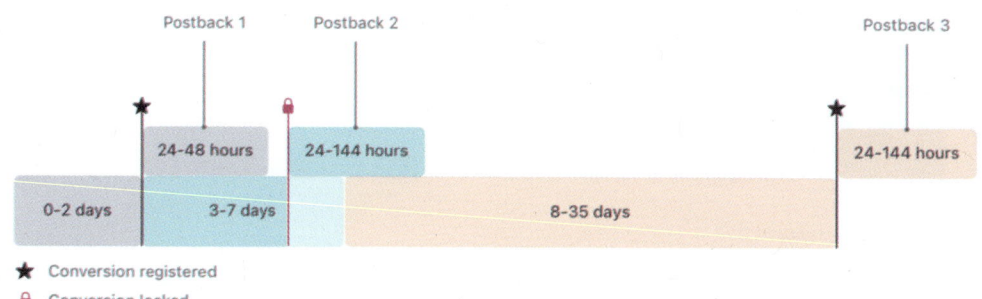

그림 5.22 락 윈도우가 5일차에 작동하도록 설정된 예시로, 포스트백 수신 시점을 앞당기는 구조를 보여준다. (출처: 애플 공식 가이드)

다만, 락 윈도우는 사용자가 온라인 상태일 때만 적용되므로 사용자 행동 패턴을 고려해 전략적으로 설정해야 합니다.

SKAdNetwork는 처음 접하는 사람에게는 복잡하게 보일 수 있습니다. 그러나 이는 IDFA 없이도 디지털 마케팅 성과를 측정할 수 있도록 설계된 솔루션이며, 지금도 계속 발전하고 있습니다. 대표적인 요소로는 군중 익명성, 소스 ID, 포스트백, 랜덤 타이머, 전환 윈도우, 락 윈도우가 있으며, 모두 개인정보 보호와 성과 측정의 균형을 맞추기 위해 고안된 구조입니다. 메타(Meta), 구글(Google) 등 주요 광고 플랫폼에서도 SKAdNetwork 캠페인을 지원하고 있으므로 이러한 개념을 이해하고 실무에 적용하는 것이 중요합니다.

이해를 돕기 위해 지금까지 살펴본 SKAdNetwork의 핵심 개념을 표로 정리했습니다. 주요 항목을 한눈에 파악하는 데 참고하시기 바랍니다.

표 5.8 SKAdNetwork 핵심 개념 표

항목	설명
군중 익명성	사용자 데이터의 익명화 정도에 따라 전환값 제공 여부와 정확도가 달라짐. SKAN 3.0에서는 Privacy threshold 임계치를 넘는지 안 넘는지에 따라 2개로만 구분. SKAN 4.0에서는 4개의 티어로 세분화되어, 설치 수가 작은 캠페인도 Tier 0 이상일 경우 전환값을 받을 수 있음.
상세 전환 값 (Fine Value)	정확한 성과 측정을 위한 상세 전환값. 0~63의 숫자로 구성.
단순 전환 값 (Coarse Value)	SKAN 4.0에서 도입. 간략한 성과 측정을 위한 전환값. 상(High), 중(Medium), 하(Low)로 분류되어 대략적인 성과 확인 가능.
지연된 포스트백	전환 데이터를 전송하는 방식. 개인정보 보호를 위해 익명화된 데이터만 전송되며 지연되어 전송
랜덤 포스트백 타이머	포스트백 전송 시점이 무작위로 지연됨.
전환 윈도우	사용자의 행동을 측정하는 시간 범위. SKAN 3.0에서는 단일 윈도우, SKAN 4.0에서는 세 개의 윈도우 제공(0~2일, 3~7일, 8~35일).
락 윈도우	전환값 업데이트를 조기 종료하는 기능. 포스트백을 빠르게 받을 수 있도록 돕는 기능.

SKAdNetwork 4.0의 변화와 의미

애플은 SKAdNetwork 4.0을 출시하면서 광고 성과 측정의 정밀도를 높이고 캠페인 최적화가 용이하도록 다양한 기능을 추가했습니다. 4.0 버전의 핵심 변화는 광고 성과 측정에서 보다 세밀한 데이터를 제공하고, 데이터 유효성을 강화하기 위한 기능 개선에 초점을 맞춘 것입니다. 특히, 광고 캠페인 최적화에 필요한 다양한 기능이 추가되어 마케터들이 SKAdNetwork를 보다 효과적으로 활용할 수 있도록 설계되었습니다. 그러나 현재(2025년 4분기 기준), 광고 생태계는 SKAdNetwork 3.0과 4.0이 동시에 사용되는 과도기적 상황에 있습니다[3].

---

[3] 이를 위해 MMP는 SKAdNetwork 4.0으로 설정하더라도 매체가 4.0을 지원하지 않는 경우 기본적으로 SKAdNetwork 3.0 방식으로 측정되도록 지원한다.

SKAdNetwork 4.0이 최신 버전이지만, 애플이 이를 출시했다고 해서 즉시 모든 애드 네트워크에서 이를 활용할 수 있는 것은 아닙니다. 실제로, 애드 네트워크가 이를 지원해야 SKAdNetwork 4.0의 기능을 제대로 사용할 수 있으며, 또한 iOS 16.1 이상 운영체제가 설치된 아이폰에서만 SKAdNetwork 4.0이 적용됩니다.

그림 5.23의 앱스플라이어 데이터(2022년 11월~2023년 6월 기준)에 따르면, 아이폰 사용자의 약 65%가 SKAdNetwork 4.0을 지원하는 운영체제(iOS 16.1 이상)를 사용하고 있는 것으로 나타났습니다.

또한, 앱스플라이어가 2023년 8월부터 2024년 1월까지 집계한 자료에 따르면, 전체 SKAdNetwork 포스트백 중 약 27%가 버전 4.0을 기반으로 전송되었습니다. SKAdNetwork 트래픽이 발생한 앱 중 약 33%는 SKAdNetwork 4.0 스키마를 매핑하고 있었으며, 이는 전월 대비 18% 증가한 수치입니다.

이러한 수치는 SKAdNetwork 4.0을 통해 성과를 측정할 수 있는 사용자 기반이 이미 확보되고 있음을 보여주며, 이에 따라 앱 기업들의 SKAdNetwork 4.0 도입과 활용도 역시 점진적으로 확대될 것으로 예상됩니다.

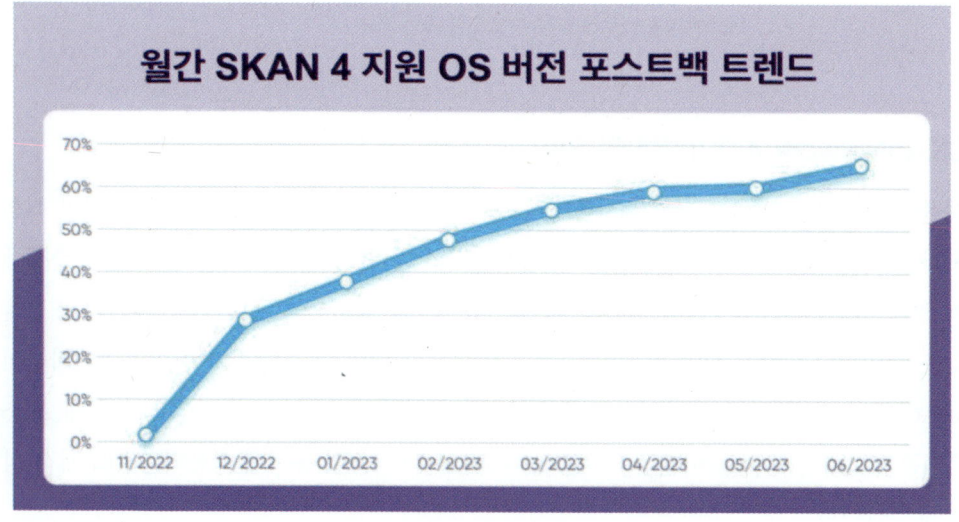

그림 5.23 SKAdNetwork 4.0을 지원하는 OS 버전 포스트백 트렌드(2022.11.~2023. 6. 기준 조사)

SKAdNetwork 4.0을 지원하는 플랫폼도 점차 확대되고 있지만, 여전히 일부 매체와 광고 플랫폼은 SKAdNetwork 3.0까지만 지원하고 있습니다. 디지털 마케팅 실무를 담당하는 마케터라면 두 버전의 구조와 차이를 이해하고 있는 것이 중요합니다.

예를 들어, SKAdNetwork 3.0에서는 캠페인 규모가 작을 경우 전환 데이터를 수신하지 못하는 한계가 있었지만, 4.0에서는 단순 전환값만으로도 소규모 캠페인의 성과를 확인합니다. 이러한 차이를 이해하면 캠페인 분석과 전략 수립 시 더 유연하고 정밀하게 대응할 수 있습니다.

SKAdNetwork 3.0의 구조를 정확히 이해하고 있다면 4.0의 새로운 기능도 자연스럽게 받아들이고 적용할 수 있습니다. 두 버전을 함께 이해하면 현재 캠페인의 효율적인 운영은 물론, 향후 광고 생태계의 변화에도 능동적으로 대응할 수 있어 디지털 마케팅 성과 향상에 큰 도움이 됩니다.

마지막으로, SKAdNetwork 3.0과 4.0의 주요 차이점을 정리한 표를 제공합니다. 이미 기본 개념을 숙지한 독자라면 이 표를 통해 전체 구조를 보다 명확히 정리할 수 있을 것입니다.

표 5.9 SKAdNetwork 3.0과 4.0의 주요 차이

기능	SKAN 3.0	SKAN 4.0
군중 익명성 티어 세분화	없음(일정 threshold를 넘어야만 데이터 제공)	있음(광고 네트워크가 데이터 수준에 따라 수신 가능한 정보의 세부사항 결정)
포스트백 개수	1개(전환 윈도우 1개)	최대 3개(전환 윈도우 3개)
소스 ID	2자리 캠페인 ID(최대 100개)	최대 4자리(최대 10,000개 캠페인 ID 지원)
멀티 포스트백 지원	지원하지 않음	지원(최대 3개 포스트백)
애드 네트워크의 데이터 수신	캠페인 ID와 관련된 데이터만 제공	추가된 소스 ID를 통해 광고 소재, 지역 등 더 다양한 데이터 제공 가능
웹-앱 크로스 플랫폼 측정	불가능	Safari 브라우저에서 지원
전환 윈도우	1개	최대 3개
락 윈도우 기능	없음	락이 걸린 시점으로부터 랜덤 타이머 작동 후 포스트백 전송

5.3 구글의 프라이버시 정책

지금까지 애플의 프라이버시 정책을 다루며, 특히 디지털 마케팅 업계에 큰 영향을 미친 IDFA 정책 변화와 이에 대응하는 어트리뷰션 시스템인 SKAdNetwork에 대해 설명했습니다.

애플의 프라이버시 정책이 모바일 광고 생태계에 큰 영향을 미친 것처럼, 구글 또한 개인 정보 보호를 위한 정책 변화를 추진하며 광고 업계 전반에 큰 파장을 불러일으켰습니다. 이제 구글의 프라이버시 정책 변화가 디지털 마케팅 환경에 미친 영향을 자세히 살펴보겠습니다.

5.3.1 정책 히스토리

2000년대 초반, 구글은 검색 서비스를 중심으로 운영하며 사용자 데이터 수집에 적극적이지 않았습니다. 그러나 지메일, 유튜브, 구글 지도 등 다양한 서비스와 광고 사업으로 사업 영역이 확대되면서 방대한 사용자 데이터를 보유하게 되었습니다.

현재 구글은 디지털 광고 시장에서 막강한 영향력을 행사하고 있으며, 2023년 기준 연간 광고 수익은 약 2,378억 달러(한화 약 309조 1,414억 원, 1달러=1,300원 기준)에 이릅니다. 이에 따라 개인정보 보호가 주요 이슈로 부상하면서 구글의 정책도 이에 대응하여 발전해왔습니다.

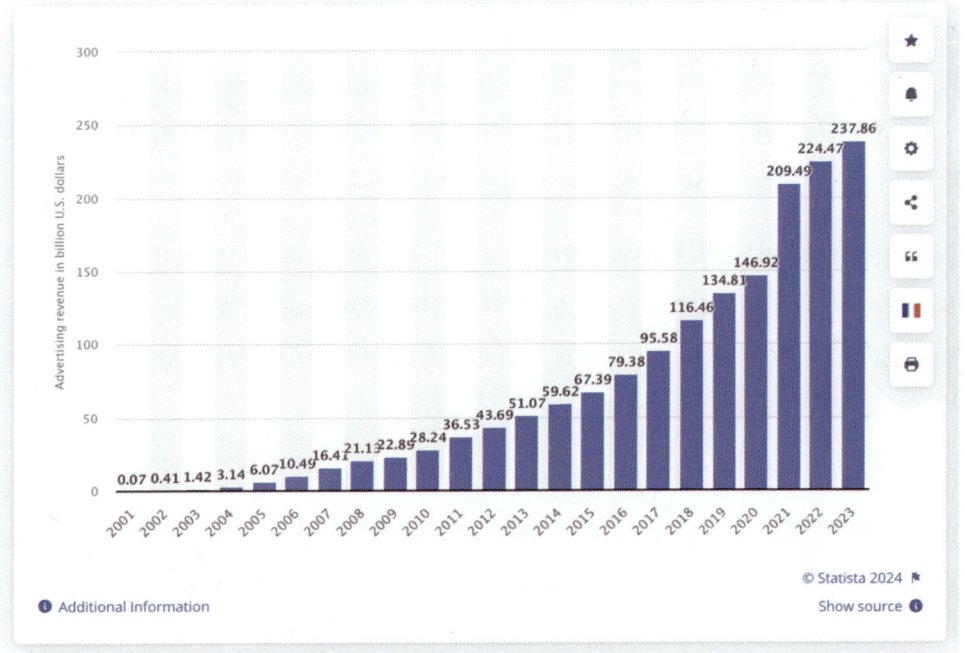

그림 5.24 구글의 연간 광고 수익(출처: Statista)

2012년 구글은 서비스별로 분리되어 있던 60개 이상의 프라이버시 정책을 하나의 통합 문서로 정리했습니다. 그러나 데이터 활용 방식의 투명성이 부족하고 사용자 동의 절차가 명확하지 않아 프랑스 데이터 보호 위원회(CNIL)를 비롯한 여러 기관의 강력한 비판을 받았습니다.

2018년 유럽연합(EU)이 GDPR(일반 데이터 보호 규정)을 시행하면서 구글의 프라이버시 정책에도 큰 변화가 있었습니다. GDPR 규정에 따라 구글은 데이터 수집 및 활용에 대해 명확한 사용자 동의를 받아야 했으며, 사용자들이 자신의 데이터를 쉽고 편리하게 관리, 삭제, 다운로드할 수 있는 다양한 도구를 제공하기 시작했습니다. 정책 설명 역시 더욱 구체화되었습니다.

그러나 2019년 구글은 GDPR 위반 혐의로 프랑스 CNIL로부터 5,000만 유로(한화 약 750억 원, 1유로=1,500원 기준)의 과징금을 부과받았으며, 아동의 데이터를 무단 수집했다는 이유로 미국 연방거래위원회(FTC)로부터도 벌금을 부과받았습니다.

2020년대 초반, 글로벌 수준의 개인정보 보호 요구가 높아지자 구글은 서드파티 쿠키 제거를 포함한 엄격한 프라이버시 정책을 제시했습니다. 쿠키는 사용자가 웹사이트를 방문할 때 저장되는 작은 데이터 파일로 개인 맞춤형 광고 운영에 핵심적인 역할을 합니다.

구글은 2022년부터 크롬 브라우저에서 서드파티 쿠키를 단계적으로 폐지하기 시작했으며, 이를 대체하기 위해 Privacy Sandbox 프로젝트를 통해 Topics API 등 새로운 기술을 제안했습니다. 또한 애플의 IDFA 정책 변화에 대응해 안드로이드에서도 새로운 광고 식별자 정책을 도입했습니다.

그러나 2024년 7월, 구글은 서드파티 쿠키의 전면 폐지 대신 사용자가 웹 브라우징 환경에서 새로운 선택권을 가질 수 있도록 지원하는 방안을 발표했습니다. 이는 광고 업계에는 긍정적인 소식이었으나, 여전히 개인정보 보호와 광고 효율성 간의 균형을 둘러싼 논란이 지속되고 있습니다.

구글은 전 세계에서 가장 방대한 데이터를 보유한 기업 중 하나로, 지속적으로 개인정보 보호 강화 요구와 규제의 대상이 될 수밖에 없습니다. 이에 따라 사용자 중심의 데이터 제어 기능을 더욱 강화할 것으로 보이며, 프라이버시 정책 또한 개인정보 보호와 광고 생태계의 균형을 맞추는 방향으로 지속적으로 진화할 것입니다.

디지털 마케터들은 변화를 면밀히 모니터링하고, 새로운 광고 및 어트리뷰션 전략을 준비할 필요가 있습니다.

5.3.2 _ 구글의 쿠키 정책

구글의 개인정보 보호 샌드박스(Privacy Sandbox)는 구글 광고 ID(GAID, Google Advertising ID) 및 쿠키 지원 중단 계획을 핵심으로 하고 있습니다. GAID의 역할은 앞서 다루었으므로, 여기에서는 쿠키의 역할과 정책 변화를 중심으로 살펴보겠습니다.

쿠키는 웹사이트 방문 시 사용자의 디바이스에 저장되는 작은 텍스트 파일입니다. 주로 웹사이트의 기능 향상, 사용자 경험 개선, 그리고 개인 맞춤형 광고를 제공하는 데 활용됩니다. 쿠키는 생성 주체에 따라 크게 두 가지 유형으로 나눌 수 있습니다.

- **퍼스트 파티 쿠키(First-party Cookie)**: 방문한 웹사이트(주소 표시줄에 나타나는 사이트)가 직접 생성한 쿠키입니다.
- **서드 파티 쿠키(Third-party Cookie)**: 방문한 웹사이트가 아닌 제3자가 생성한 쿠키입니다. 웹사이트가 외부의 기능(예: 페이스북 공유하기 등)을 사용하면 생성됩니다.

그림 5.25 쿠키는 작은 텍스트 파일로, 과자 부스러기와 유사한 형태라는 의미에서 '쿠키'라는 이름이 붙여졌다. 퍼스트 파티 쿠키가 한입 베어 먹힌 모습으로 표현된 이유는 시각적으로 '사용자가 직접 상호작용한 사이트에서 생성된 쿠키'라는 점을 강조하기 위해서다.

쿠키 작동 방식은 다음과 같습니다.

1. 클라이언트가 페이지를 요청하면 서버가 쿠키를 생성합니다.
2. 서버는 생성된 쿠키를 포함하여 클라이언트에 응답을 보냅니다.
3. 클라이언트는 이후 동일 서버에 요청 시 쿠키를 함께 전송합니다.
4. 서버는 쿠키를 통해 이전 상태 정보를 확인하고 필요에 따라 쿠키를 업데이트하여 응답합니다.

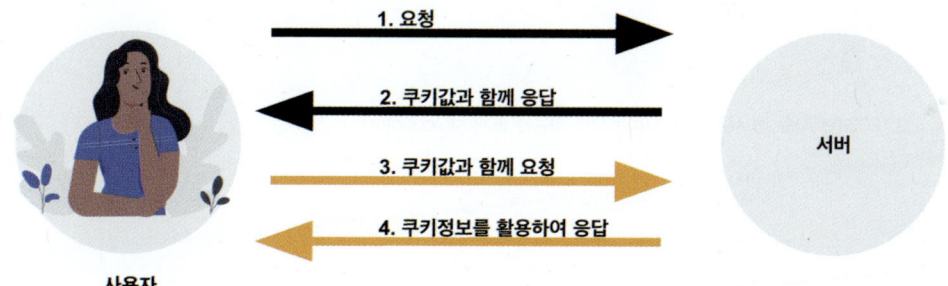

그림 5.26 쿠키 작동 방식

쿠키는 사용자의 웹 브라우징 경험을 개인화하고 편의성을 높이는 데 중요한 역할을 합니다. 사용자가 웹사이트를 방문할 때 '아이디와 비밀번호 저장' 기능을 통해 자동 로그인이 가능한 것도 쿠키 덕분입니다. 쇼핑몰에서는 쿠키를 활용하여 장바구니에 담긴 상품 정보를 유지하며, 팝업창 설정('오늘 더 이상 보지 않음' 등)도 쿠키로 저장하여 불필요한 반복 노출을 방지합니다.

쿠키는 이처럼 편의성을 제공하는 동시에, 사용자의 웹사이트 방문 기록, 검색 기록, 클릭 패턴 등 행동 데이터를 수집하여 광고주가 고객을 타겟팅하고 맞춤형 광고를 제공하는 데에도 중요하게 활용됩니다.

초기 구글의 쿠키 정책은 단순했지만, 인터넷 환경과 개인정보 보호 규제가 강화되면서 지속적으로 변화했습니다. 2024년 1월 4일 구글은 크롬 브라우저에서 서드 파티 쿠키 지원을 제한하겠다고 발표하며, 전 세계 크롬 사용자의 1%를 대상으로 먼저 적용했습니다. 크롬은 전 세계 브라우저 점유율의 약 65%를 차지하고 있어, 이는 약 3,450만 명의 사용자에게 영향을 미친 수치입니다.

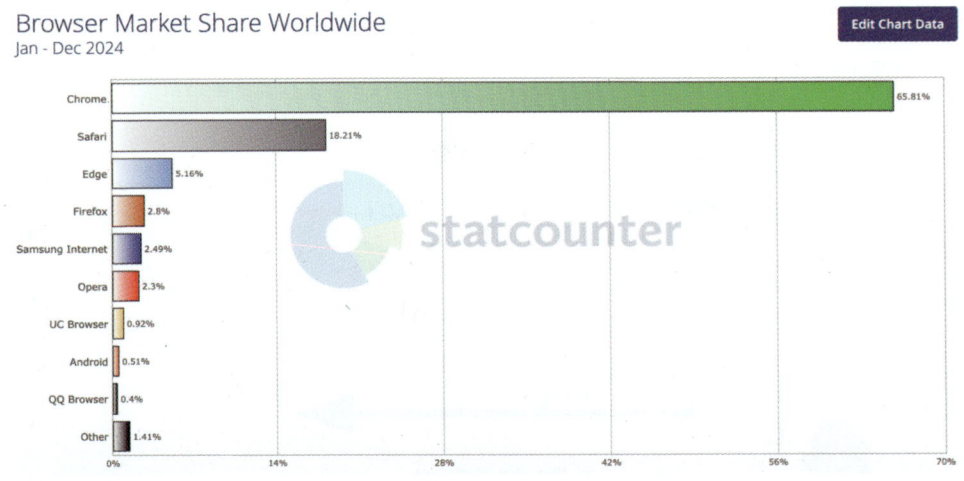

그림 5.27 2024년 기준, 전 세계 크롬 브라우저의 점유율(출처: statcounter)

구글의 초기 발표 이후 디지털 마케팅 업계의 혼란과 우려는 상당했습니다. 그러나 2024년 7월 22일, 구글 프라이버시 샌드박스 부사장(VP) 앤서니 샤베즈(Anthony Chavez)는 서드 파티 쿠키의 단계적 폐지 대신, 사용자가 웹 브라우징 전반에 걸쳐 새로운 선택권을 가질 수 있도록 환경을 개선하는 방향을 발표했습니다.

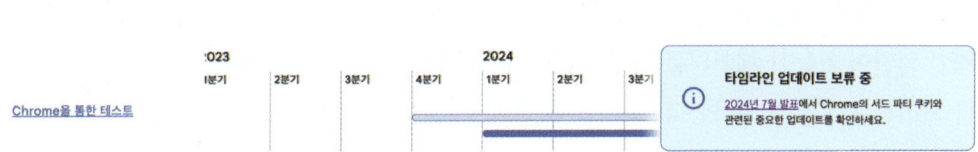

그림 5.28 구글의 서드 파티 쿠키 지원 중단 **타임라인** 업데이트(출처: Privacy Sandbox 공식 웹사이트, 2025년 9월 기준)

이러한 방향성 변화는 광고 업계에 다소 안도감을 주었으나, 개인정보 보호와 광고 효율성 간 균형을 둘러싼 논의는 여전히 진행 중입니다. 현재 구글은 개인정보 보호 규제를 반영해 사용자 통제권을 강화하면서도 광고 업계의 수요를 충족할 수 있도록 정책을 조정하고 있습니다. 다만 쿠키와 GAID 지원 제한 가능성은 여전히 존재하며, 변화 시점도 불확실합니다. 프라이버시 샌드박스는 애플의 SKAdNetwork와 함께 차세대 프라이버시 중심 광고 플랫폼으로 성장할 가능성이 크므로 디지털 마케터는 이러한 변화를 면밀히 확인하고 전략을 준비해야 합니다. 본문에서는 이에 대한 개념과 전략적 방향성을 간략히 정리합니다.

5.3.3 _ 프라이버시 샌드박스

구글의 프라이버시 샌드박스(Privacy Sandbox)는 디지털 광고 환경에서 개인정보 보호 문제를 해결하기 위해 구글이 2019년 처음 제안한 정책입니다. 이 정책은 개인정보 보호를 강화하면서도 광고 성과 측정과 타겟팅을 가능하게 하는 기술적 대안을 제공하는 것을 목표로 합니다.

디지털 광고에서 중요한 두 가지 축은 **타겟팅**과 **성과 측정**입니다. 이를 위해 사용자의 개인정보, 행동 데이터, 웹사이트 방문 기록 등을 수집하고 활용합니다. 하지만 개인정보 보호가 제대로 이루어지지 않으면 데이터 남용이나 불법적인 이용이 우려될 수 있습니다. 특히, 쿠키 기반의 광고 측정 기술은 과도한 온라인 행동 추적을 통해 개인정보 침해 문제를 일으킬 수 있습니다.

이를 해결하기 위해 구글은 프라이버시 샌드박스를 도입했습니다. 프라이버시 샌드박스의 핵심은 사용자 개인정보 보호와 광고 성과 측정 간의 균형입니다. 프라이버시 샌드박스는 개인 식별이 가능한 데이터를 직접 수집하지 않고, 브라우저나 기기에서 익명화된 데이터를 처리해 광고를 최적화합니다. 이를 통해 사용자는 추적 거부 옵션을 갖게 되고, 광고주는 집합적 데이터를 기반으로 성과를 측정할 수 있습니다.

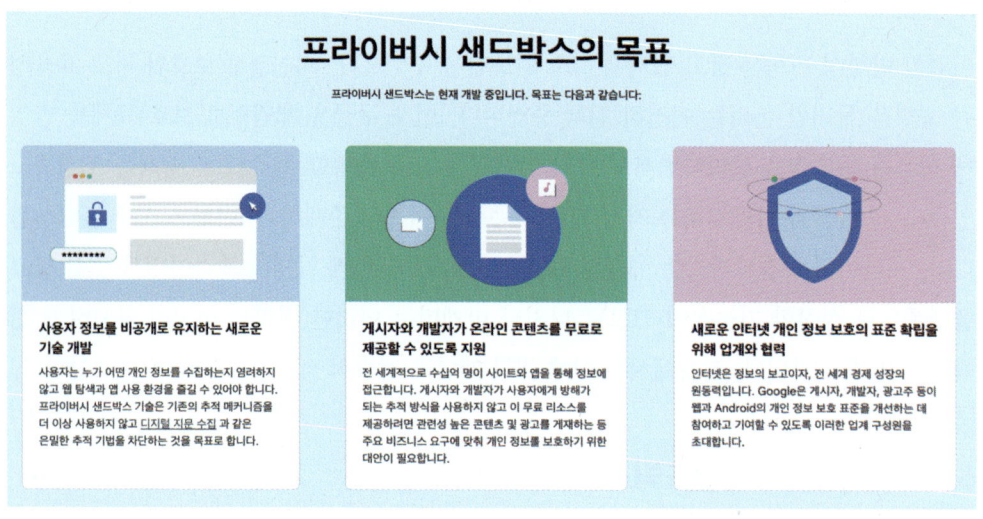

그림 5.29 프라이버시 샌드박스의 목표(출처: 구글 공식 사이트)

구글의 프라이버시 샌드박스 제안은 크게 (1) 타깃 오디언스 구축 및 관리, (2) 성과 측정, (3) 보안 및 SDK 관리의 세 가지 주요 카테고리로 나눠볼 수 있습니다. 각 영역은 사용자의 개인정보를 보호하면서도 광고주가 마케팅 활동을 효과적으로 진행할 수 있도록 돕는 API를 제공합니다.

1. **타깃 오디언스 구축 및 관리**
   - **Protected Audience API(웹과 앱 제공)**: 사용자 데이터를 보호하면서도 리타겟팅을 가능하게 합니다. 사용자가 이전에 앱에서 어떤 행동을 했는지를 바탕으로 그룹을 생성하여 타겟팅된 광고를 제공합니다.
   - **Topics API(웹과 앱 제공)**: 사용자의 관심사에 맞춘 광고를 제공합니다. 개인/사이트를 특정 짓는 대신 사용자들을 그루핑하거나 사용자의 관심 주제(Topic)를 카테고리화하여 부여합니다. 사용자가 앱에서 상호 작용한 내용을 바탕으로 관심사를 생성하고, 이를 광고주에게 제공하여 보다 개인화된 광고 경험을 제공합니다.

2. **성과 측정**
   - **Attribution Reporting API(웹과 앱 제공)**: 이 API는 사용자의 식별자 없이 광고 성과를 측정할 수 있게 도와줍니다. 광고주가 캠페인의 효과를 파악할 수 있도록 앱과 웹 간의 성과를 집계하고 분석합니다.

3. **보안 및 SDK 관리**
   - **SDK Runtime(앱만 해당)**: 서드 파티 SDK가 앱 자원에 직접 접근하지 못하게 하여 보안을 강화하는 API입니다. 앱 내에서 SDK가 사용자 데이터를 불법적으로 수집하거나 사용하는 것을 방지합니다.

크롬의 서드파티 쿠키 제한이 전면 시행될 경우, 프라이버시 샌드박스는 광고주와 사용자 모두에게 **큰 변화를 가져올 핵심 프레임워크**가 될 가능성이 큽니다. 다만 안드로이드의 복잡한 OS 구조와 글로벌 규제 환경으로 인해 프라이버시 샌드박스가 완전히 정착되기까지는 일정 기간이 필요할 것으로 보입니다.

이러한 과도기에는 주요 플랫폼의 정책 변화, 기술 구현 방식, 업계 전반의 대응 전략 등이 변동될 수 있으므로, 관련 생태계의 흐름을 면밀히 관찰하고 최신 동향을 지속적으로 학습하는 노력이 필요합니다. 주요 기술 블로그, 공식 개발자 문서, 정책 발표 자료 등을 통해 정보를 꾸준히 업데이트하면 향후 변화에 유연하게 대응하는 데 도움이 될 것입니다.

- **프라이버시 샌드박스 공식 사이트**
  - https://privacysandbox.com/
  - 프라이버시 샌드박스 개요, 주요 API 소개, 사용자 보호 철학, 최신 뉴스 등을 확인할 수 있는 종합 포털입니다.

- **구글 개발자 사이트**
  - https://developer.android.com/privacy-sandbox
  - 안드로이드/웹 환경에서의 프라이버시 샌드박스 구현 방법, 테스트 환경, 개발 가이드라인 등을 제공합니다.

5.4 시나리오로 배우는 기술 용어

디지털 마케팅 분야에서 일하다 보면 개발자와의 협업이 잦습니다. 캠페인 최적화, 데이터 분석, 앱 및 웹사이트 개발 등 주요 업무들이 개발과 긴밀하게 연결되어 있기 때문입니다. 마케터는 캠페인 성과 분석, 사용자 경험 개선, 트래픽 유입 전략 수립 등 전략적 업무에 집중하며, 개발자는 앱과 웹사이트의 기능을 설계하고, 코드를 작성하며, 시스템을 최적화하는 기술적 업무를 담당합니다. 서로 다른 역할을 수행하다 보니 언어나 작업 방식의 차이로 인해 협업에 어려움을 겪는 경우가 적지 않습니다.

광고 효과 분석을 위한 데이터 요청이나 앱의 특정 기능 테스트 과정에서 개발자의 기술 용어나 시스템 구조를 이해하지 못하면 상황을 명확히 전달하기 어렵습니다. 반대로, 마케터가 기본적인 기술 용어에 익숙하다면 협업 과정은 훨씬 원활해질 수 있습니다.

다음은 마케터 태호와 개발자 혜진 간의 대화 예시입니다. 태호는 광고 캠페인을 테스트하던 중 앱 로그인 과정에서 오류를 발견하고, 문제 해결을 위해 혜진에게 도움을 요청합니다.

- **마케터 태호**: "로그인할 때 자꾸 오류가 나요. 아이디와 비밀번호를 정확히 입력했는데도 '로그인 실패' 메시지가 떠요."

- **개발자 혜진**: "가입한 계정으로 로그인한 건가요, 아니면 구글 로그인 같은 외부 방식을 쓴 건가요? 우선 클라이언트에서 요청이 정상적으로 전송되었는지 확인해야 해요. 요청 자체에 문제가 있거나, 서버가 응답하지 않았을 수도 있어요. 만약 구글 로그인을 사용한 거라면 우리 서버가 아니라 구글 API와의 통신 문제일 수 있어요. 한 번 확인해볼게요."

그림 5.30 마케터와 개발자의 대화

어떤가요? 이 대화가 생소하게 느껴진다면 이번 글을 통해 기본적인 개발 용어를 익힌 뒤 다시 읽어보면 훨씬 이해하기 쉬울 것입니다.

기본 개념을 알고 있으면 기술 용어를 접했을 때 혼란을 줄이고, 개발자와의 대화도 훨씬 매끄러워집니다. 예를 들어 "클라 말고 서버를 봐야 한다"는 말을 들었을 때 그 의미를 정확히 이해할 수 있다면 문제 해결 속도는 물론 협업의 효율성도 크게 향상됩니다. 기술적 배경 지식은 마케팅 전략 수립에도 도움을 주며, 실행 과정에서 발생할 수 있는 문제를 사전에 예측해 대응력을 높여줍니다.

다음 절에서는 마케터가 실무에서 자주 접하는 기술 용어를 소개하고, 이를 실제 협업 상황에서 어떻게 활용할 수 있는지 살펴보겠습니다.

5.4.1 _ 클라이언트와 서버

클라이언트(Client)와 서버(Server)는 앱이나 웹사이트에서 발생하는 활동의 핵심 주체로, 서로 긴밀하게 협력하며 웹과 앱의 기능을 원활하게 운영합니다.

클라이언트는 사용자가 직접 상호작용하는 장치 또는 프로그램을 의미합니다. 데스크톱, 스마트폰, 태블릿 등의 디바이스와 크롬, 파이어폭스, 사파리 같은 웹 브라우저가 이에 해당합니다. **서버**는 데이터를 저장하고 관리하며, 클라이언트의 요청을 처리하는 중앙 시스템입니다. 사용자가 웹사이트에 접속하면 클라이언트인 브라우저가 서버에 요청을 보내고, 서버는 이에 대한 응답으로 웹 페이지를 생성해 전달합니다.

클라이언트와 서버의 역할을 앱을 예시로 살펴보면 다음과 같습니다.

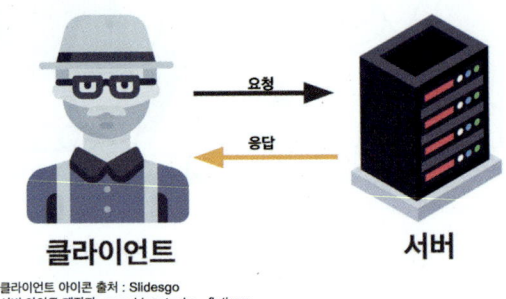

클라이언트 아이콘 출처 : Slidesgo
서버 아이콘 제작자: smashingstocks - flaticon

그림 5.31 클라이언트와 서버. 클라이언트는 서버로 요청을 보내고 서버는 응답을 한다.

01. 클라이언트

클라이언트는 사용자와 직접 상호작용하는 디바이스나 소프트웨어입니다. 스마트폰에서 실행되는 모바일 앱이 대표적인 예입니다. 사용자의 입력을 받아 서버로 요청을 보내고, 서버로부터 받은 데이터를 화면에 표시하는 등의 작업을 수행합니다.

예시:
   a. **사용자 입력**: 사용자가 앱에서 로그인을 시도할 때, 클라이언트는 사용자가 입력한 로그인 정보를 서버로 전송합니다.
   b. **UI 처리**: 서버로부터 받은 데이터(예: 사용자 프로필 정보)를 기반으로 화면을 업데이트하거나 표시합니다.
   c. **인터페이스 제공**: 사용자가 앱을 통해 직접 상호작용할 수 있는 화면을 제공합니다.
   d. **사용자 행동 측정**: 사용자가 어떤 상품을 오래 봤는지, 어떤 콘텐츠를 드래그하며 읽었는지 등의 정보는 클라이언트에서 측정합니다. 이 데이터는 개인화된 경험 제공에 활용됩니다.

02. 서버

서버는 클라이언트의 요청을 처리하고, 데이터를 저장하며, 필요한 정보를 제공하는 역할을 합니다. 로그인 처리, 데이터베이스 접근, 추천 알고리즘 연산 등 복잡한 처리를 담당합니다.

예시:

- a. **데이터 저장:** 서버는 사용자의 로그인 정보, 프로필 사진, 활동 기록과 같은 데이터를 저장합니다.
- b. **요청 처리 및 응답:** 클라이언트의 로그인 요청에 대해 사용자 정보를 검증하고, 로그인 성공 여부를 전달합니다.
- c. **실시간 데이터 처리:** 관심 상품과 유사한 상품 추천, 실시간 인기 콘텐츠 분석 등은 서버에서만 가능한 작업입니다. 서버는 전체 사용자 데이터를 기반으로 복잡한 연산을 수행합니다.

클라이언트는 '프론트엔드(Front-end)', 서버는 '백엔드(Back-end)'로 부르기도 합니다. 이는 각각 시스템 내에서 담당하는 역할과 위치에 따라 구분된 용어입니다. 프론트엔드는 '앞쪽'을 의미하며, 사용자와 직접 상호작용하는 화면과 인터페이스(UI)를 담당합니다. 앱이나 웹사이트에서 사용자가 보고 조작하는 모든 시각적 요소가 여기에 포함됩니다. 반면 백엔드는 '뒤쪽'을 의미하며, 데이터베이스 연결, 서버 로직, 데이터 처리 등 사용자에게 보이지 않는 시스템 내부 작업을 수행합니다. 클라이언트 요청을 처리하고, 필요한 데이터를 준비해 전달하는 기능을 맡고 있습니다.

다음 표는 클라이언트와 서버를 지칭하는 다양한 용어를 정리한 것입니다. 이 구조를 이해하면 마케터가 문제 발생 시 원인을 빠르게 파악하고, 적절한 해결책을 제시하는 데 큰 도움이 됩니다.

표 5.10 서버와 클라이언트를 지칭하는 다양한 용어들

용어	설명	대상
프론트엔드		클라이언트
클라이언트	사용자가 직접 보는 인터페이스와 상호작용하는 부분	클라이언트
앞단		클라이언트

용어	설명	대상
UI(User Interface)	사용자가 볼 수 있는 화면과 그 화면에 나타나는 인터페이스 요소들	클라이언트
UX(User Experience)	사용자가 시스템과 상호작용할 때 느끼는 전반적인 경험	클라이언트
백엔드	사용자에게 보이지 않는 시스템의 후속 처리를 담당하는 부분 클라이언트의 요청을 처리하는 역할	서버
서버		서버
뒷단		서버

5.4.2 _ SDK, S2S, API: 외부 시스템과의 연결을 위한 핵심 기술

디지털 마케팅, 앱 개발, 다양한 온라인 서비스를 운영하다 보면 외부 시스템과 데이터를 주고받는 일이 자주 발생합니다. 이때 핵심적인 역할을 하는 기술이 SDK, S2S, API입니다. 이들은 사용자 디바이스와 서버 간의 연결을 지원하고, 시스템 간 데이터 교환을 원활하게 만드는 역할을 합니다. 각 용어의 개념을 정확히 이해하면 더 효과적인 캠페인 설계, 앱 개선 전략 수립, 데이터 기반 의사결정이 가능해집니다.

SDK(Software Development Kit, 소프트웨어 개발 키트)

SDK는 특정 플랫폼이나 시스템에서 애플리케이션을 보다 쉽게 개발할 수 있도록 제공되는 도구 모음입니다. 보통 라이브러리, 문서, 샘플 코드 등으로 구성되며, 개발자가 새로운 기능을 효율적으로 구현할 수 있도록 지원합니다.

예를 들어, 앱스플라이어는 모바일 광고 성과를 측정하는 데 필수적인 도구로, 이를 활용하려면 다양한 기능을 플랫폼에 맞게 구현해야 합니다. 하지만 개발자는 앱스플라이어에서 제공하는 SDK를 사용함으로써 복잡한 세부사항을 일일이 파악하지 않고도 주요 기능을 쉽게 구현합니다.

앱스플라이어와 같은 MMP SDK를 사용하지 않을 경우, 모바일 어트리뷰션, 광고 매체 연동, SKAdNetwork 어트리뷰션 등 이 책에서 다룬 주요 기능들을 개발자가 직접 구현해야 하며, 이는 상당한 리소스를 요구합니다. 반면, SDK를 활용하면 시스템을 일일이 개발할 필요 없이 손쉽게 적용할 수 있어 시간과 비용을 크게 절감할 수 있습니다.

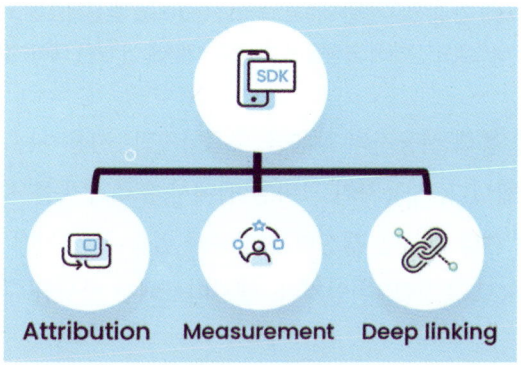

그림 5.32 앱스플라이어 SDK가 제공하는 기능: 어트리뷰션, 측정, 딥링킹 등

S2S(Server-to-Server, 서버 간 통신)

SDK와 S2S는 데이터 전송을 위한 두 가지 주요 방식으로, 각각 고유한 장점과 단점을 지니고 있습니다. SDK 방식은 클라이언트에서 데이터를 직접 전송하는 구조입니다. 앱에 포함된 SDK가 이벤트 발생 시마다 사용자 디바이스에서 광고 플랫폼이나 분석 도구 서버로 데이터를 전송합니다. 구현이 간단하고 실시간 처리가 용이하다는 장점이 있습니다. 예를 들어, 사용자가 앱을 설치한 후 첫 실행 시 광고 플랫폼의 SDK가 디바이스에서 직접 '설치 완료' 이벤트를 전송합니다.

반면, S2S 방식은 클라이언트를 거치지 않고 **서버 간 직접 통신을 통해 데이터를 전송**합니다. 즉, 앱이나 웹사이트에서 발생한 이벤트를 사용자 디바이스에서 전송하는 것이 아니라, 해당 서비스의 서버가 제3자의 서버(예: 광고 플랫폼, 분석 도구 등)로 직접 데이터를 전달합니다. 앱 서버가 광고 플랫폼 서버로 설치 완료 이벤트를 전송하는 경우가 이에 해당합니다. S2S 방식은 다음과 같은 상황에서 주로 사용됩니다.

- **앱 외부 이벤트 측정**: 앱 SDK는 앱 내에서 발생하는 이벤트만 추적합니다. 하지만 실제 사용자 여정은 앱 외부로 확장되는 경우가 많습니다. S2S 방식은 앱 외부 이벤트까지 측정 가능하여 전환 경로 전체를 보다 정확히 측정합니다.

- **정보 손실 최소화**: 클라이언트를 거치지 않고 서버 간 직접 통신이 이루어지기 때문에 데이터가 중간에서 손실될 가능성이 줄어듭니다. 모바일 앱은 네트워크 불안정, 앱 강제 종료 등 클라이언트 환경에 따라 이벤트 전송이 누락될 수 있지만, 서버는 상대적으로 안정적인 환경에서 운영되므로 중요 이벤트를 보다 안정적으로 전송하고 기록합니다.

- **대용량 데이터 처리**: 서버 간 통신은 일반적으로 대량의 데이터를 효율적으로 처리하는 데 적합합니다. 클라이언트의 리소스나 네트워크 상태에 영향을 받지 않기 때문에 더 많은 데이터를 처리합니다.

대부분의 앱은 SDK를 통해 사용자의 행동을 수집하지만, 사용자는 종종 웹사이트 등 앱 외부 채널에서도 활동합니다. 사용자가 모바일 앱에서 유료 구독을 시작한 뒤 일정 기간이 지난 후 웹사이트에서 해당 구독을 갱신하는 경우가 있습니다. 이때 앱 내에서의 구독 시작 이벤트는 앱 내 SDK로 측정할 수 있지만, 웹사이트에서 발생한 구독 갱신 이벤트는 감지할 수 없습니다.

- **앱 내 행동**: 사용자가 모바일 앱에서 구독을 시작하는 버튼을 누름(앱 내 SDK 측정 가능)
- **앱 외 행동**: 사용자가 웹사이트에서 구독을 갱신함(앱 내 SDK 측정 불가능)

이러한 경우, 앱 소유주의 서버가 구독 갱신 이벤트를 앱스플라이어와 같은 외부 마케팅 측정 플랫폼에 S2S 방식으로 직접 전송하면 앱 외부에서 발생한 이벤트도 누락 없이 수집합니다. 이를 통해 앱과 웹을 넘나드는 사용자 행동을 하나의 연속된 여정으로 통합해 추적할 수 있으며, 보다 정밀한 전환 분석이 가능합니다.

그림 5.33은 앱 소유주가 S2S 방식으로 앱스플라이어에 이벤트를 전달하는 구조를 보여줍니다.

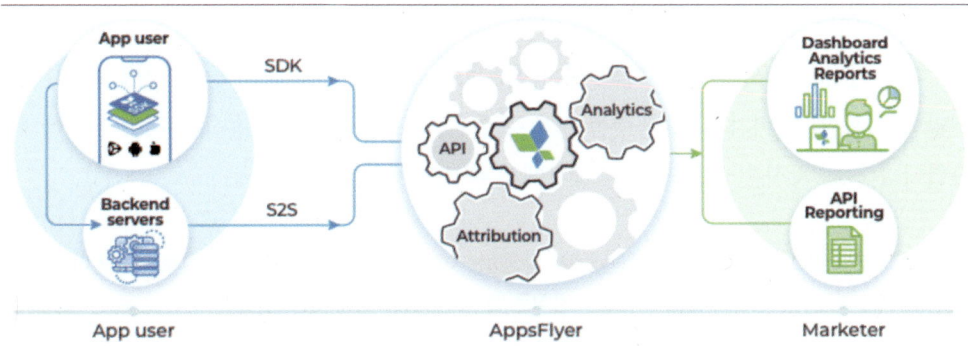

그림 5.33 앱 소유주가 S2S 방식으로 앱스플라이어 서버에 정보를 보낸다.

S2S 방식은 정보 손실을 최소화하거나 앱 외부에서 발생하는 이벤트를 측정해야 할 때 매우 효과적입니다. 다만, 이 방식은 서버 리소스를 기반으로 동작하기 때문에 서버의 성능과 안정성이 충분히 확보되어야 합니다. 서버 과부하나 장애가 발생하면 데이터 전송이 지연되거나 중단될 수 있으며, 이는 곧 서비스 운영에 영향을 줄 수 있습니다. 따라서 SDK와 S2S 각각의 특성과 한계를 명확히 이해하고, 측정 목적과 서비스 환경에 맞게 적절한 방식을 선택해 활용하는 것이 중요합니다.

API

API(Application Programming Interface)는 서로 다른 소프트웨어 시스템 간에 데이터를 주고받거나 기능을 호출할 수 있도록 해주는 인터페이스입니다. 즉, 두 시스템을 연결하는 다리와 같은 역할을 합니다.

맛집 검색 앱을 개발한다고 가정해보겠습니다. 앱에서 근처 맛집 정보를 제공하려면 위치 기반 서비스와 지도 기능이 필요합니다. 이때 지도 서비스를 직접 구축하는 대신, 카카오 지도 API를 활용하면 적은 비용과 노력으로 해당 기능을 구현할 수 있습니다.

사용자가 '근처 맛집 검색' 기능을 이용하면 클라이언트는 GPS를 통해 현재 위치를 파악하고, 이를 기반으로 주변 맛집 정보를 검색합니다. 이후 카카오 지도 API를 호출하여 맛집의 이름, 주소, 전화번호, 위치 정보 등을 포함한 데이터를 받아오고, 이를 지도 위에 시각적으로 표시합니다. 사용자는 앱 내에서 지도를 통해 맛집 위치를 직관적으로 확인합니다.

그림 5.34 스타벅스의 웹사이트는 카카오 지도 API를 활용해 전국 매장 위치를 지도에 표시하고 있다.

멀티플레이 게임에서는 사용자 간 채팅 기능을 제공하기 위해 외부 API와 연동하는 경우가 많습니다. 실시간 채팅 API를 적용하면 별도로 메시지 송수신 서버를 구축하지 않고도 게임 내 채팅 기능을 손쉽게 구현할 수 있습니다.

로그인 기능 역시 API를 통해 구현되는 대표적인 사례입니다. 구글이나 애플, 페이스북 등의 소셜 로그인 API를 연동하면 별도의 계정 시스템을 구축하지 않아도 사용자가 보유한 기존 계정을 이용해 간편하게 로그인합니다. 개발자는 핵심 콘텐츠 개발에 집중할 수 있고, 사용자는 가입 절차 없이 빠르게 서비스를 이용할 수 있어 서비스 진입 장벽이 낮아집니다.

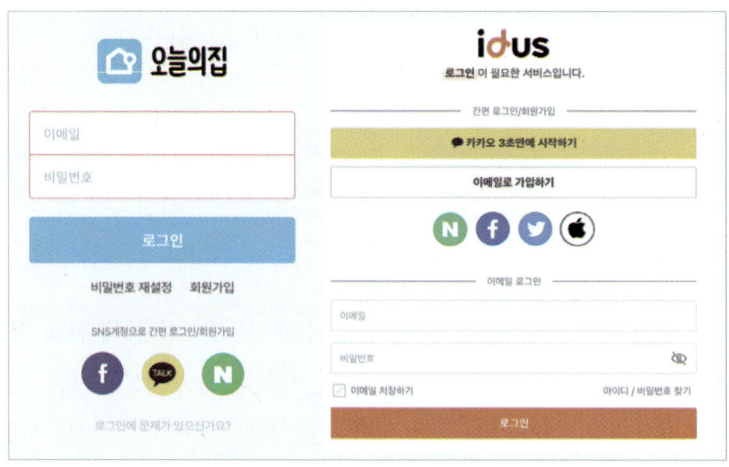

그림 5.35 오늘의집, 아이디어스 등 다양한 서비스에서도 소셜 로그인 기능을 제공하고 있다.

항공권 예약 플랫폼처럼 다양한 외부 시스템과 연동하는 서비스에서도 API는 필수적입니다. 사용자가 특정 날짜와 목적지를 입력하면, 클라이언트는 여러 항공사의 API를 통해 실시간 항공편 정보를 받아와 가격과 일정을 비교해 보여줍니다. 하나의 플랫폼에서 여러 항공사의 정보를 확인하고 예약까지 진행할 수 있게 되는 것입니다.

이처럼 API를 활용하면 외부 시스템과의 연동을 통해 실시간 데이터를 효율적으로 처리하고, 복잡한 기능도 빠르고 안정적으로 통합할 수 있습니다. 개발자는 반복적인 구현 부담을 줄일 수 있으며, 사용자는 더 나은 서비스 경험을 누릴 수 있습니다.

레스토랑 비유로 쉽게 이해하기

서버와 클라이언트, 그리고 API의 개념은 레스토랑에 비유하면 이해가 쉬워집니다.

레스토랑을 찾은 **고객(클라이언트)**은 직접 요리하지 않고, 원하는 메뉴를 **주문서(API)**에 작성해 **웨이터(서버)**에게 전달합니다. 웨이터는 이 주문서를 주방에 전달하고, 완성된 요리를 고객에게 가져옵니다.

API가 올바르게 작동하려면 주문서의 형식이 명확해야 합니다. "스테이크 1, 미디엄 레어, 소스 제외"처럼 구체적으로 작성해야 하며, "고기 적당히 굽기"와 같이 모호한 요청은 처리되지 않을 수 있습니다. IT 시스템에서도 클라이언트가 API를 통해 요청을 보낼 때는 정해진 형식에 따라 데이터를 전달해야 원하는 응답을 받을 수 있습니다.

주방은 다양한 요리를 만들지만, 매번 모든 재료를 처음부터 준비할 필요는 없습니다. 보다 빠르고 효율적인 조리를 위해 **요리 키트(SDK)**를 활용합니다. 스테이크 키트에는 고기, 향신료, 후라이팬, 조리법이 포함되어 있어 주방장이 일정한 품질의 요리를 신속하게 완성합니다. 마찬가지로 개발자도 SDK를 활용하여 공통 기능을 빠르게 구현하고 유지보수를 간소화합니다.

한편, 고객이 레스토랑에 도착하기 전에, 먼저 주차장에 차를 댑니다. 이때 주차 요원은 고객 차량 번호와 함께 "성인 2명, 아이 1명 도착했습니다."라는 정보를 레스토랑에 전달합니다. 이 정보는 주차장 시스템이 레스토랑 시스템에 전송하는 **S2S 통신**과 같다고 볼 수 있습니다.

레스토랑 입장에서는 아직 손님이 식당 안으로 들어오지 않았지만, 주차장에서 전달된 정보를 바탕으로 **웨이터(서버)**가 미리 확인을 시작합니다. "총 3명의 손님이 도착했구나. 그럼 유아용 의자가 포함된 4인 테이블을 준비해 놓자."라는 판단을 하고, 고객이 입장했을 때 기다림 없이 테이블로 안내합니다.

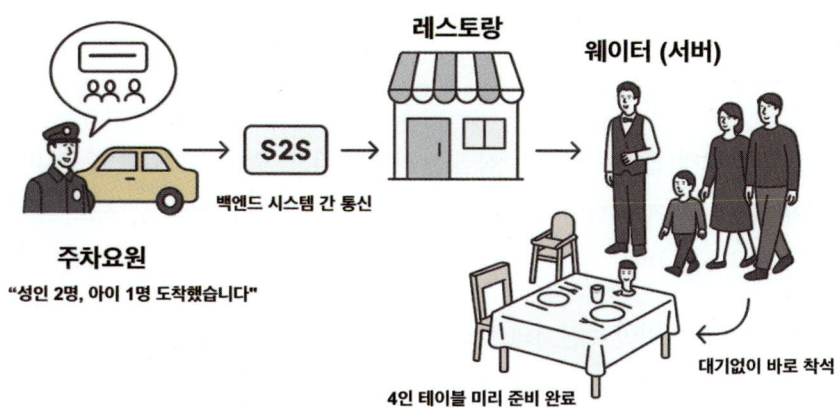

그림 5.36 S2S를 레스토랑에 비유한 그림

이 과정에서 고객은 따로 정보를 입력하거나 요청하지 않았지만, 주차장과 레스토랑 시스템이 백엔드에서 직접 통신하며 손님의 방문 정보를 공유했기 때문에, 고객의 요청이 없어도 부드럽고 빠른 서비스가 제공됩니다. IT 시스템에서도 동일하게, 외부 서버와 직접 통신하는 S2S 방식을 통해 필요한 정보를 주고받으며 사용자 경험을 개선합니다.

정리하면 클라이언트(고객)는 API(주문서)를 통해 요청을 보내고, 서버(웨이터)는 이를 처리해 응답을 반환합니다. 개발자는 SDK(요리 키트)를 활용해 필요한 기능을 빠르게 구현할 수 있으며, 필요 시 외부 시스템과의 S2S 통신을 통해 서비스를 확장합니다.

기술용어	레스토랑 비유
클라이언트	고객
API	주문서
서버	웨이터
SDK	주방키트

그림 5.37 각 기술 용어를 레스토랑에 비유한 그림

이제 기본적인 개발 용어를 익혔으니, 앞서 등장했던 대화를 다시 보면 훨씬 쉽게 이해할 수 있을 것입니다.

마케터 태호: "로그인할 때 자꾸 오류가 나요. 아이디와 비밀번호를 정확히 입력했는데도 '로그인 실패' 메시지가 뜨네요."

개발자 혜진: "가입한 계정으로 로그인한 건가요, 아니면 구글 로그인 같은 외부 로그인을 사용했나요? 우선 클라이언트에서 요청이 정상적으로 전송되었는지 확인해야 해요. 요청이 누락되었거나, 서버에서 제대로 응답하지 않았을 수도 있어요. 만약 구글 로그인을 사용했다면, 우리 서버가 아닌 구글 API와의 통신에서 문제가 발생했을 가능성도 있습니다. 한번 살펴볼게요."

그림 5.38 마케터와 개발자의 대화. 마케터가 기술 용어를 안다면 개발자의 협업이 수월하다.

5.4.3 _ 데이터베이스와 SQL

디지털 전환의 가속화로 데이터는 경쟁 우위를 창출하는 핵심 자원으로 부각되고 있습니다. 기업은 이를 활용해 고객 행동, 시장 반응, 운영 효율성을 정량적으로 파악하고, 그에 기반한 전략적 의사결정을 수행할 수 있게 되었습니다.

데이터베이스는 데이터를 구조적으로 저장하고 관리하기 위한 시스템으로, 대규모 정보를 효율적으로 처리하고 검색할 수 있도록 지원합니다. 예컨대 온라인 쇼핑몰은 고객의 주문 정보, 상품 데이터, 결제 내역 등을 데이터베이스에 저장하고, 필요 시 빠르고 정확하게 조회하거나 수정합니다.

데이터베이스는 크게 관계형 데이터베이스(Relational Database)와 비관계형 데이터베이스(Non-relational Database)로 구분됩니다. 관계형 데이터베이스는 데이터를 테이블 형식으로 저장하며, 테이블 간의 관계를 설정하여 체계적인 데이터 관리를 가능하게 합니다. 반면 비관계형 데이터베이스는 전통적인 테이블(행과 열) 구조를 따르지 않고, 보다 유연한 방식으로 데이터를 저장하고 관리하는 데이터베이스입니다. NoSQL(Not only SQL)이라고도 불리며, 구조화되지 않았거나 다양한 형태의 데이터를 저장하는 데 적합합니다.

관계형 데이터베이스에서는 SQL(Structured Query Language)이 표준 언어로 사용됩니다. SQL은 데이터를 삽입, 수정, 삭제, 조회하는 작업을 수행할 수 있으며, 관계형 데이터베이스의 핵심 기능을 수행하는 데 중요한 역할을 합니다.

데이터베이스는 도서관의 책장에 비유할 수 있습니다. 도서관에는 수많은 책이 존재하지만, 책이 잘 분류되어 있어야 원하는 책을 쉽게 찾고 대출합니다. 마찬가지로, 데이터베이스 역시 정보가 잘 정리되어 있어야 필요한 데이터를 빠르게 검색합니다.

도서관에서 책 목록을 조회하는 상황을 가정해 보겠습니다. SQL로는 다음과 같은 명령어를 사용합니다:

```
SELECT * FROM books;
```

- SELECT *: 모든 책 정보를 보여주세요.
- FROM books: 책 정보가 들어 있는 테이블에서 가져와 주세요.

이 명령은 도서관의 모든 책을 조회하겠다는 요청입니다. 특정 책, 'Harry Potter'만 조회하려면 아래와 같이 조건을 추가합니다.

```
SELECT * FROM books WHERE title = 'Harry Potter';
```

- WHERE title = 'Harry Potter': 책 제목이 'Harry Potter'인 책을 찾아주세요.

조금 더 디지털 마케팅에 가까운 사례로 예시를 들어볼까요? 앱스플라이어의 사용자 데이터를 다음과 같이 분석하고 싶다고 가정하겠습니다.

- 1일차와 7일차 리텐션, 캠페인 및 광고당 총 설치 수 계산
- event_name이 af_conversion인 전환 이벤트 수 집계
- conversion_type이 install인 항목을 기준으로 필터링하여 사용자 캠페인 분석

SQL은 다음과 같이 작성합니다.

```sql
select
    campaign_id, ad_id,
    sum(if(event_name = 'af_conversion', event_count,0)) as installs,
    sum(if(event_name = 'af_session' and days_post_attribution = 1, unique_users,0)) /
sum(if(event_name = 'af_conversion', event_count,0)) as retention_day1,
    sum(if(event_name = 'af_session' and days_post_attribution = 7, unique_users,0)) /
sum(if(event_name = 'af_conversion', event_count,0)) as retention_day7
from YOUR_DATA_LOCKER_REPORT
where
    conversion_date between '2023-06-01' and '2023-06-08'
    // If you're querying data from unified reports, edit the line below to: and conversion_type IN ('install', 'install_unified')
    and conversion_type = 'install'
    and app_id = YOUR_APP
group by 1,2
```

그림 5.39 SQL 예시(출처: 앱스플라이어)

해당 SQL 실행 결과로는 다음과 같은 테이블 형태의 데이터가 출력됩니다.

캠페인 ID	광고 ID	인스톨	리텐션 1일 차	리텐션 7일 차
12345678	987654	100	30%	10%
98765432	123456	200	25%	15%
07315466	613770	300	20%	12%

그림 5.40 SQL 결과 값 예시

마케터가 반드시 SQL을 직접 다룰 필요는 없지만, SQL의 기본적인 구조와 작동 방식을 이해하고 있다면 데이터 분석가나 엔지니어와의 협업이 훨씬 원활해집니다. 쿼리의 목적이나 데이터 구조를 이해하는 것만으로도 커뮤니케이션 효율이 높아지고, 원하는 인사이트를 더 정확하게 도출할 수 있습니다.

5.4.4 _ 프롬프트 엔지니어링

생성형 AI는 디지털 마케팅 업무 방식에 근본적인 변화를 일으키고 있는 기술입니다. 특히 ChatGPT와 같은 대형 언어 모델의 등장은 마케터가 일하는 방식을 구조적으로 바꾸어 놓았으며, 인간과 AI가 협력하여 문제를 해결하는 업무 환경을 마련했다는 점에서 중요한 의미를 갖습니다. 하지만 여전히 많은 사람들이 AI를 사용할 때 막연하고 모호한 요청을 던진 후, 원하는 수준에 미치지 못하는 결과에 실망하는 경우가 자주 발생합니다. 이러한 현상은 AI의 기술적 한계보다는 질문, 즉 프롬프트의 설계 방식 문제에서 비롯되는 경우가 많습니다.

프롬프트 엔지니어링이란, 인공지능에게 원하는 결과를 얻기 위해 질문이나 지시문을 구조화하고 정교하게 설계하는 작업을 의미합니다. 이는 단순히 명령어를 입력하는 수준을 넘어서, 특정한 맥락을 제시하거나 역할을 부여하고, 원하는 응답 형식을 지정하며, 문제 해결을 위한 사고 흐름을 유도하는 방식까지 포함합니다. 잘 설계된 프롬프트는 인공지능의 응답 품질을 크게 향상시키며, 특히 마케팅, 콘텐츠 제작, 데이터 분석 등 다양한 실무 분야에서 생산성과 창의성을 높이는 데 핵심적인 역할을 합니다.

프롬프트는 구체적이고 명확하게 구성할수록 결과의 정확성과 만족도가 높아집니다. 단순히 블로그 글을 요청하는 것이 아니라, "30대 여성을 타깃으로 하는 라이프스타일 브랜드를 위한 감성적이고 신뢰감을 주는 블로그 콘텐츠 초안을 800자 분량으로 작성하고, 톤은 따뜻하고 차분한 분위기로 유지하라"고 요청하면 AI는 이를 반영한 보다 명확한 결과물을 제공하게 됩니다.

이 절에서는 실제 마케팅 업무에서 프롬프트를 조정하는 구체적인 기법과 실무 사례들을 살펴보겠습니다.

제로샷, 원샷, 퓨샷 기법(Zero-shot, One-shot, Few-shot)

생성형 AI를 활용하는 과정에서 프롬프트를 어떻게 구성하느냐에 따라 결과물이 크게 달라지는데, 특히 AI의 반응을 원하는 방향으로 이끌려면 적절한 예시의 제시가 중요합니다. 여기에서 대표적으로 활용되는 프롬프트 설계 방식이 제로샷(zero-shot), 원샷(one-shot), 퓨샷(few-shot)입니다. 이 세 가지 방식은 AI에 제공되는 예시(example)의 개수에 따라 구분됩니다.

제로샷 방식은 별도의 예시 없이 명령만 전달하는 방식으로, 모델은 학습된 지식을 바탕으로 결과물을 생성합니다. 이는 초기 아이디어를 빠르게 얻고자 할 때 주로 활용됩니다. 예를 들어, "20대 여성 타깃의 여름 립스틱 제품 광고문구 3개 제안해줘"처럼 구체적 예시 없이 요청하면 제로샷 방식으로 분류됩니다. 다만, 결과물의 일관성이나 정밀성이 다소 부족할 수 있다는 단점이 있습니다.

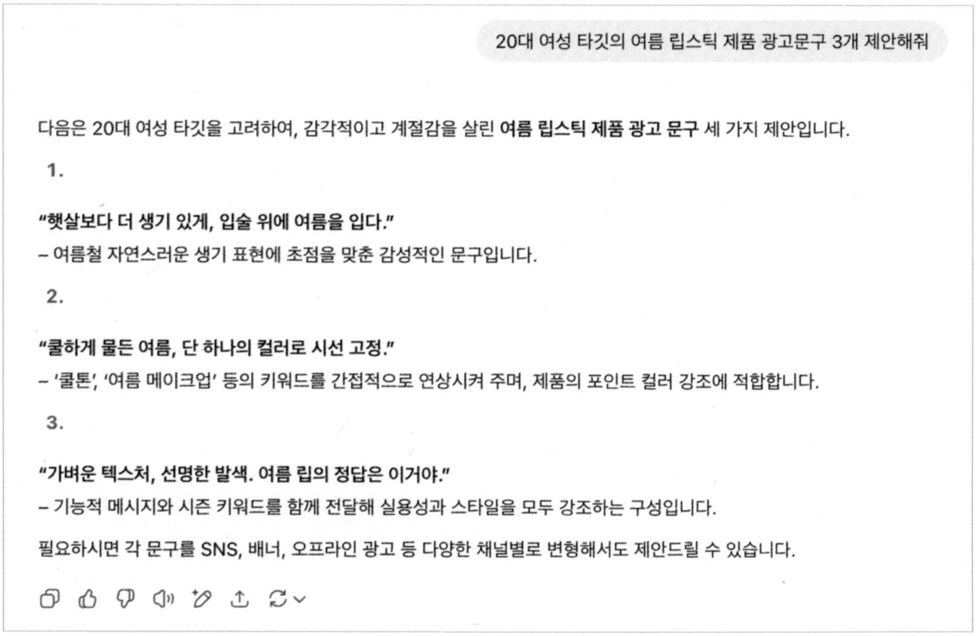

> 20대 여성 타깃의 여름 립스틱 제품 광고문구 3개 제안해줘
>
> 다음은 20대 여성 타깃을 고려하여, 감각적이고 계절감을 살린 **여름 립스틱 제품 광고 문구** 세 가지 제안입니다.
>
> 1.
>
> "햇살보다 더 생기 있게, 입술 위에 여름을 입다."
> – 여름철 자연스러운 생기 표현에 초점을 맞춘 감성적인 문구입니다.
>
> 2.
>
> "쿨하게 물든 여름, 단 하나의 컬러로 시선 고정."
> – '쿨톤', '여름 메이크업' 등의 키워드를 간접적으로 연상시켜 주며, 제품의 포인트 컬러 강조에 적합합니다.
>
> 3.
>
> "가벼운 텍스처, 선명한 발색. 여름 립의 정답은 이거야."
> – 기능적 메시지와 시즌 키워드를 함께 전달해 실용성과 스타일을 모두 강조하는 구성입니다.
>
> 필요하시면 각 문구를 SNS, 배너, 오프라인 광고 등 다양한 채널별로 변형해서도 제안드릴 수 있습니다.

그림 5.41 제로샷 방식 프롬프트의 활용 사례

이러한 한계를 보완하기 위해 활용되는 것이 원샷 방식입니다. 원샷 방식은 한 가지 예시를 제공하여 AI가 해당 스타일을 참고해 새로운 결과물을 생성하도록 유도하는 방식입니다. CRM 마케터가 특정 스타일의 푸시 메시지를 작성하고자 할 때, "여름 립스틱 광고문구 예시: '입술에 맺힌 과즙 한 스푼, 투명한 썸머 립 완성'. 과즙을 강조한 비슷한 톤으로 작성해 달라"고 요청하면 AI는 이 예시를 참고하여 더욱 정확한 결과물을 제공합니다.

> 다음은 여름 립스틱 광고 문구 예시야.
> 예시: '입술에 맺힌 과즙 한 스푼, 투명한 썸머 립 완성'
> "과즙"을 강조해서 비슷한 톤으로 광고 문구 예시를 작성해줘.

알겠습니다. 아래는 제시해주신 문구 — '입술에 맺힌 과즙 한 스푼, 투명한 썸머 립 완성' — 과 유사한 톤과 리듬을 유지하면서, "과즙"을 중심으로 표현한 광고 문구 예시들입니다.

1. 입술 끝에 머문 과즙빛 한 방울, 생기 넘치는 여름 립 완성
2. 과즙처럼 맑게, 햇살처럼 투명하게. 입술 위 여름이 시작돼요
3. 촉촉하게 스며드는 과즙 컬러, 입술 위에 싱그러움을 더하다
4. 입술 위에 퍼지는 과즙의 온기, 한여름 감성을 물들이다
5. 말랑한 과즙 컬러 한 겹, 자연스러운 생기만 남기세요

그림 5.42 원샷 방식 프롬프트의 활용 사례 (푸시 메시지 예시를 통한 스타일 유도)

퓨샷 방식은 여러 개의 예시를 제공해 원하는 스타일을 명확히 전달하는 방식으로, 일관되고 안정적인 결과를 얻을 수 있습니다. 예를 들어, 여행 블로그 시리즈 콘텐츠 제작 시 여러 편의 콘텐츠 예시를 AI에 제공하고 그 형식을 반복적으로 적용해달라고 요청할 수 있습니다.

> "다음은 여행 블로그용 제목 예시입니다.
> 예시 1: '혼자 떠난 제주도, 예상치 못한 힐링'
> 예시 2: '카페 투어의 정석, 강릉 숨은 명소 BEST 5'
> 예시 3: '3만원으로 떠나는 당일치기 속초 여행'
> 위와 같은 스타일로 새로운 제목을 3개 더 제안해 주세요."

다음은 기존 예시의 감성과 형식을 유지하면서도 새로운 아이디어를 담은 여행 블로그 제목 세 가지입니다.

1. '비 오는 날의 낭만, 통영 골목 산책기'
2. '서울 근교 감성 여행, 남양주 수목원에서 하루'
3. '하루 1만원으로 누리는 전주 한옥마을 소확행'

각 제목은 특정 장소에 대한 분위기나 여행자의 감정을 중심으로 구성되었으며, 구체적인 비용, 지역명, 활동 키워드를 활용해 독자의 관심을 끌 수 있도록 구성했습니다. 추가로 원하시는 지역이나 테마가 있다면 맞춤형으로 더 제안드릴 수 있습니다.

그림 5.43 퓨샷 방식 프롬프트의 활용 사례 (콘텐츠 제작 시 여러 예시를 통해 스타일을 정립)

이처럼 여러 예시를 함께 제시하면 AI는 어떤 단어를 강조해야 하는지, 문장의 길이는 어느 정도여야 하는지, 감정의 뉘앙스는 어떤 식으로 표현되어야 하는지를 학습하게 됩니다. 반복적인 포맷을 유지해야 하는 뉴스레터, 블로그 시리즈, 소셜 콘텐츠 등에서는 퓨샷 방식이 큰 효과를 발휘합니다.

실무에서는 제로샷으로 빠르게 결과를 확인한 뒤 만족스럽지 않으면 원샷 또는 퓨샷으로 구체화하는 접근이 효과적입니다. 마케터가 광고 문구를 테스트할 때 처음에는 제로샷으로 5가지 제안을 받아 그중 마음에 드는 하나를 선택하고, 해당 스타일을 원샷 프롬프트로 재활용할 수 있습니다. 혹은 비슷한 성격의 타이틀을 여러 개 생성하려면 2~3개의 예시를 제공하는 퓨샷 방식으로 보다 일관된 추가 제안을 받을 수 있습니다.

이처럼 예시를 적극적으로 활용하면 프롬프트의 방향성과 정밀도가 높아지고, AI의 응답 품질도 크게 개선됩니다. 단순히 '잘 써줘'라고 요청하기보다는, '이런 식으로 써줘'라는 기준을 함께 제시하는 것이 핵심입니다.

단계별 사고 흐름, CoT(Chain of Thought) 기법

CoT 기법은 결과를 바로 도출하지 않고 단계별 사고 흐름을 따라 결론을 도출하도록 유도하는 방식입니다. CoT 기법은 문제를 단순히 요약하거나 표면적으로 다루지 않고 근본적인 원인을 체계적으로 분석하거나 전략적으로 접근할 필요가 있을 때 특히 유용합니다.

퍼포먼스 마케터가 운영 중인 캠페인의 ROAS(Return On Ad Spend)가 갑자기 낮아졌을 때 일반적인 방식의 프롬프트와 CoT 방식의 프롬프트가 제공하는 결과물을 비교해 보겠습니다.

먼저 일반적인 방식으로 "ROAS가 갑자기 낮아졌다는 데이터가 있어. 어떻게 하면 좋을지 제안해줘."라는 프롬프트를 입력한 경우입니다. 이때 AI의 응답은 주로 광고 설정이나 예산 배분 등 점검할 수 있는 일반적인 항목들을 나열하는 데 그칩니다. 구체적인 점검 기준이나 예시, 데이터 지표 등 실행에 옮길 만한 구체적 내용이 포함되지 않아 실제 마케팅 업무에 적용하는 데 한계가 있습니다.

```
1. 트래픽 품질 확인
   • 광고 유입 채널별 성과를 분석해 비효율적인 채널이 늘었는지 확인
   • 신규 유입 유저의 전환율과 기존 유저 대비 차이가 있는지 점검
2. 광고 소재 및 메시지 점검
   • 최근 광고 소재 변경 여부와 성과 비교
   • 메시지와 랜딩페이지 간 불일치로 인한 이탈 발생 여부
3. 경쟁 상황과 시장 변화 분석
   • 경쟁사의 프로모션이나 가격 정책 변화가 ROAS에 영향을 줬는지
   • 시즌성 요인이나 외부 경제 상황 변화
4. 전환 프로세스 문제점 점검
   • 결제 페이지 오류, 로딩 속도 지연 등 사용자 경험 저하 요소 확인
   • 구매 경로별 전환 데이터 분석
5. 광고 타겟팅과 입찰 전략 조정
   • 타겟 세그먼트가 적절한지 검토
   • 입찰가 조정이나 예산 재배분 고려
6. 데이터 수집 및 측정 오류 점검
   • 트래킹 픽셀, SDK, 서버 연동 오류 여부 확인
   • 데이터 지연이나 누락 여부
```

그림 5.44 일반적 프롬프트 방식에서 제공하는 점검 항목 나열형 응답 사례

CoT 기법을 적용하면 다음과 같은 프롬프트가 활용됩니다.

"ROAS가 갑자기 낮아졌다는 데이터가 있어. 이전 캠페인과 비교해 성과가 저하된 원인을 단계별로 분석하고, 가능한 가설을 세운 뒤, 이를 데이터로 검증할 수 있는 지표까지 제안해줘."

이 프롬프트는 AI에게 '문제를 분석하라 → 원인을 가설로 정리하라 → 검증 가능한 지표를 제시하라'는 식으로 문제를 구조적으로 접근하도록 만듭니다. 이 과정을 통해 AI는 표면적인 설명을 넘어, 실제 업무에서 활용할 수 있는 구체적인 원인 분석과 전략적 대응 방안을 제시합니다.

> **1단계: 광고 투자 대비 전환(Conversion) 구조 점검**
>
> **가설 1-1. 클릭은 유지되었으나 전환율이 낮아졌을 가능성**
>
> - 설명: 트래픽은 비슷하게 발생했지만 구매나 가입 등의 전환으로 이어지지 않았다면 ROAS는 하락할 수 있습니다. 랜딩 페이지의 변화, UX 문제, 타겟과의 미스매치 등 여러 요인이 있을 수 있습니다.
> - 검증 지표:
>   - 캠페인별 CTR(Click Through Rate)
>   - 캠페인별 CVR(Conversion Rate)
>   - 세션당 평균 체류 시간, 이탈률
>   - 구매 퍼널 이탈 단계별 전환율
>
> **가설 1-2. 유입된 트래픽의 품질이 저하되었을 가능성**
>
> - 설명: 광고는 잘 노출되었지만, 이전보다 질 낮은 타겟에게 노출되어 ROI가 낮아졌을 수 있습니다.
> - 검증 지표:
>   - 매체별 사용자 재방문률
>   - 신규 vs. 기존 사용자 비중 변화
>   - 구매까지 소요된 세션 수 또는 시간
>   - 오가닉 대비 유입 타겟의 구매 의도 차이

그림 5.45 CoT 프롬프트 방식으로 제공된 단계별 분석 및 지표 중심의 응답 사례

이처럼 CoT 기법은 문제를 구성하는 요소들을 명확히 구분하여 단계별 사고를 진행시키기 때문에 일반적이고 간략한 답변 이상의 전략적이고 실무적인 결과물을 얻을 수 있습니다.

롤플레잉 기법

롤플레잉(Role-playing) 기법은 인공지능에 특정 역할이나 상황을 설정하여, 그 역할에 어울리는 시각과 말투로 문제를 해결하거나 응답을 생성하게 만드는 프롬프트 설계 방식입니다. 이 방식은 AI가 주어진 역할에 몰입하여, 단순한 정보 제공 수준을 넘어 해당 역할에 맞는 관점과 논리로 결과물을 제시할 수 있도록 유도합니다. 마케팅 전문가, 고객 지원 담당자, 카피라이터, 제품 매니저 등 특정 역할이나 상황을 설정하면 AI는 그 역할의 특징을 반영하여 콘텐츠 기획, 캠페인 전략 점검, 설득력 있는 카피 작성 등 다양한 마케팅 업무에서 전문성을 높이는 데 활용할 수 있습니다.

롤플레잉 프롬프트를 구성할 때는 다음과 같은 구조가 효과적입니다.

- **역할 지정**: AI가 맡아야 할 역할을 명확하게 설정합니다.
- **업무 정의**: AI가 수행할 구체적인 업무나 목표를 제시합니다.
- **상황 및 맥락 설정**: 목표 대상, 환경 조건, 제한 사항 등 업무의 맥락을 추가로 제시합니다.
- **행동 지침 제공**: 단순 정보 제공에 그치지 않고, 실제 역할에 따른 행동과 결과물을 생성하도록 명확히 지시합니다.

다음은 이 구조를 활용한 프롬프트 예시입니다.

"너는 지금부터 [역할]이야. 너의 임무는 [구체적인 업무 정의]이며, [상황 또는 맥락]을 고려하여 [행동 지침]을 수행해줘."

콘텐츠 마케터가 신제품을 홍보할 인스타그램 콘텐츠를 작성하는 상황에서 역할 미지정 프롬프트와 역할 지정 프롬프트의 결과를 비교해보겠습니다.

먼저 역할을 지정하지 않은 프롬프트는 다음과 같습니다.

"신제품 비건 톤업크림을 홍보할 인스타그램용 콘텐츠를 기획하고 원고를 작성해줘. 브랜드는 '내 피부처럼'이라는 메시지를 강조하고 있고, 주요 타깃은 20~30대 민감성 피부를 가진 여성들이야."

두 번째로 역할을 명확히 지정한 프롬프트입니다.

"너는 지금부터 화장품 브랜드의 콘텐츠 마케터야. 너의 임무는 신제품 비건 톤업크림을 홍보할 인스타그램용 콘텐츠를 기획하고 원고를 작성하는 거야. 브랜드는 '내 피부처럼'이라는 메시지를 강조하고 있고, 주요 타깃은 20~30대 민감성 피부를 가진 여성들이야. 피드용 이미지 콘텐츠를 제안해줘."

> **콘텐츠 형식: 인스타그램 피드 슬라이드 (총 5장 구성)**
>
> **1번 이미지: 문제 제기 – 민감성 피부의 일상**
> 텍스트 원고
> 아침마다 고민이 반복된다.
> "오늘도 톤업크림 발라도 괜찮을까?"
> 얇게 발라도 뜨고, 하얗게 들뜨고,
> 민감한 내 피부는 더 예민해진다.
>
> **2번 이미지: 공감의 연결 – 피부가 보내는 신호**
> 텍스트 원고
> 순한 제품이라 써봤는데,
> 시간이 지나면 뺨이 따갑고 간질거렸다.
> 피부는 말하고 있었던 거다.
> "이건 나랑 안 맞아."

> **1장. 피부가 민감해지는 날, 매일의 시작이 달라진다**
> 텍스트 원고
> 아침 세안 후, 거울 앞에 서면
> 오늘도 피부가 예민하게 반응한다.
> 무언가 바르기만 해도 뜨고 갑갑하다.
> 그럴수록 더욱 고민된다.
> "오늘은 그냥 아무것도 안 바를까?"
>
> > 민감한 피부가 보내는 작은 신호, 놓치지 않으려는 이들의 이야기로 시작합니다.
>
> **2장. 톤업크림, 안 쓰자니 생기 없고 쓰자니 자극적이다**
> 텍스트 원고
> 칙칙한 피부톤을 가볍게 밝혀주고 싶은데,
> 기존 톤업 제품은 무겁거나 뻑뻑하거나.
> 하얗게 뜨고, 오후엔 들뜨고,
> 피부가 스스로를 방어하듯 자극을 일으킨다.
> 그래서 더 조심스럽게 고르게 된다.
>
> > 많은 소비자들이 공감하는 톤업크림 사용에 대한 이중적인 감정을 짚습니다.

그림 5.46 일반 프롬프트(좌)와 롤플레잉 기법 적용 프롬프트(우)의 결과물 비교 예시

역할이 지정되지 않은 첫 번째 프롬프트는 요청의 핵심을 간결하고 직관적으로 전달합니다. 신제품, 브랜드 메시지, 타깃, 표현 톤, 콘텐츠 형태 등 필요한 조건이 명확하게 정리되어 있으며, 일반적인 콘텐츠 기획 요청의 형태로 적합합니다. 다만 창의적 몰입보다는 정보 전달 중심의 표준화된 결과물이 나올 가능성이 있습니다.

두 번째 프롬프트는 AI에게 '콘텐츠 마케터'라는 전문적 역할을 부여하여 브랜드의 시각에서 문제를 바라보고, 타깃 소비자의 입장을 고려한 콘텐츠를 작성하도록 유도합니다. 그 결과, 브랜드가 전달하고자 하는 메시지와 타깃의 특성을 보다 깊이 반영한, 설득력 높은 콘텐츠가 도출될 가능성이 커집니다. 아이디어 탐색 단계에서는 역할 지정을 생략한 간단한 프롬프트가 효율적일 수 있으나, 브랜드 정체성이나 소비자 감성을 섬세히 표현하는 콘텐츠를 기획할 때는 롤플레잉 기법으로 프롬프트를 설계하는 편이 전문적이고 효과적인 결과물을 얻을 수 있습니다. 콘텐츠의 목적과 업무 성격에 따라 두 가지 방식을 전략적으로 병행하는 것이 바람직합니다.

맞춤 설정 기능

프롬프트 엔지니어링을 효과적으로 실행하기 위해서는 매번 반복되는 지시문을 최소화하고, 일관된 결과물을 얻는 것이 중요합니다. 특히 업무의 특성과 사용자의 목적에 따라 AI와의 소통 방식을 지속적으로 유지하고자 할 때 프롬프트를 매번 상세하게 입력하는 것은 효율적이지 않습니다. 이러한 단점을 보완할 수 있는 툴이 바로 ChatGPT의 '맞춤 설정(Custom Instructions)' 기능입니다.

맞춤 설정은 사용자의 직무, 주요 관심 영역, 원하는 응답 방식 등을 사전에 등록해두는 기능으로, 매번 구체적인 프롬프트를 입력하지 않더라도 AI가 사용자의 특성을 반영하여 일관성 있는 답변을 생성할 수 있도록 합니다. 이 기능을 프롬프트 엔지니어링과 결합하면 더 정교하고 효율적인 업무 수행이 가능합니다.

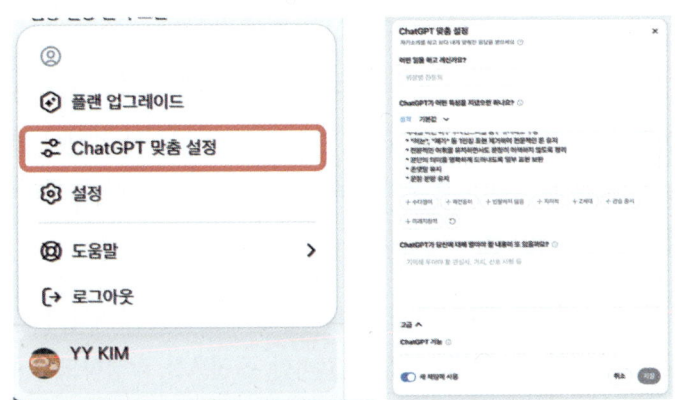

그림 5.47 ChatGPT에서 맞춤 설정을 활용하는 방법 (프로필 메뉴 내 설정 가능)

다음은 맞춤 설정 적용 여부에 따라 ChatGPT가 동일한 프롬프트에 대해 제공하는 답변의 차이점을 보여주는 사례입니다. 맞춤 설정을 적용하지 않고 "마케팅 성과 보고서를 써야 해. 인사이트를 정리해줘"라는 프롬프트를 입력한 예시부터 살펴보겠습니다.

> **무엇을 도와드릴까요?**
>
> 다음 마케팅 성과에 대한 보고서를 써야해. 인사이트를 정리해줘.
>
> 광고 매체 지출   유입   유입단가 가입 전환 가입 전환단가
> A ₩6,767,746 15,346 ₩441   4,573   ₩1,480
> B ₩14,128,396 28,033 ₩504 10,172   ₩1,389
> C ₩12,622,724 21,991 ₩574   9,413   ₩1,341
> D ₩7,002,026 17,727 ₩395   4,910   ₩1,426

그림 5.48 마케팅 성과 분석 프롬프트 예시

이때 AI는 모든 매체의 성과를 전반적으로 기술한 뒤 주요 인사이트를 제시하는데, 그에 따라 정보량이 과도하게 많아 보고용으로 활용하기가 어렵습니다.

---

1. 요약: 전반적인 캠페인 성과 개요

총 4개 매체에 걸쳐 약 40.5백만 원을 지출하여 약 83,097건의 유입을 유도했고, 그 중 29,068건이 가입으로 전환되었습니다. 전체 평균 유입 단가는 약 ₩487, 가입 전환 단가는 약 ₩1,394입니다.

2. 매체별 성과 분석

A 매체
- **유입 단가(₩441)**와 가입 전환 단가(₩1,480) 모두 평균보다 다소 높음
- 가입 전환율: 29.8% (4,573 / 15,346) → 가장 낮은 전환율
- 유입 효율은 나쁘지 않으나, 가입으로의 전환이 다소 저조함

B 매체
- **가장 높은 총 지출액(₩14.1M)**이지만, 가장 많은 가입 전환 수(10,172건) 확보
- **가입 전환 단가(₩1,389)**는 전체 평균과 유사
- 가입 전환율: 36.3%로 평균 수준
- 안정적인 퍼포먼스를 보이며 규모 확장에 적합한 채널로 판단됨

C 매체
- **가입 전환 단가(₩1,341)**로 가장 효율적
- 가입 전환율: 42.8%로 가장 높음
- 비록 유입 단가는 다소 높지만(₩574), 전환 성과가 매우 뛰어남
- 전환 중심 캠페인에서 핵심 채널로 고려 가능

그림 5.49 맞춤 설정 적용을 하지 않은 결과물 예시 (마케팅 성과 인사이트 정리)

이번에는 다음 그림과 같이 업무 특성, 사용자의 관심 분야 등을 다음 그림에서처럼 미리 맞춤 설정에 지정합니다.

그림 5.50 ChatGPP 맞춤 설정 적용 예시

그리고 나서 "마케팅 성과 보고서를 써야해. 인사이트를 정리해줘"라는 동일한 프롬프트를 입력해보겠습니다. 이 경우 AI는 사용자가 미리 맞춤 설정에 지정한 '전환율과 성과 지표 중심으로 인사이트 제공'이라는 내용을 반영하여, 프롬프트에 명시되지 않은 전환 효율 및 유입 대비 전환율까지 계산하여 핵심 내용을 간결하게 제시합니다.

> 아래는 각 매체의 성과를 비교한 인사이트 요약입니다. 핵심 수치는 유입단가, 가입 전환율, 가입 전환단가 중심으로 정리하였으며, 비용 대비 성과 측면에서 효율적인 매체를 우선 파악할 수 있도록 구성했습니다.
>
> **1. 전환 효율 비교: 가입 전환단가 기준**
> - 가장 효율적인 매체: C (₩1,341)
>   가장 낮은 가입 전환단가를 기록했으며, 유입단가(₩574)는 높은 편이지만 가입 전환율이 매우 높음.
> - 그다음 효율적인 매체: B (₩1,389)
>   지출이 가장 높지만, 높은 유입수와 우수한 전환율 덕분에 단가가 안정적.
> - 가장 비효율적인 매체: A (₩1,480)
>   유입단가는 낮지만 가입 전환율이 낮아 전환단가가 가장 높음.
>
> **2. 전환율 (가입 전환 ÷ 유입) 기준**
> - C: 42.8% (9,413 / 21,991)
> - B: 36.3% (10,172 / 28,033)
> - D: 27.7% (4,910 / 17,727)
> - A: 29.8% (4,573 / 15,346)
>
> C가 전환율에서 압도적이며, 유입의 질이 가장 높다고 볼 수 있음. A와 D는 유입 수 대비 전환율이 낮아 유입의 질이 떨어짐.

그림 5.51 맞춤 설정 적용을 한 결과물 예시 (마케팅 성과 인사이트 정리)

다음은 직무별로 ChatGPT에 활용할 수 있는 맞춤 설정 예시입니다. 사용자의 업무 목적과 역할을 구체적으로 반영하여 설정할수록 AI는 더욱 명확한 결과를 제공합니다. 이 예시들을 기반으로 자신의 업무 맥락에 맞게 맞춤 설정을 진행하면 업무 효율을 높일 수 있을 것입니다.

ChatGPT가 지녔으면 하는 직무별 특성 설정 예시

브랜드 마케터

데이터 분석 시 가장 중요한 KPI는 브랜드 캠페인의 고객 유입률입니다. 표현의 맥락과 정서, 브랜드 이미지에 맞는 어조를 고려해 설명해주길 바랍니다. 단순히 문장을 만들어주는 것보다는 전달하고자 하는 감정이나 메시지가 효과적으로 반영된 이유를 함께 설명해주는 방식이 좋습니다. 과하지 않은 감성적 표현과 매끄러운 문장 연결로 브랜드 이미지와 메시지를 명확히 전달하는 방식을 선호합니다.

퍼포먼스 마케터

데이터 분석 시 가장 중요한 KPI는 구매 전환당 비용(CPA)과 광고 수익률입니다. 명확하고 간결한 문장으로 수치와 데이터를 기반으로 한 설명을 제공해 주길 바랍니다. 예산 최적화, 타깃 전략, 실험 설계 등에서 실제 적용 가능한 사례나 지표 기준을 제시해주는 방식이 실용적입니다. 데이터 기반 판단에 필요한 조건이나 의사결정 기준을 구체적으로 제공하면 좋습니다.

콘텐츠 마케터

데이터 분석 시 가장 중요한 KPI는 콘텐츠별 구매 전환 기여도입니다. 콘텐츠 목적과 독자의 행동 반응을 고려한 논리적이고 자연스러운 흐름으로 문장을 구성해주길 바랍니다. 콘텐츠의 구조를 서론-본론-결론 방식으로 명확히 제안하고, 맥락을 반영한 표현을 다양하게 제시하는 방식을 선호합니다.

CRM 마케터

데이터 분석 시 가장 중요한 KPI는 재구매율입니다. 고객의 행동과 전환을 효과적으로 유도할 수 있는 명확하고 설득력 있는 메시지 구성 방식을 선호합니다. 상황별 메시지 예시와 시나리오 기반의 실무적 접근 방식으로 응답을 제공하고, 캠페인 조건 설정 및 최적의 메시지 타이밍에 대한 구체적인 팁이 포함되면 더욱 좋습니다.

그 밖에 ChatGPT가 알아야 할 내용 설정 예시

브랜드 마케터

자연 유래 성분과 미니멀한 디자인을 내세운 클린 뷰티 브랜드의 마케팅을 맡고 있습니다. 브랜드 정체성과 메시지의 일관성을 유지하며 소비자의 브랜드 인식에 긍정적인 영향을 미치는 캠페인을 기획하고 실행합니다. 브랜드 포지셔닝, 스토리텔링, 톤앤매너 등 브랜드 정체성을 효과적으로 표현하는 방법과 경쟁사 차별화 전략에 대한 글로벌 사례 및 자료를 선호합니다.

퍼포먼스 마케터

20~30대 여성 소비자를 주요 타깃으로 하는 색조 화장품 브랜드의 디지털 퍼포먼스 마케팅을 담당하고 있습니다. ROAS, CPA, CVR와 같은 성과 지표 중심으로 캠페인을 설계하고 최적화합니다. 매체별 광고 세팅, 타겟팅 전략, 예산 운용, A/B 테스트 설계 등에 대한 데이터 중심의 실무적 조언을 필요로 합니다.

콘텐츠 마케터

MZ 세대의 뷰티 관심사와 트렌드를 반영한 콘텐츠를 기획하고, 브랜드 채널 전반의 콘텐츠 톤앤매너를 구축하고 있습니다. 블로그, 뉴스레터, 영상, SNS 등 다양한 콘텐츠 채널을 활용해 고객의 관심과 참여를 유도합니다. 콘텐츠 기획 단계에서부터 SEO 중심의 키워드 전략, 콘텐츠 구조화 및 채널 특성에 따른 최적의 표현 방식을 제시해주기를 바랍니다.

CRM 마케터

정기구매율과 고객 등급 체계를 강화해 나가고 있는 스킨케어 브랜드에서 CRM 중심의 유저 성과 개선을 리딩하고 있습니다. 고객 데이터를 기반으로 이메일, 푸시, 인앱 메시지 등 다양한 채널에서 고객 유지 및 재전환을 유도하는 커뮤니케이션 전략을 수립하고 실행합니다. 고객 세그먼트별 메시지 전략과 퍼널 단계에 따른 메시지 구성, 타이밍 전략 및 성과 분석에 대한 실무 중심의 인사이트가 필요합니다.

5.5 미래의 디지털 마케터

여러분은 디지털 마케팅 분야에서 활동한 지 얼마나 되셨나요? 3년, 혹은 5년, 아니면 벌써 10년 이상 되었을지도 모르겠습니다. 그러나 이 분야는 변화의 속도가 매우 빨라, 오래 일했다고 해서 모든 것을 안다고 자신하기 어렵습니다. 불과 1년 전까지만 해도 유용했던 지식이 이제는 더 이상 활용되지 않는 경우도 적지 않습니다. 이는 기술 발전과 트렌드 변화가 지속적으로 일어나는 디지털 마케팅의 본질적 특성 때문입니다.

기술의 발전은 마케팅 전략과 전술의 방식까지 바꾸고 있습니다. 이제 마케터는 단순히 광고를 운영하거나 콘텐츠를 제작하는 데 그치지 않고, 새로운 기술을 이해하고 이를 전략적으로 활용하는 역량이 요구되고 있습니다. 그렇다면, 이처럼 빠르게 변화하는 환경 속에서 마케터는 어떤 능력을 갖추어야 할까요? 지금부터 미래의 디지털 마케터가 반드시 준비해야 할 핵심 역량들을 하나씩 살펴보겠습니다.

01. 기술에 대한 이해와 자동화

미래의 디지털 마케터에게 기술 변화에 대한 민첩한 대응력은 필수입니다. AI와 머신러닝 기술은 이미 광고 성과 예측과 고객 타겟팅 정확도를 높이는 데 중요한 역할을 하고 있습니다. AI 기반 마케팅 플랫폼과 성과 측정 도구가 보편화하면서, 이를 효과적으로 활용하는 기업은 경쟁에서 명확히 앞서고 있습니다.

자동화 기술은 이제 더 이상 선택이 아닌 필수가 되었습니다. 자동화된 광고 시스템을 도입하면 여러 캠페인을 동시에 효율적으로 관리할 수 있고, 실시간 데이터 분석을 통해 전략적 결정을 빠르게 내릴 수 있습니다. 여러 회사를 거치며 느꼈던 것은, 자동화 투자를 아끼지 않는 회사와 그렇지 않은 회사는 확연히 다른 결과를 얻는다는 사실입니다. 물론 모든 작업을 자동화할 수는 없지만, 자동화가 가능한 업무에 과감히 투자할수록 마케터가 더 창의적이고 전략적인 업무에 집중할 수 있게 됩니다.

조직을 이끌고 있다면 자동화 기술 도입을 적극적으로 고려하고, 구성원들이 전략적이고 창의적인 업무에 집중할 수 있는 환경을 제공해야 합니다. 리더가 아니더라도 자동화 기술을 적극 활용하는 조직에서 경험을 쌓는 것이 향후 커리어에 큰 도움이 될 것입니다.

02. 데이터 분석과 인사이트 도출

디지털 마케팅의 핵심 역량은 데이터 분석입니다. 마케터는 데이터를 기반으로 전략을 수립하고 성과를 평가합니다. 여기서 데이터 분석이란 숫자를 단순히 해석하는 수준을 넘어, 의미 있는 인사이트를 발견하고 이를 실제 캠페인에 적용하는 능력을 의미합니다.

미래의 마케터는 로데이터(raw data)를 실시간으로 분석하여 정확하고 효율적인 전략을 수립할 수 있어야 합니다. 다만, 최근 개인정보 보호 규제가 강화되면서 데이터 활용에 제약이 많아졌습니다. 이에 따라 다양한 데이터 소스를 효과적으로 결합해 의미 있는 패턴을 발견하는 역량이 더욱 중요해지고 있습니다.

또한 데이터에서 도출된 인사이트를 직관적으로 이해하기 쉽게 전달하는 능력 역시 중요합니다. 마케터는 데이터를 활용해 누구나 쉽게 공감할 수 있는 스토리를 만들어야 합니다. 효과적인 데이터 시각화 능력은 앞으로 마케터의 경쟁력을 좌우하는 핵심 기술이 될 것입니다.

03. 커뮤니케이션 능력

기술과 데이터 분석 역량 못지않게 중요한 것이 바로 커뮤니케이션 능력입니다. 데이터와 기술의 중요성이 증가할수록 이를 해석하여 비전문가들에게 이해시키고, 전략적 협업을 이끌어내는 능력도 더욱 필요해질 것입니다.

내부적으로는 팀원들과 효과적으로 협업하여 데이터를 기반으로 의사결정을 내리고, 외부적으로는 고객 및 파트너에게 데이터를 명확하고 이해하기 쉽게 전달해야 합니다. 복잡한 기술과 데이터 개념을 이해관계자들에게 설득력 있게 설명하는 능력은 미래 마케터의 차별화된 경쟁력이 될 것입니다.

04. 개인정보 보호와 윤리적 책임

개인정보 보호 정책의 강화로 인해 기존의 광고와 데이터 활용 방식에 큰 변화가 생기고 있습니다. 이제 디지털 마케터는 개인정보 보호 규정을 정확히 이해하고, 이를 준수하면서도 효과적인 마케팅 전략을 구축하는 능력을 갖춰야 합니다.

구글과 애플 등의 플랫폼이 쿠키와 광고 식별자(IDFA, GAID) 지원을 축소하거나 단계적으로 폐지함에 따라, 새로운 어트리뷰션 방식과 개인 정보 보호 기술을 신속히 습득해야 합니다. 이에 따라 마케터는 다양한 프라이버시 강화 기술과 툴의 등장 및 발전 과정을 꾸준히 모니터링하고, 변화에 대응할 준비를 갖추어야 합니다.

향후 몇 년간 개인정보 보호 문제는 피하기 어려울 것으로 전망됩니다. 데이터 보호와 마케팅 효율성 사이의 균형을 적절히 유지하기 위한 전략적 판단과 창의성이 마케터의 필수 역량으로 부각될 것입니다.

05. 호기심과 학습

디지털 마케팅에서 성공하기 위한 가장 중요한 요소는 무엇보다 호기심을 가지고 끊임없이 도전하고 학습하는 자세입니다. 기술과 트렌드는 빠르게 변하므로 마케터는 새로운 것에 대한 호기심을 잃지 않고, 항상 배우고 성장하려는 태도를 가져야 합니다. 어려운 문제를 마주했을 때, 이를 해결하려는 의지와 도전 정신도 중요합니다.

마케팅은 단순히 과거의 경험에 의존하는 것이 아니라, 지속적인 학습과 실험을 통해 새로운 기회를 찾아내는 분야입니다. 따라서 마케터는 언제나 배우고, 실험하고, 실패를 통해 성장하는 과정을 즐겨야 합니다. 이처럼 호기심과 학습에 대한 열정을 가지고 지속적으로 도전하는 자세는 마케팅뿐만 아니라, 다른 분야에서도 성공의 열쇠가 될 것입니다.

마지막으로, 생성형 AI의 등장은 디지털 마케팅 환경을 단순히 변화시키는 것을 넘어, 마케터의 정체성과 역할에 대한 근본적인 질문을 던지고 있습니다. AI는 이미 많은 영역에서 마케터의 손을 빌리지 않고도 콘텐츠를 만들고, 데이터를 해석하며, 마케팅 아이디어를 제안하고 있습니다. 그러나 브랜드의 정체성, 고객의 심리, 전체적인 맥락을 읽어내고 이를 바탕으로 전략을 수립하고 실행하는 일은 여전히 사람인 마케터가 더 잘할 수 있는 영역입니다.

예상치 못한 서비스 이슈나 사회적 상황에 따라 빠르게 메시지를 작성해야 할 때 AI는 공감을 담아 섬세하게 톤을 조정하기는 어렵습니다. 브랜드의 어조를 유지하면서도 고객의 감정을 헤아린 위기 대응 메시지는 결국 사람의 감각에서 나옵니다.

AI는 문장을 매끄럽게 만드는 데에는 능하지만, 브랜드의 고유한 언어와 문화, 누적된 표현의 뉘앙스를 완전히 이해하지는 못합니다. 데이터를 기반으로 광고 캠페인 전략을 세울 때도, 시즌 이슈, 고객 심리, 경쟁사 동향, 예산, 채널별 특성까지 동시에 고려하는 일은 기술보다 사람의 직관과 통찰이 더 중요한 영역입니다.

같은 문장이라도 전달 대상에 따라 어조를 바꾸는 섬세함, 고객 여정에 따라 메시지를 구성하는 논리력, 반복되는 활동 속에서도 브랜드의 일관성을 유지하는 감각 역시 사람이 쌓아온 경험에서 비롯됩니다.

이처럼 AI가 할 수 있는 일은 계속 확장되고 있지만, 마케터의 판단과 해석, 조율 능력은 여전히 마케팅의 성패를 좌우하는 핵심 요소로 남아 있습니다. AI가 만든 결과물을 그대로 '사용하는 사람'에 머무를 것인지, 아니면 그 결과의 방향을 설계하고 브랜드의 맥락 안에 조화롭게 녹여낼 수 있는 '조율자'로 설 것인지에 따라 마케터의 역량은 크게 달라질 것입니다.

마케터라는 직업은 변하지 않지만, 그 안의 역할과 요구는 끊임없이 변화하고 있습니다. 이 책은 단순히 툴을 잘 쓰는 마케터가 아니라, 그 너머에서 전략과 브랜드, 고객과의 관계를 함께 고민하는 마케터를 위한 안내서입니다.

여러분이 변화의 물결 속에서 중심을 잃지 않고, 마케팅 전략을 이끄는 '올어라운드 마케터'로 성장해 가기를 응원합니다. 여러분의 그 여정에 이 책이 작지만 단단한 이정표가 되어줄 수 있기를 바랍니다.

연습문제

1. SKAdNetwork는 어떤 방식으로 개인정보 보호를 강화하나요?

   A. 광고 클릭 로그 저장　　B. 익명성을 기반으로 데이터 제공

   C. 사용자 IP 추적　　D. GAID 사용

2. SKAdNetwork에서 '전환값(conversion value)'은 무엇을 의미하나요?

   A. 앱 다운로드 수　　B. 광고 지면의 품질

   C. 사용자의 앱 내 행동 정보를 정량화한 값　　D. 광고주의 입찰가

3. SKAdNetwork 4.0에서 새롭게 도입된 항목은 무엇인가요?

   A. IDFA 기반 리포팅　　B. 최대 3회의 포스트백

   C. SDK 미사용 캠페인 지원　　D. 안드로이드 앱 리포팅

4. SKAdNetwork 포스트백은 실시간으로 전달되나요?

   A. 예　　B. 아니오

   C. 광고주가 설정 가능　　D. 국가에 따라 다름

5. 군중 익명성은 어떤 방식으로 데이터 전송을 제한하나요?

   A. 특정 사용자의 데이터만 수집

   B. 동일한 기기에서만 측정

   C. 일정 수 이상의 전환이 누적되어야 데이터 전송

   D. IP 기반으로 그룹 설정

6. 애플의 App Tracking Transparency(ATT) 정책과 관련된 설명으로 올바른 것은 무엇인가요?

   A. 사용자의 허락 없이 IDFA를 수집 가능　　B. ATT는 안드로이드 기기에만 적용

   C. ATT는 IDFA 수집 시 사용자 동의를 요구　　D. ATT는 광고 비용 산정 기준

7. Privacy Sandbox는 어느 기업에서 개발한 프라이버시 보호 기술인가요?

   A. Apple　　B. Microsoft

   C. Google　　D. Meta

8. Privacy Sandbox의 대표 기술 중 하나는 무엇인가요?

   A. ATT
   B. SKAdNetwork
   C. Topics API
   D. GAID

9. SDK란 무엇인가요?

   A. 서버 간 통신 방식
   B. 데이터베이스 쿼리 도구
   C. 특정 기능을 쉽게 구현할 수 있도록 도와주는 도구 모음
   D. 웹페이지 로딩 방식

10. API는 어떤 역할을 하나요?

    A. 사용자 UI 디자인
    B. 데이터베이스 백업
    C. 서로 다른 시스템 간 기능 호출 및 데이터 전송
    D. 광고 지면 생성

11. SKAdNetwork 4.0에서 도입된 'coarse conversion value'의 목적은 무엇인가요?

    A. 앱 업데이트 버전 구분
    B. 시간 지연 없이 전송
    C. 더 적은 정보로도 성과 확인 가능
    D. 세밀한 사용자 분석

12. SKAdNetwork의 포스트백 지연 시간은 어떤 목적을 갖고 있나요?

    A. 기술적 전송 지연
    B. 광고 예산 보호
    C. 사용자의 행동 패턴을 숨기기 위한 랜덤화
    D. 데이터 수신 주기 관리

13. ATT와 SKAdNetwork는 어떤 관계에 있나요?

    A. 경쟁 기술
    B. 상호 보완적 기능
    C. 서로 다른 플랫폼 전용
    D. 동일한 회사에서 제공하지만 무관

14. S2S 방식이 앱 내 SDK 연동 방식보다 적합한 사례는 무엇인가요?

    A. 앱 내 튜토리얼 완료 측정
    B. 앱 내 구매 완료 측정
    C. 앱 내 구독 후 웹사이트에서 구독 갱신
    D. 앱 내 구독 갱신

정답

1.
   정답: B
   해설: SKAdNetwork는 익명성을 활용하여 일정 수 이상의 전환이 모일 때만 데이터를 전송함으로써 사용자 식별을 방지합니다.

2.
   정답: C
   해설: 전환값은 사용자의 앱 설치 이후 행동(예: 회원가입, 구매 등)을 정량화하여 SKAdNetwork를 통해 보고됩니다.

3.
   정답: B
   해설: SKAdNetwork 4.0에서는 최대 3회의 포스트백이 가능해져, 사용자의 중장기 행동까지 제한적으로 추적할 수 있게 되었습니다.

4.
   정답: B
   해설: SKAdNetwork는 실시간 리포팅을 제공하지 않으며, 일정 시간 지연 후에 포스트백을 전송합니다. 이는 개인 정보 보호 목적입니다.

5.
   정답: C
   해설: 군중 익명성은 동일한 광고 캠페인에서 일정 수 이상의 설치 또는 전환이 발생해야 데이터가 포스트백으로 전송되도록 제한합니다.

6.
   정답: C
   해설: ATT 정책은 IDFA를 수집하려면 사용자의 명시적인 동의를 받아야 한다는 내용을 담고 있습니다.

7.
   정답: C
   해설: Privacy Sandbox는 Google이 제안한 사용자 프라이버시 보호 기술로, 크롬 브라우저 및 안드로이드에 적용되고 있습니다.

8.

　　정답: C

　　해설: Topics API는 사용자의 브라우징 이력을 바탕으로 주요 관심사를 파악해 광고 타겟팅에 활용하는 Privacy Sandbox의 핵심 기술입니다.

9.

　　정답: C

　　해설: SDK는 특정 기능(예: 광고 측정, 분석 등)을 추가할 수 있도록 도와주는 소프트웨어 개발 키트입니다.

10.

　　정답: C

　　해설: API는 Application Programming Interface의 약자로, 서로 다른 소프트웨어 간의 상호작용을 가능하게 합니다.

11.

　　정답: C

　　해설: Coarse conversion value는 fine conversion value에 비해 정보량이 적은 대신, 더 많은 경우에 전송될 수 있도록 설계되었습니다. 이로 인해 일부 전환 데이터라도 수신 가능성이 높아졌으며, 프라이버시 수준을 유지하면서도 측정 효율성을 개선했습니다.

12.

　　정답: C

　　해설: SKAdNetwork는 포스트백을 일정 시간 지연시키거나 지연 범위를 랜덤화함으로써 특정 사용자의 전환 시점을 추적하지 못하도록 합니다. 이는 프라이버시 보호 목적의 핵심 요소 중 하나입니다.

13.

　　정답: B

　　해설: ATT는 사용자의 동의 여부에 따라 IDFA 접근을 제어하고, SKAdNetwork는 동의를 받지 못한 상황에서도 일정 수준의 광고 성과 측정을 가능하게 합니다. 두 기술은 모두 애플의 프라이버시 정책 하에 있으며, 서로를 보완합니다.

14.

　　정답: C

　　해설: 사용자가 앱 외부에서 행동하는 경우, 앱 SDK로 측정이 불가능 하므로 서버 간 통신 방식이 필요합니다.

A

AARRR 모델	201
A/B 테스트(Split Test)	195
Ahrefs.com	100
AI	7
AI 툴	123
AM(Account Manager)	80
API(Application Programming Interface)	409

C

Canva AI	133
ChatGPT	8, 129
ChatGPT + DALL·E	133
Claude	129
CoT 기법	419
CPA(Cost Per Action)	216
CPC(Cost Per Click)	215
CPI(Cost per Install)	216
CPM(Cost Per Mille)	216
CRM 마케터	58
CSM(Customer Success Manager)	79
CTIT 분석(Click To Install Time Analysis)	331

F

FTUE 단계	233

G

GAID(Google Advertising ID)	162
Gamma.app	126
Google Gemini	142

I

IDFA(Identifier for Advertisers)	162
IDFV(Identifier for Vendors)	163

K

KPI(Key performance indicator)	204

M

Miro AI	124
Moz	96

O

OMTM(One Metric That Matters)	273
OS 버전(Operating System Version)	337

P

PDM(Partner Development Manager)	79
Perplexity	142

S

S2S	407
SDK	406
SEMrush	95
SKAdNetwork	374
SKAdNetwork 4.0	391
SKAdNetwork 흐름도	378
SQL(Structured Query Language)	414
SRN(Self Reporting Network)	181

U

URI 스킴 방식	361

찾·아·보·기

ㄱ – ㄴ

감소하는 곡선(Declining curves)	341
개인정보 보호 샌드박스(Privacy Sandbox)	396
검색 엔진 최적화(SEO) 툴	93
검색 엔진 최적화(SEO) 툴 체크리스트	155
게이미피케이션(Gamification)	251
고객 관리(CRM) 툴	101
고객 관리(CRM) 툴 체크리스트	156
고래 사용자(Whale User)	326
광고 비용(Cost 또는 Spend)	215
광고 수익률(Return on Ad Spend, ROAS)	216
광고 최적화 KPI	217
광고 추적 제한(Limited Ad Tracking, LAT)	369
광고 툴(Ad tools)	86
군중 익명성(crowd anonymity)	380
기기 분석(Device Analysis)	345
노출수(Impression)	215

ㄷ – ㄹ

단순 전환값(Coarse Value)	382
단일 터치 어트리뷰션(Single Touch Attribution)	292
데이터 시각화 툴	119
듀오링고(Duolingo)	235
디바이스 아이디(Device ID)	161
디퍼드 딥링킹(Deferred Deep Linking)	359
딥링킹(Deep Linking)	358
락 윈도우(Lock Window)	389
랜덤 포스트백 타이머(Random Postback Timer)	387
롤링 리텐션(Rolling Retention)	262
롤플레잉(Role-playing) 기법	421
룩백 윈도우	300
리타겟팅 캠페인(Retargeting Campaign)	184
리텐션 벤치마크 데이터	266
리텐션 분석 방식	257
리텐션(Retention)	216
릴스(Reels)	7
링크드인(LinkedIn)	4

ㅁ

마이스페이스(MySpace)	4
마지막 클릭 모델	293
마케팅 믹스 모델링(Marketing mix modeling)	207
맞춤 설정(Custom Instructions)	424
맞춤 스토어 등록 정보(Custom Store Listings)	228
맞춤형 제품 페이지(Custom Product Pages)	228
멀티 터치 어트리뷰션(Multi-Touch Attribution)	108
멀티 터치 어트리뷰션(Multi-Touch Attribution)	292
메트릭(Metrics)	204
모자이크(Mosaic)	2
무신사	49
믹스패널(Mixpanel)	118

ㅂ

배달의민족(우아한 형제들)	15
백링크(Backlink)	98
백엔드(Back-end)	405
버전 분석(Version Analysis)	336
북극성 지표(North Star Metric)	273
뷰-스루 룩백 윈도우	300
브래킷 리텐션(Bracket Retention)	261
브랜드 마케터	10
비용 분석(Cost Aggregation)	110

ㅅ

사용자 아이디(Customer User ID)	163
사이트 감사	96
상세 전환값(Fine Value)	382
새로운 기기 빈도(New Device Rate, NDR) 분석	346
서드파티(Third-Party)	84
서버(Server)	403
서비스 인지 단계	219
선형 모델	293
성과 측정 툴 MMP	107
성과 측정(MMP) 툴 체크리스트	156
세분화 분석	318
세일즈(Sales)	79
세컨드파티(Second-Party)	84
소스 ID(Source ID)	383
쇼츠(Shorts)	5
스마일 그래프(Smiling Curve)	343
스마트 배너(Smart Banner)	173
스마트 스크립트(Smart Script)	175
시각화 툴 체크리스트	157
시간 가치 모델	293
시점 또는 U-shape 모델	294
신규 설치 캠페인(User Acquisition Campaign)	183

ㅇ

아웃라이어 분석	325
아이디어스	60
아하 모먼트(Aha Moment)	273
애드 네트워크(Ad-network)	177
애플(Apple)	5
앰플리튜드	115
앱 링크(App Link)	361
앱 버전(App version)	336
앱스토어 최적화(ASO, App Store Optimization)	198
앱 추적 투명성(App Tracking Transparency)	370
야놀자(Yanolja)	25
어트리뷰션 모델 시나리오	295
에어비엔비(Airbnb)	234
에이블리	65
오늘의집	32
온보딩 완료율	241
온보딩 이탈률	246
옵티마이즐리(Optimizely)	118
외부 요인 분석	323
원링크(Onelink)	365
월드 와이드 웹(World Wide Web)	2
웹 투 앱(W2A, Web to App)	166
유니버설 링크(Universal Link)	361
유튜브(YouTube)	5
이메일 마케팅	105
인스타그램	5
인스톨 하이재킹(Install Hijacking)	332
인앱 메시지(In-App Messages)	103

ㅈ

잔존 단계	248
전환값(Conversion Value)	381
전환 단계	226
전환 윈도우(Conversion Window)	388
전환율(Conversion Rate, CVR)	215
전환 퍼널(conversion funnel)	340
전환(Conversion)	215
제로샷, 원샷, 퓨샷 기법	416
제품 분석 툴	114
제품 분석 툴 체크리스트	157
직무별 AI 툴 추천	147

ㅊ - ㅋ

채널 메시지(Channel Message)	104
첫 번째 클릭 모델	292
캠페인 최적화	218
커스텀 미디어 소스	179
코호트 분석(Cohort Analysis)	109
콘텐츠 마케터	44
쿠키(Cookie)	160
클라이언트(Client)	403
클래식 리텐션(Classic Retention)	259
클릭률(Click-Through Rate, CTR)	215
클릭-스루 룩백 윈도우	300
클릭 플러딩(Click Flooding)	332
클릭(Click)	214
키워드 난이도(Keyword Difficulty)	95

ㅌ

타겟팅(Targeting)	87
투자 대비 수익(Return on Investment, ROI)	216
트위터(Twitter)	4
틱톡	5

ㅍ - ㅎ

파라미터	277
파타고니아	12
퍼스트파티(First-Party)	84
퍼포먼스 마케팅	22
페이스북 광고 매니저	89
페이스북(Facebook)	4
평균 온보딩 소요시간	243
평탄화 그래프(Flattening Curve)	342
포스트백(Postback)	191, 385
폴백 URL(Fallback URL)	365
푸시 메시지(Push Messages)	101
프로드 방지(Fraud Prevention)	111
프로드(Fraud)	330
프론트엔드(Front-end)	405
프롬프트 엔지니어링	416
행동분석(Behavior Analysis)	338
허무 지표(Vanity Metrics)	270